KB181542

켈트
신화와
전설

Celtic Miyth and Legend, Revised Ed.
by Charles Squire ⓒ 2001 Career Press.
Korean translation copyright ⓒ 2009 by Taurus books.
Original English language edition published by Career Press, USA
The Korean edition Published by arrangement with Career Press, USA
through Yu Ri Jang Literary Agency, Korea.

이 책의 한국어판 저작권은 유리장 에이전시를 통한
저작권자와의 독점 계약으로 황소자리 출판사에 있습니다.
저작권법에 의해 한국 내에서 보호를 받는 저작물이므로
무단 전재와 복단 복제를 금합니다.

켈트 신화와 전설

첫판 1쇄 펴낸날 2009년 5월 15일
개정판 1쇄 펴낸날 2021년 12월 15일
개정판 2쇄 펴낸날 2023년 11월 5일

지은이 | 찰스 스콰이어
옮긴이 | 나영균 · 전수용
펴낸이 | 지평님
본문 조판 | 성인기획 (010)2569-9616
종이 공급 | 화인페이퍼 (02)338-2074
인쇄 | 중앙P&L (031)904-3600
제본 | 서정바인텍 (031)942-6006

펴낸곳 | 황소자리 출판사
출판등록 | 2003년 7월 4일 제2003-123호
대표전화 | (02)720-7542 팩시밀리 | (02)723-5467
E-mail | candide1968@hanmail.net

ⓒ 황소자리, 2021

ISBN 979-11-91290-08-0   03900

* 잘못된 책은 구입처에서 바꾸어드립니다.

켈트 신화와 전설

찰스 스콰이어

나영균·전수용 옮김

CELTIC MIYTH AND LEGEND

황소자리

- 이 책의 원본에는 켈트 신들과 켈트인들의 신앙에 관한 20편의 흑백 삽화가 포함되어 있었다. 그러나 인쇄 상태가 매우 좋지 않아 번역판에서는 이 삽화들을 수록하지 않았다.

- 책의 번역에서 가장 힘이 들었던 부분은 켈트식 명칭의 발음을 알아내는 일이었다. 원본의 맨 뒤에 켈트 명칭의 발음에 관한 안내가 부록으로 붙어 있으며, 저자는 또다시 원문에 각주를 달아서 발음을 안내하고 있다. 그런데 종종 이 두 종류의 발음 안내가 충돌을 일으키는 경우가 있었다. 그런 경우에는 좀더 직접적인 안내라고 할 수 있는 각주의 발음 안내를 따랐다. 원본에 있는 각주는 편의상 미주로 처리하였다. 철자가 비슷한 경우에도 아일랜드식 발음이 다르고 웨일즈식 발음이 다르므로, 신화의 출처에 따라서 그 지방의 발음을 따르도록 노력하였다. 좀더 정확성을 기하기 위해 켈트 명칭 발음사전도 참조하였고, 국내에 거주하는 아일랜드 학자인 케빈 오록 교수님의 조언도 구했으나 아일랜드에서도 각 지방마다 발음법이 다르므로, 발음을 하나로 확정하기 어렵다는 답을 주셨다. 마지막에는 아일랜드 대사관에까지 도움을 청했으나 인력 부족으로 도움을 줄 수가 없다는 대답을 들었다. 발음의 표기가 혹시 정확하지 않은 경우는 이런 어려움 때문인 것으로 양해해주시기 바란다.

- 본문 속 라틴어 명칭 등은 저자가 영국인이므로 영국식 발음을 따르는 것으로 했다. 따라서 율리우스 카이사르Julius Caesar의 경우 줄리어스 시저로 표기했다.

켈트 신화,
지성의 자양분이자 창작의 새로운 창고

서형준(게임 미디어&커뮤니티 '인벤' 대표)

현대 사회에서는 신화가 교양이나 판타지의 수준에 가까워지긴 했습니다. 그러나 거의 대다수 민족이나 국가, 부족은 저마다의 신화를 가지고 있지요. 그 이야기들은 역사의 흐름에 따라 어떤 것은 변형되고 또 어떤 것은 소실되기도 하면서 현재까지 전해집니다. 우리에게도 단군신화가 있고, 주몽, 박혁거세 등의 이야기가 전해 내려오는 것처럼요.

한국 사람들에게 가장 익숙한 서구의 신화라면, 그리스·로마 신화일 것입니다. 어릴 때부터 필수 교양도서로 지정되었을 만큼, 신들이 태양계 행성의 이름으로 사용될 만큼 너무나도 익숙한 신화이지요. 나아가 20세기 말부터 오딘, 토르, 아스가르드, 라그나로크, 발키리 등으로 익숙한 북유럽 신화에 대한 관심이 늘어나는 추세입니다. 여기에는 영화와 게임, 소설 등 각종 대중문화를 통한 전파도 중요한 변수가 됐습니다. 대중문화 작품을 창작하는 사람들에게 지금은 사라진 고대의 신들을 새로운 모습으로 부활시키는 것은 대단히 매력적인 일입니다.

그리고 최근 들어 익숙해지는 또 하나의 신화가 이 책에서 다루고 있는 켈트 신화입니다. 그리스·로마 신화나 북유럽 신화에 비하면 아직 널리 알려지지 않은 편이기는 합니다. 그리스와 로마, 게르만족과 북유럽 등이 유럽 문명의 중심 세력이었던 반면 켈트족은 이들에게 밀려 외곽에서 생존했기 때문일 수도 있습니다.

켈트 신화라고 하면 얼핏 낯설어하는 이들이 대다수일 겁니다. 아직 우리에게는 일부만 알려진, 그리 가깝지는 않은 이야기이기 때문이죠. 하지만 아서왕, 마비노기, 드루이드, 쿠훌린, 에린, 밀레시아, 투아하 데 다난 같은 이름들은 대부분 들어보셨을 것입니다. 이런 이름들이 담겨 있는 이야기가 바로 켈트 신화입니다.

이 책에서 저자인 찰스 스콰이어는 아서왕의 이야기가 어떻게 시작되었는지, 켈트족의 신화와 일부 역사적 사실들이 서로 버무려져 어떻게 변형되었는지를 흥미롭게 들려줍니다. 원탁의 기사들의 이름과 역할이 사실은 켈트 신화의 신들에게서 비롯되었다는 내용도 담겨 있습니다. 켈트 신화에 등장하는 여러 전투, 그리고 켈트족의 주 무대인 아일랜드와 영국의 브리튼 섬에 차례차례 이주하는 민족들과 신들이 어떤 연관이 있는지도 참고할 수 있습니다. 그리스·로마 신화에 등장하는 신과 영웅들의 이야기들처럼 사랑과 비극이 다채롭게 펼쳐지는 이야기 속에서, 켈트의 영웅 쿠훌린은 아킬레우스나 헤라클레스와 비견되기도 합니다.

아서왕 말고도 켈트족, 켈트 신화와 관련된 이름들은 우리 주변에서 종종 찾아볼 수 있습니다. 마비노기라는 게임은 이름부터 켈트 신화에 기반하고 있으며, 기성용 선수가 몸을 담았던 스코틀랜드 프리미어리그의 축구팀 셀틱 FC의 셀틱은 바로 켈트족이라는 이름에서 유래한 팀명입니다.

또 게임에서 자주 등장하는 드루이드라는 클래스도 있습니다. 제가 기억하는 드루이드는, 월드오브워크래프트(WoW)에서 드루이드 캐릭터를 만들 때 음성으로 나오는 '자연을 사랑하는 드루이드'라는 문구였는데, 고대 켈트족의 사제 역할을 담당했던 드루이드들이 사실은 사람을 제물로 바치는 인신공희를 많이 했다는 부분에서는 약간 멈칫하기도 했습니다.

어릴 적, 로마의 역사나 율리우스 카이사르에 관한 책을 읽을 때는, 《갈리아 전쟁기》에서 말하는 갈리아가 그저 현재의 프랑스 지역이고 그 지역에 사는 민족을 가리키는 것이겠거니 했습니다. 그런데 사실 그들도 켈트족이었다는 것을 훗날에야 알았습니다. 그때는 인터넷도 없었고 전후 사정을 충분히 설명해주는 해설서도 부족했으니까요.

또 아서왕의 이야기나 앵글로-색슨족의 브리튼섬 공략과 점령은 매우 익숙했지만, 앵글로-색슨족이 잉글랜드를 점령하면서 쫓아낸 무리 중 일부가 바로 켈트족이라는 사실 역시 시간이 많이 지난 후에야 알았습니다. 그리고 나서야 켈트족의 후예들이 사는 아일랜드와 스코틀랜드가 왜 그렇게도 독립을 갈망하는지, 왜 그토록 오랜 세월 동안 잉글랜드를 앙숙처럼 대하는지도 자연히 이해되었지요.

이처럼 켈트족과 켈트 신화에서 비롯된 것들은 어느새 우리 주변에 많이 포진하고 있습니다. 그리하여 이 책을 읽다가 "아, 이게 그거였어." 하며 무릎을 치는 독자도 있을 것입니다. 이 책에 담긴 켈트 신화의 이야기들을 읽다 보면, 문득문득 그리스·로마 신화나 북유럽 신화, 힌두 신화의 이야기 패턴과 서술 구조가 유사하다는 느낌을 받기도 합니다. 우리가 흔히 말하는 중세 판타지, 서양 판타지와의 유사성을 체감할 수도 있습니다. 아마 인도-유러피언 어족의 원류라 할 수 있는 아리안족이 가지고 있었던, 그 무언가의 원형으로부터 갈라지고 이어졌기 때문일 것입니다.

누군가는 이 책을 읽으며 신화 속에 담긴 역사적인 사실들을 유추해볼 수도, 당시의 생활상이나 고대인들의 사고방식을 추정할 수도 있습니다. 또는 옛사람들의 종교 관념을 떠올리거나 그들이 얼마나 험난한 자연환경 속에서 생존해야 했는지 새삼 놀랄 수도 있습니다.

고대 신화가 간직한 원시적 스토리의 힘은 현대인의 지성을 한 차원 높이는 자양분이 되고, 창작자들의 소중한 창고가 되어주기도 합니다. 켈트 신화의 원형을 가장 충실하게 담고 있는 이 책 《켈트 신화와 전설》이 더 멋진 대중문화가 탄생하는 밑거름이 되어주기를, 나아가 이 책이 새로운 신화를 써 내려가는 우리 주변의 많은 사람들에게 색다른 영감을 던져줄 수 있기를 바랍니다.

2021년, 늦가을

전수용(이화여대 영문과 교수)

　켈트족은 기원전 5~6세기에 출현하여 서유럽 전체를 지배하다가 로마인, 게르만인 그리고 기독교도들의 압박으로 퇴조한 민족이다. 켈트족은 중앙 유럽으로부터 퍼져나가기 시작하여, 가장 융성했던 기원전 5세기부터 3세기 사이에 서쪽으로는 현재의 벨기에, 프랑스, 포르투갈, 스페인 및 대영제국까지, 동쪽으로는 헝가리, 체코슬로바키아, 유고슬라비아 지역까지 광범위하게 분포되어 있었으며, 로마와 그리스 그리고 터키의 갈라시아Galatia 지방까지 진출했다. 오늘날 서유럽 문화의 표층을 형성하는 앵글로색슨이나 프랑크족 같은 게르만족 문화의 층을 벗겨내면 그 기저에는 아직도 켈트 문화가 토속적 형태로 남아 있다고 볼 수 있다. 영국에서는 대륙으로부터 건너왔던 켈트인들이 10세기경 지속적으로 영국을 점령해오고 있었던 앵글로색슨들에게 밀려나서 브리타니 지방으로 역이주하기도 했다.

유럽을 휩쓴 게르만족의 영향력이 미처 도달하지 못한 켈트 문화의 서쪽 끝이라 할 수 있는 아일랜드와 영국의 스코틀랜드 지방 그리고 웨일스 지방에 켈트 문화의 흔적이 가장 많이 남아 있다고 할 수 있다. 그러나 이 지역에 남아 있는 켈트 문화의 잔재로부터 대륙에서 융성했던 켈트 문화의 전체 모습을 알아낼 수 있으리라는 것은 지나친 기대이다.

지중해 지방의 저술가들이 처음 켈트의 옛 이름인 켈토이Keltoi에 대해서 언급한 것은 기원전 500년경의 일이며, 고고학자들은 알프스 북쪽 대부분의 유럽 지역에서 그전부터 존재하던 켈트족 특유의 문질문화를 구별해내고 있다. 켈트 문화가 융성할 당시 켈트인들이 기록으로 남긴 자료는 거의 전무하다. 바로 이것이 우리가 켈트 문화에 대한 정확한 지식을 얻기가 어려운 이유이다. 켈트 문화에 대한 간접적 정보를 얻을 수 있는 원천은 크게 세 가지로 구분할 수 있는데, 당대 고전세계의 저술가들이 남긴 기록, 후세의 켈트인들의 기록 그리고 고고학적인 증거가 그것이다.

켈트족에 관하여 남겨진 고전세계의 기록 중 가장 유명한 것은 시저Julius Caesar의 《연대기Chronicles》이지만 이들 기록은 켈트 문화에 대한 정확한 이해가 없이 이루어졌으며, 종종 변방 문화에 대한 편견을 담고 있다. 그들이 기록한 내용은 드루이드교, 점술, 인신공희, 머리사냥 등과 켈트인들의 내세관, 즉 내세의 삶이 현세의 삶과 거의 유사하다는 인식에 관한 것이 대부분이다. 그러나 정작 켈트인들의 신앙체계나 그들의 범신전에 관한 기록은 없다. 세 가지 정보의 원천에서 공통적으로 발견되는 것은 물 숭배의 중요성, 인간의 머리의 종교적 의미 그리고 내세에 대한 강한 믿음이다.

　후세 켈트인들의 기록은 아일랜드의 것과 웨일스 것으로 나눌 수 있다. 기원 후 6세기 아일랜드의 전승이 채록된 것이 최초의 것이며, 현재 남아 있는 원고들은 대부분 12세기 이후에 기록된 것들이다. 그러니까 이 기록들은 켈트 문화가 유럽을 지배하던 시대보다 훨씬 후인 기독교적 환경에서, 수도원에서 작업하는 수도사 등 기독교인들에 의해 작성되었다. 그리고 이 기록들이 만들어진 지역도 오로지 웨일스와 아일랜드, 그러니까 이교도 켈트 시대에는 서쪽 변방이었던 지역들이었다. 따라서 이 기록들을 통하여 켈트 문화의 원래 모습을 보기는 어렵다.

　아일랜드에 남아 있는 기록들 중 초자연적인 켈트 세계와 관련이 있는 것은 세 개의 군으로 나눌 수 있다. 첫 번 것은 '신화군'으로서 여기에는 12세기에 편찬된 《침략의 책*Book of Invasions*》과 《장소들의 역사*History of Places*》가 속한다. 《침략의 책》은 기원 후 6세기와 7세기에 아일랜드 역사를 편찬한 수도원 학자들의 작업에 근거하고 있다. 이 책은 대홍수 이전부터 이루어진 신화적 침략의 역사를 기록하고 있으며, 게일족Gaels 혹은 켈트족의 도래에서 절정을 이룬다. 이 책의 목적은 창조신화를 확립하고, 아일랜드의 자연을 설명하고, 켈트족의 존재를 설명하려는 것으로 보인다. 우리에게 가장 흥미로운 침략은 뭐니뭐니 해도 아일랜드의 신족인 투아하 데 다난Tuatha D Danann의 도래이다.

　두 번째 이야기군은 '얼스터군Ulster Cycle'이라고 불리며, 이중 가장 중요한 이야기 모음은 《쿨리의 가축 약탈*The Cattle Raid of Cooley*》이다.

이 이야기는 고대 아일랜드의 얼스터와 코나하트 지방 사이의 갈등을 다루고 있다. 얼스터는 쿠훌린Cuchulainn 같은 초인적인 영웅이나 카스바드Cathbadh 같은 드루이드들이 사는 곳이었고 코나하트는 역사상의 인물이 신화화된 존재인 메브Medb 여왕이 다스리던 지방이다. 약탈 이야기가 처음 언급되는 것은 《갈색 암소의 책Book of the Dun Cow》이라는 원고에서인데, 이 이야기가 단편적이고 불완전한 형태로 실려 있다.

세 번째 이야기군은 '피온군Fionn Cycle'이라 불리는 것으로, 신들의 이야기라기보다는 핀Finn이라는 영웅과 그의 영웅적인 전사들 피안나Fianna들의 이야기로서 이들은 초자연적 능력의 소유자들이다.

아일랜드에 남아 있는 이 기록들은 그 언어적 특징으로 보아 이 이야기들이 기원 후 8세기경에 만들어진 것으로 보인다. 따라서 이러한 아일랜드 서사시의 세계와 고전작가들이 기록한 이교적 켈트 사회를 밀접하게 연결시키기는 어렵다는 문제가 생긴다. 그러나 특히 얼스터 이야기군 등에는 기독교 이전의 켈트사회의 특징들이 비교적 잘 나타나 있다.

웨일스의 전승 자료들은 아일랜드 것만큼 잘 채록되어 있지 않으며, 후세의 이야기들과 훨씬 많이 섞여 있고 대륙의 이야기들이 짜여 들어가 있는 것을 볼 수 있다. 웨일스의 신화적 전승과 대륙에 전해 내려오는 중세 아서왕 로맨스 이야기군 사이에도 관련이 있다. 웨일스의 아서는 탈리에신의 책, 《안눈의 약탈물The Spoils of Annwn》에 나오는 영웅으로서 저 세상도 두려워하지 않고 임무를 수행하는 용맹함을 보인다.

웨일스 신화의 가장 오래된 자료들은《마비노기의 네갈래 이야기*Four Branches of Mabinogi*》《쿨루후와 올웬의 이야기*Tale of Culhwch and Olwen*》 그리고《로나뷔와 페레두르의 꿈*The Dream of Rhonabwy and Peredur*》 등이다. 그 외에도《리데르크의 흰 책*White Book of Rhydderch*》과 《헹게스트의 붉은 책*Book of Hengest*》에 초기 웨일스 전승이 보존되어 있다.

이 이야기들은 역사적 인물들로서 신격화된 초자연적 존재들의 이야기를 기록하고 있다. 웨일스의 신화에는 마술적 동물들, 동물로 변신한 인간, 신적 특성을 가진 머리들, 죽은 자를 살려내는 가마솥 이야기들이 많이 나온다. 또한 이교적 저세상인 안눈이 나오는데, 이 세계는 아라운*Arawn*에 의해 지배된다. 저세상은 이승과 매우 유사하며, 아일랜드의 전승에서 묘사되는 저세상과 밀접한 관련이 있다. 형태 바꾸기, 동물과의 유사성, 마법의 가마솥은 아일랜드와 웨일스 신화에서 공통적으로 발견되는 요소이다.

켈트 문화가 융성했던 시기와 직접적인 관련이 있는 증거는 켈트의 신앙과 관련이 있는 물질문화의 증거, 즉 고고학적 증거들로서 성소들, 매장풍습 및 제의적 행위의 증거들, 금석학이나 도상학적 증거들이 있다. 그런데 이 증거들을 근거로 한 켈트 문화의 해석에도 두 가지 문제점이 따른다. 첫째는 2000년 전에 살았던 집단의 사상과 신념을 순전히 물질적 증거로부터 유추해내는 데는 무리가 있다는 것이다. 둘째는 켈트 종교에 관련된 도상학적 증거들이 나타나게 된 것은 로마가 켈트인들의 거주 지역에 영향을 미치기 시작한 시기부터이므로, 켈트적 상징을 로마의 영향으로부터 구별해내는 것이 어렵다는 점이다.

　로마의 영향이 나타나기 이전의 켈트 세계에는 돌이나 금속으로 된 신상은 거의 없었고, 나무로 된 신상은 흔했던 것으로 보인다. 그러나 기원전 5~6세기경의 석조 신상이 론Rhône 강 하류에서 발견된 경우도 있는데, 이것은 기원전 7세기부터 그리스 식민지가 되었던 마르세이유의 영향 때문인 것으로 보인다. 기원전 1~2세기에는 종교와 관련된 조상이나 부조들이 좀더 흔해져, 멧돼지 등의 동물상 혹은 목장식을 하고 뿔이 달린 신이나 양의 뿔을 가진 뱀 등 프랑스 지역의 켈트족인 골Gaul 족의 종교적 상징물들을 새긴 가마솥 등 켈트 고유의 유물들이 발견된 바 있다.

　로마의 문명이 자리잡으면서 그 영향으로 켈트의 종교 전통이 물질적으로 표현되며, 켈트 신들의 이름이 새겨지게 된다. 이러한 종교적 증거의 풍부함 때문에 우리는 로마 이전의 켈트 시대에 복잡한 믿음의 체계가 존재했음을 알 수 있다. 켈트문학에 기록된 신화 체계와 물질적 증거들을 직접적으로 연결시키기는 어렵지만, 두 가지 증거들에서 공통적으로 발견되는 요소들도 있다. 셋이라는 숫자의 신성함, 가마솥의 상징성, 인간 머리의 초자연적인 힘, 이 세상과 비슷한 저승에 대한 믿음 등이 그것이다.

　켈트족은 논리보다는 상상력이 강하고, 합리성보다는 감성이 강한 민족으로서 환상적인 신화와 그에 바탕한 문학 및 문화산물의 근원이 되었다. 유명한 아서왕의 전설은 켈트신화로부터 파생된 전승이며, 셰익스피어가 그린 맥베스나 맥베스 부인에게서도 켈트신화 속 인물들과의 유사성을 찾을 수 있다. 그런가 하면, 셰익스피어의

《폭풍우The Tempest》와《한 여름 밤의 꿈A Midsummer Night's Dream》에서는 아서왕 전설에 나오는 마법사 멀린Merlin이나 모간Morgan이 되살아난 듯하다. 리어왕은 직접적으로 웨일스의 전승에 속하는 인물이며, 환상의 세계와 지하의 세계를 동시에 다루고 있는 스펜서Edmund Spenser의 《선녀여왕The Faerie Queen》에서도 켈트적 주제가 맥을 잇고 있다. 영국에서는 앤 래드클리프Ann Radcliffe의 고딕 소설과 낭만주의 시인들이, 미국에서는 에드가 앨런 포Edgar Allan Poe가, 프랑스에서는 낭만주의 시인 샤토브리앙Chateaubriand과 상징주의 시인 보들레르Baudelaire 및 랭보Rimbaud 그리고 현실을 넘어 현실을 변형하고자 했던 초현실주의 시인이자 화가인 브레통Bréton 등이 켈트 문화의 전통을 이어받고 있다. 아일랜드의 베켓Beckett, 웨일스의 딜란 토마스Dylan Thomas, 루마니아의 이오네스코Ionesco 등도 켈트 문화의 후손이라 할 수 있으며, 영화에서도 꿈의 세계와 초현실의 세계를 왕래하는 움직임들이 켈트의 전통을 잇고 있다. 켈트적 색채는 환상과 해학과 시 그리고 비논리성을 혼합한 것이다. 이런 의미에서 최근 영화 관객들을 사로잡고 있는 해리포터Harry Potter 시리즈나《반지의 제왕The Lord of the Rings》도 켈트적 상상력의 결정체라 할 수 있다.《반지의 제왕》줄거리의 많은 부분은 게르만 신화에 뿌리를 두고 있으나 일부 인물들과 환상적 분위기 등에서 켈트적 요소를 볼 수 있다. 켈트신화는 이와 같이 서구문화의 한 측면을 이해하는 데 주요한 통로가 된다.

2009년, 봄

시로나 나이트Sirona Knight(신화학자)

　'쿨란의 사냥개'라는 뜻의 이름을 가진 쿠훌린Cuchulain은 그 위업에 있어서 그리스의 헤라클레스Heracles와 아킬레스Achilles에 비유된다. '아일랜드의 일리아드' 장에 나오는 쿠훌린과 그밖의 아일랜드 영웅의 이야기들은 찰스 스콰이어Charles Squire의 《켈트 신화와 전설 Celtic Myth and Legend》의 가치를 높여준다. 캐멀롯Camelot과 성배 탐색의 전설을 담은 켈트 신화는 그리스 신화와 함께 문학적 주제의 보고이다. 스콰이어는 "이 전설이 위대한 예술과 문학 작품에 준 영향은 너무나 크고 다양해서 아서왕 이야기의 나머지 부분처럼 그 근원을 이교 사상에서 찾는 것은 모독처럼 보인다."고 말했다. 그러나 이 주제들은 분명 켈트족까지 거슬러 올라간다. 옛날 번역에서 따온 신화와 전설 이야기들은 강렬하고 또한 오늘날의 삶과도 무관하지 않다. 많은 사람들이 켈트의 뿌리를 재발견하고 있는 가운데 켈트의 문화와 정신은 잊히지 않은 채 오히려 더 대중의 관심을 받고 있다.

문화의 영향력은 흔히 시간을 통해 감지된다. 켈트의 영향력은 인구 중 다수가 켈트의 뿌리를 갖고 있는 서구 세계에서 더 크다. 켈트족은 인도 유럽계 문화의 근원지인 다뉴브Danube 강 유역에서 이동해온 게르만 민족 가운데 하나이다. 잠들었던 사람들이 다시 깨어나듯 켈트 문화에 대한 최근의 관심은 자신을 낳아준 부모를 찾는 입양아들의 관심과 같다. 우리가 어디에서 왔는지에 대한 궁금증은 마치 우리의 DNA에 약호화되어 있는 듯하다.

스콰이어는 이 책을 '게일Gaelic'과 '브리튼British' 이야기의 두 부분으로 나누고 있다. 게일 또는 아일랜드 이야기들은 수천 년 동안 음유시인들이 입에서 입으로 전해온 이야기와 노래에서 유래한다. 브리튼 이야기의 대부분은 《마비노기The Mabinogi》라고 하는, 네 갈래 이야기가 든 웨일스의 원전에 의거하고 있다.

게일과 브리튼 이야기 사이에는 많은 유사성이 있다. 이름만 서로 다른 경우도 종종 있다. 스콰이어는 게일 이야기와 브리튼 이야기의 부합점을 지적하는 데 역점을 둔다. 예를 들어 아일랜드의 예술과 기술의 신 루Lugh는 영국 또는 웨일스의 전설에서는 루드Ludd(dd는 'th'로 발음)가 된다. 현대적 켈트 전설은 스콰이어가 말하는 켈트족과 브리튼인의 신들을 병합하여 사용하고 있다. 켈트 신전의 다양한 신과 여신들은 현대 켈트족의 정신을 만들어내는 솥 아니면 혼합용 냄비라고 할 수 있다.

켈트족은 조상의 에너지를 소중히 여겼다. 필요할 때 도움을 주는 조상의 에너지를 잠에서 깨우는 이야기가 많은 것은 바로 이런 이유 때문이다. 아메리카 원주민들처럼 켈트족 역시 조상의 에너지는 땅속에서 잠들거나 졸고 있으며 필요할 때 언제든 불러낼 수 있다고 믿었다. 땅속에 잠들어 있는 세대의 수가 많을수록 가족 간의 유대와 행사할 수 있는 힘은 강해진다. 사람들은 땅에 속해 있다. 이 나라는 부동산 소유권의 개념 위에 세워졌고, 개인의 집은 말하자면 그의 성인 것이다. 사실 '담보mortgage'라는 말은 '죽음의 약속'이라는 뜻을 가진 노르망디 지방의 프랑스 방언에서 유래하며 인간과 땅의 관계의 중요성을 말해주고 있다.

이집트, 그리스, 로마의 초기 문명에서처럼 켈트족은 사냥꾼과 채집꾼에서 가축지기와 농사꾼으로 변해갔다. 그들은 지구의 순환 주기를 점차 이해하게 되었다. 지구는 정신적으로 '어머니 여신'으로 상징되었다. 그들에게 정신생활과 생계는 별개가 아니라 동일한 것이었다. 켈트인들은 자연의 이치에 따라 순리대로 일을 하였다. 그들은 3개월에 한 번 초하룻날이나 달이 어떤 국면에 있는 동안에 자연과의 인연을 기렸다. 그들은 신성한 힘에 감사하며 자연의 순환을 강화하는 의식을 올렸다. 예를 들어 2월 초에 있는 임볼크Imbolc 또는 브리잇춰Bridget의 날은 가축의 첫 우유짜기로 새해가 시작되었음을 알린다. 동지와 허사Hertha의 날(춘분) 사이에 있는 이 축일에는 성스러운 불꽃의 첫 불씨를 가져온 여신 브리잇춰을 섬긴다. 이 성스러운 불꽃은 해마다 봄, 여름, 가을, 겨울의 순환을 시작하는 태양의 온기이다.

불행하게도 켈트족에 관한 역사적 기록이나 글은 흔치 않다. 켈트의 뿌리를 찾고자 하는 사람들에게 이 책이 소중한 것은 스콰이어가 초기 켈트 신화를 원전에서 번역된 상태로 고스란히 보여주고 있기 때문이다. 이러한 번역은 참으로 귀중하다. 물론 이 해설서가 처음 세상에 나온 1905년 이후 신화를 보는 시각이 많이 달라졌다. 그래서 그의 해석이나 의견은 약간 낡아 보일 수 있다.

신화와 전설에 대한 우리의 변해가는 견해에 가장 큰 영향을 준 인물은 조지프 캠벨Joseph Campbell이다. 그의 노력에 힘입어 이제 신화는 더이상 미신에 가득 찬 몽매한 원시인의 마음에서 나온 회한 어린 이야기가 아니게 되었다.

이제 신화는 한 문화의 보편적 정신이 어떻게 자기성찰을 하며 또한 이 성찰이 시간에 따라 어떻게 발전해가는지를 이해하는 방도가 되었다. 기술은 우리의 외적 세계를 대폭 변화시켰다. 특히 켈트족의 초기 문명 등과 비교할 때 그 변화는 막대하다. 그러나 외부 세계가 많이 변한 데 비해 내적 세계는 우리가 아직도 도의나 죽음의 문제에 대해 많은 논쟁을 할 정도로 예전과 비슷하다. 결국 인간으로서 우리는 여전히 신성한 신이나 여신, 하나의 전체와의 영적 합일을 추구하고 있는 것이다.

스콰이어의 장점은 신화와 이야기 형식으로 된 초기 켈트 원전의 번역을 포함시키고 있는 것이다. 저자의 해석 대부분은 그가 살았던 시기를 반영하고 있다. 저자는 해가 지지 않았던 대영제국의 빅토리아 시대에 살았다. 다윈의 적자생존 법칙을 사용하여 허버트 스펜서Herbert Spencer는 '사회적 다윈주의'라는 말을 만들어냈다. 이 말은 문화는 높은 단계를 향해 발전한다는 의미로, 원숭이가 인간에 비해 원시적이듯이 고대 문화가 원시적임을 의미한다. 그래서 스콰이어는 켈트족 시대를 이야기할 때 "어둡고 뒤떨어진 시간의 심연"이라고 부른다.

또한 이 책의 처음 다섯 장은 고대 로마인과 기독교인 역사가의 해석을 담고 있다. 이들 로마인과 기독교인 역사가들은 당시 켈트족을 침략하려던 침입자들이었으며 그들의 의도는 켈트족을 의혹의 눈으로 바라보는 것이었다. 그들이 켈트족을 짐승과 인간을 제물로 바치기를 일삼는 피에 굶주린 이교도로 호칭한 것은 사실을 묵과한 다분히 정치적인 기만이었다. 물론 로마나 그리스의 문화에서도 마찬가지이지만, 극단으로 치달은 개별적 집단이 존재했을 수는 있다. 그러나 전체적으로 켈트족은 생명을 중시했다. 절대 생명의 희생을 허용하지 않았다.

현대적인 켈트의 전통에서 성모의 제단에는 '빛과 생명의 성모'인 그녀에게 죽은 것을 올리지 않는 것으로 되어 있다. 이것은 내가 경험한 모든 켈트의 전통과 일치한다. 그들은 생명을 존중했다. 죽음을 존중하지 않는다. 로마인과 기독교인들이 거론한 제물의 문제는 켈트족을 겨냥한 정치적 선전 냄새가 진하게 풍긴다. 로마인과 기독교인 침략자들이 저지른 잔학 행위를 정당화하려는 것이다.

나는 여러분이 켈트 신화 이야기가 시작되는 6장부터 읽기를 권한다. 켈트 문화는 인류 역사에서 매우 중요한 부분이다. 스콰이어는 켈트족의 절묘한 이야기가 담아내고 있는 켈트족들에 대한 탁월한 개관을 보여준다.

100년이 지난 지금도 이 책이 여전히 유익하게 읽힌다는 것은 그 주제의 중요성을 증명한다. 켈트족은 잊히지 않았을 뿐만 아니라 이제 인류 발전의 전면에 부각되고 있다. 켈트의 신화와 정신은 이전보다 더욱 활기를 띠어가고 있다. 신화 이야기들은 인간의 조건, 우리가 살고 사랑하고 발명하고 싸우고 죽고 재생하는 방식을 설명하는 것이기에 지금도 의미가 있다. 스콰이어는 1세기 동안 이 이야기들이 살아남도록 하는 데 기여했고 앞으로도 오랫동안 그럴 것이다. 켈트족이여 영원하라!

차례

제1부

브리튼 제도의 신화

CELTIC MIYTH AND LEGEND

1장
켈트족 신화의 재미와 중요성

초기의 전설 또는 시적 기록이 모든 국가에게 얼마나 중대한 관심사가 되며 소중한 가치를 갖는지 독자에게 새삼 일깨울 필요는 없을 것이다. 그리스의 아름다운 신화가 좋은 예이다. 그리스 신화는 그것을 창조해낸 민족과 상상 속에서 그 무대가 되었던 나라의 운명을 세 가지 형태로 좌우했다. 첫째, 신화가 아직 새롭던 시절에는 신화에 대한 믿음과 자랑이 강력하여 흐트러진 부족들을 연합시킬 수 있었다. 둘째, 조각가나 시인에게 어떤 다른 시대나 민족도 필적하지 못한, 아니 능가하지 못한 예술적 · 문학적 영감을 주었다. 마지막으로 '그리스의 영광'이 빛바랬을 때, 잇단 침략의 결과 사람들이 이미 자신을 그리스인이라고 부를 수 없게 되어버렸을 때, 그리스 신화는 세계문학 속에 녹아들어 넓으나 자원에서 훨씬 뛰어난 다른 나라들보다 이 초라한 왕국이 위대해 보이게 하는 시적 가치를 주었다.

시적인 그리스 신화의 이러한 영향은 모든 문명국가에서 볼 수 있다. 특히 우리나라(영국, 이후 우리는 '영국인'을 의미한다 ─ 역주)에서 그 영향력은 크게 작용했다. 영국 문학의 여명기부터 그리스 신화의 신과 영웅들은 영국 시인들이 상용하는 자료였다. 올림푸스Olympus의 거주자들은 자기들이 태어난 나라에서보다 영국 시에서 익숙한 라틴어 이름으로 큰 자리를 차지하고 있다. 초서Chaucer 이래 그들은 시인과 청중의 상상력을 사로잡아왔다. 고전 신화라는 마술의 가마솥은 켈트족의 '성배'처럼 생명력을 구하러 다가오는 모든 이들에게 양식을 주었다.

그러나 마침내 그 힘은 탈진해갔다. 영국 땅에서 새롭고 이국적이던 그리스 신화는 서서히 쇠퇴하여 하나의 관례로 변해갔다. 18세기 삼류시인의 천박한 손에 의해 신화의 등장인물들은 인형이 되어버렸다. 숲이 '작은 숲grove'이 되고 시골 처녀가 '요정nymph'이 되어버리면 (grove와 nymph는 18세기 시인들이 상투적으로 쓰던 표현 ─ 역주) 우리는 비너스Venus가 애교점과 분첩으로 무장하고 마르스Mars가 소총을 메고 아폴론Apollon이 엉터리 시인의 싸구려 시를 고무시키는 모습을 상상하게 된다. 그런 거짓 꾸밈은 다행히도 무용지물이 되어, 그들의 표현 방식까지 없애버렸다. 빈번한 조롱으로 질식당하고 졸렬한 삼류작가의 시시한 표현법에 내맡겨졌던 고전 신화가 위대한 시인이라야만 감히 다룰 수 있는 대상이 되었다.

그러나 신화는 문학에 꼭 필요한 것이기에 남유럽 특유의 전설의 저장고를 잃은 창작가들은 새로운 추진력을 찾기 시작했다. 그들은 북쪽으로 눈을 돌려 올림푸스가 아니라 아스가르드Asgard(북유럽 신화에 나오는 신들의 거처 — 역주)에서 영감을 찾았다. 뿐만 아니라 스칸디나비아와 튜튼족 신화에 나오는 초기 시의 원천이 우리의 것이고 우리 혈관에 흐르는 앵글로색슨의 피 때문에 우리가 정통성을 가진 계승자라고 믿었다. 사실 우리는 유일한 계승자이다. 그러나 그것이 우리의 유일한 유산은 아니다. 우리 핏줄에는 켈트족의 피, 진정한 영국인의 피가 흐르고 있다.[1] 제국을 세운 실용적 기질은 앵글로색슨에게서 받은 것이고 그리스 이래 가장 빛나는 영국 문학을 만든 시적 상상력은 켈트족에게서 계승된 것이라던 매슈 아놀드Mathew Arnold의 말은 정당하다 할 수 있을 것이다.[2]

그러므로 우리는 새로운 정신적 유산에 대해 이야기할 권리가 있다. 게다가 그것은 멋진 유산이다. 켈트 신화에는 우리에게 염증을 느끼게 하는 튜튼족이나 스칸디나비아 이야기에서와 같은 지나친 조잡함이 거의 없다. 그리스 신화만큼 아름답고 품위가 있다. 게다가 우리가 볼 수 없는 풍토와 땅을 반영하는 그리스 신화와 달리 우리의 이야기이다. 신들은 마땅히 그들이 움직이는 땅에서 필연적으로 생겨나는 산물이어야 한다! 아폴론이 빙산 가운데 벌거벗고 나타난다면, 또 모피를 입은 토르Thor(북구 신화에서 천둥의 신 — 역주)가 야자수 숲속에 나타난다면 얼마나 이상하겠는가! 켈트의 신들이나 영웅들은 영국 풍경 속에 살아온 주민이다. 포도 넝쿨이나 올리브 나무가 없는 정경 속에서 조금도 어색해 보이지 않으며 우리에게 낯익은 떡갈나무와 고사리 숲, 가시덤불과 히드가 무성한 황야 속에 잘 녹아든다.

그래서 우리는 우리나라 섬들의 절경에 새삼스러운 관심을 갖는 것이고 특히 초기 주민들이 가장 오래 살던, 좀더 야생적이고 산이 많은 서부에 관심을 갖게 된다. 색슨의 정복은 영국 동부의 많은 부분을 말살하고 큰 변화를 가져왔다. 그러나 영국 서부, 웨일스, 스코틀랜드 특히 전설이 무성한 아일랜드의 언덕이나 골짜기는 민족의 옛 신들에 대한 기억을 아직도 간직하고 있다. 남부 웨일스, 잉글랜드 서부 곳곳에는 브리튼섬의 켈트족들이 신들의 고향 또는 저승 세계의 전초지로 여겼던(한때 신비스러웠던 그리고 아직도 낭만적인) 지역이 있다. 아일랜드에는 '붉은 가지 전사Red Branch Champions' 또는 핀Finn과 그의 억센 부하들의 공훈담과 관련되지 않은 곳이 없다. 옛 신들이 요정으로 소형화되긴 했어도 옛날과 같은 특성과 이름을 지닌 채 아직도 많은 곳에서 기억되고 있다. 펠리온Pelion이나 오사Ossa(둘 다 그리스에 있는 산 이름 — 역주) 올림푸스나 파나서스Parnassus(시의 신인 뮤즈들이 산다는 그리스 중부의 산, 아폴론의 신전이 이산 속 델피에 있다 — 역주)는 '불후의 책' 속에 기록되어 있는데 "해안선 주변에 수없이 솟아 있는 영국의 산"은 어느 하나도 "천상의 뮤즈에 의해 칭송된" 일이 없다고 한 워즈워드Wordsworth의 불만[3]은 분명 그의 세대에는 사실이었을 것이다. 그러나 고대 게일족이나 브리튼족 신화의 베일을 벗긴 학자들 덕으로 우리 세대에는 이미 사실이 아니다. 러드게이트 힐Ludgate Hill이나 그보다 덜 알려진 언덕 위에 한때는 영국의 제우스 신전이 서 있었다. 벳츠 어 코이드Bettwws-y-Coed에서 멀지 않은 산은 영국의 올림푸스였고, 우리 고대 신들의 궁전이었다.

그러나 워즈워드와 같은 시대를 살았던 사람들이 태생의 권리로서 자기 것인 신화를 그리스나 로마 신화의 대체물로 선뜻 받아들였는지는 의심스럽다. 워즈워드는 고전 문화의 영향을 일찍이 벗어던진 사람 가운데 하나였지만, 고전의 영향력은 강력했다. 당시 고전을 가르치는 교수들은 영국 신화라는 말을 들으면 허리를 잡고 박장대소했을 것이다! 그러나 영국 신화가 쉽게 알아볼 수 있는 형태로 변형되면서 영국적인 이념과 이상은 오랜 세월에 걸쳐 숙성되어갔다. 그 힘은 결코 약화되지 않았다.

대중의 상상력은 성직자의 종, 책, 촛불이 오랫동안 금지해온 옛 신들을 여러 형태로 변장시켜 되살려냈다. 그들은 줄리어스 시저Julius Caesar 이전의 시대에 고대 영국을 지배하던 왕으로서 전설 속에 살아 있었다. 런던을 만든 러드Lud 왕, 셰익스피어Shakespeare가 불멸의 이야기로 만든 리어, 로마를 정복한 브레니우스Brennius 왕, 그리고 그외 옛 연극에 등장하는 수많은 다른 왕들이 그러하다. 그들은 오래전에 죽은 아일랜드와 영국의 초기교회 성자로 살아 있다. 그 훌륭한 속성과 모험은 많은 경우 그들과 이름이 같은 신들의 속성과 모험이 되어 새 이야기로 꾸며져 있다. 그리하여 그들은 좀더 강력한 방식으로 계속 살아온 것이다. 아서Arthur의 신화와 그의 전설에 나오는 신들은 노르만계 이야기꾼들에게 전해졌다가 다시 아서 왕과 원탁의 기사의 로맨스가 되어 재출현했다. 이처럼 문명화된 유럽으로 퍼진 신화의 영향은 막강했다. 그 원시적인 시적 충동은 아직도 우리 문학 속에서 요동치고 있는데, 그 영향을 받은 사람들로 테니슨Tennyson과 스윈번Swinburne을 예로 들 수 있다.

영국 시나 로맨스에 미친 켈트 신화의 다양한 영향은 엘튼Elton이 그의 저서 《영국 역사의 기원Origin of English History》에서 설득력 있게 기술했다. 그는 이렇게 쓰고 있다. "영국 부족들의 종교는 문학에 중요한 영향을 미쳤다. 역사를 대신한 중세의 로맨스와 전설은 '아름다운 인간'과 빛나는 신화적 등장인물로 가득 차 있다. 땅과 불같은 원소의 힘, 파도와 강에 나타나던 정령들은 아일랜드의 연대기에 왕으로 등장하며, 웨일스에서는 성인이나 은자로 나타난다. 원탁의 기사들, 케이Kay 경과 트리스트렘Tristrem, 그리고 용감한 베디비어Bedivere 경은 로맨스의 주인공으로서 이어받은 특성에 의해 그 위대한 조상이 누구인지 드러내준다. 상처 입은 아서를 평화로운 골짜기로 데려간 것은 'Dea quaedam phantastica' 즉 여신이었다. '숲과 개울 위에 햇빛은 비치지 않았고 밤은 달과 별빛이 없어 어둡고 침침했다.' 이것은 오버론Oberon(셰익스피어의 《한여름밤의 꿈》에 나오는 요정왕의 이름 — 역주)과 보르도Bordeaux의 우옹Huon 경의 나라이다. 또한 아든Arden(잉글랜드 중남부의 숲 이름 — 역주)의 꿈같은 숲이다. 연대가 더 오랜 신화에서는 그림자 왕의 영토이며 《요정의 여왕Fairie Queen》에서 구이온Guyon 경이 되어 말을 달리는 귄 압 누드Gwyn ap Nudd의 나라이다.

> 그가 오버론 왕과 함께 요정의 나라로 오자
> 우옹에게서 기사의 칭호를 받았다.[4]

웨일스와 아일랜드의 왕, 성자, 은자의 기원을 켈트적 상상력이 만들어낸 '땅과 불 같은 원소의 힘과 숲과 시내를 넘나들던 정령'에서 찾는 일, 그리고 '아서 왕의 기사들'의 중세적이고 기독교적인 장식 밑에 깔려있는 원시 이교도의 신들을 밝혀내는 것이야말로 이 책이 해야 할 일이다. 그러나 독자들은 이렇게 물을 것이다. 리어나 러드처럼 출처가 불분명한 영국 왕들과 브리잇취처럼 의심스러운 아일랜드의 성자가 과연 켈트족의 신들이었는가? 랜슬롯Launcelot과 왕비의 사랑과 성배의 탐색을 담은 《아서의 죽음Morte D' Arthur》이 정말로 노르만계 로맨스 작가의 발명품 이상의 것이었을까? 독자들은 켈트족 신화가 그들 신화의 원형을 제공했다는 사실적 근거가 어디 있으며 거기에 대한 우리의 근거가 얼마나 오래되었고 어떤 가치가 있는지 알고 싶어할 것이다.

이 물음에 대한 해답은 다음 장에서 볼 수 있다.

2장
켈트 신화에 대한 우리 지식의 출처

엘튼은 고대 영국 신화를 재구성하기 위해 우리가 사용할 수 있는 재료의 일부만 건드렸다고 확언하는 것으로 이 장을 시작해도 좋을 것이다. 다행히 우리는 성 패트릭Patrick이나 줄리어스 시저 이전에 통치한 출처 불명의 아일랜드 왕이나 영국 왕들의 우화적 행동을 켈트 신화의 원형에서 찾는 일, 역사적으로 의심스러운 성인의 특질이나 기적을 가려내는 일, 아서와 그 기사들의 전설에 함축된 원시적 이교의 요소를 로맨스 작가들이 가미한 윤색에서 분리하는 일처럼 어려운 작업에만 전적으로 의지하는 것은 아니다. 이러한 것들 외에도 (그것들은 잠시 2차적 자료로 제쳐두자) 우리에게는 원전인 초기의 글이 대량으로 있다. 이러한 글들은 현재 기독교 이후의 형식으로 남아 있지만 사실은 그 이전의 이교도 시대부터 내려온 것들이다. 그것들 은 아일랜드, 스코틀랜드, 웨일스의 허물어진 저택이나 수도원에서 살아남은, 송아지와 염소피지, 양피지에 쓰인 원고이다. 19세기에야 발견된 이 글들은 그 속에 나오는 케케묵은 방언과 꾸준히 씨름해온 학자들에 의해 사본이 만들어지고 번역되었다.

이러한 책자의 대부분은 진기하고 잡다한 문집이다. 대개 유력한 집안이나 수도사 공동체의 책 한 권이 전하는데, 이러한 책 속에는 집안이나 공동체가 가장 남길 만하다고 생각한 모든 것이 기록되어 있다. 그러다 보니 온갖 종류의 이야기가 들어 있다. 성경이나 고전의 일부를 번역한 것이 있는가 하면 몬머스의 제프리Geoffrey of Monmoth나 네니우스Nennius의 영국사와 같이 당시 인기 있었던 책의 번역, 유명한 성자의 생애와 업적, 얄팍하게 위장한 게일족이나 브리튼족 신들이 주인공으로 나오는 시나 로맨스, 당시 연구 대상이던 온갖 문제, 문법, 작시법, 법률, 역사, 지리, 연대기, 유명 추장의 족보에 대한 논문들이 들어 있다.

이러한 문서들은 대체로 12세기 초부터 16세기 말에 이르는 기간에 수집되었다. 아일랜드나 웨일스, 그리고 스코틀랜드에서 그 시기는 앞서간 시대의 혼란 이후 찾아온 문학의 부흥기였다. 아일랜드에 온 북유럽인들은 오랫동안 약탈 행각을 하다가 평화롭게 정착했고, 웨일스에서는 노르만인의 정복 덕에 처음으로 나라가 비교적 조용해진 뒤였다. 그래서 뿔뿔이 흩어졌던 평신도와 성직자의 역사, 학문, 전설의 단편들이 이 문서에 한데 모일 수 있었다.

아일랜드의 문서 가운데 가장 초기의 것은 손상된 상태임에도 불구하고 거기 담긴 고대 게일족 신화의 양이 많기 때문에 우리 목적을 위해 가장 중요한데 현재 왕립 아일랜드 학술원이 이것을 소장하고 있다. 불행히 그것은 138쪽의 단편으로 줄어든 상태이지만 이 자투리들이 아일랜드의 신과 영웅들에 관한 로맨스를 다수 담고 있다. 무엇보다도 거기에는 주인공 쿠훌린이 위대한 공을 세운, 이른바 '쿨리의 가축 약탈Tain B1 Chuailgn2'이라고 불리는 서사적 전설이 완전하게 기술되어 있다. 이 문서는 7세기 사람 성 키아란Ciaran이 좋아하던 동물 가죽에 썼던 글을 베낀 것이라고 하여 《암갈색 소의 책Book of the Dun Cow》이라 불린다. 그중 한쪽 항목에 이것을 필사한 사람의 이름 묄무리Maelmuiri가 나오는데 그는 1106년 클론막노이즈Clonmacnois의 교회에서 강도에게 살해된 것으로 알려져 있다.

이보다 연대는 좀 늦지만 훨씬 두꺼운 《렌스터의 책Book of Leinster》이라는 것도 있다. 이 책은 20세기 초에 킬데어Kildare의 주교 핀 막고만Finn mac Gorman이 편집한 것이라 한다. 이 책 또한 《암갈색 소의 책》에 나오는 묵은 이야기를 보충하면서 쿠훌린의 위대한 행적 이야기를 하고 있다.

게일족 신화 연구자가 보기에 중요성이 덜할지도 모르지만 《밸리모트의 책Book of Ballymote》과 《레칸의 노란 책Yellow Book of Lecan》도 있다. 이들은 14세기 말의 것이며 《레칸의 책》과 《리스모어Lismore의 책》은 15세기의 것으로 추정된다. 여섯 권의 두꺼운 이 문집 외에도 고대 신화 이야기를 담은 다른 문서들이 많이 남아 있다. 15세기에 저술된 책 가운데 한 권에는 아일랜드의 신들과 그들의 적인 포모르들Fomors(게일족의 귀신들 — 역주) 또는 심해의 악귀들이 싸우는 '모이투라Moytura의 전투' 이야기가 나온다.

에든버러의 변호사 도서관에 보관된 스코틀랜드 문서 대부분은

15세기 혹은 16세기에 작성된 것들이지만 어떤 것은 14세기까지 거슬러 올라간다. 그것들은 아일랜드의 문서를 확인해주며 쿠훌린의 모험담을 보강하고 핀, 오션(스코틀랜드의 전설적 시인 — 역주), 페니안들Fenians(핀의 부하들 — 역주)의 훌륭한 행적을 이야기하는 다른 영웅적 전설집들을 흥미로운 연구대상으로 만들어주고 있다. 그것들은 또한 핀이나 쿠훌린보다 오래된 고대 게일의 신족인 투아하 데 다난Tuatha De Danann의 이야기를 포함하고 있다.

웨일스의 문서들은 아일랜드나 스코틀랜드의 문서와 같은 시기를 다루고 있다. 이중 네 개가 다른 문서와 구분되는 가장 중요한 문서다. 가장 오래된 것은 《크마르텐Caermarthen의 검은 책》으로 1175년경부터 내려온다. 《아노이린Aneurin의 책》은 13세기 후기에 쓰였고 《탈리에신Taliesin의 책》은 14세기 것으로 추정되며 《헤르게스트Hergest의 붉은 책》은 14세기와 15세기 여러 사람에 의해 편찬되었다. '웨일스의 고대본 4권' 가운데 처음 세 권은 분량이 적고 6세기의 위대한 전통적 음유시인吟遊詩人인 머딘Myrddin, 탈리에신, 아노이린의 것으로 알려진 시들을 담고 있다. 마지막 권인 《헤르게스트의 붉은 책》은 훨씬 두껍다. 여기에는 브리튼 연대기의 웨일스어 번역이 실려 있다. 또한 자주 언급되는 전설적 유명 인사나 사물을 기리는 삼제시三題詩, 루아르히 헨Llywarch Hen의 것이라고 하는 고대 시가 들어 있으며 우리 연구 과제에 더없이 소중한 《마비노기온Mabinogion》이라고 불리는, 로맨스 형식으로 만들어진 수많은 브리튼 신화가 들어 있다.

말하자면 브리튼 제도의 신화와 관련된 재래문학의 총체는 12세기 초부터 16세기 말에 이르는 기간의 것이라고 추정할 수 있다. 그러나 훨씬 전에 일어난 일에 대한 정통성을 부여받기에는 이 시작이 너무 늦은 감이 있다. 이 연대는 그러니까 저작 시기와 관계없이 원고 내용이 현존하는 형식으로 최종적으로 편집된 시기를 말하는 것이다. 아주 오래전의 문서를 필사한 고대 시와 이야기들을 모은 현존의 책들은, 그러니까 현대판 영국 명시선집 속에 《캔터베리 이야기Canterbury Tales》의 일부가 들어 있다고 해서 초서를 현대의 사람으로 꼽을 수 없듯이 그 제작 연대를 가늠할 수 없는 것이다.

이것은 직접적 혹은 추리적으로도 증명할 수 있다.[5] 어떤 경우에는 (예를 들어 암갈색 소의 책에 나오는 '성 콜럼바Columba에게 바치는 애가'의 경우처럼) 제작 연도가 실제로 적혀 있기도 하다. 또 절대적이라고 할 수는 없으나 믿을 만한 증거에 의거하기도 한다. 작가가 옛 문서를 필사한다고 밝히지 않은 경우에도 책에 나오는 어휘를 통해 그 시기를 파악할 수가 있다. 초기 게일족 문서의 필사자들은 필사하는 문서에서 종종 당대의 독자들이 이해할 수 없는 낡은 말들이 나오면, 고대 문서를 참고 삼아 진부한 낱말을 설명하는 방주傍註를 달았다. 중세의 필사자들이 이것을 모르고 방주를 본문 안에 끌어들이는 일이 자주 있었는데 그것들은 마치 언어학적 화석처럼 전 시대 언어 양식의 증거로 남아 있다. 그런 말들이 나왔던 초기의 문서들은 사라지고 중세의 필사본만이 유일한 기록으로 남는 것이다.

웨일스의 《마비노기온》에서도 같은 과정이 있었던 것이 분명하다. 현존하는 문서에 보이는 특성은 그것들이 고대의 텍스트를 필사한 것임을 보여준다. 뿐만 아니라 현재의 상태로 보아 그것들은 옛이야기들을 모아서 만든 것임이 분명하다. 게일어 문서들처럼 웨일스어 문서도 좀더 오래되고 원시적인 형태가 존재했었음을 인지할 수 있게 해준다.

　게일족과 브리튼족의 고대 전설은 이처럼 중세의 수도사 학자들이 만들어낸 내용 이상의 것이다. 우리는 이제 가능하다면 그것들이 처음 사람들 입에 오른 연대가 아니라 현재 우리가 가지고 있는 형태로 처음 편집된 연대로 더듬어 올라가야 한다.

　상황적 증거에 의하면 게일족과 브리튼족의 초기 문학은 현존하는 기록보다 여러 세기 전 시대의 것으로 추정해도 무방할 듯하다. 고대 게일족 영웅시집의 핵심이자 중심인 '쿨리의 가축 약탈'은 이야기의 가장 초기 형식인 막강한 스코틀랜드의 영웅 쿠훌린이 주인공이며 그는 12세기 암갈색 소의 책에도 나온다. 그러나 전설에 의하면 그 이야기는 7세기 초에 이미 만들어져 있었고 그때 이미 너무 케케묵어서 음유시인들은 무시했다고 한다. 그들의 지도자 센한 토르페취Senchan Torpeist는 역사적 인물이자 당시 아일랜드의 주요 음유시인이었다. 그는 성인들로부터 허가를 받아 쿠훌린의 동시대인이자 '침략'의 주역이었던 페르구스Fergus를 사자死者들 가운데서 불러내 되살아난 이 영웅에게서 완전한 진짜 이야기를 들었다고 한다.

　실존 인물을 다루는 이러한 전통은 '약탈'의 이야기가 센한의 시대 이전에 알려졌었고 쿠훌린의 유명한 행적에 대한 그의 이야기가 받아들여지게 되었거나 아니면 그가 처음으로 글로 옮긴 사실을 시사하는 듯하다. 이와 비슷하게 시사하는 바가 많은 고찰은 《마비노기온》이라는 웨일스 산문 신화(좀더 정확하게 말하자면 '마비노기의 4갈래 Four Branches of the Mabinogi')[6]의 편집 시기가 아주 이르다는 사실을 책

정해준다. 이중 어떤 이야기에도 웨일스인에게서 노르만인에게로 전해진 브리튼족의 전설에서 '약탈'의 동시대인들이 이야기의 중심으로 삼았던 아서에 대한 언급이나 어떤 정보도 보이지 않는다. 그러니까 아무래도 이 신비의 신화 기록은 6세기에 이미 형성된 일련의 아서 왕 신화보다 시대적으로 앞선 것으로 보인다. 반면 '4갈래'의 인물들은 아무런 주석 없이 '웨일스의 4대 고본'에 수록된 6세기 시 속에 언급되어 있으며 이 '4대 고본'에는 브리튼족의 영웅(아서)에 대한 약간의 언급이 처음으로 나온다.

이러한 고찰은 현재의 형식을 갖춘 아일랜드와 웨일스의 시와 산문 이야기가 7세기보다 훨씬 이른 시기에 존재했다는 것을 확실하게 말해준다.

이것은 그러한 신화, 설화, 전설이 우리가 보기엔 이른 시기에, 그들이 보기엔 너무 늦게 문학 형식을 갖추어 유통되고 있었음을 의미한다. 신화는 그것을 기리는 낡은 운문이나 이야기보다 오래된 것이라야 한다. 공들인 시나 모험담은 하루 만에 혹은 일년 만에 만들어지는 것이 아니다. 게일족과 브리튼족의 신이나 영웅들에 대한 전설은 아테나가 제우스의 머리에서 태어나듯이 어떤 시인의 머리에서 완전한 형체를 갖추어 툭 튀어나올 수 없다. 그것들을 예술적 형태로 처음 만든 음유시인은 자기 민족의 원형적 민담을 조합해낸 것이다. 그러니까 우리는 그 이야기들이 12세기 또는 7세기의 것이 아니라 아득한 선사시대의 것이었다고 간주해야 한다.

내부적인 증거가 이것을 증명해준다. 후예들이 부가한 장식적 부분 밑에 가려진 게일족과 브리튼족의 전설적 로맨스를 살펴보면 초기 문명기의 다른 민족들의 생각과 일치하는 원시적 사고의 핵심을 볼 수 있다. 이야기의 '지방색'은 마지막 '편집자'가 첨가한 것일 수도 있으나 이야기의 '플롯'은 중세 이전의, 기독교 이전의, 역사 이전의 것이다. 초기 게일족 전설의 등장인물들은 올림푸스, 티탄Titan(그리스 신화의 거인족 — 역주), 에시르AEsir(북구인들의 신 — 역주), 요툰Jotun(북구인들의 거인족 — 역주)을 창조해낸 상상력에서 나온 것이다. 사랑에 빠진 연적이 쏜 독화살에 맞아 독수리가 된 브리튼족 태양신의 상처에서 오물 덩어리가 끊임없이 뚝뚝 떨어진다는 이야기[7]와 유사한 이야기를 찾아내기 위해 우리는 문명 이전의 사고로 되돌아가야 한다.

켈트족이 남긴 문학적 기록의 이러한 면모에 대해 매슈 아놀드Mattew Arnold는 자신의 《켈트 문학 연구Studies of Celtic Literature》[8] 속에서 명석하게 관찰하고 설득력 있게 설명한다. 그는 웨일즈인 이야기를 하고 있으나 그 이미지는 게일인에게도 해당된다. 《마비노기온》을 읽을 때 처음 머리에 떠오르는 것은 중세의 이야기꾼이 잘 알지 못하는 고대의 글을 얼마나 함부로 휘저어놓았느냐 하는 것이다. 그는 마치 할리카르나소스Halicarnassus(기원전 4세기에 있었던 페르시아의 한 도시 — 역주)나 에페소스Ephesus(소아시아의 고대 도시 — 역주)의 유적 위에 자기 오두막을 지으려는 농부 같다. "그가 짓는 집은 내력을 알지 못하고 다만 희미한 전설로만 들어본 적이 있는 재료로 가득 차 있다. 그 집의 석재石材는 그 집의 것이 아니라 좀더 연대가 오래되고 좀더 위대하고 좀더 정교하고 좀더 웅장한 건축물의 것이다"라고 아놀드는 말한다. 그의 주인공들은 "중세의 인물이 아니라 먼 옛날의 이교도 신화에 나오는 인물들"이라는 것이다. 게일의 위대한 3대 이야기군, 즉 투아하 데 다난, 얼스터Ulster의 영웅들, 핀과 페니안의 영웅들에 나오는 인물들이 아무리 영웅화되어 있다 하더라도 마찬가지이다. 그들의 신성은 인간성을 능가하며 가면을 통해 신의 얼굴이 보인다.

그러나 신은 신이되 현재 우리가 아는 형식의 이야기가 만들어진 그 시기엔 이미 인간의 모양을 갖추고 있었다. 최초의 기록을 우리가 입수할 수 있다면 틀림없이 그들은 영생의 불사신이며 뜻대로 모습을 바꿀 수 있으되 소멸하지 않는 존재로 나타날 것이다. 그러나 기독교 이후의 필사자들은 아일랜드인이건 웨일스인이건 그것을 수긍하려 하지 않았다. 그래서 우리는 불사신의 죽음이라는 이상한 패러독스를 보게 되는 것이다. 게일족이나 브리튼족 신전의 등장인물 가운데 죽음이 기록되지 않은 인물은 하나도 없다. 보통 그들은 어둠과 빛의 신들 사이에 벌어지는 끊임없는 전쟁에 말려든다. 그러나 초기 신화의 집에 나오는 그들의 죽음은 후기 신화에서 나오는 그들의 등장을 배제하지 않는다. 그 이야기를 전수하는 마지막 인간의 입이 다물어질 때 비로소 신의 생명은 끝난다고 할 수 있을 것이다.

3장

'고대 브리튼인'은 누구였나?

'고대 브리튼인Britions(브리튼Britain 섬의 주민들을 브리튼인Britions이라고 하나 한국어 표기로는 두 단어가 구별되지 않으므로 문장의 맥락에 따라 그 뜻을 이해하기 바란다 ― 역주)'의 신화 이야기를 하기 전에 느슨하지만 편리한 이 말이 어떤 종족을 의미하느냐를 우선 정하는 것이 좋을 것이다. 우리는 교과서에서 배운 적 있는 고대 브리튼인에 대해 막연한 개념을 가지고 있다. 교과서에서 우리는 그들이 청색 물감을 들인 모습, 짐승 뼈와 가죽으로 만든 배를 젓는 모습, 놀란 로마인 군단 가운데를 낫이 달린 전차를 몰고 가는 모습을 보았다. 흰 수염에 하얗고 긴 옷을 입은 드루이드 성직자들은 만월 때 황금의 낫으로 겨우살이 가지를 자르는가 하면 흉측하게도 왕골로 짠 거대한 형체 속에 사람을 가두어놓고 모닥불을 지펴버렸다.

  이렇듯 생생한 세부 묘사가 이 문제에 대해 우리가 가진 지식의 전부이자 우리 선생님들의 지식의 전부이기도 했다. 실제로 브리튼 Britain의 고대 주민에 관한 모든 정보는 줄리어스 시저의 실록에서 나온 것이다. 정보는 그 한도 내에서는 정확했으나 별로 큰 것이 아니었다. 시저가 우리 브리튼의 조상에게 가진 관심은 샅샅이 캐내는 과학자의 관심이 아니라 종군기자를 겸한 장군의 관심에 불과했다. 그래서 고대 브리튼인들에 대한 충실한 설명은 현대의 고고학자, 문헌학자, 인종학자의 몫으로 남겨졌다.

로마 침략 이전 영국 제도諸島에 살던 주민들을 보통 '켈트족'이라 한다. 그러나 그들은 주로 혼혈 민족이었을 것이다. 그리고 그들과 피를 섞은 사람들은 어느 정도 (아니 상당한 정도) 그들의 체형, 풍습, 언어를 변화시켰을 것이다.

초기 브리튼인들의 구성 요소에 대해서는 억측이 만발했다. 그러나 대립적인 학설의 충돌 속에서 부각된 하나의 학설(유일한 학설)이 과학적으로 정립될 수 있을 것으로 보인다. 로마 침략 당시 영국 제도에는 두 혈통의 인종이 존재했다는 확실한 증거가 있다. 절대적 권위를 가진 헉슬리Huxley 교수도 또 다른 인종이 있었다는 증거는 없다는 의견을 제시했다.[9]

영국 제도에서 까마득한 옛날부터 살아온 것으로 보이는 이 두 인종을 원주민이라고 부르는 것이 좋겠다. 이 사람들이 '긴 외바퀴 손수레'를 만들었다. 그들은 인종학자들에 의해 이베리아인Iberian, 지중해인Mediterranean, 베르베르족Berber, 바스크족Basque, 실루리아족Silurian, 또는 유스카리아족Euskarian이라고 일컬어졌다. 체형으로 보아 그들은 키가 작고 가무잡잡하고 검은 머리에 검은 눈과 길쭉한 두

개골을 가지고 있었다. 그들의 언어는 '햄어족Hamitic'이라고 불리는 어족에 속하며 현존하는 그들의 유형은 갈라족Gallas, 아비시니아인 Abyssinians, 베르베르족, 그리고 다른 북아프리카 종족에게서 발견된다. 그들은 원래 동부 혹은 북부, 아니면 중앙아프리카 출신으로 보인다. 거기서 퍼져나온 그들은 아마도 나일Nile 강 골짜기에 산 첫 번째 사람들이었고 그 자손들이 시리아와 소아시아로 갔을 것이다. 초기의 그리스인들은 그리스에서 '펠라스기Pelasgi'라는 이름을 가진 그들을, 고대 라틴족은 이탈리아에서 '에트루스칸Etruscan'라는 이름의 그들을, 팔레스타인의 히브리인들은 '히타이트Hittite'라는 이름의 그들을 발견했다. 이 민족은 북으로는 발트 해, 서쪽으로는 아틀라스 산맥을 따라 스페인, 프랑스, 그리고 브리튼 제도에까지 퍼져나갔다.[10] 그들은 여러 나라에서 상당한 수준의 문명을 발달시켰으나 브리튼에서는 초기에 그 발달이 저지당했던 것으로 보인다. 그들은 아직도 석기시대의 생활 방식으로 목축보다 농업을 하며 산악지대에서 토템을 중심으로 하는 부족을 형성하고 살았던 것을 알 수 있다. 그들은 산의 정상을 요새화하고 경사면을 이른바 단지段地식으로 경작하는 등 현재 남인도의 산악 부족의 것과 비슷하다고 인종학자들이 생각하는 원시적 문화를 가지고 있었다.[11]

그들은 켈트족이 올 때까지 우리 제도에 살고 있었다. 켈트족은 비옥한 땅에서 그들을 몰아내고, 정복하고, 혼교混交까지 했으나 그들을 절멸시키지는 못했다. 로마 시대에도 그들은 웨일스 남부에서 사실상 독립적으로 존재하고 있었다. 아일랜드에서는 오랫 동안 정복당하지 않은 채 게일 민족의 농노가 아니라 동맹자로 있었으며 자신들의 영역을 통치하고 고유의 관습과 종교를 갖고 있었다. 영국과 아일랜드의 연이은 침략에도 불구하고 그들은 멸족당하거나 기형基型을 잃을 만큼 동화되지 않았다. 브리튼과 아일랜드 서부의 많은 지역에서는 아직도 우세한 기형을 이루고 있을 뿐 아니라 인종학자에 의하면 영국 전역에서 그 수가 증가하고 있다고 한다.

이 두 민족 가운데 두 번째 민족은 첫 번째 민족과 정반대였다. 그들은 키가 크고 얼굴이 희며 머리색이 엷고 눈이 파랗거나 회색이며 두개골이 넓적한, 켈트족이라고 불리는 사람들이었다. 그들의 말은 아리안 어족에 속하며 그들의 언어는 라틴어, 그리스어, 튜튼어, 슬라브어, 페르시아의 고대어, 고대 인도의 산스크리트와 유사하다. 그 본래의 발상지는 다뉴브 강 상류 중앙 유럽의 어느 지방이거나 알프스 지방이었을 것이다. 죽은 자의 유해나 화장한 재를 매장한 원형의 분묘는 앞서간 민족의 기다란 분묘와 모양이 다르다. 그들은 이베리아인들보다 높은 문화를 가지고 있었으며 브리튼에 청동과 은, 그리고 아마도 후일 가축화된 동물을 도입한 것으로 추정된다.

이베리아인과 켈트인은 여러 갈래 종족으로 갈렸으나 전자가 다양했다는 증거는 없다. 켈트족의 경우는 시기를 달리해서 건너온 두 개의 큰 유파로 갈라진다. 가장 초기의 종족은 고이델인Goidels과 게일인Gaels이고, 다음이 브리손인Brythons 또는 브리튼인Britons이다. 이 두 갈래 종족 사이에는 언어의 차이뿐 아니라 상당한 신체적 차이가 있었던 것 같다. 어떤 인류학자들은 두개골의 모양이 다르다는 가설을 펴기도 한다. 거기에 동의하지 않더라도 체격이나 머리 색깔이 달랐다고 생각할 수는 있다. 이 점에 관해 우리는 라틴족 문인들의 글을 증거로 들 수 있다. 타키투스Tacitus[12]는 북쪽의 칼레도니아인들Caledonians이 남쪽의 브리튼인보다 사지가 길고 머리털이 붉다고 했고, 스트라보Strabo[13]는 브리튼 내륙에 사는 사람들은 해안 지역 골Gaulish의 식민자들보다 키가 크고 머리의 노랑기가 덜하고 사지가 유연하다고 했다. 마찬가지로 고전의 권위자들은 웨일스 남부의 실루리아족Silures이 브리튼의 다른 종족들과 완전히 다른 종족이라고 의견을 모으고 있다. 이베리아인의 가무잡잡한 얼굴색과 곱슬머리는 타키투스가 보기에 스페인에서 온 것을 증명하는 듯했다.[14]

리스Rhys 교수는 고이델인과 브리튼인은 골을 떠나 영국 제도로 오기 전에 이미 분리되었다는 증거를 제시한다.[15] 리스 교수는 그들이 그곳에 살았던 별개의 두 종족이라고 생각한다. 우리는 오늘날 매콜리Macaulay의 시대처럼 '학생'에게 많은 것을 기대하지 않지만 그 모범적 학생의 후예는 오늘날 우리에게 이렇게 말해줄 수 있을 것이다. 골 지방은 세 부분으로 갈려 있었고, 한 지방에는 벨가이족Belgae이, 한 지방에는 아퀴타니족Aquitani이, 다른 한 지방에는 자신들을 켈타이Celtae라 불렀으나 로마인들은 갈리Galli라 부른 족속이 살고 있었다는 것, 그리고 언어, 습관, 법률이 서로 달랐다는 것쯤은 말해줄 수 있을 것이다.[16] 이들 민족에 대해 리스 교수는 벨가이족을 브리손인과 동일시하고, 켈타이인을 고이델인과 동일시한다. 그리고 세 번째 아퀴타니인들은 켈트족도 아리안족도 아니면서 햄어를 사용하는 이베리아족의 일부라고 말한다.[17]

오늘날 아일랜드, 스코틀랜드, 그리고 맨Man 섬의 언어 속에 남아 있는 켈트족의 고이델 방언을 사용하는 켈타이인은 시저가 가장 용감한 골인이라고[18] 했던 벨가이족에게 밀려 브리튼으로 밀려온 첫 민족이었다. 그들은 여기서 원주민인 이베리아인을 정복하고 그들을 비옥한 땅에서 북부와 서부의 험악한 땅으로 내몰았다. 그후에 벨가이족들이 인구 증가의 압박에 못 이겨 들어왔다. 우수한 무기와 수준 높은 문명을 가진 그들은 고이델인이 이베리아인을 다루었던 것처럼 고이델인을 다루었다. 이렇게 핍박을 받자 고이델인들은 공동의 적에 대항하기 위해 이베리아인들과 결합했고 그러면서 그들에게 많이 동화되었다. 그 결과 로마 점령기의 영국 제도는 다음과 같은 종족 분포에 의해 분리되었다. 브리튼인, 또는 켈트족이 서쪽 끝만 제외하고 트위드Tweed 강 이남의 영국을 전부 차지했고 초대 켈트족인 고이델인은 아일랜드와 맨 섬, 컴벌랜드, 하일랜드의 서부, 콘월Cornwall, 데번, 웨일스 북부를 차지했다. 그램피언 산맥 북쪽에는 고이델에 동화한 이베리아인들인 픽트족이 살고, 원주민들이 웨일스의 남부와 아일랜드 일부에 섞이지 않은 상태로 버티고 있었다.

이제 우리는 이 책의 목적을 위해 두 갈래의 켈트족을 무어라고 불러야 할지를 정해야 한다. '게일'과 '브리튼' '게일인'과 '브리튼인'이란 손쉬운 말이 있는 이상 보다 학술적인 '고이델'이니 '브리손'이니 또는 '고이델인'이니 '브리손인'이니 하는 말은 현학적으로 들린다. 여기서 난점은 '게일'이란 낱말이 하도 오랫동안 민간인 사이에서 현재 스코틀랜드의 '고이델인'과 그들의 언어를 의미하는 말로 쓰여왔기 때문에 아일랜드나 맨 섬의 주민들과 그들의 언어에 사용될 때 혼란이 있을 수 있다. 마찬가지로 '브리튼'과 '브리티쉬'라는 말은 처음에는 잉글랜드, 웨일스의 중부, 스코틀랜드의 저지대, 브리타니

Brittany에 있는 브리손인 식민가들을 의미했으나 오늘날에는 영국 제도에 사는 사람을 의미하게 되었다. 그러나 '고이델'이나 '브리손'과 그 파생어들은 거추장스러워서 좀더 간결한 말을 사용하는 것이 좋을 듯하다. 그래서 이 책에서는 아일랜드, 스코틀랜드, 맨 섬의 '고이델인'은 '게일인'이라 하고 잉글랜드와 웨일스의 '게일인'과 '브리손인'은 '브리튼인'이라 부르기로 한다.

우리는 두 가지 자료에서 초기 영국 제도 주민들의 생활상을 알 수 있다. 첫째 자료는 외국인인 로마 문인들의 글이다. 그러나 로마인들은 남부 브리튼밖에 몰랐으며 그들 골격과 풍습이 유럽 대륙의 골인과 비슷하다면서 브리튼인과 그들을 동일시했다.[19] 로마인들이 글을 쓸 당시 아직도 골의 건너편 브리튼 해안에서는 벨가이인의 식민지가 만들어지는 중이었다.[20] 로마인의 정보는 성벽(잉글랜드와 스코틀랜드의 접경에 있는 성벽. 로마의 황제 하드리아누스의 명령으로 세워졌다—역주)에 다가갈수록 적어지는데, 북방 민족에 대해서는 그들과 가끔 전쟁을 하며 얻은 지식밖에는 없는 듯했다. 로마인들은 그들을 발가벗은 나체에 문신을 한 야만인이며 오직 수렵으로 생계를 꾸리는, 마을도 집도 밭도 통치기관도 가정생활도 없이 지내며 문명화한 다른 민족이 금을 소중히 여겼듯이 철을 귀한 장식물로 여겼다고 묘사했다.[21] 아일랜드는 직접적인 관찰의 대상이 된 적이 없어서 게일인들의 생활과 습관에 대한 정보는 순전히 토착민 작가들에게 의지할 수밖에 없다. 고대 게일인 문서에 나오는 생활 묘사는 로마 작가들이 브리튼인과 골인에 대해 관찰한 바를 확인해주기 때문에 그 신빙성의 증거로 볼 수 있다. 로마인과 게일인의 글을 나란히 읽을 때 우리는 켈트족의 일반적인 문화를 대강이나마 알 수 있다.

　우리는 켈트 문명을 호메로스가 묘사한 그리스 문명과 대략 비교할 수 있다.[22] 켈트족도 그리스인도 부족 사회와 목축 사회의 단계에 있었다. 족장은 많은 가축의 소유자이며 그보다 덜 부유한 사람들은 그의 주변에 모여들었다. 양측이 비슷한 복장을 하고 같은 무기를 사용하고 같은 방식(기원 1세기에 이미 아일랜드에서도 낡은 것이 되어버린 전차를 타고)으로 싸웠다. 전투는 족장들끼리 단독으로 했으며 무기가 빈약한 평민들은 전투 결과나 역사에 별로 공헌하지 못했다. 이런 족장들은 신의 후예, 신의 아들이라고까지 일컬어졌다. 그들의 빛나는 공훈은 호메로스 시대의 시인들처럼 무장武將들 다음 가는 특권계급이던 음유시인이 노래했다. 고대 그리스인과 고대 켈트인은 저승이나 이승에 대해 비슷한 인생관을 가지고 있었다.

　우리는 여러 자료에서 브리튼 제도의 초기 주민들에 대해 자세한 정보를 수집할 수 있다. 로마 작가에 의하면 소매 달린 블라우스와 발목이 꼭 끼는 바지, 그리고 브로치로 어깨에 고정시킨 숄 또는 망토로 된 그들의 의복은 두터운 펠트 천이나 화려한 색깔로 물들인 천으로 만들어져 있었다.[23] 작가 디오도로스Diodorus는 옷감엔 "마치 꽃을 뿌린 것처럼" 조그만 사각이나 선이 그려져 있었다고 말한다. 사실 그것은 타탄의 격자무늬와 같았으며 "요란한 모양"이라고 한 바로Varro의 말을 믿어도 될 것이다. 남자들만 부드러운 펠트 천으로 된 모자를 썼고 여자는 머리에 아무것도 쓰지 않은 채 머리칼을 뒤로 매듭을 지어 묶었다. 물론 전투 때에는 남자도 모자를 쓰지 않았다. 그들은 머리를 앞으로 모아 빗은 뒤 양기름과 너도밤나무 재로 만든 비누로 사람이 아니라 숲속의 원시인처럼 보이도록(기원전 11세기경 브리튼에 갔던 키케로의 교사 포세이도니우스Posidonius의 말에 의하면) 새빨갛게 물을 들였다. 남성과 여성 모두 금팔찌, 반지, 핀, 브로치나 호박, 유리, 흑옥黑玉 구슬 등의 장식을 좋아했다. 칼, 단검, 창 끝, 도끼, 장검은 청동 아니면 철로 만들었고 방패는 컬로든Culloden의 전투(1746년 스코틀랜드에서 있었던 역사적 전투 — 역주)에서 하일랜드인들이 사용한 둥근 과녁과 같았다. 그들은 또한 장도리 모양의 공을 붙인 올가미를 가지고 남미의 카우보이가 볼라bola(쇠뭉치가 달린 올가미 — 역주)를 사용하듯 그것을 사용했다. 그들의 전차戰車는 왕골로 만들었으며 나무 바퀴는 청동의 낫으로 무장했다. 두 마리 혹은 네 마리의 말이 이것들을 끌었는데 여러 사람이 탈 수 있을 정도로 컸다. 전차 위에 서서 그들은 적의 전열戰列을 따라 질주했고 창을 던지며 가까이 오는 자들을 낫으로 찍었다. 로마인들은 "가파른 경사에서 전속력으로 달리다 말을 급정지시키고 일순 말머리를 돌리며 전차의 끌채를 따라 달려가 이음매 위에 우뚝 섰다가 순간의 지체도 없이 전차 속으로 되돌아"갈 수 있는 조종사들의 기술에 탄복했다.[24]

로마 작가들의 이러한 이야기와 고대 아일랜드 작가들이 묘사한, 전투복을 입고 무장한 게일족의 영웅 쿠훌린을 우리는 비교할 수 있다. 시인에 의해 미화된 그였지만 고대 사학자와 지리학자들은 좀더 냉철하게 옷과 장비를 설명한다. "위대한 관습에 따라 그가 입은 화려한 의상은 은빛 장식 바늘로 가장자리를 두르고 금으로 무늬를 아로새긴 다섯 개의 주름이 잡힌 진홍의 튜닉이며 그것은 횃불같이 눈부신 빛을 발했다. 맨살 위에 입은, 금은과 백동으로 가장자리를 두른 비단 조끼는 붉은 색 킬트(스코틀랜드 남자가 입는 스커트—역주)의 위까지 내려오고 있었다. (…) 목에는 펜던트가 달린 수백 개의 순금 고리 사슬이 빛나고 있었다. 모자에는 수백 개의 홍옥과 보석알이 실에 달려 있었다." 그는 "순은으로 가장자리를 두른 검붉은 색의 믿음직한 특제 방패를 들고 다녔다. 허리 왼쪽에는 황금 칼자루에 넣은 장도를 찼다. 전차 속 그의 옆에는 장창長槍과 백동 못이 박히고 손잡이로 가죽끈이 달린 날카로운 공격용 투창이 있었다."[25]
또 다른 게일족 모험담은 그의 전차를 이렇게 묘사한다. 전차는 좋은 나무와 왕골 세공으로 만들어졌고 청동제 바퀴로 움직였다. 전차에는 청동으로 만든 삐걱거리는 둥근 뼈대가 높다랗게 달려 있고, 곡선 모양의 튼튼한 금 멍에와 은백색의 장대, 청동의 포가砲架가 있었다. 노란 색 고삐는 땋아 만들었고 끌채는 칼날처럼 곧고 단단했다.[26]

같은 방식으로 아일랜드 작가들은 신화 속 왕들의 전각과 요새를 장려하게 묘사했다. 프리아모스(트로이의 마지막 왕—역주), 메넬라오스(트로이 원정에 참여했던 스파르타의 왕, 헬렌의 남편—역주), 오디세우스Odysseus(이타카의 왕—역주)의 궁전처럼 신화 속 왕들의 궁전도 금과 보석으로 반짝인다. 얼스터의 전성기 당시 전설 속의 왕이던 코노르Conchobar는[27] 에마인 마하Emain Macha에 이런 집을 세 채나 가지고 있었다. '붉은 나뭇가지'로 불리는 그중 한 집은 주목나무로 만든 아홉 개의 방들이 청동 벽에 은 천장, 기둥을 금과 홍옥으로 장식한 왕의 개인 방을 둘러싸고 있었다.[28]

그러나 이보다 훨씬 소박한 로마 작가들의 이야기가 이렇게 화려한 묘사 보다 더 진실에 가까울 것이다. 그들은 양치류나 짚으로 지붕을 덮은 벌집 모양의 오두막이 있는 마을에 사는, 자기들이 아는 브리튼인을 그렸다. 그들은 적이 접근하면 근처의 언덕 위 성벽으로 피신했다. 언덕 위 성벽은 공들인 건물이 아니라 단순히 둥근 또는 타원형의 공간을 울타리나 흙담으로 둘러싼 것인데 대개 언덕 위나 쉽게 건널 수 없는 늪 가운데 있었다.[29] 우리는 영국 도처에서 이와 비슷한 요새의 유적을 볼 수 있다. 주목할 만한 것으로는 월트셔의 에임즈베리Amesbury, 에이브베리Avebury, 올드 새럼Old Sarum의 성들, 윈체스터 근처의 세인트캐서린 언덕, 서리Surrey에 있는 세인트조지 언덕이 있다. 과거 켈트족을 찬양했던 사람들의 말에도 불구하고 에마인 마하와 타라Tara의 '성'들은 아마 위에 말한 성벽과 매우 비슷했을 가능성이 높다.

켈트의 풍속은 호메로스 시대처럼 원시 세계의 풍속이었다. 모든 땅은(이론상 족장의 소유였겠으나) 공동으로 경작되었다. 시저에 의하면[30] 이러한 공동 소유권은 아내들에게도 해당됐다고 하나 증명된 바는 없다. 오히려 켈트족 두 파의 이야기를 살펴보면 여성이 남성에게 높이 평가됐고 호메로스 시대의 그리스 여인보다 개인적 자유를 많이 누린 것으로 보인다. 아내를 공유했다는 설은 켈트의 기묘한 관습에서 온 오해일 수 있다. 혈통은 부계 아닌 모계를 따라 더듬어 올라갔는데 그것이 매우 비아리안적인 일이어서 다른 종족에게서 빌려온 방식이라고 생각하는 이들도 있다. 아이들이 태어나면 가족과 분리해 따로 키웠기 때문에 부모와의 관계는 깊지 않았다. 양부모가 있어 아이들은 생부모 못지않게 아니 그들에게 더 정을 붙였다.

가정생활을 반영하는 정치적 상황도 비슷하게 원시적이었다. 그들에게는 중심이 되는 법정이 없었다. 논쟁은 말썽이 일어난 가족 내에서 해결했으며 좀더 중대한 불법 행위가 있을 경우 피해자나 가까운 친척이 피고인을 죽이거나 벌금을 징수할 수 있었다.

가족의 수가 늘어나자 그들은 서로 전쟁을 하는 부족 집단이 되었다. 패배한 부족은 승리한 부족장의 통치권을 인정해야 했다. 승리가 계속되면 부족장은 지방의 우두머리가 되었다. 그러나 비록 그의 결정이 법이었다 할지라도 그는 여론의 대변자에 불과했다.

4장

고대 브리튼인과 드루이드교

브리튼의 고대 주민들, 게일인과 브리튼의 켈트인은 '아리안족'이라 불리는 족속의 한 유파였다고 이미 설명한 바 있다. 그러나 이 명칭은 종족과는 연관성이 거의 없으며 단일한 근원에서 내려와 서로 연관된 일군의 언어를 사용하는 사람들을 의미한다. 이 가설의 언어는 우리가 '아리안' 더 정확하게는 '인도유럽어족'이라고 부르는 가설의 인종이 사용하던 조어祖語이다. 이 원시적 언어는 중앙유럽의 산악과 중앙아시아의 산악지대 사이에 펼쳐진 대평원에서 발전하여 아마도 다른 종족의 언어를 잠식하거나 융합하면서 전 유럽과 대부분의 아시아 지역에서 사용되기에 이른 것으로 보인다. 라틴어, 그리스어, 슬라브어, 튜튼어, 켈트어 모두 '아리안'계이며 페르시아어와 고대 '젠드'(조로아스터 교의 경전 — 역주)에서 나온 아시아 방언 및 산스크리트에서 나온 인도의 언어들도 그러하다.

얼마 전까지만 해도 공통의 언어는 공통의 혈통을 의미한다고 생각했다. 주요 유럽 국가는 모두 같은 혈육이라는 주장이 강력하게 제기되었고, 힌두어와 페르시아어도 오랫동안 잃었던 사촌간이라고 인식했다. 그 후 아리안계 언어는 대폭 수정되면서 살아남았으나 아리안족의 혈통은 그들이 정복한 민족과 피를 섞고 서로 평화롭게 정착하는 과정에서 거의 분간할 수 없이 희석되면서 사라지고 말았다. 사실 유럽의 나라들은 (몇 개의 아주 동떨어진 야만인 부족을 제외하고는) 온갖 다양한 요소로 구성되지 않은 나라가 없다. 아리안계와 비아리안계는 오래전에 분간할 수 없이 혼합되면서 새로운 사람들을 만들어냈다.

그러나 아리안계 언어가 새 언어에 영향을 주고 아리안의 관습이 새 문명에 영향을 미쳤듯이 아리안계 언어를 사용하는 나라의 종교에서는 신화적 개념의 원천을 가리키는 아이디어나 표현을 찾아볼 수 있다. 그래서 힌두나 그리스, 튜튼이나 켈트의 신화를 연구할 때 동일한 신화적 바탕을 발견하게 되는 것이다. 각 신화에서 우리는 자연의 힘이 의인화되고 비록 다른 이름을 갖긴 하지만 거의 예외 없이 사람의 형체와 특성을 지니는 것을 본다. 인도의 성전 베다에 나오는 승려처럼 그리스와 라틴의 시인들, 북유럽의 시인들, 켈트의 음유시인들은, 게일인이나 브리튼인을 막론하고 하늘과 해, 달, 땅, 바다, 어두운 지하, 산, 시내, 숲이 모두 자기들 추장과 비슷하거나 그보다 더 강력한 존재에 의해 다스려진다고 믿었다. 전쟁과 사랑 같은 정열, 시나 금속세공 같은 예능에는 그것을 만들고 가르치고 해설하는 신이 있었고 그 신과 자녀들에 대해 시인들은 현존하는 책자의 주제가 되는 시적이고 우화적인 로맨스를 입혔다.

아리안계나 비아리안계의 다른 민족들처럼 켈트인들은 고유의 신화와 종교를 가지고 있었다. 존재가 희미한 신들 이야기를 하는 것만으로는 충분치 않아 신들을 조각하고 숲이나 신전에 안치했으며 의식으로 섬기고 청할 일이 있으면 희생물을 바쳐 비위를 맞추었다. 모든 숭배 의식은 제단 옆에 사는 승려를 거쳐야 했다.

켈트족의 승려는 '드루이드'라는 이름으로 알려져 있다. 그것은 여러 아리안계 언어로 나무, 특히 참나무를 의미하는 어근 DR에서 나온 말이다.[31] 모든 학자가 다 수긍하는 것은 아니지만, 이것은 일반적으로 나무의 왕에게 특별한 경의를 표한 증거로 추정된다. 참나무에 기생하는 겨우살이가 그들의 '권능 약초'였으며 종교의식에서 모종의 역할을 한 것은 사실이다.[32] 다른 아리안계 민족들도 마찬가지이다. 북유럽인들은 이 나무가 발데르Balder(빛, 순수, 미, 정의 또는 봄의 신 ─ 역주)에게 신성하다고 믿었고 로마인들은 이 나무가 지하세계에 들어가게 해주는 '황금가지'라고 믿었다.[33]

라틴족과 게일족 작가들의 이야기는 드루이드의 본질, 특히 그들에게 주어졌던 높은 신분에 대해 상당히 충실한 지식을 제공해준다. 그들은 승려, 의사, 마술사, 점쟁이, 신학자, 과학자인 동시에 종족의 역사가이기도 했다. 모든 영적 능력과 인간의 지식이 그들의 것으로 돌려졌고 왕이나 족장 다음으로 높은 지위가 주어졌다. 신성한 의무에 좀더 잘 몰두할 수 있도록 그들은 조세나 전쟁 참여 같은 모든 의무에서 제외되었다. 그들의 결정은 절대적이었고 그들에게 불복하는 자는 혹독한 파문이나 배척의 대상이 되었다.[34] 고전 작가들은 골 지방에서 그들이 얼마나 세도를 부렸는지에 대해 이야기하고 있다. 그들은 이웃한 문명국을 흉내내며 그들의 호화로움을 모방했다. 높은 지위의 관리들도 현세의 명예를 나타내는 데 불과한 훈장보다 하늘의 신, 천둥 신의 중개자를 자처하는 자들과 함께하는 것을 자랑으로 여겼다. 그들은 중세 유럽에서 전성기를 누렸던 성직자와 유사했다. 영적·세속적 권위를 겸하며 당대의 가장 고매한 교양을 갖추고 있었다.

그러나 드루이드교의 중심지는 화려한 사원이나 의상 또는 정중한 의식을 가진 골 지방의 드루이드 교인들 가운데에 있지 않다. 시저에 의하면 골의 드루이드 교인들은 자기들 종교가 브리튼에서 왔다고 믿었다는 것이다. 그래서 그들은 가장 순수한 근원에서 교리를 배우기 위해 '신학생들'을 영국 해협을 건너 보내는 관습이 있었다.[35] 교파의 과거를 더듬어 올라가는 것은 종종 문화를 되돌아보는 일이 된다. 그래서 틀림없이 영국에서는(대 플리니Pliny는 영국이 페르시아에게 마술을 가르쳐주었을지도 모른다고 했다)[36] 골의 드루이드 교인들이 행하던 원시적이고 야만스러운 의식이 한층 더 원시적이고 야만스러운 형태로 보존되었을 것이었다. 고대 아일랜드인들 역시 드루이드교가 영국에서 왔다고 믿었다는 사실에서도 드루이드교의 영국 기원설은 확언할 수 있다. 아일랜드의 영웅이나 선지자들은 알바Alba에 가야만 최고의 지식을 얻을 수 있었다고 한다.[37] 어떻든 드루이드교가 켈트족에게 받아들여진 종교였음은 확실하다.

일부 학자들은 드루이드교의 몽매한 미신과 야만적인 의식이 시적이고 용감한 켈트족보다 저속한 정신의 흔적을 지녔다고 하여 그 기원을 다른 곳에서 찾으려고 한다. 리스 교수는 로마 침략 시대에 영국 제도에는 세 가지 형태의 종교가 있었다고 본다. 이베리아 원주민의 드루이드교, 이 나라로 들어와 원주민과 별로 섞이지 않았던 브리손인들의 드루이드교, 그리고 원주민과 많이 섞였던 고이델의 아리안계와 비아리안계의 종교가 혼합된 종파가 그것이다.[38] 그러나 다수의 권위자들은 이 생각에 동의하지 않는다. 사실 상위 문화가 갖고 있는 원시적이고 야만적인 특성을 설명하기 위해 하위 문화 종족에게 그것들을 빌려왔다고 가정할 필요는 없다. 아리안 국가들도 다른 국가들처럼 야만적 단계를 지나왔을 것이다. 또 우리는 여러 모로 고매한 그리스 종교도 켈트족의 종교 못지않게 야만적 양상과 전설을 숨겨 가지고 있음을 잘 안다.[39]

드루이드의 유명한 가르침에 대해 우리는 별로 아는 바가 없다. 그들이 교리의 기록을 허용하지 않았기 때문이다. 그러나 시저는 그 윤곽을 대충 기록하였다. "그들의 주요한 교리가 강조하는 것은 영혼은 멸하지 않고 죽음 후 한 몸에서 다른 몸으로 옮겨간다"는 것이다. "그들은 이 가르침 때문에 남자들이 죽음의 공포를 무시할 수 있고 따라서 용감성을 발휘할 수 있다고 생각한다. 그들은 또한 천체와 그 움직임, 세계와 지구의 크기, 자연과학, 불멸의 제신諸神들의 영향과 힘에 관한 많은 것들을 이야기하며 젊은이에게 전수한다"고 시저는 말하고 있다.[40] 드루이드 교인들이 과학이며 철학에 대한 지식을 그리스 로마 문화에서 빌려왔을 수도 있으나 로마인들은 드루이드의 지혜를 상당히 두려워한 것으로 보인다.

전생轉生에 대한 그들의 믿음이 단순히 그리스인에게서 가져온 것이 아니라는 사실은 고대 게일족 신화를 보아도 분명히 알 수 있다. 모든 나라의 마술 이야기에 공통되는 '모양 바꾸기'뿐 아니라 실제적 환생이 드루이드의 특별한 능력에 포함되어 있다. 영웅 쿠홀린은 얼스터 주민들의 권고에 따라 결혼한다. 주민들은 "그가 재생할 때 그 자신으로 태어날 것"을[41] 알고 있었으며 그토록 위대한 민족의 영웅이 사라지기를 원치 않았던 것이다. 또 다른 전설에서는 유명한 핀막 쿨Finn mac Coul이 200년 뒤에 몬간Mongan이라고 하는 얼스터의 왕으로 다시 태어나고 있다.[42]

이런 생각들은 드루이드교의 형이상학적 측면에 속한다. 실제 원시인들에게는 대지의 수확물을 늘리고 인간의 생명을 연장시켜주도록 신들을 설득 또는 강요하는 의식이나 희생물이 더 중요했다. 드루이드 교인들은 신을 달래기 위해 인간을 제물로 바쳤으며 그 규모는 서아프리카나 폴리네시아의 가장 야만적 종족이 연출하는 참극도 따라가지 못할 정도로 끔찍한 것이었다. "골인들은 모두 미신적 의식에 열중하고 있었다. 이 때문에 심한 질병에 시달리는 사람들, 또는 전쟁을 하고 있거나 위험에 처한 사람들은 인간을 제물로 삼거나 자신을 신에게 바칠 것을 맹세했다. 이런 제물을 위해 그들은 드루이드 성직자를 사제의 자리에 앉혔다. 인간의 생명을 인간의 생명으로 보상하지 않는다면 불멸의 신들을 달랠 수 없다고 생각했기 때문이다. 그들은 또한 국가적 제의에서도 인신공희를 행했다. 또 어떤 사람들은 거대한 왕골 인형을 만들어 인형 사지 속에 산 사람을 넣고 불을 질렀다"고 시저는 말한다.[43]

이교도들의 땅인 아일랜드에서 우리는 이와 비슷한, 끔찍한 관습의 증거를 발견할 수 있다. 게일 민족의 기록 가운데 가장 오래된 것으로 딘헨휘스Dinnsenchus라고 불리는 소책자들이 있다. 거기에 유명한 고장과 관련된 전설이 열거되어 있다. 이러한 지형학적 문서는 아일랜드의 중세 필사본에 많이 나와 있는데, 그후 기독교 사제들이 최종 사본에 옮겼다. 이 성직자들이 정교한 시적 문체에 손을 대는 일은 거의 없었을 것이며 또 수도원 필사자가 고대 아일랜드인들이 일삼았던 인간 제물을 묘사한 이야기를 지어냈다고 믿기도 어려운 것이다. 이 시는 (렌스터, 밸리모트, 레칸의 책과 렌네스Rennes의 원고라 불리는 문서에 나오는)[44] 현재 캐번Cavan 주 발러마가우란Ballymagauran 마을과 가까운 한 지점이 막 슬레흐트Mag Slecht 즉 '예배의 들판'이라는 명칭을 얻게 된 유래를 기록하고 있다.

이곳에
역전의 용사의 위대한 우상
크롬 크루아이히Cromm Cruaich가 있어
모든 부족들은 하루도 편한 날이 없었노라.
서글픈 악이여!
게일의 용사들은 그를 숭상하고
공물을 바쳐야만
모진 세상에서 흡족한 몫을 차지할 수 있었노라.

그는 부족들의 신이었다.
해묵어 시들은 크롬이

일찍이 전율케 했던 백성들은
영원한 왕국을 얻지 못하리라.

그를 위해
주민들은 가엾은 자손들을
울부짖으며 죽여
크롬 크루아이히 주변에 뿌렸노라.

우유와 옥수수를
3분의 1의 풋풋한 자식 생명의 대가로
백성들은 요구했노라.
그에 대한 두려움과 공포가 막심하였기에.

그의 앞에서
용맹한 게일인들은 엎드려 경배했노라.
무수한 살육으로 올린 경배로
이 들은 '막 슬레흐트'(경배의 들)라 불렸노라.

그들은 악을 범하였노라.
손뼉을 치고 몸통을 두드리며
그들은 자기를 사로잡은 악귀에게 울부짖으며
억수 같은 눈물을 쏟았노라.

크롬 크루아이히 주변에서

무리들은 엎드렸노라.

크롬이 그들을 죽음과 같은 치욕으로 몰았으나

그들의 이름은 고귀한 들판에 남아 있노라.

그들 대열 속에

열두 개의 돌 형상이 서 있었노라.

무리들을 감쪽같이 속이기 위해

크롬의 형체는 금으로 만들었노라.

은총으로 통치한

고귀한 헤리몬Herimon[45] 시대 이후로

마하Macha의 패트릭이 당도할 때까지

사람들은 돌을 숭앙했노라.

그곳에 있던 무력한 우상을

머리끝부터 발끝까지

그는 망설임 없이

철퇴로 쳐부수었노라.

믿을 만한 전승을 통해 우리는 초기 아일랜드에서 있었던 인간 제물의 실태가 이와 같았음을 알 수 있다. 위에 인용한 시에 따르면 자연의 신들에게서 부족민과 가축이 먹고 살 곡식과 풀을 얻어내기 위해 건강한 아이들 가운데 3분의 1이 아마도 해마다 살육당한 것으로 보인다.

렌네스의 문서에[46] 보존되어 있는 산문 책자에서는 약간 다른 내용을 찾아볼 수 있다. "그곳Mag Slecht에 에린Erin의 우상의 왕인 크롬 크로이히Cromm Croich가 있었다. 그를 둘러싸고 열두 개의 석상이 서 있었으나 그는 금으로 만들어져 있었다. 패트릭의 출현 때까지 그는 아일랜드를 식민화한 모든 족속의 신이었다. 그들은 모든 자손에게서 나는 맏자식과 모든 씨족의 주요 자손들을 제물로 바쳤다." 같은 책에서 이들 제물을 '할로윈' 때 바쳤다고 하는데 '할로윈'은 기독교 달력에서 이교도들이 지키던 소원Samhain, 즉 햇살이 약해지고 어둠과 겨울과 지하세계 신의 힘이 강해지는 '여름의 끝날'을 대신하는 날이 되었다.

피에 굶주린 이 신은 누구였을까? 그의 이름 크롬 크루아이히는 '고개 숙인 토루土壘의 주인'라는 뜻으로 분명 그가 신의 자리에서 떨어진 뒤 붙여졌을 것으로 보인다. 그 이름은 천하의 정복자 성 패트릭이 나타나자 악마가 황금의 형상 속에서 뛰쳐나와 자기 자리를 빼앗은 권력자 발밑 땅에 엎어졌다는 이야기와 관련이 있다.[47] 그러나 다른 원전에 따르면 크롬은 센Cenn의 동의어이며 '에린의 우상적 왕'의 진정한 명칭은 센 크루아이히Cenn Cruaich, 즉 토루의 우두머리 또는 왕자라는 뜻이다. 리스 교수는 그의 저서 《켈트의 이교국Celtic Heathendom》[48]에서 크롬이 그리스의 제우스처럼 자연의 또는 인공의 '높은 자리'에서 숭앙받던 게일 민족의 하늘 신이었을 것이라고 시사하고 있다. 여하튼 우리는 그들의 범신전에 있던 열두 신에 둘러싸인 그가 게일 민족에게 가장 숭앙받던 신이라는 것을 알 수 있다.

켈트 민족의 예배는 '태양'을 향한 것으로 보인다. 모든 축제는 태양의 진행에 있어서의 어느 지점과 관련이 있으며 주야평분점畫夜平分點 즉 춘분이나 추분이 계절의 지점至點 즉 동지나 하지보다 중요하게 여겨졌다. 줄리어스 시저와 동시대 작가인 시실리의 디오도로스Diodorus는 19년마다 춘분(켈트족은 이것을 뱌울티뉴Beltaine[49]라고 했다)이 되면 아폴론이 예배자들에게 나타나 묘성Pleiades[50]이 뜰 때까지 하늘에서 하프를 연주하며 춤추는 것이 보였다고 전한다. 이와 비슷한 또 다른 축제는 소원Samhain[51] 즉 추분이다. 뱌울티뉴가 여름의 시작을 표한다면 소원은 그 끝을 가리킨다. 하지도 켈트족의 큰 축제였다. 축제는 8월 초에 골인은 루구스Lugus, 게일인은 루, 브리튼인은 로이Lleu라고 부르던 신을 위해 거행했다. 이 신은 전 켈트족의 아폴론에 해당되며 전쟁 신에 대한 숭배열이 초기의 절정에서 쇠퇴하자 평범한 판테온의 주신主神이 되었다.

영국의 아폴론이 하프를 치며 춤을 춘 것은 분명 스톤헨지Stonehenge에서였을 것이다. 이 불가사의한 구조물은 디오도로스가 영국의 중심부에 있다고 설명한 "장대한 아폴론의 신전"과 잘 부합된다. "그것은 원형의 울타리이며 여행자들이 벽 위에 건, 그리스어 명문銘文이 새겨진 봉헌물奉獻物과 명판銘板으로 장식되어 있다. 신전과 도시의 통치자는 보레아데Boreadae[52]라 불렸고 그들은 각자의 종족 서열에 따라 통치권을 서로에게서 이양받았다. 시민들은 태양을 기리며[53] 음악을 연주하고 하프를 켜고 춤을 추는 데 열중했다"고 디오도로스는 말한다. 그러니까 스톤헨지는 신성한 종교의 중심이었으며 브리튼의 모든 부족이 똑같이 숭앙하고 평등하게 소유했던 고대 이교의 로마요 예루살렘이었다.

브리튼과 아일랜드의 모든 켈트족뿐 아니라 유럽 골 지방의 켈트족들도 이 같은 신들을 숭배했다. 때로 이들의 이름을 고대 켈트 세계 전체에서 추적할 수 있다. 또 어떤 경우에는 자연의 힘을 인격화한 동일 인물을 여러 곳에서 발견할 수 있다. 그들은 호칭은 다르지만 같은 특질을 가지고 있다. 이외에도 특정한 부족의 선조 또는 수호신으로 숭배받는 군소 신들이 분명 존재했을 것이다. 고대 게일의 무용담에 등장하는 영웅들의 맹세는 보통 "우리 부족의 제신諸神을 걸고"라는 것이었다. 원주민들도 그들의 종교가 켈트의 드루이드교에 영향을 준 것이 사실이었든 아니든 그들의 신을 가지고 있었을 것이 분명하다. 리스 교수는 이름 없는 우물, 강, 산, 숲의 정령인 (그들에게 올린 제사의 형태가 희미하게 남아 있는) 향토의 정령이 옛 이베리아인들의 북적대던 범신전의 일원들이었다고 추정한다.[54] 이런 군소 신들은 켈트의 주요한 자연신들과 상충되지 않으며, 이 두 가지 숭배는 숭배자를 공유하면서 나란히 존재할 수 있었다.

다른 신의 존재를 부정하기 위해서는 굳건한 유일신의 신앙이 필요하다. 다신교를 믿는 사람들은 한 번도 그런 수준까지 다다른 일이 없었다. 피정복민을 다루면서 정복자는 당연히 자기 신을 강자로 내세웠다. 그러나 피정복자의 신이 그 땅에 있다는 것까지 부정할 수는 없었다. 말하자면 그 신들은 이 나라를 잘 알기 때문에 해코지할 힘을 가질 수도 있는 것이다. 정복자들에게 신자들의 원수를 갚기 위해 땅을 불모화하고 쓸모없게 만들면 어찌할 것인가. 그래서 정복자인 이교도들은 새 백성들의 신들에게 환영의 손길을 뻗치고 제물을 바쳐 그들을 달래고 자기들 신전 경내에 들여놓기까지 했던 것이다.

이러한 사실은 이제 우리가 할 이야기 속에 등장하는 신들의 정확한 국적 문제를 제기한다. 그들은 모두 아리안족이었을까, 아니면 원주민의 주요신이 여신 다누Danu를 섬기는 게일족이나 여신 돈Don의 후손인 브리튼족들 사이에 올라가 높은 자리를 차지한 것일까? 켈트족의 어떤 신들은 비아리안계에서 나온 흔적을 가지고 있다고 학자들은 생각한다.[55] 그러나 그 점은 매우 모호하다. 또 그것은 우리에게 크게 문제되지 않는다. 더러는 아리안계와 그리스계, 더러는 전前 아리안계와 펠라스기(그리스인 이전에 소아시아에 살던 민족)계Pelasgian, 또 더러는 밖에서 들어오거나 셈족 계열인 그리스의 여러 신들이 모두 방대한 신의 가족 안에 모였듯이, 영국 제도의 신화를 형성하는 전설 속에 등장하는 모든 신들을 한 국가 올림푸스의 구성원들이라고 봐도 무방할 것이다.

제2부

게일족 신들과
그들 이야기

CELTIC MIYTH AND LEGEND

5장

게일족의 신들

영국 섬에 정착한 두 줄기의 켈트족 중에서 고대 신화를 잘 보존한 것은 초기 게일족이다. 우리가 그리스 시인에게서 그리스 신 이야기를, 《리그베다*Rigveda*》(힌두교 성전 — 역주)에서 인도 천신들Devas의 이야기를, 또 《에다*Eddas*》(북유럽의 신화 책 — 역주)에서 에시르의 이야기를 알 수 있듯이, 게일족 신의 자세한 이야기를 알 수 있는 경우는 많지 않은 게 사실이다. 그러나 고대 아일랜드의 문서에서 우리는 신들의 모습을 명확히 드러내주는 충분한 정보를 찾을 수 있다. 거기 나오는 이야기들은 다른 아리안계 부족 신의 계보까지 보여준다.

신들은 모든 아리안계 종교에서 그렇듯 두 개의 대립적인 진용으로 갈린다. 올림푸스의 신들이 거인들과 싸우고 에시르가 요툰들과 싸우고 천신들이 아수라들Asuras(힌두교의 작은 신 혹은 악마 — 역주)과 싸웠듯이 게일의 정신세계에서도 초인적인 두 세력 간에 전쟁이 일어난다. 한편에는 낮, 빛, 생명, 풍요, 지혜, 선의 신들이 줄을 서고 다른 편에는 밤, 어둠, 죽음, 불모, 악의 귀신들이 줄을 선다. 전자는 자연의 혜택과 인간의 기술과 지력을 상징하는 위대한 정령들이고 후자는 폭풍, 안개, 한발, 질병 등 파괴적 현상 뒤에 있다고 생각되는, 적의에 찬 힘이다. 전자는 다누라는 이름의 여신을 둘러싼 신의 가족으로 분류된다. 그들은 '여신 다누의 종족' 또는 '가족'을 의미하는 '투아하 데 다난'[1]이라 불린다. 후자는 돔누Domnu라 불리는 여신에게 충성을 바쳤고 그들의 왕 인데히Indech는 돔누의 아들을 자처했다. 이쪽의 신들은 모두 '돔누의 신'이라고 불렸다. 돔누라는 말은 나락 또는 깊은 바다를 의미하는[2] 듯하다. 이와 같은 개념은 '바다 밑'[3]을 의미하는, 게일어에서 파생한 포모르인들이라는 이름에서도 볼 수 있다. 망망한 바다는 언제나 켈트족에게 태고의 원시성을 인식하게 만들었던 것 같다. 그것은 그들 의식 속에서 방대함, 어둠, 괴물의 출생 등 대지, 하늘, 태양이 상징하는 것의 반대편에 놓였다.

따라서 포모르인들은 신들보다 오랜 존재이나 끝내는 신들 앞에 굴복할 운명이었다. '혼돈과 태고의 밤'의 자손인 그들은 많은 경우 거인인데다 기형이었다. 어떤 이들은 팔과 다리가 하나씩만 있고 어떤 이들은 염소, 말, 황소의 머리를 가지고 있었다.[4] 가장 유명하고 가장 흉악한 것은 발로르Balor(죽음의 신이자 포모르들의 왕 — 역주)이다. 그의 아버지는 '소의 얼굴'[5]을 가진 부어러네흐Buarainech이며, 그는 그리스 신화에 나오는 키클롭스와 메두사의 역할을 겸한 것으로 일컬어진다. 그는 눈이 두 개 있지만 한 쪽 눈은 독을 뿜어내 그 시선이 닿는 대상을 죽이기 때문에 언제나 감겨 있었다. 발로르의 눈이 가진 이 악독한 힘은 타고난 것이 아니라 어떤 사고의 결과였다. 호기심을 이기지 못한 그가 아버지의 마술사들이 마법의 약을 조제하고 있는 집의 창문을 들여다보았다. 이때 가마솥에서 나온 독기스민 연기가 눈에 닿아 그 치명적인 특질을 감염시켰고, 남에게 재앙을 주게 된 것이다. 신도 거인도 그 위험을 모면할 수는 없었다. 그래서 발로르는 그 무서운 눈을 감고 있겠다는 조건으로 겨우 살아남을 수 있었다. 전쟁 때 그가 적의 맞은편에 앉아 파괴적인 눈꺼풀을 갈고리로 치켜올리면 그 안광이 앞에 서 있던 자들을 모두 오그라들게 하였다. 발로르와 그의 눈에 대한 기억은 아직도 아일랜드에 남아 있다. '발로르의 눈'은 다른 나라 농부들이 말하는 '악의 눈'의 다른 이름이다. 발라르 베이만Balar Beimann 또는 '무서운 재앙의 발로르' 이야기는 아직도 전해지고 있다. 또 '발로르의 성'은 오늘날 토리Tory 섬에 있는 기묘한 절벽을 가리키는 이름이다. 도니걸Donegal의 해안가에 있는 이 섬은 포모르인들의 지상 전초지였다. 그들의 원주거지는 차가운 바다의 밑바닥이었다.

그러나 포모르인들의 획일적인 끔찍스러움에도 예외는 있었다. 그들의 족장 가운데 한 사람이었던 엘라한Elathan은 오래된 한 문서에 훌륭한 인물(밀튼 풍의 어둠의 왕자)로 묘사되어 있다. "어깨까지 늘어진 금발을 가진 수려한 생김새의 사나이"라고 문서는 적고 있다. "그는 금실을 섞어 짠 셔츠 위에 금색 끈을 땋아 만든 망토를 입고 있었다. 다섯 줄의 금 목걸이가 목을 감고 있었고 빛나는 보석이 박힌 금 브로치가 가슴 위에 꽂혀 있었다. 청동으로 만든 굵직한 못이 박힌 두 개의 은제 창을 휴대했으며 금 손잡이가 달린 칼에는 금 장식이 달려 있었다."[6] 엘라한의 아들도 그에 못지않게 미남이었다. 그의 이름은 브레스Bress, 아주 '아름답다'는 뜻이었다. "평야나 요새 또는 술, 횃불, 여자, 또는 남자" 등 아일랜드에 있는 모든 아름다운 것을 그에게 비유했다. 사람들은 "저것은 브레스다."라고 말하곤 했다.[7]

발로르, 브레스, 엘라한은 세월의 안개 속에서도 그 모습이 가장 분명하게 보이는 세 명의 포모르인이다. 그러나 그들은 많은 사람들 가운데 몇몇에 불과하며 가장 오래된 사람들도 아니다. 우리는 게일 족 거인들의 조상 이름 몇 개 외에는 아는 바가 없다. 이것은 게일족 신들에 대해서도 마찬가지이다. 우리가 아는 신들은 분명 조상이 있을 것인데 조상의 이름들은 그것이 지시하는 대상들을 따라 망각 속에 사라져가는 그림자에 불과하다. 우리가 아는 가장 오래된 신은 다누다. 모든 서열의 신들은 '투아하 데 다난'이라는 이름을 그녀에게서 받았다. 그녀는 아누Anu 또는 아나Ana라고 불렸으며 그 이름은 오늘날까지도 킬라니Killarney 근처의 유명한 두 산에 붙여져 있다. 지금 단순히 '젖꼭지'라고 불리는 이 산들은 전에 '아나의 젖꼭지'[8]로 알려져 있었다. 그녀는 만물의 어머니였다. "그녀는 신들을 아꼈다"고 19세기 아일랜드어 주석은 설명한다.[9] 그녀의 남편 이름은 거론되는 일이 없으나 영국에 전해지는 유사한 이야기들에서 추정하자면 게일 전설에서 황천의 신으로 알려진 빌러Bile였다. 그는 켈트의 디스 파테르Dis Pater(로마 신화에 나오는 지하세계의 통치자 — 역주)였고 그에게서 첫 자손들이 태어났다고 한다. 다누는 아마도 대지와 그 풍요로움을 대표했던 것처럼 보이는데, 그리스의 데메테르(풍요의 여신, 곡식의 여신 — 역주)에 비길 수 있을 것이다. 다른 신들은, 적어도 명목 상은 모두 그녀의 자식이었다. 그중에서 가장 잘난 자식은 '은의 손 을 가진 사나이' 또는 아르케트라브Argetlam라고 불리는 누아다Nuada 였다. 그는 게일족의 제우스 또는 주피터인 동시에 전쟁의 신이었 다. 원시 사회에서는 전쟁에서의 승리가 무엇보다 중요했기 때문에 전쟁의 신이 최고의 신인 것이다.[10] 골인들 사이에 '하늘'을 의미하는 이름을 가진 카물루스Camulus는[11] 로마인들에 의해 마르스와 동일시 되었다. 이와 같은 예는 얼마든지 있다. 그는 두 번 투아하 데 다난 의 왕을 지냈고 그들의 네 가지 보물 가운데 하나인 무적의 검을 보 유하고 있었다. 켈트인이 그의 후원을 얻어 정복한 것으로 생각되는 영국 제도 도처에 그의 이름이 퍼져 있는 것으로 보아 그가 가장 중 요한 신이었다는 것은 의심할 여지가 없다. 우리는 그를 전투와 살 육을 즐긴 미개한 마르스로 그려볼 수 있다.

로마의 시인 루칸Lucan은 그가 골의 사촌들인 테우타테스Teutates와 헤수스Hesus처럼 여성 배우자들과 함께 인간을 제물로 올리는 예배 를 받았다고 말한다. 이 배우자들은 그나 골의 타라니스Taranis보다 결코 더 자비롭지 않았다. 타라니스의 예배는 '스키타이Scythian의 다 이애나Diana' 예배보다 지독했으며 그는 '무자비한 테우타테스'와 '무 시무시한 헤수스'[12]에 적합한 동료로서 루칸이 말하는 삼인조를 완 성시킨다. 용맹스러운 여신들은 모두 다섯이 있었다. '증오에 찬 페 아Fea' '독기를 품은 네몬Nemon' '분노에 찬 바이브Badb' '전투의 여신 마하Macha' 그리고 이 모두 위에 모리구Morrigu 또는 '위대한 여왕'이 군림하고 있었다. 이 최고의 전쟁 여신은 사나운 헤라를 닮았으며,

달을 상징한 듯하다. 옛 종족들은 달이 태양보다 우위에 있다고 믿고 마술과 잔인한 의식으로 달에 제사지 냈다. 이 여신은 완전 무장을 한 채 손에 두 개의 창을 든 것으로 그려진다. 일리아드에 나오는 아레스Ares[13]와 포세이돈Poseidon[14]처럼 그녀의 함성은 만 명의 고함 소리만큼 컸다. 전쟁이 일어나는 곳마다 위대한 여왕은 자신의 모습으로 또는 자기가 좋아하는 시체를 쪼아먹는 까마귀로 변장하여 신들과 사람들 가운데 나타났다. 한 옛 시가 용사를 격려하는 그녀의 모습을 보여준다.

그의 머리 위로
바싹 마른 할망구가
빽 소리 지르며
날카로운 창과 방패 위로 마구 뛴다
백발의 모리구이다[15]

그녀와 함께 페아, 네몬, 바이브, 마하도 전사들 위를 맴돌며 전쟁의 광기를 불어넣었다. 때로 그들은 모두 바이브라는 이름으로 불렸다.[16] 1014년 브라이언 보루Brian Boru(아일랜드의 왕—역주)가 북유럽인과 싸운 클론타르프Clontarf의 전투 이야기는 전쟁이 심해지고 병사들의 피가 끓을 때 영적 세계에서 일어난다고 게일인들이 믿었던 섬뜩한 일을 묘사하고 있다. "광기에 차고 맹렬하고 마구 몰아치고 냉혹하고 사납고 음흉하고 해를 끼치며 무자비하고 전투적이고 말썽 많은 바이브가 일어나더니 빽 소리를 지르며 사람들 머리 위로 날개를 펄럭였다. 동시에 반인반수들도 악령들도 골짜기의 미치광이도 마녀와 도깨비와 올빼미도 공중의 파괴적인 악마들도 마귀 같은 허깨비들도 모두 들고 일어나 사기를 북돋우며 그들과 함께 싸움을 지지했다." 전투가 끝나면 그들은 살육된 시신들 가운데에서 잔치를 벌였다. 전리품으로 자른 머리는 "마하의 도토리 수확"이라고 불렸다. 이렇게 야만스러운 마음이 그려내는 잔인한 이야기에는 굉장한 힘이 있다. 최고의 전쟁신 누아다는 포모르인들과 신들과의 싸움에서 포모르인들에게 살해되어 범신전에서 일찌감치 사라졌으나 바이브와 모리구는 다른 게일신들 못지않게 오래 살았다. 그들은 오늘날까지도 켈트어를 사용하는 나라에 남아 있는, 악령의 화신 뿔까마귀에 대한 미신적인 혐오와 의심 속에 살아남아 있다.[17]

누아다 이후의 가장 위대한 신은 다그다Dagda이며 그 이름은 '선한 신'[18]을 의미하는 것으로 보인다. 《이름의 선택The Choice of Names》이라고 하는 옛 아일랜드 책자는 다그다가 대지의 신이며 운드리Undry라고 하는 가마솥을 가지고 있었는데, 모든 사람이 자기 은공에 따라 그 가마솥에서 양식을 얻어먹었으며 배를 채우지 않고 가는 사람이 아무도 없었다고 한다. 그는 또한 살아 있는 하프를 가지고 있었다. 그가 하프를 연주하면 계절이 순서대로 찾아왔다. 봄이 겨울을 따르고 여름이 봄 다음에 오고 가을이 여름 뒤에 왔다가 차례가 오면 겨울에게 자리를 내주는 것이다. 그는 훌륭한 용모, 단순한 마음과 기호를 가졌으며 죽을 좋아하여 억세게 먹어댔다고 한다.

옛이야기 속에서 우리는 다그다의 의복에 대한 묘사를 찾을 수 있다. 그는 목이 파이고 엉덩이까지 내려오는 갈색의 튜닉을 입고 그 위에 어깨를 겨우 덮을까 말까 하는 후드 달린 망토를 걸치고 있었다. 발과 다리는 모피를 두른 말가죽 장화로 덮고 있었다. 그는 날이 여덟 개 달린 전투용 곤봉을 수레바퀴 위에 얹어 끌고 다녔다. 곤봉은 하도 커서 운반하려면 여덟 사람이 필요했다. 수레는 그가 무기를 얹어 끌자 영토의 경계선 같은 바퀴 자국을 냈다.[19] 나이 들어 백발이 성성하고 줄기차게 죽을 먹는 위인이지만 이것을 보면 그는 무시무시한 투사였다. 그는 신과 포모르인들 간의 전쟁에서 무훈을 세웠고 한 번은 마타Mata라고 하는 100개의 다리와 네 개의 머리를 가진 괴물을 단독으로 잡아 보인Boyne 강 가까운 '벤의 바위'로 끌고 가거기서 죽였다고 한다.

다그다의 아내는 보안Boann이라고 불렸다. 전설에 의하면, 그녀는 보인 강과 인연이 깊어 자기 이름을 강에게 주고 또 강을 존재하게 만들었다고 한다.[20] 본래 그곳에는 마술의 개암나무 아홉 그루로 둘러싸인 우물이 하나 있을 뿐이었다.[21] 이들 나무에서 새빨간 열매가 열리는데, 이 열매를 먹는 사람은 세상 모든 일을 알게 된다. 이 이야기는 사실상 선악과에 대한 히브리의 신화를 게일식으로 고친 것이다. 이 특권을 가진 것은 한 마리 생물 (우물 안에 살면서 나무에서 열매가 떨어질 때마다 그것을 삼켜 모든 일을 알게 된) 신성한 연어였다. 그것은 전설에서 "지식을 가진 연어"로 등장한다.

다른 모든 존재들은, 심지어 신들까지도 그 장소로의 접근이 금지되어 있었다. 보안만이 여자의 호기심으로 이 법을 감히 어겼다. 그녀가 성스러운 우물에 가까이 가자 물이 차올라 홍수처럼 세차게 그녀를 쫓아왔다. 그녀는 도망쳤으나 물은 되돌아가지 않고 보인 강이 되었다. 우물 안에 있던 '모든 것을 아는 물고기'들은 깊은 강 속을 하염없이 방랑하면서 잃어버린 열매를 찾아다녔으나 허사였다. 그 가운데 한 마리의 연어를 나중에 유명한 핀 막 쿨이 먹자 전지전능한 능력이 그에게 전해졌다.[22] 강의 존재를 이렇게 설명하는 것은 아일랜드 전설이 즐겨 하는 일이다. 섀넌Shannon 강에 대해서도 그런 이야기가 있다. 섀넌은 보인처럼 불가침의 우물에서 터져나와 시난Sinann이라는 이름의 또 하나의 주제넘은 요정, 바다 신 레르Ler의 손녀를 쫓아갔다고 한다.[23]

다그다에게는 자식이 여럿이었는데, 그중에서 중요한 것은 브리잇취Brigit, 앙구스Augus, 미처르Mider, 오그마Ogma 그리고 '붉은 머리 보브Bodb'였다. 이중에서 브리잇취는 켈트 신화를 전혀 모르는 영국 독자에게도 이미 잘 알려져 있을 것이다. 원래 그녀는 불과 난로의 여신이며 또한 게일인들이 정신적이고 초감각적인 불꽃의 형태라고 여겼던 시詩의 여신이었다. 그러나 초기에 아일랜드를 기독교로 개종시킨 사람들은 이교의 여신들을 성자의 대열에 넣었다. 이렇게 성녀가 된 그녀는 성 브리 잇취 또는 브라이드라는 이름으로 큰 인기를 얻었다.[24]

앙구스는 막 오크Mac Oc라고 불렸는데 이것은 '젊은이의 아들' 또는 '젊은 신'이라는 뜻이다. 켈트 신화가 만들어낸 가장 매력적인 인물인 그는 게일족의 에로스, 영원히 젊은 사랑과 미의 전형으로 그려지고 있다. 그는 아버지처럼 하프를 가지고 있었으나 그것은 다그다의 하프처럼 참나무가 아니라 금으로 되어 있었다. 음조가 하도 아름다워 그 소리를 들은 사람은 따라가지 않을 수 없었다. 그의 키스는 새가 되어 에린의 청춘남녀 위를 보이지 않게 맴돌며 사랑의 상념을 그들 귀에 속삭였다. 그는 요정의 궁전 '브루brugh'가 있는 보인 강 둑과 주로 연관지어지며 그의 위업과 모험에 대해 많은 이야기가 전해진다.

전설의 또 다른 주인공인 미처르는 지하세계의 신, 게일족의 플루토Pluto로 여겨진다. 그는 팔가Falga의 섬과 관련이 있는데 그 섬은 일명 맨 섬이라 한다. 그는 그곳에 요새를 지었고 세 마리의 신기한 암소와 가마솥을 가지고 있었다. 그는 또한 '부정否定과 조야粗野의 학 세 마리'의 임자였는데, 이들을 장난스럽게 묘사한다면 '은근한 암시'를 구체화한 것이라 할 수 있다. 새들은 문간에 서 있다가 누구든 환대를 받으려고 다가오면 첫째 새가 "오지 마! 오지 마!" 하고 말했다. 그러면 둘째가 "저리 가! 저리 가!" 하는 소리로 가세하고 셋째가 "이 집을 지나쳐 가! 이 집을 지나쳐 가!" 하고 외쳤다.[25] 이 새들을 탐욕스런 시인 아이테르네Aitherne가 훔쳐갔는데, 새들은 미처르보다 시인에게 더 어울리는 것 같다. 미처르는 다른 면에서는 상스럽고 인색한 신으로 표현되는 일이 없기 때문이다.[26] 오히려 그는 함부로 약탈해가는 자들의 희생자로 나타난다. 앙구스가 그의 아내 에타뉴Etain를 빼앗아갔는가 하면[27] 그의 소와 가마솥과 아름다운 딸 블라나트Blathnat는 얼스터의 황금기에 코노르 왕을 둘러쌌던 영웅들과 소신小神들에 의해 납치당했다.

오그마Ogma는 케르마이트Cermait 그러니까 '달콤한 입'이라고도 하는, 문학과 웅변의 신이었다. 그는 의약의 신 디안케트Diancecht의 딸 에탄Etan과 결혼하여 여러 자녀를 두었는데, 그 아이들은 게일의 켈트족 신화에서 눈에 띄는 역할을 한다. 그중 하나가 투이렌Tuirenn으로. 그의 세 아들이 태양신의 아버지를 살해하여 그 보상으로 지금까지 들던 중 가장 엄청난 벌금(이 세상 최고의 보물들)을 물어야 했다.[28] 또 하나의 아들 카이르프레Cairpre는 투아하 데 다난의 직업적인 음유시인이 되었고 다른 세 아들은 신들을 다스렸다. 문학의 수호신 오그마는 유명한 오검Ogam 알파벳의 발명자로 추정되고 있다. 이 아일랜드 고유의 글자는 영국으로 퍼져갔고 오검문자로 적힌 비문들이 스코틀랜드의 맨 섬, 남웨일스, 데번셔, 햄프셔의 실체스터, 즉 로마 도시 칼레바 아트레바툼Calleva Attrebatum에서 발견되었다. 그것은 원래 서 있는 머릿돌이나 장대에 새기는 비문을 위해 고안되었으며, 모퉁이를 가로질러 새긴 새김눈, 또는 모퉁이의 한쪽 표면 위에 낸 금이 글자에 해당된다. 알파벳은 다음과 같다.

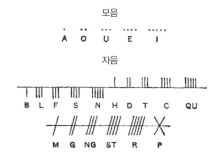

나중에 손으로 쓸 때는 위의 도면처럼 가로 그은 선의 위나 아래에, 또는 선을 건너질러 금을 그었다. 모음은 새김눈이 아니라 아래와 같이 짧은 선으로 나타냈다.

```
+ +| |||+ ||||+ ||||+
A O U E I
```

오검 비문의 실례는 리스 교수의 《히버트 강의집*Hibbert Lectures*》에 나와 있다. 그것은 케리Kerry의 서쪽에 있는 던모어Dunmore 언덕에서 가까운 기둥에서 나온 것인데 가로 읽게 되어 있다.

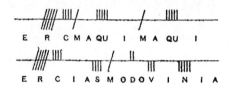

에르크, (모도비니아의)후손, 에르카의 아들의 아들[29]

이 알파벳의 기원은 아직 분명하지 않다. 어떤 대가들은 굉장히 오래된 것이라 하고 어떤 대가들은 기독교 이후의 것이라고 한다. 그러나 로마의 알파벳을 기초로 한 것처럼 보여 로마문자에 대한 지식을 전제로 만든 듯하다.

오그마는 문학의 수호신이었을 뿐 아니라 투아하 데 다난의 전사이자 직업적 무사였다. 그의 별명은 찬란히 빛나는 얼굴을 빗대 그리아나이네히Grianainech 즉 '밝은 얼굴'이라고 했다.

다그다의 중요한 자식 가운데 마지막은 '붉은 머리 보브'인데[30] 그는 초기 전설에서보다 후기 전설에서 큰 역할을 한다. 그는 아버지의 뒤를 이어 신들의 왕이 되었다. 그는 주로 남아일랜드 특히 그의 유명한 지하세계의 궁전 쉬sidh가 있는 갈티Galtee 산 및 루그 데아르그Lough Dearg와 관련이 있다.

투아하 데 다난 신전의 포세이돈은 레르라고 했는데 수많은 자손

중에서 가장 잘나고 인망 높은 유명한 아들 마난난Manannan에 비하면 별로 이야기되는 바가 없다. 마난난 막 리르Manannan mac Lir[31]는 '곶의 신'으로서 그에게 기도하는 선원들과 동업조합의 우두머리로 그를 내세운 상인들의 특별한 수호신이었다. 그는 자기 이름을 붙인 '맨 섬'과 '사과나무의 엠하인Emhain'이라 불리는 궁전이 있는 클라이드 Clyde 하구의 '애런Arran 섬'을 즐겨 찾았다. 그는 유명한 무기를 여러 개 가지고 있었다. '노란 창'과 '붉은 투창'이라고 하는 두 개의 창, 절 대 죽이는 데 실패한 일 없는 '복수자'라는 칼, 그리고 '큰 분노'와 '작 은 분노'라고 불리는 또 다른 두 개의 칼을 가지고 있었다. 그는 '파 도의 관리자'라는 배를 가지고 있었는데 그 배는 주인이 원하는 대로 어디나 스스로 방향을 잡고 갔다. 또 '희한한 갈기'라는 말은 봄바람 보다 빠르고 땅 위에서나 바다의 파도 위에서나 똑같이 빠르게 달렸 다. 어떤 무기도 마법의 투구와 가슴받이를 뚫고 그를 해칠 수 없었 다. 또 그의 헬멧 위에는 태양처럼 찬란한 두 개의 마법의 보석이 빛 나고 있었다. 그는 신들에게 자신들의 의지에 따라 모습을 안 보이 게 할 수 있는 망토를 주었고 자기 돼지를 먹였다. 그의 돼지는 북구 의 발할라Valhalla(북구 신화에서 신들의 궁전 — 역주)의 집에 있던 새림 니르Saehrimnir 돼지처럼 먹자마자 새로 생겨났다. 분명 그는 이 돼지 로 '나이 잔치'라고 하는 잔치를 베풀었는데 이 잔치에서 돼지를 먹 은 사람은 늙는 일이 없었다. 이처럼 여신 다누의 백성들은 영원한 젊음을 간직하는 한편 대장장이 신 고브니Goibniu의 술은 그들을 불 사신으로 만들었다. 마난난 자신이 다른 모든 신들보다 끈질긴 생명 력을 가진 것은 당연하다. 아일랜드의 영웅전에는 최근까지도 그의 찬란한 모습이 유난히 빛나며 쉽게 잊히지 않고 있다.

　게일의 헤파이스토스Hephaestus(그리스 신화의 대장장이 신 — 역주)에 해당되는 고브니는 마법의 술로 여신 다누의 백성을 불사신으로 만들고 그들의 무기도 만들어주었다. 또한 신성한 목수 루흐타이너Luchtaine와 신성한 청동 공인 크레드네Credne의 도움으로 투아하 데 다난이 포모르들을 정복한 투구를 만든 것도 그였다. 그들 못지않게 쓸모 있었던 것은 의약의 신 디안케트Diancecht[32]였다. 이전에 아일랜드를 구하고 배로Barrow 강 이름의 간접적인 유래가 된 것도 그였다. 하늘 신의 사나운 아내 모리구가 흉악한 생김새의 아들을 낳자 신들의 의사 디안케트는 위험을 예견하고 어릴 때 아기를 죽이라고 충고했다. 죽이고 나서 디안케트가 아기 심장을 열었더니 그 안에 세 마리 뱀이 있었는데, 그것들은 커지면 아일랜드 주민을 절멸시킬 능력이 있는 뱀이었다. 그는 지체 없이 뱀을 죽이고, 혹시 죽은 시체가 해악을 끼칠까 불태워 재를 만들었다. 그뿐 아니라 그는 재에도 위험성이 있을까 두려워 그것을 가까운 강에 던졌다. 재의 독기가 지독하여 강물이 들끓더니 강 속의 모든 생물을 죽여버렸다. 그때 이래로 이 강은 '배로Barrow'(끓는)라고 불렸다.[33]

　디안케트에게는 자식이 여럿 있었는데 두 아이가 아버지의 직업을 따랐다. 미아하Miach와 누이동생 아이르미춰Airmid였다. 이밖에 케르마이트(또는 오그마)와 결혼한 또 한 명의 딸 에탄과 키안Cian, 케헤Cethe, 쿠Cu라고 하는 아들 셋이 있었다. 키안은 포모르인 발로르의 딸 에스니Ethniu와 결혼하여 게일족의 신전에서 가장 빛나는 태양신 아폴론에 해당되는 루Lugh[34]를 낳았다. 그는 라브다Lamhfada[35]라고 불렸는데, '긴 손' 또는 '멀리 쏘는 사수'를 의미했다. 그러나 루는 그리스의 아폴론처럼 화살을 사용하지 않고 막대 새총으로 무용을 떨쳤다. 그를 숭배하는 백성들은 때로 하늘에서 그의 무서운 무기가 무지개로 떠 있는 것을 보았으며, 은하수는 '루의 사슬'이라고 불렀다. 그는 또한 마법의 창을 가지고 있었다. 이것은 막대 새총처럼 그가 손수 사용할 필요가 없었다. 이 창은 살아서 피를 갈망했기 때문에 으깬 양귀비잎으로 만든 잠의 약 속에 머리를 담가야 조용해졌다. 전투가 다가와 창을 빼들면 으르렁 소리를 내며 가죽끈에서 벗어나려고 불을 내뿜었다. 일단 끈에서 빠져나온 다음에는 적의 대열을 뚫고 날으며 지칠 줄 모르고 살육을 했다. 그의 또 하나의 소유물은 페니안의 영웅 킬터Caoilte에게 바치는 시[36]에 나오는 마법의 개였다.

맹렬한 전투에서 저항할 수 없이
용맹을 떨친 그 개는
어떤 보물보다도 뛰어나
밤마다 불의 탄환처럼 달렸다.

아름다운 그 개는 또 다른 힘을 가졌다
(어떤 자산보다 더 좋은 자산인 이 힘으로 인해)
개가 샘물에서 미역을 감을 때마다
물은 꿀술이나 포도주로 변했다.

이 희한한 개와 희한한 창, 그리고 마난난의 없어지지 않는 돼지는 투이렌의 아들들이 루의 아버지 키안을 죽인 피의 대가로[37] 루에게 바친 것이다. 루가 '모든 기술의 거장' 또는 일다나Ioldanach라는 이름을 갖게 된 내력도 이에 못지않게 기묘하다.[38]

이들은 물론 게일족 신전의 유력한 신들이며 그들의 신성은 그리스의 제신 데메테르, 제우스, 헤라, 크로노스, 아테나, 에로스, 하데스, 헤르메스, 헤파이스토스, 아이스쿨라피우스 그리고 아폴론에 상응한다. 그들은 모두 많은 후손을 남겼는데, 그 가운데 일부 후손들은 '얼스터의 붉은 가지'와 '페니안'의 영웅적 전설에서 뛰어난 역할을 한다. 여기에 더해 족장과 일반 대중의 관계처럼 유력한 신들 외에도 군소 신들이 많이 있었을 것이다. 그들은 아마도 여러 족벌의 지방 신들이었을 것이고 지방의 영웅들은 이들의 이름에 맹세했을 것이다. 그중 어떤 신들은 원주민의 신이었을 가능성이 있다. 리스 교수는 네트Net, 리Ri, 로이Roi, 코르브Corb, 베스Beth[39] 등 몇 개의 이름으로 이베리아의 신들을 가려낼 수 있다고 한다. 그러나 게일족 신들의 이야기에서는 이렇다 할 역할을 하지 않고 있다.

6장

신들의 도래

　여신 다누의 백성들은 아일랜드 최초의 신성한 주민이 아니다. 그들과 다른 '어두운 옛 시간의 심연'의 주민들이 그들보다 먼저 있었다. 이 점에서 켈트 신화는 다른 나라 신화와 닮았다고 할 수 있다. 이들 신화에서 우리는 지배적인 신전 배후에 있는 아련한 옛 신들의 영역을 발견하는 것이다. 제우스가 쫓아낸 크로노스와 티탄이 여기 해당되는데 제우스는 헤시오드Hesiod가 보기에도 벼락출세한 신이었다. 게일 신화는 투아하 데 다난 이전에 있던 신의 왕국 두 개를 인정한다. 첫 번째 왕국은 '파르톨론Partholon의 족속'이라고 불렸다. 그 수령이자 지도자는 (켈트적 이념에 의하면 모든 신과 인간이 그러하듯) 저승세계에서 5월 1일 24명의 남자와 24명의 여자 수행원을 데리고 아일랜드에 상륙했다. 5월 1일은 발틴나Beltaine 축제라고 하며, 죽음의 신 빌러Bile에게 성스러운 날이다. 먼 옛날 아일랜드에는 나무도 풀도 없는 들판 하나와 그것을 적시는 세 개의 호수, 그리고 아홉 개의 강이 있을 뿐이었다. 그러나 파르톨론 종족의 수가 불어나자 땅이 넓어졌다. 어떤 이는 기적이라 했고 어떤 이는 파르톨론인들의 노력의 대가라고 했다. 어쨌든 그들이 그곳에서 산 300년 동안에 땅은 들판 하나에서 네 개로 늘어났고 새 호수도 생겼다. 포모르족과의 전투에도 불구하고 파르톨론의 인구가 48명에서 5,000명으로 늘어났기 때문에 참으로 다행한 일이었다.

이는 불가피한 일이기도 했다. 어떤 신이 통치를 하든 그들은 비신적非神的 존재 즉 어둠, 겨울, 악 그리고 죽음의 힘과 영원한 적대 관계에 있게 마련이다. 파르톨론족은 그들과 성공적으로 싸웠다. 이스Ith의 평원에서 파르톨론은 발이 없는 키홀Cichol이라는 거대한 마귀를 무찔러 그가 이끄는 흉측한 기형아들의 군대를 패망시켰다. 그후로 300년 동안 평온이 계속되었다. 그러다가 운명의 5월 1일, 알수 없는 전염병이 시작돼 1주일간 계속되면서 그들을 모두 죽이고 말았다. 최후를 예감한 그들은 살아남은 자가 죽은 자를 매장하기 쉽게 (셴 마그Sen Mag 또는 옛 들판이라고 하는) 들판에 모여들었다. 그들의 매장 장소가 어디였는지는 지금도 알 수 있다. 더블린 근교에 있는 그곳을 지도에서는 탈라하트Tallaght라 하는데, 전에는 역병에 걸린 파르톨론인들의 무덤이라는 뜻인 탐레히트 무인트레 파르톨라인Tamlecht Muintre Partholain으로 불렀다. 이것은 가장 오래된 전설의 형태가 발전한 듯하다. 신화에는 역병에 관해서는 아무 말이 없다. 다만 파르톨론인들이 아일랜드에서 살다가 원래 출신지인 저승으로 돌아간 것으로 되어 있다. 아마도 고대 신들이 고대의 영웅으로 변해가는 과정을 간접으로 표현한 것으로 보인다.

파르톨론인의 뒤를 이어 네메드Nemed인들이 도래해 선조들의 업적과 전통을 계승했다. 그러는 동안에 아일랜드는 또다시 확대되어 12개의 평원과 4개의 호수가 더 늘었다. 파르톨론인들처럼 네메드인들도 포모르족과 싸웠는데 네 번의 전투에서 계속해 그들을 무찔렀다. 그리고 나서 2,000명의 네메드인이 역병으로 죽었고 지도자 없이 남은 사람들은 포모르인들에게 심한 박해를 받았다.

포모르인의 두 왕, 델라Dela의 아들 모르크Morc와 페바르Febar의 아들 코난Conann은 토리 섬에 유리 탑을 지었다. 이 탑은 항상 요새로 쓰였고 이 섬에는 아직도 두 왕의 이야기가 남아 있다. 두 왕은 이 유리한 지점에서 그리스 신화에 나오는 크레타 미노타우로스의 세금을 연상시키는 세금을 징수했다. 매년 네메드인에게 태어나는 아이의 3분의 2는 소원Samhain의 날이 올 때마다 제물로 바쳐져야 했다. 견디다 못한 네메드의 생존자들이 탑을 습격하여 점령했다. 이 전투에서 코난은 사망했다. 그러나 그들의 승리는 오래가지 않았다. 또 한 명의 왕인 모르크가 병력을 모아 네메드인들을 처참히 살육하였다. 탑을 습격한 1만 6,000명 중에서 겨우 30명만 살아남았다. 살아남은 자들은 원래 왔던 곳으로 돌아갔거나 죽었다. 신화에서 이 두 가지는 같은 의미가 된다.[40]

아일랜드 침략에 대한 이 두 신화 사이에는 많은 유사성이 보인다. 특히 눈에 띄는 것은 파르톨론인 전원과 거의 모든 네메드인들을 죽게 한 역병 이야기이다. 즉 이 두 전설은 중복된 것이고, 처음에는 하나의 이야기였던 것이 이베리아인과 게일인이라는 두 민족에 의해 좀 다르게 개작되었다고 판단된다. 리스 교수는[41] 네메드인의 이야기가 원래의 켈트족 이야기이고 파르톨론인의 이야기는 원주민들이 멋대로 만든 개작이라고 본다. "파르톨론"이라는 이름의 첫 자 p는 게일어의 특성과는 완전히 다른 것이다. 또한 파르톨론에게는 초기 역사가들에 의해 비아리안적 이름을 가진 조상이 주어지고 있다. 그런 이름은 후에 피르 볼그Fir Bolg 추장들의 이름으로 재출현하고 있다. 게일족, 일명 밀레시아족이 이베리아인, 즉 피르 볼그보다 나중에 출현한 것처럼 네메드는 아일랜드에서 파르톨론보다 나중에 나타났다.

피르 볼그인들은 신화에서 아일랜드의 다음 이주민으로 나온다. 여러 가지 다른 신화를 살펴보면 그들은 그리스 또는 스페인에서 왔다고 한다. 그리스나 스페인은, 기독교 이후의 완곡 어법으로 말하면, 켈트의 하데스를 의미했다.[42] 그들은 피르 돔난Fir Domnann 또는 돔누 사람, 피르 가일리온Fir Gaillion 또는 가일리온 사람 그리고 피르 볼그 또는 볼그 사람이라고 하는 세 개의 부족으로 이뤄져 있었다. 처음에 말한 부족이 가장 중요하다는 사실에도 불구하고 그들은 보통 마지막 이름으로 집합적으로 지칭된다. 그리스에서의 그들의 삶, 아일랜드에 오게 된 연유에 대해서는 신기한 이야기들이 있으나 그것들은 부자연스러운데다 초기의 전승에 속하지도 않는다.

점령기 동안 그들은 아일랜드를 나누어 가졌다. 피르 볼그는 얼스터Ulster를, 세 개의 왕국으로 갈렸던 피르 돔난은 북 먼스터Munster, 남 먼스터와 코나트Connaught를, 피르 가일리온은 렌스터를 가졌다. 이 다섯 개의 지방은 당시 '발로르의 언덕'이라고 불렸다가 후에 '우슈네흐Uisnech의 언덕'으로 불렸던 언덕에서 만난다. 서부 미스Meath에 있는 라스콘라스Rathconrath 가까운 곳에 위치한 그 언덕이 정확히 아일랜드의 중심이라고 믿었던 때도 있었다. 그들은 네메드인들이 떠나갈 때부터 여신 다누의 백성들이 당도할 때까지 그 나라를 장악했으며 그러는 동안 아홉 명의 왕이 지상의 권력을 가졌다. 신들이 도래했을 당시 왕은 에르크Erc의 아들 에카Eochaid[43]였는데 그의 이름 앞에는 '거만한'이라는 별호가 붙었다.

그들의 아일랜드 생활에 대해 우리는 더이상의 정보를 갖고 있지 않다. 그러나 그들은 신이 아니고 게일족이 아일랜드에 상륙했을 때 이미 점령하고 있던 아리안 이전의 민족이었음은 분명하다. 문명의 어느 단계에서는 사람들이 자기네보다 못한 문명을 가진 족속을 반신半神 또는 반 마半魔로 보는 예가 허다하다.[44] 초기 켈트족이 야만적인 원주민에 대해 가졌던 의심과 공포는 그들을 '인간보다 크게' 보이게 했을 것이다. 켈트족들은 산속에 위치한 근접할 수 없는 요새 안에서, 폭풍과 산악지대의 안개 속에서 원주민들이 올리는 괴상한 마법의 의식 때문에 그들을 두려워했다. 자신을 빛의 자손으로 생각하던 게일족은 이 '검은 이베리아인'을 어둠의 자식이라고 불렀다. 그들의 부족명은 이런 개념에 입각한 것이 많은 듯하다. 코르카 오이케Corca-Oidce('어둠의 백성')과 코르카 두이네Corca-Duibhne('밤의 백성')가 그것이다. 히 도르하더Hi Dorchaide('어둠의 아들들')라는 서부 종족의 땅은 '밤의 나라'로 호칭되었다.[45] 신들이 아일랜드로 앞장서 들어갔다고 생각한 켈트족도 투아하 데 다난이 마법에 익숙한 이베리아인으로부터 전쟁 없이 땅을 뺏을 수 있었다고 믿지는 않았다.

그들은 또한 포모르인들과 약간의 연계가 있는 듯하다. 가장 큰 이베리아 족속이 '돔누Domnu의 백성'이라고 불리는데, 포모르인들은 '돔누의 신'으로 불렸고 그들의 왕 인데히는 '돔누의 아들'이라고 불렸다. 이와 같이 초자연계에서 발생한 다누의 자손인 신들과 돔누의 자손인 거인들 사이의 영원한 전쟁은 침략하는 켈트족과 항거하는 이베리아인들 간의 영속적 전쟁을 반영한 것이다. 그것은 후세의 영웅시집에도 그림자를 던지고 있다. 얼스터의 승리자, 특히 아리안족과 게일족에게 먼스터의 피르 돔난과 렌스터의 피르 가일리온과 같은 불구대천지 원수는 없었다. 몇몇 학자들은 아일랜드의 지고至高의 왕과 이에 반항한 페니안들 간 필사의 전쟁을 역사상 또는 신화상에서 보이는 인종간 전쟁에 대한 마지막 예견이라고 추정한다.[46]

피르 볼그나 포모르들의 적수였던 게일족의 신들 투아하 데 다난은 그들 다음으로 도래했다. 가장 초기의 이야기는 그들이 하늘에서 왔다고 전한다. 그러나 나중에 생긴 이야기는 그들의 주거지를 지구상에 지정해주었다. 어떤 경우에는 세계의 북쪽, 또 어떤 경우에는 세계의 남쪽 섬이라는 것이다. 핀디아스Findias, 고리아스Gorias, 무리아스Murias, 팔리아스Falias라는 신화적 도시에 살며 시와 마법(원시인에게 이 두 가지는 다를 게 없었다)을 익히던 이들이 이 네 도시에서 네 가지 보물을 가지고 아일랜드에 왔다. 핀디아스에서는 한 번 맞으면 피할 수도 없고 치유할 수도 없는 누아다의 칼이, 고리아스에서는 루의 무서운 창이, 무리아스에서는 다그다의 가마솥이, 팔리아스에서는 '운명의 돌'로 알려졌다가 나중에 고대 아일랜드 왕들의 손에 들어갔다고 하는 '팔Fal의 돌'이 왔다. 전설에 의하면 이 돌은 정통성 있는 '에린의 왕'이 손을 대면 사람 소리를 내는 마술적 특성을 갖고 있었다. 일부 학자는 이 신기한 돌에서 에드워드 1세가 1300년 스콘 Scone에서 가지고 와 웨스트민스터 사원에 안치한 뒤 현재 대관식 의 자의 일부를 이루게 된 단단한 벽돌과의 연관성을 찾기도 한다. 스 코틀랜드 전설은 이 돌이 아일랜드에서 스코틀랜드로 왔다고 하고 아일랜드 전설 역시 아일랜드에서 스코틀랜드로 갔다고 주장하고 있는 것은 흥미로운 사실이다. 이것은 결정적인 증거처럼 보일 수 있으나 권위 있는 현대 고고학자들(이 문제에 대한 논문을 발표한 스킨 박사W. F. Skene를 포함한)[47]은 스콘의 돌과 타라의 돌은 동일한 것이 아 니라고 주장한다. 페트리Petrie 박사는 진짜 리아 팔Lia Fail이 항상 아 일랜드에 있었던 돌이 틀림없다고 확신한다. 그 돌은 '반도들의 무덤 Croppies' Grave'으로 현재 알려져 있는 봉분 근처에 매장된 반도들의 무 덤을 표시하기 위해 1798년 옮겨졌다는 것이다.[48]

투아하 데 다난이 하늘에서 왔든 땅에서 왔든 그들은 안개 짙은 5 월 1일 아무런 저항도 받지 않고 피르 볼그(필사본의 권위자들이 부르 는 대로 따르는 것이 편리할 것이다)[49]가 눈치채지도 못한 가운데 구름 처럼 아일랜드 해안에 상륙했다. 그들이 온 것을 모르도록 모리구는 바이브와 마하의 도움으로 핀디아스, 고리아스, 무리아스, 팔리아스 에서 배웠던 마법을 사용했다. 그들은 드루이드의 요술로 소나기와 안개를 펼치는 소나기구름으로 온 나라를 덮고 공중에서 불과 피를 피르 볼그 머리 위에 퍼부어 그들이 사흘 낮과 밤 동안 피신하지 않 을 수 없게 만들었다. 그러나 피르 볼그도 자기네 드루이드 요술을 가지고 있어 결국 마술에 걸린 상태를 푸는 마술로 상황은 마무리되고 공기는 다시 맑아졌다.

서쪽을 향해 진군하던 투아하 데 다난이 렌스터의 '바다의 평원'이라는 지점에 도달했을 때 두 군대가 마주쳤다. 협상을 위해 각 군에서 무인을 한 사람씩 내보냈다. 두 적수는 방패 위로 살펴보며 조심스럽게 접근해갔다. 조금씩 가까워지자 그들은 서로 이야기를 걸었고 상대의 무기를 알고자 하는 욕망으로 차츰 친해졌다.

피르 볼그의 사자는 투아하 데 다난의 무사가 가진 "아름다운 모양의 얇고 날씬하고 길고 뾰족한 창"을 경이롭게 바라보았다. 한편 여신 다누의 백성을 대표하는 사자는 피르 볼그의 육중하고 두껍고 뾰족하지는 않으나 둥근 끝이 있는 작살에 감명받았다. 그들은 서로 무기를 교환하여 각자 그것을 검사하고 상대의 힘에 대한 평가를 내리자고 합의했다. 헤어지기 전에 투아하 데 다난의 사자는 피르 볼그에게 대표자를 통해 나라를 공평하게 이등분함으로써 평화를 유지하자고 제안했다. 피르 볼그의 사자는 자기편 백성들에게 이 제안을 받아들이자고 권했다. 그러나 에르크의 아들 에카 왕은 동의하지 않았다. "우리가 저들에게 반을 주면, 저들은 곧 전부를 차지할 것이다."라고 그는 말했다.

한편 여신 다누의 백성들은 피르 볼그의 무기를 보고 깊은 감명을 받았다. 그들은 유리한 위치를 확보하기 위해 당시 니아Nia라고 불렸다가 현재 모이투라Moytura라고 불리게 된 평원, 현재 콩Cong 마을 가까운 코나트 서쪽으로 후퇴하여 평원 맨 끝에 있는 발가탄Balgatan의 샛길 앞에 전선을 폈다.[50] 이곳은 패배할 경우 퇴각로가 되는 곳이었다. 피르 볼그들은 그들을 쫓아와 평원 가까운 곳에 진을 쳤다. 그러자 투아하 데 다난의 왕 누아다가 사신을 보내 전과 같은 조건을 제시했다. 피르 볼그는 재차 그것을 거절했다.

"그렇다면 언제 전투를 할 겁니까?" 사신이 물었다.

"우리는 휴전을 해야 하오. 투구를 수리하고 철모를 닦고 칼을 갈시간이 필요하오. 또 우리는 당신네 같은 창을 만들어야 하고 당신네는 우리 같은 작살을 가져야 하오." 그들이 말했다.

이 기사도적인 그러나 현대적 생각으로는 놀라운 협상의 결과 105일의 휴전에 합의를 보았다.

마침내 양쪽의 군대가 서로 만난 것은 하지날이었다. 여신 다누의 백성들은 "붉은 색으로 테를 두르고 얼룩거리며 탄탄한 방패"를 치켜들고 "불꽃같이 맹렬한 전선"을 그리며 나타났다. 그들과 마주하여 "검, 창, 칼날, 삽창trowel spear을 번뜩이며" 찬란한 불꽃처럼 피르 볼그의 군대가 늘어섰다. 전쟁은 결사의 격투로 시작되었다. 27명의 투아하 데 다난인이 같은 수의 피르 볼그들과 싸웠으나 패배하여 살해되었다. 그리고 전투를 어떻게 할 것인가, 날마다 할 것인가 아니면 하루 걸러 할 것인가에 대한 또 하나의 협상이 있었다. 더욱이 누아다는 에카에게서 전투는 항상 같은 인원수로 한다는 약속을 받았다. 이것은 그러나 피르 볼그의 왕에게는 매우 불쾌한 일이었다. 그의 군대가 숫자상 크게 우세했기 때문이다. 그후 전쟁은 일리아드에 나오는 그리스인이나 트로이인의 싸움처럼 일련의 일대일 결투의 형식으로 재개되었다. 하루가 마무리될 때마다 양측의 승리자는 자기 진영으로 돌아가 약초로 된 치료용 욕탕에서 목욕을 했다.

전쟁은 양측이 무섭게 살육당하면서 4일간 계속되었다. 피르 볼그의 대표 전사 스렝Sreng은 신들의 왕인 누아다와 결투를 벌여 단 한 번의 무서운 일격으로 그의 손과 방패의 절반을 베어버렸다. 피르 볼그의 왕 에카는 누아다보다 더 불행했다. 그는 목숨을 잃었다. 목이 말랐던 그가 부하 100여 명을 거느리고 물을 찾아나섰는데 적군이 슬라이고Sligo의 발리사다러Ballysadare 물가까지 따라왔다. 그는 돌아서서 반격을 시도했으나 소용없었다. 그의 무덤은 아직도 봉분이 남아 있다. 마침내 300명으로 감소한 피르 볼그는 어느 한쪽이 전멸할 때까지 일대일 결투를 하자고 요구했다. 그러나 여기에 동의하는 대신 투아하 데 다난은 아일랜드의 5분의 1을 줄 터이니 어느 지방이든지 마음대로 가지라고 제안해왔다. 피르 볼그는 이에 동의해 코나트를 택했고 그때 이래 이곳은 그들의 특별한 고향이 되어 17세기 중엽까지도 스렝의 후손이라고 자처하는 사람들이 있었다.

이 이야기는 신기하게도 역사적이고, 묘하게도 비신화적 분위기를 가지고 있다. 그것은 나중에 투아하 데 다난이 포모르인과 가진 같은 이름의 전쟁 이야기와는 매우 대조적이다. 콩 근처에는 아직도 당시 전투의 유물과 전설이 남아 있다. '남 모이투라'(두 번째 전투가 있었던 북 모이투라와 구분하기 위해 이렇게 부른다)의 평원에는 많은 원형의 담과 고분들이 존재한다. 원형 기념물은 특히 마을 근처에 많다. 전에는 더 많은 원형 기념물들이 있었는데 그것들은 담이나 둑을 만들 때 사용되었다고 한다.[51] 옛날 큰 전투의 격전지였던 자리에는 커다란 돌무덤이 있다. 이러한 선사시대의 유물들은 각기 지금까지 이어져 내려오는 이야기를 가지고 있다. 윌리엄 와일드William Wilde 경은 저서 《루 코리브Lough Corrib》[52]에서 고대 문서에서 읽은 전설상의 전투 이야기와 봉분, 원형의 기념물, 돌무덤에 관한 전설 사이의 뜻밖의 일치에 너무 감명해 그 이야기가 역사적인 것이라는 결론에 이르렀다고 말한다. 확실히 그 일치는 신기하다. 그의 의견으로는 피르 볼그는 벨가이의 식민지였으며 투아하데 다난은 덴마크인이었다. 그러나 다누 여신의 백성들은 현실 세계에서의 입지를 찾을 만한 근거를 갖기에는 너무 신화적이다. 그들의 초인간적 속성으로 보아 그들은 피르 볼그와 전혀 다르다. 서사적 신화에서도 투아하 데 다난은 신적 존재이고 피르 볼그, 피르 돔난, 피르 가일리온은 얼스터의 사람들과 같은 기반 위에 서 있다는 것이 분명하다.

후일의 역사는 아일랜드 왕들이 무엇에 의해서 또 3부족이 어떤 비싼 대가를 치러가며 본고장 코나트 이외의 아일랜드 땅에 정착할 수 있었는가를 기록하고 있다. 그들은 고대, 중세, 그리고 현대 역사 기록에 아일랜드의 고대 민족으로 출현하고 있다. 신들과 피르 볼그 사이의 전쟁 이야기는 상대적으로 후기에 만들어진 것으로 보인다. 가장 초기의 기록에는 여신 다누의 백성과 포모르인 사이에 벌어진 모이투라의 전투가 실려 있을 뿐이다. 그것을 이중으로 만든 것은 11세기 이후의 일이며[53] 이야기를 만든 사람은 두 패의 미지未知의 군대가 과거에 싸웠던 이 전쟁터의 전설을 자기 역사를 쓸 때 사용했을 것이다. 그 이야기는 게일족의 신인 투아하 데 다난이 이베리아인의 신인 포모르들과 싸운 본래의 전투 이야기 같은 진정한 신화의 층에 속하지 못한다.

7장

태양신의 등극[54]

누아다가 '은으로 만든 손'이라는 뜻의 아르게트라브Argetlam라는 이름을 얻게 된 것은 피르 볼그와의 싸움에서 손을 잃은 결과이다. 투아하데 다난의 의사 디안케트는 그를 위해 은으로 손을 만들었는데 어찌나 정교한지 모든 관절이 움직이고 진짜 손처럼 튼튼하며 유연했다. 그러나 그 손이 아무리 잘 만들어졌더라도 이것은 흠이 아닐 수 없었다. 그리고 켈트의 관습에 의하면 불구자는 왕좌에 앉지 못하게 되어 있었다. 누아다는 왕위를 빼앗기고 투아하 데 다난은 새 왕을 임명하기 위해 회의를 열었다.

그들은 바다의 거인 포모르들을 달래어 동맹을 맺는 것이 현명하다는 데 동의했다. 그래서 그들은 포모르들의 왕 엘라한의 아들 브레스에게 와서 통치해달라는 전갈을 보냈다. 브레스는 이 제안을 받아들였고 그와 다그다의 딸 브리잇취는 결혼하였다. 이와 때를 같이 해 투아하 데 다난의 의사 디안케트의 아들 키안Cian[55]은 포모르인 발로르의 딸 에스니와 결혼했다. 브레스는 왕이 되어 땅과 궁전을 받았다. 브레스 쪽에서는 인질을 내주며 자기 통치가 투아하 데 다난의 마음에 안 들게 되면 인질을 포기하겠다고 했다.

그러나 근사한 모든 약속에도 불구하고 본심이 사나운 족속에 속하는 브레스는 과다한 세금으로 백성들을 억압하기 시작했다. 그는 화로마다, 반죽틀마다, 맷돌마다 세금을 부과했고, 투아하 데 다난의 한 사람마다 금 1온스의 인두세를 매겼다. 또 교묘한 방책으로 모든 소의 젖을 차지했다. 처음에는 털이 없는 갈색 소의 젖만 달라고 했기 때문에 다누 여신의 백성들은 기꺼이 허락했다. 그러나 브레스는 아일랜드의 모든 소를 두 줄의 불 사이로 지나가게 하여 털을 태워 없애고는 식량의 주공급원을 독점하고 말았다. 생계를 유지하기 위해 모든 신들이, 가장 위대한 신까지도, 이제 그를 위해 노동을 해야 했다. 그들의 전사 오그마는 장작을 모으러 나가고, 다그다는 요새와 성을 짓는 일을 해야 했다.

어느 날 다그다가 일을 하고 있을 때 그의 아들 앙구스Angus가 와서 말했다. "아버지는 성을 거의 다 지으셨네요. 다 끝나면 브레스에게 어떤 대가를 달라고 하실 건가요?" 다그다는 아직 생각해보지 않았다고 했다. "제가 조언 좀 해드릴게요. 아일랜드의 모든 소를 한 들에 모아 그 속에서 하나를 고르겠다고 하세요. 그는 동의할 겁니다. 그러면 '오션(바다)'이라는 이름의 검은 갈기를 가진 어린 암소를 고르세요." 앙구스가 말했다.

요새를 다 지은 다그다는 보상을 받으러 브레스에게 갔다. "무엇을 갖겠는가?" 브레스가 물었다. "아일랜드의 모든 소를 한 들판에 모아주시면 제가 그중에서 하나를 고르겠습니다." 브레스는 동의했다. 다그다는 앙구스가 말한 대로 검은 갈기의 어린 암소를 택했다. 더 많은 것을 요구하리라 생각했던 왕은 다그다의 단순함을 보고 웃었다. 그러나 앙구스는 이제 우리가 알게 되듯이 현명했다.

한편 브레스는 폭정을 할 뿐 아니라 인색하게 굴어 다누 여신의 백성들을 분노하게 만들었다. 왕은 모든 손님을 후대하는 것이 상례였으나 브레스의 궁전에서는 아무도 나이프에 기름기를 묻힌 일이 없고 숨결에서 술 냄새를 풍긴 일도 없었다. 또 사람들에게 즐거움을 주는 시인도 악사도 마술사도 광대도 없었다. 브레스는 푸짐한 선물을 베풀 줄 몰랐다. 또한 그는 신들의 식량을 줄였다. 식량의 공급이 너무 적었기 때문에 신들은 굶주려 기운이 없었다. 오그마는 하도 기운이 없어 연료에 필요한 장작을 3분의 1밖에 나르지 못했기 때문에 그들은 굶주림뿐 아니라 추위에도 시달려야 했다.

이러한 위기에 의약의 신 디안케트의 아들 미아하와 딸 아이르미취라는 두 의사가 폐왕이 된 누아다가 살고 있는 성에 왔다. 누아다의 문지기는 왕처럼(왕은 한쪽 눈이 없었다) 불구의 몸으로 무릎 위에 꼬부리고 자는 고양이를 안은 채 문 옆에 앉아 있었다. 문지기는 낯선 사람들에게 누구냐고 물었다. "우리는 훌륭한 의사요." 그들이 말했다. "그렇다면 내게 새 눈을 주시구려." 문지기가 말했다. "주고말고. 저 고양이 눈을 빼서 없어진 자리에 넣어주지." "그럴 수 있다면 참 좋겠소." 그래서 미아하와 아이르미취는 고양이의 한쪽 눈을 빼서 문지기의 눈에 넣었다.

이야기는 이것이 반드시 이롭지만은 않았다고 전하고 있다. 왜냐하면 이 눈은 고양이의 성질을 가지고 있어 문지기가 밤에 자고 싶을 때 눈은 언제나 쥐를 찾았고 낮에는 거의 깨어 있지 못했기 때문이다. 그러나 당장에는 문지기가 기뻐하며 누아다에게 가서 고했고, 누아다는 신기한 치료를 한 의사들을 데리고 오라고 명했다.

그들은 들어오면서 왕의 신음을 들었다. 은으로 만든 손과 팔이 연결되는 누아다의 손목이 곪았던 것이다. 손이 어디 있느냐고 미아하가 묻자 누아다는 오래전에 땅에 묻었다고 했다. 그러자 그는 그것을 파내어 누아다의 잘린 손목에 갖다대면서 이렇게 주문을 외웠다. "핏줄은 핏줄과 신경은 신경과 붙어라!" 사흘 낮과 밤 동안 손은 회복되면서 팔에 가서 붙었고 누아다는 다시 온전한 몸이 되었다.

미아하의 아버지 디안케트는 이 이야기를 듣자 아들이 의술에서 자기보다 앞섰다 하여 크게 화를 냈다. 그는 사람을 시켜 아들을 불러와 칼로 머리를 쳤으나 피부만 베었지 속살은 상하지 않았다. 미아하의 상처는 곧 쉽게 아물었다. 디안케트는 다시 그를 쳐 이번에는 뼈까지 베었다. 미아하는 다시 상처를 치료했다. 세 번째는 아버지가 그를 내리치며 칼이 두개골을 뚫어 뇌의 점막을 지나갔으나 이 상처도 미아하는 거뜬히 치료해냈다. 네 번째는 디안케트가 뇌를 둘로 갈라 미아하도 어찌할 도리가 없었다. 그는 죽었고 디안케트는 아들을 묻었다. 그의 무덤에서는 365개의 풀이 자라났고, 그 하나하나가 인간의 육체에 있는 365개 신경들을 치료하는 약이 되었다. 미아하의 누이동생 아이르미취는 모든 풀을 조심스럽게 뽑아 자기 망토 위에 그 효험에 따라 배열했다. 그러나 화난 아버지가 망토를 뒤

집어 그것들을 마구 섞어놓았다. 그런 행동만 아니었다면 인류는 모든 병을 치료할 수 있는 불멸의 존재가 되었을 것이라고 고대 작가는 말하고 있다.

누아다의 치유는 여신 다누의 백성들이 더이상 브레스의 폭정을 견딜 수 없다고 합의한 바로 그 시점에 이뤄졌다. 일이 이렇게 된 것은 브레스가 문학의 신 오그마의 아들 카이르프레에게 준 모욕 때문이었다. 켈트 민족은 언제나 시인을 많이 존경했다. 그래서 투아하 데 다난의 시인 카이르프레가 브레스를 찾아갔을 때 그는 마땅히 사려 깊은 대우를 받고 왕의 식탁에서 식사를 하리라고 기대했다. 그러나 브레스는 불도 침대도 가구도 없는 좁고 어두운 방에 그를 묵게 했다. 하나밖에 없는 초라한 테이블에는 조그만 접시에 마른 빵 조각이 놓여 있을 뿐이었다. 카이르프레는 다음날 아침 일찍 일어나 브레스에게 말을 건네지 않은 채 성을 떠났다. 시인이 왕의 궁정을 떠날 때에는 왕에게 찬사를 올리는 것이 관례였으나 카이르프레는 마술의 풍자시를 보냈다. 이것이 아일랜드 최초의 풍자시인데, 옛 시인이 애쓴 흔적이 역력하다. 대충 의역을 하면 이렇다.

접시에는 고기가 없고
젖소에는 젖이 없고
늦게 온 나그네는 잘 곳이 없고
음유시인은 돈이 없다네
브레스는 남에게 베푸는 즐거움을 알라!

카이르프레의 이 풍자는 너무 지독하여 브레스의 얼굴에 뻘건 부스럼이 돋아나게 했다. 이것은 왕에게 있을 수 없는 흠이었다. 그리하여 투아하 데 다난들은 브레스를 찾아가 왕위를 누아다에게 양위하라고 권했다. 브레스는 그렇게 할 수밖에 없었다. 그는 바다 밑 포모르들의 나라로 돌아가 그곳의 왕이자 자기 아버지인 엘라한에게 불평을 늘어놓으며 다시 왕위에 오르기 위해 군대를 소집해달라고 했다. 포모르 사람들은 회의를 하기 위해 모여들었다. 엘라한, 체라Tethra, 발로르, 인데히 그리고 다른 모든 용사들과 추장들이 모여들었다. 그들은 대군을 이끌고 가서 아일랜드를 바다 밑에 가라앉혀 다누 여신의 백성들이 찾을 수 없게 하기로 결의했다.

동시에 또 하나의 모임이 투아하 데 다난의 수도 타라에서 열리고 있었다. 누아다가 복위를 축하하기 위해 백성들에게 잔치를 베풀고 있었던 것이다. 잔치가 한창일 때 왕처럼 차려입은 한 사나이가 성문 앞에 다가왔다. 문지기가 그의 이름과 용건을 물었다.

"나는 루라 하오. 아버지 키안 쪽으로 디안케트의 손자이며 어머니 에스니 쪽으로 발로르의 손자요." 그가 말했다.

"그런데 직업은 무엇이오? 어떤 기술의 명수가 아니고는 아무도 들어갈 수 없소." 문지기가 물었다.

"나는 목수요." 루가 말했다.

"목수는 필요 없소. 잘하는 목수가 이미 있소. 그 목수의 이름이 루흐타이너요."

"난 출중한 대장장이요." 루가 말했다.

"대장장이도 필요 없소. 우리에게는 아주 좋은 사람이 있소. 이름이 고브니요."

"나는 직업적인 무사요." 루가 말했다.

"우린 필요 없소. 오그마가 우리 투사니까."

"나는 하프 연주가요." 루가 말했다.

"이미 아주 훌륭한 하프 연주가가 있소."

"나는 단순히 힘뿐 아니라 교묘한 기술로 이름난 무사요."

"그런 사람도 있소."

"나는 시인이자 이야기꾼이오." 루가 말했다.

"그것도 필요 없소. 제일가는 시인이자 이야기꾼이 있소."

"나는 마술사요." 루가 말했다.

"필요 없소. 마술사와 사제는 수도 없소."

"나는 의사요." 루가 말했다.

"디안케트가 우리의 의사인걸."

"난 술잔 따라 올리는 사람이오." 루가 말했다.

"그런 사람 벌써 아홉이나 있소."

"난 청동 제작자요."

"청동 제작자도 있소. 크레드네Credne라는 이름이오."

"그렇다면 이 모든 기술을 한꺼번에 다 가진 사람이 있는가 왕에게 물어보시오. 있다면 내가 타라로 올 필요가 없겠지."

그래서 문지기는 안으로 들어가 '모든 기술의 명수' 또는 일다나[56] 루Lugh the Ioldanach라는 사람이 와서 자기가 모든 것을 안다 말하더라고 왕에게 고했다.

왕은 최고의 체스 선수를 보내 이 낯선 사나이와 경기를 시켰다.

루는 '루의 울타리'라고 하는 새로운 수법을 고안하여 이겼다.

그러자 누아다는 그를 안으로 불러들였다. 루는 들어가 가장 현명한 사람을 위해 준비된 '현자의 의자'에 앉았다.

투사인 오그마가 자기 힘을 과시하고 있었다. 바닥에는 80마리 소가 한꺼번에 끌어야 할 만큼 크고 납작한 돌이 있었다. 오그마는 그것을 복도를 따라 밀고 가 문밖으로 내보냈다. 그러자 루가 의자에서 일어나 그것을 다시 제자리에 밀어다 놨다. 이 돌은 크다고는 하나 성 밖에 있는 큰 바위의 일부에 불과했다. 루는 그 바위를 번쩍 들었다가 제자리에 놓았다. 투아하 데 다난은 그에게 하프를 연주하라고 했다. 그는 '잠의 곡조'를 연주했고 왕과 조정의 모든 신하들은 잠이 들어 다음날 그 시간까지 깨지 않았다. 마지막으로 그는 모든 사람을 기쁨에 취하게 하는 곡을 연주했다.

루의 다양한 재주를 본 누아다는 이토록 유능한 사람이라면 포모르인들과 대항하는 데 큰 도움이 되지 않을까 생각하기 시작했다. 그는 신하들과 상의하여 그들의 충고대로 자기의 왕좌를 13일 동안 루에게 내주고 자신은 그 곁에 있는 '현자의 의자'에 앉았다.

루는 투아하 데 다난의 사람들을 모두 회의에 소집했다.

"포모르인들은 분명 우리와 전쟁을 할 것이오. 그대들은 각자 어떤 일을 도울 수 있는가?"

의사 디안케트가 말했다. "저는 머리가 붙어 있고 뇌와 골수만 상하지 않았다면 누구나 완전히 치유할 수 있습니다."

대장장이 고브니는 말했다. "저는 전쟁이 7년 계속되더라도 부러진 창과 칼을 다 고칠 수 있습니다. 또 제가 만든 창은 절대 표적을 놓치거나 죽이지 못하는 일이 없습니다. 포모르들의 대장장이 둘브Dulb는 그렇게 못합니다. 전투의 대세는 제가 만드는 창으로 판가름이 날 겁니다."

청동 세공사 크레드네가 말했다. "저는 모든 창에 쓰일 못, 칼에 쓰일 손잡이, 방패의 가장자리와 돌기를 완성하겠습니다."

목수 루흐타이너도 나섰다. "저는 모든 방패와 창대를 만들겠습니다."

투사 오그마는 포모르들의 왕과 그 부하 27명을 죽이고 그의 병력 3분의 1을 사로잡겠다고 다짐했다.

"그런데 다그다여, 당신은 무슨 일을 하시려오?" 루가 물었다.

다그다가 말했다. "나는 힘과 꾀로 싸울 것이오. 두 군대가 마주칠 때마다 나는 몽둥이로 포모르군의 뼈를 말발굽에 밟히는 우박처럼 쳐부수고 말 것이오."

"그리고 모리구 당신은?" 루가 물었다.

"저는 그들이 도망칠 때 쫓아가지요. 저는 쫓아가서 못 잡는 일이 없습니다." 그녀가 말했다.

"에탄의 아들 카이르프레여, 그대는 무슨 일을 하겠는가?"

"저는 즉시 효과가 나타나는 저주를 퍼붓겠습니다. 저의 독설로 그들의 명예를 박탈할 것입니다. 저의 주술에 묶이면 그들은 우리 용사들에게 대항하지 못합니다."

"그러면 그대들 마법사들은 무엇을 할 것인가?"

"저희는 마법의 묘기로 아일랜드의 12개 산을 포모르들에게 던질 겁니다" 마법사의 우두머리 마스간Mathgan이 말했다. "그 산이란 슬리에베 리그Slieve League, 덴나 울라드Denna Ulad 몬 산the Mourne

Mountains, 브리 우리Bri Ruri, 슬리에베 블룸Slieve Bloom, 슬리에베 스네하타Slieve Snechta, 슬레미쉬Slemish, 블라이 슬리아브Blai-Sliab, 네핀Nephin, 슬리아브 마쿠 벨고 돈Sliab Maccu Belgodon, 세가이스Segais[57] 그리고 크루아하 아이글러Cruacha Aigle[58]입니다."

다음으로 루는 술잔 따르는 자들에게 무엇을 할 거냐고 물었다.

"저희는 마법으로 포모르들에게서 아일랜드의 12개 호수와 12개 강을 감추어 그들이 아무리 목이 타도 물을 찾지 못하게 할 것입니다. 호수와 강이 포모르들에게 안 보여 그들은 물 한 방울도 구경하지 못하지만 다누 여신의 사람들은 전쟁이 7년간 계속된다 하더라도 마실 물이 넉넉할 것입니다." 그들은 루에게 12개의 호수는 루 데르그Lough Derg, 루 리움니그Lough Liumnigh,[59] 루 코리브Lough Corrib, 루 리Lough Ree, 루 마스크Lough Mask, 스트랑포드 루Strangford Lough, 루 라이그Lough Laeig, 루 네아Lough Nea, 루 포일Lough Foyle, 루 가라Lough Gara, 루 레아Lough Reagh와 마알로호Marloch이며 12개의 강은 부시Bush, 보인, 반Bann, 넴Nem, 리Lee, 섀넌, 모이Moy, 슬라이고, 에르너Erne, 핀Finn, 리피Liffey, 수이르Suir라고 말했다.

마침내 성직자인 마모스Mamos의 아들 피골Figol이 말했다. "저는 포모르들의 정면에 세 줄기의 불을 뿜고 그들의 용기와 힘의 3분의 2를 뺏는 대신 다누 여신의 백성들은 숨을 쉴 때마다 용기가 솟고 강해져 전쟁이 7년 동안 계속되더라도 지치지 않게 할 것입니다."

전쟁 준비를 모두 마친 그들은 루에게 지휘권을 주기로 결정했다.

8장

게일판 아르고 선의 선원들

이 전쟁을 위한 준비는 7년이 걸렸다고 한다. 게일 민족의 신화 가운데 '아르고 선의 원정'이라고 불릴 만한 일화가 생긴 것은 이 7년 동안의 일이다.[60]

브레스의 퇴위에도 불구하고 포모르들은 여전히 다누 여신의 백성들에게 해마다 공물을 보낼 것을 요구하며 그것을 징수하기 위해 '발로르 언덕'에 81명의 세리를 보냈다. 신들이 갖고 올 항복서와 기부금을 기다리고 있는 그들 앞에 한 젊은이가 다가오는 것이 보였다. 그는 레르의 아들 마난난의 말 '빛나는 갈기'를 타고 어떤 무기로도 착용자를 해칠 수 없는 마난난의 가슴받이와 헬멧을 착용하고 있었다. 이야기에 의하면 "그의 얼굴과 이마에서 석양 같은 빛이 나와 그 강렬한 빛 때문에 그들은 그의 얼굴을 마주 볼 수가 없었다." 그는 게일족의 새로운 태양신, 장거리 사수 루였던 것이다. 그는 포모르의 세리들을 공격해 9명만 남기고 모두 죽였다. 9명은 동포들에게 돌아가 신들이 어떻게 그들을 대했는지 고하라고 살려둔 것이다.

바다 밑 나라에서는 소동이 벌어졌다. "그 무시무시한 용사가 누구냐?" 발로르가 물었다. 발로르의 아내가 대답했다. "내가 알기로는 우리 딸 에스니의 아들이 틀림없어요. 그가 아버지의 백성과 운명을 같이했으니 이제 우리는 아일랜드를 통치하지 못할 거예요."

포모르들의 족장들은 세리의 학살이 투아하 데 다난의 전투 결의를 의미함을 눈치챘다. 그래서 그 문제를 논의하기 위해 회의를 열었다. 회의에는 포모르들의 왕 엘라한, 체라, 인데히, 브레스 자신과 강한 주먹을 가진 발로르, 비뚤어진 이빨의 케스렌Cethlenn, 발로르의 아내, 하얀 입을 가진 발로르의 열두 아들, 그리고 포모르의 주요 전사와 사제들이 모두 참석했다.

한편 지상에서는 루가 투아하 데 다난 사람들을 모으기 위해 아일랜드 전역에 사자들을 보냈다. 이 사명을 띠고 루의 아버지 키안도 갔다. 그는 의약의 신 디안케트의 아들이며 힘이 별로 없는 태양신이었던 것 같다.[61] 무르셈나Muirthemne의 평야를 건너갈 때,[62] 키안은 갑옷을 입은 세 명의 용사가 다가오는 것을 보았다. 가까이 오자 그들이 오그마의 아들인 투이렌의 세 아들 브리안Brian, 이우하르Iuchar, 이우하르바Iucharba임을 알아보았다. 이들과 키안의 형제들 사이에는 사사로운 적대감이 있었다. 키안의 형제들은 케헤Cethe와 쿠Cu이다. 키안은 자기가 불리하다는 것을 눈치챘다. "형제들이 같이 있다면 얼마나 잘 싸우겠는가. 하지만 지금은 내가 혼자이니 숨는 게 좋겠다"고 키안은 생각했다. 사방을 둘러본 그는 들판에서 풀을 뜯어먹는 돼지 한 떼를 보았다. 다른 신들처럼 그도 형체를 바꾸는 능력이 있었다. 그래서 마술의 지팡이로 자신을 때려 돼지로 변신한 뒤 돼지 떼에 섞여 함께 풀을 먹기 시작했다.

그러나 그는 투이렌의 아들들 눈에 띄고 만다. "조금 아까 평원 위를 걸어가던 용사가 어떻게 되었지?" 브리안이 동생들에게 물었다. "아까 우리도 보았는데 지금은 어디 갔는지 모르겠어."

"그렇다면 너희는 전시에 필요한 경계를 게을리한 거야." 형이 말했다. "하지만 난 그가 어떻게 되었는지 알아. 그는 드루이드의 지팡이로 몸을 때려 돼지로 변신한 뒤 저기 저 무리 속에서 다른 돼지들과 같이 땅을 헤집고 있어. 그가 누구인지도 난 안다. 그의 이름은 키안, 결코 너희 편이 아니지."

"돼지 무리 속에 피해 들어간 것은 유감이군. 돼지들은 투아하 데 다난 사람 중 하나의 것이고, 저들을 다 죽인다 해도 키안이 도망칠 수 있을 텐데." 동생들이 말했다.

브리안은 또다시 동생들을 나무랐다. "너희가 자연의 짐승과 마법의 짐승을 구분 못 한다면 무식한 거다. 하지만 내가 보여주마." 그런 뒤 그는 둔갑 지팡이로 두 동생을 때려 날쌔고 날씬한 사냥개로 변신시켰다. 사냥개들은 돼지들을 덮쳤다

마법의 사냥개들은 곧 마법의 돼지를 찾아냈고, 무리에서 떼어 평원으로 내몰았다. 브리안이 창을 던져 돼지를 찔렀다. 상처 입은 돼지는 걸음을 멈추었다. "창을 던진 건 악한 행위다. 나는 돼지가 아니라 디안케트의 아들 키안이다. 그러니 내게 자비를 베풀라."

이우하르와 이우하르바는 자비를 베풀어 그를 놓아주려고 했다.

그러나 사나운 형은 일곱 번 되살아나더라도 키안을 끝장내야 한다며 우겨댔다. 키안은 다른 계략을 시도했다. "죽이기 전에 나를 원래의 모습으로 되돌려주시오."

"좋소. 돼지보다 사람을 죽이는 게 낫지." 브리안이 말했다.

키안은 주문을 외워 돼지 모양을 벗고 본모습으로 그들 앞에 섰다. "이제 그대들은 나를 살려야 할 것이오." 그가 말했다. "그렇게 할 순 없지." 브리안이 대답했다. "그렇다면 그대들은 평생 동안 한 일 가운데 최악의 일을 하게 될 것이오. 왜냐하면 만일 나를 돼지 모습으로 죽였다면 돼지 값만 치르면 되지만 지금 나를 죽이면 이 세상 어느 누구의 죽음보다도 큰 피의 대가를 치르게 될 것이오." 키안이 말했다.

그러나 투이렌의 아들은 그 말을 듣지 않았다. 그들은 키안을 살해하고 시체가 짓이겨진 살덩이가 될 때까지 돌로 쳤다. 그들은 여섯 번이나 그를 매장하려 했으나 대지가 겁을 먹고 토해냈다. 그러나 일곱 번째는 무덤이 받아들였다. 그들은 키안의 시신을 누르기 위해 돌까지 얹어두었다. 그곳에 그를 매장하고 타라로 갔다.

한편 루는 아버지의 귀환을 기다리고 있었다. 아버지가 돌아오지 않자 직접 찾아나서기로 결심했다. 무르셈나의 평원까지 아버지의 뒤를 쫓았으나 거기서 흔적을 잃어버렸다. 그러나 살해 장면을 목격한 노한 대지가 루에게 모든 것을 일러주었다. 루는 아버지의 시신을 파내어 그가 어떻게 죽음에 이르렀는지 확인했다. 그는 아버지를 애도하며 다시 땅속에 눕히고 그 위에 분묘를 만들어 '오검문자'로 이름을 새긴 기둥을 세웠다.[63]

그는 타라로 돌아가 큰 강당에 들어갔다. 그곳은 다누 여신의 백성들로 꽉 찼는데 그 가운데 투이렌의 세 아들도 있었다. 루는 그들을 보았다. 그는 회합에서 발언권을 청할 때 게일족이 사용하던 '족장의 사슬'을 흔들었다. 모두가 조용해지자 그는 말했다.

"다누 여신의 백성들이여. 나 그대들에게 한 가지 물어보겠소. 아버지를 살해한 자에게 그대들은 어떤 복수를 하겠는가?"

큰 놀라움이 그들을 지배했다. 그들의 왕 누아다가 말했다. "설마 당신의 아버지가 살해당한 건 아니겠지?"

"그렇습니다. 나는 지금 아버지를 살해한 자들을 보고 있습니다. 그들은 자신들이 어떻게 우리 아버지를 죽였는지 나보다 잘 알고 있을 겁니다." 루가 말했다.

그러자 누아다는 그들의 팔다리를 잘라내지 않고는 만족할 수 없다고 선언했고, 투이렌의 아들들을 포함한 모두가 같은 말을 했다.

"그 일을 저지른 자들이 같은 말을 하고 있군. 그자들이 지불해야 할 피의 대가를 청산하기 전에는 이 건물에서 나가지 못하게 할 것이오." 루가 외쳤다.

"내가 만일 그대의 아버지를 죽인 자라면, 그대가 복수 대신 대가를 받아들이겠다고 하는 것을 다행으로 여길 것이오." 왕이 말했다.

투이렌의 아들들은 낮은 소리로 의논했다. 이우하르와 이우하르바는 죄를 실토하자 했고 브리안은 만일 그들이 이실직고하면 루가 대가를 받겠다던 제안을 거두고 자기들의 죽음을 요구할 우려가 있다고 했다. 그래서 그는 한 발 내디디며 자기들이 키안을 죽이지는 않았으나 루가 자기들을 의심하고 있기 때문에 그의 분노를 겪느니

차라리 살인죄를 범한 것처럼 대가를 지불하겠다고 말했다.

"물론 그대들은 대가를 지불해야 하오. 그 대가가 무엇인지 말해주지. 사과 세 개, 돼지 한 마리의 가죽, 창 하나, 말 두 마리, 그리고 전차 한 대, 돼지 일곱 마리, 사냥개 새끼 한 마리, 취사용 쇠꼬챙이 하나, 그리고 언덕 위에서 지르는 고함 세 번. 이것이 대가요. 이것이 과하다고 생각하면 일부는 면해줄 수도 있지만 그렇지 않다고 생각하면 그대로 지불하오." 루가 말했다.

"그 100배라 할지라도 저희는 과하다 생각하지 않을 겁니다. 사실 너무 적어 보여서 무슨 계략이 숨겨져 있는 게 아닌가 염려됩니다." 브리안이 말했다.

"나는 적다고 생각하지 않소. 다누 여신의 백성들 앞에서 충실히 대가를 지불하겠다고 맹세하시오. 나도 그 이상 요구하지 않겠다고 그대에게 맹세하리다." 루가 대답했다.

그래서 투이렌의 아들들은 투아하 데 다난 앞에서 루에게 대가를 지불하겠다고 약속했다.

그들이 맹세하고 보증을 서자 루는 다시 그들에게 향했다. "이제 그대들이 내게 지불하겠다고 맹세한 대가의 본성을 설명하겠소. 그래야 그것이 적은지 아닌지 알 수 있을 터이니." 불길한 예감을 느끼며 투이렌의 아들들이 귀를 기울였다. "내가 요구한 세 개의 사과는 세계의 동쪽에 있는 헤스페리데스Hesperides의 정원에서 나는 것이오. 그 사과는 세 가지 특성으로 알아볼 수 있소. 크기가 한 달 된 아기의 머리만하고 색깔이 광낸 금빛이요. 그리고 맛이 꿀과 같소. 그것을 먹으면 상처가 아물고 병이 낫는데 아무리 먹어도 줄지 않소. 누구든 그것을 던져 원하는 것을 치면 사과는 다시 그의 손에 돌아오오. 나는 그 사과 아니면 받지 않겠소. 사과의 임자들은 세계의 서쪽에서 젊은 용사 셋이 와서 힘으로 그것을 빼앗아가리라는 예언이 있었기 때문에 항상 사람을 두고 그것을 지키게 하고 있소. 그러니까 그대들이 용감할지라도 그걸 가질 수는 없을 것이오. 또 내가 요구한 돼지가죽은 그리스의 왕 투이스Tuis의 돼지가죽이오. 그것은 두 가지 장점을 지니고 있소. 그 가죽이 닿으면, 조금이라도 목숨이 남아 있기만 하면 상처를 입었거나 병든 자를 모두 고칠 수 있소. 그리고 그것이 지나가면 모든 개울물이 9일 동안 포도주로 변하오. 그리스 왕의 동의가 있건 없건 그대들이 그것을 얻어낼 수는 없을 것이요. 또 내가 요구한 창이 어떤 것인지 아오?" 루가 물었다.

"모르겠습니다." 그들은 말했다.

"그것은 페르시아의 왕 페자르Pisear[64]의 독을 묻힌 창이오. 전투에서 그것을 이길 수는 없소. 하도 불을 뿜어서 창이 있는 도시를 태울까봐 항상 물에 담가두어야 하오. 그것을 얻어내는 일도 매우 힘들 것이오. 두 마리의 말과 전차는 시실리의 왕 도바르Dobhar[65]의 신기한 두 마리 말이오. 그들은 육지와 바다를 똑같이 달리오. 그런 말은 세상에 다시 없고 그 전차에 비길 전차도 없을 것이오. 또 일곱 마리 돼지는 황금기둥의 왕 아살Easal[66]의 돼지요. 그들은 날마다 잡아도 다음날이면 살아나오. 그 돼지의 일부를 먹는 사람은 누구나 어떤 병에도 걸리지 않소. 내가 요구하는 사냥개 새끼는 이로다Ioruaidhe[67]의 왕이 가진 사냥개 새끼요. 그 이름은 파일리니스Failinis라 하는데 눈에 보이는 산짐승은 모두 당장에 잡고 마오. 그 개를 얻는 것도 쉽지 않을 거요. 그대들이 내게 갖다 주어야 할 취사용 쇠꼬챙이는 핀 카라Fianchuive[68] 섬의 여인들이 쓰는 꼬챙이인데 에린과 알바 사이의 해저海底에 있소. 또 그대들은 언덕 위에서 세 번 고함을 칠 것을 약속했소. 고함을 칠 언덕은 로호란Lochlann[69]의 북쪽에 있는 미드케나 Miodhchaoin[70] 언덕이오. 미드케나와 아들들은 아무도 언덕에서 소리를 지르지 못하게 하오. 뿐만 아니라 나의 아버지에게 군사 교육을 시킨 것이 바로 그들이오. 그러니 내가 비록 그대들을 용서한다 할지라도 그들은 용서하지 않을 것이오. 그대들이 다른 모든 모험에 성공하더라도 이 일에는 실패하리라 생각하오. 이제 그대들은 내게 지불하겠다고 한 대가가 어떤 것인지 알았을 것이오." 루가 말했다.

공포와 놀라움이 투이렌의 아들들을 뒤덮었다.

이 이야기는 분명 게일족의 신들이 전설적인 소유물을 갖게 된 경위에 대해 다양한 원전들을 짜깁기한 고대 아일랜드 이야기꾼의 작품일 것이다. 페르시아 왕 페자르의 창은 루의 창과 같은 것임이 분명하다. 다른 전승에 의하면 그것이 고리아스 시에 있던 본래의 고향에서 투아하 데 다난에 의해 반입된 것이라고 한다. 이로다 왕의 강아지 파일리니스는 루의 '용감무쌍한 사냥개'이다[71]. 그 강아지가 전투에서 무적이며, 목욕을 한 시냇물을 모두 포도주로 바꾼다고 하는데[72] 그 특성은 여기서 투이스 왕이 가진 마법의 돼지가죽으로 변형되었다. 황금기둥의 왕이 소유한 일곱 마리 돼지는 마난난 막 리르가 그 고기로 '나이의 잔치'를 베풀어 신들의 영원한 젊음을 유지했다는[73] 바로 그 불사의 돼지일 것이다. 마난난은 서쪽의 에린과 켈트의 엘리지엄Elysium 사이를 오갈 때 바다 표면을 말과 전차로 달렸다.[74] 헤스페리데스의 정원에 자라는 사과는 그 불멸의 나라 주민들이 먹은 신성한 과일과 같은 것이었음에 틀림 없다.[75] 취사용 쇠꼬챙이는 고브니가 만들고 다그다와 모리구의 이름과 연관된 타라의 세 가지 기구를 연상시킨다.[76]

이 모든 보물을 가져오는 짐이 투이렌의 세 아들 어깨에 지워졌다. 그들은 함께 의논한 결과 마난난의 마법의 말 '찬란한 갈기'와 마난난의 마법의 배 '파도타기 배Wave-sweeper' 없이는 성공할 가망이 없다는 데 동의했다. 그러나 이 두 가지는 마난난이 이미 루에게 빌려준 물건이었다. 그래서 투이렌의 세 아들은 루에게 허리를 낮추어 그것을 빌려달라고 간청했다. 태양신 루는 일이 너무 쉬워질까봐 말은 빌려주지 않고 배는 가져가게 했다. 그는 페자르의 창과 도바르의 말들이 앞으로 닥칠 포모르들과의 전쟁에서 얼마나 필요하게 될지 알고 있었던 것이다. 그들은 아버지에게 작별 인사를 하고 누이와 함께 바다로 나갔다.

"어느 것부터 먼저 구할까?" 형제들이 브리안에게 물었다. "저쪽에서 요구한 순서대로 하지." 그는 대답했다. 그들은 헤스페리데스의 정원을 향해 마법의 배를 몰아 곧 그곳에 도착했다.

항구에 상륙한 그들은 어떻게 사과를 가져올 것인가 논의했다. 세 개의 사과를 얻기 위해서는 독수리 모양으로 둔갑하는 것이 가장 좋을 것이라고 의견을 모았다. 독수리라면 사과를 들고 갈 만큼 발톱 힘도 세고, 정원지기가 쏘아대는 화살, 투창, 투석을 재빨리 피할 수 있을 것이다.

그들은 과수원을 향해 위에서 아래로 내리꽂히듯 날아들었다. 속도가 하도 빨라 화살도 돌도 안 맞고 세 개의 사과를 들고 나올 수 있었다. 그 나라의 왕에게는 마술에 뛰어난 세 딸이 있었다. 딸들이 매로 변신해 세 마리의 독수리를 쫓았지만 먼저 해안에 당도한 투이렌의 아들들은 백조로 변신해 바다로 뛰어들었다. 그런 뒤 배로 다가가 올라타고 재빨리 그곳을 떠났다. 노획물을 간직한 채.

이렇게 첫 번째 작전을 마무리한 그들은 투이스 왕의 돼지가죽을 구하기 위해 그리스로 향했다. 왕의 궁전에는 어떤 구실 없이는 아무도 들어갈 수 없었다. 그래서 그들은 시인으로 가장하고 문지기에게 자기들이 에린에서 온 직업적 시인인데 왕에게 두둑한 부조를 얻고 싶다고 말하기로 했다. 문지기는 그들을 큰 홀로 안내했다. 그곳에서는 그리스의 시인들이 왕의 어전에서 노래를 부르고 있었다.

모두가 노래를 끝내자 브리안이 일어나 자기 묘기를 보일 것을 청했다. 허락이 떨어지자 그는 노래했다.

오 투이스여, 우리는 그 이름을 감추지 않고
왕들 가운데 높은 참나무인 그대를 찬양하리.
하찮은 하사품 돼지가죽
저는 그것을 보상으로 청하나이다.

폭풍 같은 군대와 들끓는 바다
그것에 저항하는 것은 위험한 일.
돼지가죽은 하찮은 하사품
오 투이스여, 저는 그것을 보상으로 청하나이다

"좋은 시 같은데 이해를 못 하겠네." 하고 왕이 말했다.

"설명을 해드리지요. '왕들 가운데 높은 참나무인 그대를 찬양하리'는 참나무가 다른 나무들을 능가하듯이 왕께서도 그 고귀함과 관대함에 있어서 다른 모든 왕들을 능가하신다는 뜻입니다. '하찮은 하사품 돼지가죽'은 왕께서 갖고 계신 돼지가죽을 말합니다. 오 투이스 왕이시여, 저는 제 시의 보상으로 그것을 받고 싶습니다. '폭풍 같은 군대와 들끓는 바다 그것에 저항하는 것은 위험한 일'이라는 것은 우리는 마음먹은 것을 갖지 않고는 떠나가는 일이 없다는 뜻입니다. 오 투이스 왕이시여!" 브리안이 말했다.

"돼지가죽 이야기가 안 나왔더라면 그대 시를 더 좋아했을 터인데. 그 말을 한 것은 현명치 못했네. 하지만 그 가죽 가득히 순금을 세 번 채워줄 터이니 가져가게." 왕이 대답했다.

"왕이시여, 만복을 누리소서! 푸짐한 보상을 받을 줄 알았습니다." 브리안이 말했다.

왕은 금을 담기 위해 돼지가죽을 가져오라 명령했다. 돼지가죽을 보는 순간 브리안은 왼손으로 그것을 움켜잡은 채 가죽을 들고 있던 사나이를 죽였다. 이우하르와 이우하르바도 마구 칼을 휘둘러댔다. 그들은 그리스의 왕을 시체 사이에 남겨둔 채 칼싸움으로 길을 트며 배까지 갔다.

"이제 페자르 왕의 창을 가지러 가자." 브리안이 말했다. 그들은 그리스를 떠나 페르시아를 향해 배를 몰았다.

시인으로 가장한 방법이 마음에 든 그들은 다시 그 방법을 사용하기로 했다. 그들은 그리스 왕의 성에 들어간 것과 같은 방법으로 페르시아 왕의 홀에 들어갔다. 브리안은 먼저 페르시아 시인들의 노래에 귀를 기울였다. 그러고 나서 노래했다.

페자르에겐 어떤 창도 하찮으리
적의 저항은 무너졌으니
페자르를 누를 자 그 누구인가
그는 모든 자를 찌르리니.

숲의 왕자 주목나무를
왕이라 함을 반대할 자 누구인가
기적의 창이여 날아가
저 무리에게 죽음의 상처를 내라

"훌륭한 시구려, 에린의 나그네여! 하지만 왜 나의 창을 말했는가?" 왕이 물었다.

"시의 보상으로 그 창을 받고 싶어서입니다." 브리안이 대답했다.

"무모한 청을 하는군. 이 말을 듣고도 너를 살려둔다면 그것만으로 충분한 시의 보상이 되리라." 왕이 말했다.

브리안은 마법의 사과 하나를 손에 쥐고 있었다. 사과를 던지면 그 사과가 다시 돌아온다는 것이 생각났다. 그는 사과로 페르시아 왕의 얼굴을 정면으로 쳐 그의 뇌를 부숴버렸다. 왕의 신하들이 달려가 무기를 들었으나 투이렌의 아들들은 그들을 정복하고 창을 차지했다.

이제 그들은 도바르 왕의 말과 전차를 차지하기 위해 시실리로 가야 했다. 그러나 이번에는 자기들이 한 일이 널리 소문났을 가능성이 있어 시인 행세를 하기가 꺼려졌다. 그래서 에린에서 온 용병으로 가장하고 시실리 왕에게 병역 의무를 제공하겠다고 했다. 그렇게 하는 것이 말과 전차가 있는 곳을 찾아내는 가장 쉬운 방법이라고 생각한 것이다. 그들은 왕궁 앞의 풀밭 위에 가서 서 있었다.

시실리의 왕은 세계의 왕들을 위해 임금을 받고 일하는 에린의 용병이 와 있다는 말을 듣자 자기를 위해 일하라고 그들에게 당부했다. 그들은 동의했다. 그러나 한 달 두 주일을 왕과 함께 지내도 말들의 모습을 찾을 수 없었다. 어디에 있는지조차 알 수 없었다. 그들은 왕에게 이제 떠나가겠다고 말했다.

"왜 그러는가?" 그들이 떠나는 것을 원치 않았던 왕이 물었다.

"왕이시여, 말씀드리겠습니다. 저희가 다른 왕들에게서 받아왔던 신뢰를 왕께서는 저희에게 주시지 않았기 때문입니다. 왕께서는 세계에서 제일 가는 말 두 마리와 전차를 가지셨는데 저희는 그것을 구경할 윤허도 받지 못했습니다."

"청했으면 첫날에라도 보여주었을 것이오. 당장 보여주겠소. 그대들같이 훌륭한 용사들을 만난 적이 별로 없어서 그대들이 떠나는 것을 원치 않소." 왕이 말했다.

왕은 말들을 데려오게 한 뒤 전차를 말들에게 달았다. 투이렌의 아들들은 이 신기한 말들이 육지와 바다에서 모두 잘 달리는 것을 목격했다. 브리안이 형제들에게 신호를 보내자 그들은 조심스럽게 기회가 오기를 기다렸다. 전차가 그들 가까운 곳을 지나갈 때 브리안은 그 속에 뛰어들어 조종사를 밖으로 던져버렸다. 그리고 말을 돌려 페자르의 창으로 도바르를 죽였다. 그런 뒤 두 동생을 전차에 태워 함께 도망갔다.

투이렌의 아들들이 황금기둥의 왕 아살의 나라에 당도할 무렵에는 소문이 그들을 앞질러 왔다. 왕이 그들을 항구까지 마중나와 많은 왕이 그들 손에 쓰러진 것이 사실이냐고 물었다. 그들은 사실이지만 왕들과 싸운 것은 아니라고 대답했다. 다만 자기들은 무슨 일이 있어도 루가 요구하는 대가를 가져가야 한다고 말했다. 아살이 자신의 나라에 온 이유를 묻자 그들은 일곱 마리 돼지가 필요하다고 말했다. 아살은 이러한 용사들과 싸우기보다 일곱 마리 돼지를 주고 그들과 사귀는 편이 낫겠다고 생각했다. 투이렌의 아들들도 전쟁에 지쳐가고 있었기 때문에 이 제안을 반가워했다.

그런데 루가 요구한 사냥개를 가진 이로다의 왕은 아살 왕의 사위였다. 아살 왕은 사위와 투이렌의 아들들이 싸우기를 원치 않았다. 그는 브리안과 동생들에게 자기가 그들과 함께 이로다에게 가서 조용히 사냥개 새끼를 내놓도록 설득하겠다고 제안했다. 그들은 동의했고 다 함께 고문서가 말하듯 "이로다의 근사하고 멋진 땅"[77]에 무사히 상륙했다. 그러나 아살 왕의 사위는 순리에 귀를 기울이려 하지 않았다. 그는 용사들을 집합시켜 이들에 맞서게 했다. 투이렌의 세 아들은 싸움에 이긴 뒤 왕의 목숨을 살리는 값으로 사냥개 새끼를 요구했다.

지금까지는 지구 위에서 벌어진 일이었으나 다음 것은 더 어려웠다. 어떤 배도, 마난난의 '파도타기 배'조차도, 에린을 알바에서 갈라놓는 바닷속 깊은 핀카라Fianchuive의 섬까지 갈 수 없었다. 그래서 브리안은 동생들을 떠나 '물 옷'을 입고 머리에는 '투명한 유리'를 착용했다(이것은 고대 아일랜드가 만들어낸 현대 다이버 복장의 선조일 것이다). 이렇게 무장한 그는 바다 바닥을 14일 동안 헤매어 그 섬을 찾아냈다. 그가 마침내 섬에 도착해 여왕의 집회실에 들어서자 브리안의 대담함에 놀란 여왕과 그녀를 모시는 바다 요정들은 취사용 쇠꼬챙이를 내주며 그를 무사히 돌려보냈다.

이즈음 루도 투이렌의 아들들이 자기가 요구한 피의 대가를 모두 손에 넣은 것을 알게 되었다. 그는 그들이 미드케나 언덕에 가기 전에 그 물건들을 고스란히 손 안에 넣기를 원했다. 그래서 주문을 외워 그들이 나머지 사명을 다 잊어버리고 에린으로 돌아오도록 했다. 그들은 가져온 물건들을 주려고 루를 찾았으나 그는 투아하 데 다난의 왕 누아다에게 그것들을 주라는 말을 남기고 떠나간 뒤였다.

물건들이 모두 안전하게 보관되자 타라로 돌아온 루는 투이렌의 아들들을 만나 말했다. "그대들은 피의 대가의 일부라도 보류하면 안 된다는 것을 아는가? 그대들은 미드케나의 언덕에서 세 번 고함을 쳤는가?"

그때 망각의 안개가 걷히며 그들의 기억이 살아났다. 그들은 침통해하며 할 일을 끝내기 위해 되돌아갔다.

미드케나는 기다리고 있다가 그들이 상륙하는 것을 보자 해안으로 내려왔다. 브리안이 그를 공격했다. 두 사람은 미드케나[78]가 쓰러질 때까지 곰의 민첩함과 사자의 맹렬함을 가지고 싸웠다. 그러자 미드케나의 세 아들 코르크Corc, 콘Conn, 에에Aedh가 아버지의 원수를 갚으러 나서 투이렌의 세 아들의 몸을 창으로 뚫었다. 이에 맞서 투이렌의 세 아들도 미드케나의 세 아들 몸을 창으로 뚫었다.

미드케나의 세 아들은 죽었고 투이렌의 세 아들도 심하게 상처를 입었다. 새들이 그들의 몸을 뚫고 이쪽에서 저쪽으로 날아다닐 수 있을 정도였다. 그러나 브리안은 여전히 똑바로 선 채 두 아우를 한 손에 하나씩 잡아 서 있게 했다. 그들은 함께 고함을 쳤다. 작고 기운 없는 소리였지만 분명 세 번 고함을 쳤다.

그들의 배는 아직 목숨이 붙어 있는 형제들을 에린으로 싣고 갔다. 그들은 아버지 투이렌을 루에게 보내 자기들 상처를 아물게 하기 위해 마법의 돼지가죽을 빌려달라고 탄원하도록 했다.

그러나 루는 이 부탁을 들어주지 않았다. 그는 그들이 미드케나의 아들들과 싸우는 과정에서 자신의 아버지 키안의 죽음에 대한 보복이 이루어지리라 생각하고 있었다. 결국 투이렌의 아들들은 목숨을 포기했고, 투이렌 또한 세 아들과 자신을 위해 이별의 노래를 지은 뒤 함께 죽음을 맞았다.

유명한 이야기 '투이렌의 아들들의 운명'은 이렇게 끝나며, 이것은 '에린의 슬픈 이야기 세 가지' 가운데 하나로 알려져 있다.[79]

9장

거인과의 전쟁[80]

이제 7년의 준비기간이 끝났다. 소원의 날 일주일 전에 모리구는 포모르인들이 에린에 상륙한 것을 알았다. 그녀는 즉시 다그다에게 사자를 보냈고 다그다는 사제와 마법사들을 슬라이고에 있는 우니우스Unius 강의 여울로 보내 적들을 향해 주문을 외우게 했다.

다누 여신의 백성들은 그러나 아직 전쟁을 할 준비가 되어 있지 않았다. 그래서 다그다는 사자로서 포모르인들의 진영을 찾아가 그들과 협상을 벌이면서 시간을 벌어야겠다고 결심했다. 포모르인들은 겉으로는 정중히 그를 맞았고, 그의 방문을 기리기 위해 죽 잔치를 준비했다. 그가 그런 음식을 좋아한다고 알려져 있었기 때문이다. 그들은 거인 주먹 다섯 개만큼이나 깊은 왕의 솥에 80갤런의 새 우유를 붓고 거기에 적당한 분량의 곡식가루와 베이컨을 넣었다. 거기에 염소, 양, 돼지를 통째로 넣어 함께 끓인 뒤 그것을 땅에 판 구멍에 부었다. "자, 이것을 다 먹지 않으면 그대를 죽일 것이오. 그대가 돌아가 포모르인들이 환대를 안 해주었다는 말을 못하게 말이오." 그들은 말했다. 그러나 그런 것으로 겁먹을 다그다가 아니었다. 그는 자그마한 사람이면 둘이 넉넉히 가운데 누울 수 있을 만큼 큰 수저를 죽 속에 푹 꽂아 절인 돼지를 반으로 자른 조각들과 베이컨을 4분의 1로 자른 조각들을 건져냈다.

"이것이 냄새만큼 맛도 좋다면 성찬이오." 다그다가 말했다. 그는 죽을 다 먹어치우고 바닥에 남은 찌꺼기까지 긁어먹었다. 그런 뒤 포모르인들의 웃음소리를 뒤로하고 잠을 자러 갔다. 배가 하도 불러 걷기조차 힘들 지경이었다. 그의 배는 부잣집의 제일 큰 솥보다 컸으며 바람을 품은 돛처럼 부풀어 있었다.

포모르인들이 다그다에게 장난을 칠 동안 투아하 데 다난은 병력을 모았다. 소원 전날 밤 두 군대는 정면으로 마주쳤다. 그때도 포모르인들은 다누 여신의 백성들이 별다른 저항을 하지 못하리라고 생각했다. "저들이 정말 감히 우리와 싸울 것 같은가?" 브레스가 돔누의 아들 인데히에게 물었다. "공물을 안 바치면 놈들 뼈를 분질러놓지." 그가 대답했다.

신과 거인들의 싸움은 당연히 게일족의 전쟁을 반영했다. 그들의 전쟁에서는 준미개인의 경우 대부분 그러했듯이 일대일 싸움이 큰 부분을 차지했다. 군대 병력은 가만히 서 있고 날마다 야심만만한 전투사들 간에 결투가 벌어졌다. 그러나 투아하 데 다난 쪽이나 포모르 쪽의 위대한 전사들은 참여하지 않았다.

때로는 신이 때로는 거인이 이겼다. 그러나 결과는 포모르인들을 깜짝 놀라게 했다. 그들의 칼이나 창이 한번 부러지면 더이상 쓸 수 없고, 전사가 죽으면 다시는 살아나는 일이 없었다. 그러나 다누의 백성들은 달랐다. 산산조각이 났던 무기도 다음날에는 전혀 안 썼던 것처럼 말짱해졌고, 살해된 용사도 다음날은 상처 없이 되살아나 여차하면 다시 살해당할 용의가 있는 것처럼 보였다.

포모르인들은 이 비밀을 캐내기 위해 첩자를 보내기로 결정했다. 그들이 선택한 스파이는 루아단Ruadan이었다. 그는 브레스와 다그다의 딸 브리잇취 사이에 난 아들로 반은 거인이고 반은 신이었다. 그는 투아하 데 다난의 전사로 변장하고 고브니를 찾아나섰다. 그는 고브니가 목수 루흐타이너와 청동 세공사 크레드네와 함께 대장간에 있는 것을 발견했다. 그 대장간에서 고브니는 장도리질 세 번에 창끝을 만들고, 루흐타이너는 도끼질 세 번에 창대를 만들었으며, 크레드네는 청동 못을 장도리질할 필요가 없을 정도로 교묘하게 그 두 개를 붙였다. 루아단은 돌아가 포모르인들에게 본 대로 고했다. 포모르인들은 고브니를 죽이기 위해 그를 되돌려보냈다.

루아단은 다시 대장간에 나타나 투창을 하나 달라고 했다. 고브니는 의심하지 않고 그에게 투창 하나를 주었다. 그것을 받자마자 그는 대장장이의 몸을 찔렀다. 그러나 고브니는 투창을 뽑아내 공격자를 향해 던졌다. 치명상을 입은 루아단은 집으로 돌아가 죽었고, 아버지 브레스와 어머니 브리잇취는 그의 죽음을 애도하기 위해 아일랜드식 '곡哭'을 만들어냈다. 한편 고브니는 멀쩡했다. 그는 딸 아이르미취와 함께 '건강의 샘'이라 불리는 기적의 우물에서 언제나 일하고 있는 의사 디안케트를 찾아갔다. 투아하 데 다난의 일원이 죽거나 다치면 환자는 이 두 의사에게 실려오고 의사는 기적을 행하는 물에 그를 담가 목숨과 건강을 되찾게 해주었다.

이 샘은 그러나 여신의 백성들을 오랫동안 돕지는 못한다. 젊은 포모르의 족장 오흐리알라하Octriallach가 그 샘을 발견한 것이다. 그는 인데히의 아들이다. 그와 그의 동료 몇 명이 밤을 틈타 그곳으로 가서는 드로우데스Drowdes 강의 바닥에서 커다란 돌을 건져낸 뒤 샘이 꽉 찰 때까지 돌을 떨어뜨려 치유의 물을 없애고 그 위에 돌무덤을 만들었다. 전설은 이 장소를 '오흐리알라하의 돌무덤'이라는 이름으로 밝히고 있다.

이 일이 성공하자 포모르인들은 일대 결전을 결심한다. 그들은 병력을 정렬시켰다. 쇠사슬 갑옷과 철모, 든든한 창, 단단한 원형 방패, 육중한 칼을 갖지 않은 병사는 하나도 없었다. 옛 전설 작가는 이렇게 쓰고 있다. "그날 포모르 병사와의 싸움은 다음 세 가지 일 가운데 하나(바위에 머리 부딪치기, 아니면 머리를 불더미에 넣기, 아니면 손을 뱀의 소굴에 집어넣기)에 비길 일이었다."

루를 제외한 투아하 데 다난의 모든 용맹한 전사들이 적 앞에 늘어섰다. 신들의 평의회는 루의 여러 업적으로 보아 전쟁에서 잃기에 그의 생명은 너무 값지다는 결정을 내렸다. 그래서 루를 아홉 명의 용사에게 지키게 하고 뒤에 남겨두었다. 그러나 마지막 순간 자신을 지키는 자들에게서 도망쳐 나온 루가 전차를 타고 군대 앞에 섰다. 그는 그들 앞에서 애국적인 연설을 했다. "용감히 싸워라. 그러면 노예 신세를 면하리라. 노예로 살며 공물을 바치느니 죽음을 무릅쓰는 것이 낫다." 이 말과 함께 그는 모든 투아하 데 다난이 자기를 볼 수 있게 발돋움을 한 채 말을 타고 대열 주변을 달렸다.

포모르인들도 그의 모습을 보고 감탄했다. 브레스는 사제들에게 이렇게 말했다. "태양이 오늘은 서쪽에서 뜨고 하루 걸러 동쪽에서 뜬다는 것은 근사한 일이오."[81] "그것이 사실이라면 저희들에게 좋은 일이지요." 사제들이 대꾸했다. "그럼 내 말이 틀렸다는 말인가?" 브레스가 물었다. "저것은 팔이 긴 루의 얼굴에서 나는 빛입니다." 사제들이 대답했다.

다음 순간 두 군대는 함성을 지르며 서로를 향해 돌격했다. 창과 투창들이 방패를 때렸다. 전사들의 고함 소리, 방패가 깨지는 소리, 칼날이 맞부딪치는 소리, 화살통이 덜그럭거리는 소리, 길고 짧은 투창의 휘파람 소리가 하도 요란하여 사방에서 천둥이 울리는 것 같았다. 그들은 바짝 다가서서 육탄전을 벌였다. 한쪽 군대의 머리, 손, 발이 다른 편 군대의 머리, 손, 발에 닿을 정도였다. 하도 많은 피가 땅 위에 흘러 미끄러지지 않고는 서 있기 힘들 정도였다. 운셴 Unsenn의 강은 시체로 가득 찼다. 전투는 격렬하고 신속하고 피비린내 나고 잔인했다.

양측의 위대한 족장들이 속속 쓰러졌다. 투아하 데 다난의 대표 전사 오그마가 돔누 여신의 아들 인데히를 죽였다. 또 '억센 주먹'의 발로르가 신들 사이에서 무섭게 날뛰며 '은으로 만든 손'을 가진 신들의 왕 누아다와 그의 용맹스러운 아내 가운데 하나인 마하를 죽였다. 그리고 마침내 루와 마주쳤다. 태양신 루는 그의 외할아버지에게 포모르어로 도전의 말을 외쳤다. 그 소리를 들은 발로르가 '죽음의 눈'을 사용할 준비를 했다.

"나의 눈꺼풀을 올려라. 내게 말을 건네고 있는 수다쟁이를 바라보련다." 그가 부하에게 명령했다.

시종들이 갈퀴로 발로르의 눈꺼풀을 들어올렸다. 그 시선이 루에게 떨어졌다면 그는 틀림없이 죽었을 것이다. 그러나 눈이 반쯤 열렸을 때 루가 마법의 돌을 던져 발로르의 눈에 맞췄다. 눈이 뒤통수로 빠져버렸다. 눈은 발로르의 등뒤 땅에 떨어져 불행히도 그 시야 속에 서 있던 27명의 포모르군 대열을 모두 죽이고 말았다.

이 마법의 돌의 비밀을 노래하는 옛 시가 전한다. 여기서 그 돌은 탈럼tathlum이라 불리는데 그것은 고대 아일랜드 용사들이 죽은 적수의 뇌를 석회로 굳혀 만든 '콘크리트 공'을 의미한다.

무겁고 빛나고 단단한 탈럼
투아하 데 다난이 가졌던 공이여,
먼 옛날 대군이 싸운 전투에서
그 공은 사나운 발로르의 눈을 쳐부수었다.

두꺼비와 성난 곰의 피,
늠름한 사자의 피,
독사와 오스무인스Osmuinss의 몸통에서 나온 피,
탈럼은 이것들로 만들었다네.

물살이 빠른 아모르 바닷가의 모래
생명으로 충만한 홍해 바닷가의 모래

이 모두를 정화하여

빚어 만들었다네.

범상치 않은 용사, 대해의 동녘 경계를 다스린

베사르Bethar의 아들 브리운Briun이여

모든 것을 섞어 매끈하게 빚어

탈럼을 만든 자가 그였다네.

비명 소리 요란한 마그 투이레아드Mag Tuireadh에서

이 만만치 않게 날아가는 단단한 공을

건네받은 영웅 루가

그의 손으로 탈럼을 던졌다네.[82]

무시무시한 발로르의 실명은 전쟁의 대세를 바꿔놓았다. 포모르
군이 흔들리자 모리구가 와서 "왕들이여 전쟁터에서 일어나라"로 시
작하는 노래를 불러 다누 여신의 병사들 사기를 북돋워주었다. 새롭
게 용기를 충전한 그들은 포모르군을 바다 밑 나라로 몰아냈다.

아일랜드의 마그 투이레아드 나 브포모라하Mag Tuireadh na b-Fomorach
즉 '포모르인들 탑이 있는 평원'에서 벌어진 전투는 이러했다. 이것
은 투아하 데 다난이 남쪽 지역에서 피르 볼그와 싸운 또 하나의 모
이투라 전투와 구분하기 위해 '북모이투라 전투'라 불린다. 하늘의
별보다, 바닷가의 모래알보다, 겨울에 내리는 눈송이보다, 봄철 들
판의 이슬방울보다, 폭풍 때 쏟아지는 우박보다, 또는 레르의 아들

마난난의 백마의 말발굽에 짓밟히는 풀잎보다, 폭풍우가 쏟아질 때 바다에 이는 파도보다 더 많은 포모르인들이 그때 죽었다고 고대 문서는 기록하고 있다. 병사들의 무덤을 표시하는 '탑' 또는 기둥이 아직도 슬라이고 근처 카로우모레Carrowmore 들판에 서 있다. 페트리 Petrie 박사는 이것이 브리타니 카르나크Carnac를 제외하고는 세계에서 가장 훌륭한 선사시대 건조물의 집단이 라고 한다.[83] 거석巨石 건조물의 거의 모든 종류가 그들 가운데 있다. 내부에 고인돌이 있는 돌무덤, 혼자 따로 서 있는 고인돌, 돌을 놓아 만든 원이 하나, 둘 또는 셋이 둘러싸고 있는 고인돌, 고인돌이 없는 돌을 놓아 만든 원, 이런 것들이 100개가 넘는다. 이 같은 선사시대의 유물 64개가 사방 1마일도 안 되는 고지대 들판 위에 서 있다. 비록 잘 알려져 있지 않지만 이것들은 모이투라의 전쟁터를 모든 선사시대 유적 가운데 가장 인상적인 것으로 만들고 있다. 돌들이 무엇을 기념하는 것인지 우리는 알 도리가 없다. 그러나 이 장소는 매우 중요하고도 결정적인 전쟁터였을 가능성이 높고, 건조물들은 전쟁의 결과 매장된 족장들의 무덤을 표시한 것으로 보인다. 지금까지 조사한 돌무덤에서는 탄 나무와 타다 남은 사람과 말의 뼈, 그리고 부싯돌과 뼈로 만든 도구가 발견되었다. 그러니까 그 주인들은 신석기시대 사람들이었다. 거기 있는 말들이 기수들과 함께 묻힌 길들여진 말인지 아니면 장례식 잔치에서 먹힌 야생 말인지 가려내기는 어려울 것이다. 실제로 있었던 역사는 유물들이 신들과 게일 신화에 나오는 거인들 간에 벌어졌던 전쟁의 잔해라고 밝혀진 그 옛날에 이미 사라져버렸다.

투아하 데 다난은 퇴각하는 포모르인들을 쫓아가 브레스를 사로

잡았다. 그는 루에게 목숨을 살려달라고 청했다.

"목숨 값으로 무엇을 내놓을 것인가?" 루가 물었다.

"아일랜드의 젖소가 사시사철 젖이 나오게 하겠소." 브레스가 다짐했다.

그 말을 받아들이기 전에 루는 사제들과 의논했다.

"브레스가 소들의 명을 연장하지 않는다면 그것이 무슨 소용이 있겠습니까?" 그들이 말했다. 이것은 브레스의 능력 밖의 일이었다. 그래서 그는 또 다른 제안을 했다.

"내 목숨을 살려준다면 해마다 밀 풍년을 볼 것이라 백성들에게 전하시오." 그가 루에게 말했다.

그러나 사제들이 말했다. "우리에게는 이미 경작하고 씨 뿌릴 봄, 곡식이 익을 여름, 추수할 가을, 빵을 먹을 겨울이 있습니다. 원하는 건 다 있습니다."

루는 브레스에게 이 말을 전하면서 덧붙였다. "그보다 못한 봉사를 해주는 대가로 목숨을 구해주겠소."

"그것이 무엇이오?" 브레스가 물었다.

"우리가 언제 경작하고 언제 씨를 뿌리고 언제 추수할 것인지를 말하시오."

브레스가 대답했다. "화요일에 경작하고 화요일에 씨 뿌리고 화요일에 추수해야 하오."

이 거짓 제언으로 브레스는 목숨을 건졌다(고 전설은 전하고 있다).

루와 다그다, 그리고 오그마는 퇴각하면서 다그다의 하프를 가지고 간 포모르인들을 여전히 쫓고 있었다. 그들은 브레스와 엘라한이 사는 바닷속 궁전까지 그들을 쫓아가 벽에 걸려 있는 하프를 보았다. 다그다의 이 하프는 주인의 허락 없이는 연주할 수 없었다. 다그다가 노래를 했다.

두 가지 소리 나는 참나무여, 울어라!
네 가지 가락 켜는 손이여, 가락을 켜라!
여름아, 오라! 겨울아, 오라!
하프와 나팔[84]과 플루트의 소리여!

다그다의 하프는 '두 가지 소리 나는 참나무'와 '네 가지 가락 켜는 손'이라는 두 개의 이름을 가지고 있었다.

하프가 벽에서 뛰어내려 지나가던 아홉 명의 포모르인을 죽이고 다그다의 손안에 들어왔다. 다그다는 모든 하프 연주자라면 아는 세 개의 곡조(우는 곡조, 웃는 곡조, 자는 곡조)를 포모르인들 앞에서 연주했다. 그가 우는 곡조를 연주하는 동안 사람들은 고개를 숙이고 울었다. 그가 웃는 곡조를 연주할 때 사람들은 웃음으로 몸을 흔들어 댔고 자는 곡조를 연주하자 모두 잠들어버렸다. 그들이 자고 있는 동안 루와 다그다와 오그마는 무사히 빠져나올 수 있었다.

다음으로 다그다는 '젊음의 아들' 앙구스의 충고대로 브레스에게서 얻은 검은 갈기의 암송아지를 데리고 나왔다. 앙구스의 지혜는 이 충고에서 알 수 있다. 왜냐하면 다누 여신의 백성들이 길렀던 가축들은 모두 이 암소가 울 때마다 그 뒤를 따라가는 습관이 있었기 때문이다. 암소가 울자 포모르인들이 투아하 데 다난에게서 빼앗아간 가축이 모두 되돌아왔다.

그러나 포모르의 기세가 완전히 꺾인 것은 아니었다. 네 명의 포모르인들이 자기들을 정복한 이들의 옥수수, 과수, 우유를 망가뜨리면서 여기저기서 싸움을 시도했다. 그러나 모리구와 바이브와 미처르와 앙구스가 쫓아가 그들을 아일랜드에서 영원히 축출했다.[85]

마지막으로 모리구와 바이브는 아일랜드에 있는 높은 산의 정상마다 올라가 승리를 선포했다. 전쟁에 참여하지 않았던 모든 군소 신들이 그 소식을 들었다. 바이브는 이렇게 시작하는 노래를 불렀다.

평화의 기운이 하늘로 올라
하늘이 땅에 닿아
땅이 하늘 아래 누우니
만인의 기운이 솟구치도다…….

노래의 나머지 부분은 전해지지 않는다.

다음으로 바이브는 신들의 시대의 종말이 다가오고 새로운 시대가 시작된다는 예언을 했다. 꽃이 안 피는 여름, 우유가 안 나는 소, 부정한 여자, 무력한 남자, 열매 없는 나무, 고기 없는 바다의 시대이며 늙은이들이 거짓 판단을 내리고 입법자들이 부당한 법을 만들고 전사들이 서로를 배반하고, 사람들이 도둑이 되고, 미덕이라고는 전혀 없는 세상이 올 것이라는 예언이었다.

10장

인간이 신들을 정복하다

바이브가 무슨 생각으로 이런 예언을 했는가에 관해서는 기록이 없다. 그러나 예언은 사실이 되었다. 아일랜드 신들의 황혼기는 다가오고 있었다. 새로운 민족이 다누 여신의 백성들과 아일랜드의 소유권을 다투기 위해 바다를 건너오고 있었다. 이 신참자들은 그들 같은 신이 아니고 인간, 즉 게일족의 조상들이었다.

신들을 정복하는 인간(우리에겐 매우 낯설어 보이는)의 이야기는 전형적인 켈트족 이야기이다. 게일 신화는 그런 이야기를 상세히 보존하고 있는 유일한 신화이다. 그 예언은 한때 모든 켈트족 사이에 널리 알려졌던 것으로 보인다. 그러나 그것이 신들에게 크게 불명예스러운 것은 아니었다. 왜냐하면 인간도 그들처럼 신의 후예였기 때문이다. 켈트 전설에 따르면, 인간은 죽음의 신의 후손이며 죽음의 나라로부터 현재의 세계를 차지하기 위해 왔다는 것이다.[86] 시저는 골족에 대한 짧은 이야기에서 그들은 자기들이 지하세계의 신 디스 파테르Dis Pater에게서 나온 것으로 믿는다고 썼다. 게일 신화에서 디스 파테르는 빌러라 불리는데, 그 이름의 어근은 죽음을 의미하는 bel이라는 음절에서 나왔다. 브리튼 신화에 나오는 신 벨리Beli[87]는 틀림없이 같은 인물이며, 동일한 개념이 죽음의 눈초리를 가진 무시무시한 포모르인 발로르라는 이름의 어근에 들어 있다.[88]

기독교 이후 아일랜드의 역사를 기록한 역사가들은 기독교의 교리와 그때까지 건재한 이교 신화를 조화시키기 위해 신들을 고대 왕으로 변조하고 적당한 연대를 부여하여 그들을 역사 속에 편입시켰다. 또 저승을 스페인으로 대체하고 조상들의 기원과 방랑을 근사한 이야기로 만들어 고대 이야기를 대신했다. 이와 같은 맥락에서, 알맞은 아일랜드식 표현을 사용하자면 최초의 아일랜드인은 페니우스 파르사Fenius Farsa라고 하는 스키타이인이었다. 왕위를 박탈당한 그는 아들 니울Niul이 파라오의 딸과 결혼하여 사는 이집트에 정착했다. 스코타Scota라는 이름의 그녀에게는 고이델Goidel이라는 아들이 있었다. 고이델의 증손자는 에베르 스콧Eber Scot이라 했는데, 이 족보는 게일족 자신들이 핀Finn, 스콧Scot, 고이델Goidel의 세 이름으로 불리게 된 유래를 설명하기 위해 만든 것으로 보인다. 페니우스와 그의 가족 및 족속들은 이스라엘의 자손들을 박해하는 일에 가담하기를 거부했기 때문에 이집트에서 추방당해 22년 동안 아프리카에서 거주하였다. 그들은 방랑하며 '오시어스Osiers 호숫가에 있는 필리스틴Philistine 사람들의 제단'까지 갔다. 그런 다음 루시카다Rusicada와 시리아의 산악지대 사이를 통해 마우레타니아Mauretania를 지나 헤라클레스Hercules의 기둥까지 갔으며 거기에서 스페인에 상륙하여 여러 해 동안 살면서 많은 자손을 낳았다. 12세기 영국의 역사가 몬머스의 제프리는 브루투스Brutus와 트로이 병사들이 영국을 식민지화하기 위해 왔을 때 택한 길과 동일한 길을 그들이 갔다고 주장한다.[89] 그 주장이 사실과 어떤 연관이 있다면 그것은 인종학자들 주장처럼 그 길이 이상하게도 아리안계 켈트가 아니라 아리안 이전의 이베리아인들이 서쪽으로 이동할 때 간 길과 일치한다는 점이다.

우리에게는 스페인에 간 최초의 사람들이 '스페인'을 켈트의 하데스Hades 또는 엘리시움Elysium(그리스 신화에서 영웅, 선인이 사후에 가는 낙원—역주)으로 기억한다는 사실을 발견한 것만으로도 충분하다. 이 나라에서 두 아들 빌러와 이스Ith의 아버지인 브레곤Bregon은 감시탑을 세웠다. 어느 겨울날 이스는 그 탑에서 먼 바다 너머로 전에 보지 못하던 땅을 보았다. 《침략의 기록》[90]이라는 책은 이스가 스페인에서 아일랜드를 보게 된 사실을 설명하면서 "공기가 투명한 겨울날 저녁 사람은 가장 멀리 볼 수 있다"고 말하고 있다.

그 땅을 가까이 살펴보기 위해 30명의 전사와 함께 배를 타고 간 그는 스키예네Scene 강 하구에 무사히 상륙했다.[91] 그곳은 사람이 안 사는 곳처럼 보였고 그는 부하들과 함께 북을 향해 전진해갔다. 마침내 그들은 현재의 런던데리Londonderry 시 근처에 있는 알레하Aileach 에 다다랐다.

그곳에는 다누 여신의 백성들을 다스리는 세 명의 왕 막 쿠일Mac Cuill, 막 케히트Mac Cecht, 막 크레너Mac Greine가 있었다. 그들은 오그마의 아들이자 다그다의 손자들이었으며, 포모르인들과의 전투에서 살해된 '은의 손'을 가진 누아다의 후계자들이었다. 루 스윌리Lough Swilly와 루 포일러Lough Foyle 사이의 이니쇼웬Inishowen 반도에 지금도 남아 있는 그리아난 알레하Grianan Aileach라고 하는 무덤에 선왕을 매장한 후 그들은 왕국을 분할하기 위해 만났다. 모두가 만족할 수 있는 분할 안을 찾지 못한 그들은 새로 온 이스에게 의논했다.

이스의 조언은 실용적이라기보다 도의적인 것이었다. 그는 "정의의 법칙에 따라 행동하시오."라고 말하고 나서 무분별하게도 온화한 기후며 풍부한 과일, 꿀, 밀, 물고기를 들어 아일랜드를 열렬히 찬양했다. 투아하 데 다난에게 낯선 자의 이러한 표현은 나라를 빼앗고자 하는 의도를 나타내는 것으로 보였다. 그들은 의논한 끝에 지금도 '이스의 들판'이라고 불리는 곳에서 이스를 죽여버렸다. 그 부하들은 살려주었다. 그들은 지도자의 시신을 가지고 '스페인'으로 돌아갔다. 그곳에서는 대단한 분노가 폭발했다. 빌러의 아들이자 이스의 조카인 밀러Mile는 아일랜드로 가서 복수할 것을 결심했다.

마침내 밀러가 여덟 명의 아들과 그 아내들을 거느리고 출범했다. 36명의 족장이 각자의 배를 전사들로 가득 채워 그의 뒤를 따랐다. '하얀 무릎'의 아모르긴Amergin이라는 사제의 마법으로 그들은 이스가 앞서 상륙한 정확한 지점을 알아내 그곳 해안으로 들어갔다. 그들 중 두 사람은 살아서 그곳에 다다르지 못했다. 아모르긴의 아내가 항해 중에 죽었고 밀러의 아들 아라논Aranon은 육지가 가까워지자 잘 보려고 돛대 꼭대기에 올라갔다가 떨어져 익사했다. 나머지 사람들은 5월 첫날 모두 무사히 하선했다.

아모르긴이 제일 먼저 육지에 올랐다. 아일랜드 땅에 오른쪽 발을 내디디며 그는 레칸의 책과 밸리모트의 책에 아직까지 보존되어 있는 시를 큰 소리로 외쳤다.[92] 그 시는 켈트족의 범신론적 철학의 좋은 본보기로, 유명한 음유시인 탈리에신의 작품으로 여겨지는 〈나무들의 전투*Battle of Trees*〉라는 초기 웨일스 시[93]가 이와 매우 비슷하다.

나는 바다 위를 부는 바람, 바다의 파도, 굽이치는 물결의 속삭임, 7개 대대의 대군, 억센 황소, 바위 위의 독수리, 태양의 빛, 나는 아름다운 약초, 살아 있는 용감한 돼지, 나는 물속의 연어, 들판의 호수, 재주 많은 예술가, 나는 칼을 휘두르는 거구의 전사; 신처럼 둔갑할 수 있도다. 어느 방향으로 가리까? 골짜기에서 아니면 산꼭대기에서 회의를 하리까? 집은 어디다 지으리까? 해지는 이 섬보다 좋은 땅은 어디에? 편안히 안전하게 거닐 땅은 어디에? 맑은 물 솟는 샘을 나 말고 누가 찾을 수 있으리오? 깊은 바닷속에서 나 말고 누가 물고기를 불러낼 수 있으리오? 물고기가 가까이 오게 나 말고 누가 할 수 있으리오? 언덕과 해안의 돌출부 모양을 나 말고 누가 바꿀 수 있으리오? 나는 항해자가 예언을 부탁한 음유시인. 우리의 한을 풀기 위해 투창을 던지리라. 예언하건대 승리가 있을지어다. 다른 모든 경사가 있을 것을 예언하며 이 노래를 끝맺노라.[94]

아모르긴이 모든 자연, 생물, 무생물의 합일과 그것을 관장하는 힘을 노래한 것과 같은 어조로 웨일스의 음유시인 탈리에신은 노래한다.

나는 편안한 형체를 갖기까지 여러 가지 형체를 가져보았소. 나는 좁은 칼날도 되어보고, 공중의 물 한 방울도 되어보고, 빛나는 별도 되어보고, 책 속의 한 마디 말도 되어보고, 태초의 책도 되어보고, 일년 반 동안 등잔 속의 불도 되어보고, 60개의 강을 건너는 다리도 되어보고, 독수리가 되어 여행도 다녀보고, 바다에 뜬 배도 되어보고, 전쟁의 지휘관도 되어보고, 손에 잡힌 칼도 되어보고, 전투에 쓰이는 방패도 되어보고, 하프의 현도 되어보고, 일년 동안 물거품으로도 변해보았네. 내가 되어보지 못한 것은 하나도 없다네.

게일과 브리튼 족이 거의 한 목소리로 이 신비한 켈트족 이야기를 하고 있는 것은 매우 신기한 일이다. 켈트인들은 반야만인의 상태에 있으면서도 고대와 현대의 위대한 철학자들 못지않게 다수 속의 하나, 생의 다기한 형태 속에 하나의 본질을 뚫어보았던 것이다.

밀레시아인들(아일랜드 연대기 작가들을 따라 아일랜드 최초의 게일족 정착민을 이렇게 부르는 것이 편리할 것이다)은 투아하 데 다난의 수도 타라를 향해 진군하기 시작했다. 그곳은 초기에는 피르 볼그의 주요 요새였으며 후일에는 아일랜드 왕들의 거처가 된다. 진군 중에 그들은 막 쿠일의 아내 반바Banba라고 하는 여신을 만났다. 아모르긴을 본 그녀가 말을 건넸다. "당신이 아일랜드를 정복하러 왔다면 그 동기는 정당치 못하오." "우리는 분명히 이 나라를 정복하기 위해 왔소." 아모르긴은 추상적인 도의성에 대한 언급은 피하면서 대답했다. "그렇다면 내 부탁을 한 가지 들어주오." 그녀가 말했다. "그것이 무엇이오?" 아모르긴이 물었다. "이 섬을 나의 이름으로 부르는 일이오." "그렇게 하리다." 아모르긴이 대답했다.

조금 더 가자 그들은 두 번째 여신, 막 케히트의 아내 포틀라Fotla를 만났다. 그녀도 같은 청을 했고 아모르긴은 같은 답을 했다.

마지막으로 아일랜드의 중심지 유슈네하Uisnech에서 그들은 세 번째 여왕이자 막 크레너의 아내 에이루Eiru를 만났다. "전사들이여, 그대들을 환영하오. 앞으로 이 나라는 멀리서 온 그대들의 것이오. 해가 지고 해가 뜨는 그 어느 곳에도 이보다 좋은 땅은 없소. 그대들의 종족은 세계에서 가장 완벽한 종족이 될 것이오." 그녀가 외쳤다. "갸륵하고 훌륭한 예언이오." 아모르긴이 끼어들며 말했다. "그러나 그건 당신 덕이 아니오." 밀러의 큰아들 돈Donn이 끼어들며 말했다. "우리가 어떤 성공을 거두든 그것은 우리 힘에 의한 것이오." "내가 예언하는 바는 그대와는 상관 없소. 그대나 그대의 자손들은 이 섬을 즐기지 못할 것이오." 여신이 대꾸했다. 그런 다음 아모르긴을 향해 그녀는 아일랜드를 그녀의 이름으로 불러달라고 했다. "그대 이름이 주요한 이름이 될 것이오." 아모르긴이 말했다.

그 약속은 지켜졌다. 아일랜드의 옛 이름 세 개(반바, 포틀라, 에이루) 가운데 마지막 이름의 소유격인 '에린'이 지금까지 남아 있다.

침략자들은 당시 드룸카인Drumcain 즉 '아름다운 언덕'이라고 불리던 타라로 왔다. 막 쿠일, 막 케히트 그리고 막 크레너는 한 무리의 게일족 신들을 거느리고 그들을 만났다. 다누 여신의 백성들은 자기네가 기습을 당한 데 대한 불만을 표명했다. 밀레시아인들도 주민들에게 경고 없이 침입해온 것은 기사도적 전쟁 법도에 어긋나는 일이라고 시인했다. 투아하 데 다난은 침략자들에게 3일 동안 이 섬을 떠나주면 그동안 나라를 위해 싸울 것인지 항복할 것인지 정하겠다고 제안했다. 그러나 밀레시아인들은 이 제안을 탐탁지 않게 여겼다. 그들이 섬을 떠나자마자 투아하 데 다난이 드루이드식 마법으로 그들과 대항하여 다시는 이 섬에 상륙할 수 없게 할 것임을 알고 있었기 때문이다. 마침내 막 쿠일, 막 케히트 그리고 막 크레너는 만약 불공평한 판결을 내릴 때에는 죽음을 면치 못할 것이라는 명확한 조건 아래 이 문제의 중재 역할을 밀레시아 측의 입법자 아모르긴에게 맡기자고 제안했다. 돈은 그에게 이렇게 미묘한 역할을 맡을 용의가 있느냐고 물었다. 아모르긴은 그렇다고 대답하며, 즉시 아일랜드의 밀레시아인들이 선고한 판결을 전달했다.

우리 눈으로 이 나라에 살고 있음을 확인한 그들, 소유권은 마땅히 그들의 것이다.
그러므로 아홉 겹 푸른 파도 너머 바다로 나가는 것이 너희 의무다.
그리하여 너희가 그들을 무릅쓰고 상륙할 수 있다면
너희는 그들과 전투를 하게 될 것이며 그러면 너희가 그들이 살고 있는 것을 본 그 땅을 전쟁의 당연한 결과로 내가 너희에게 주겠노라.
너희가 그들이 소유하는 땅을 탐낼지라도 너희는 그들에게 정의를 베풀 의무가 있다.
너희는 아무리 땅이 탐난다 해도 이 땅에서 본 그들에게 부당하게 대하는 것을 금하노라.[95]

양측 모두 이 판결이 공평하다고 생각했다. 밀레시아인들은 자기들 배로 돌아가 아홉 겹의 파도 길이만큼 떨어진 지점에서 공격의 신호가 오기를 기다렸다. 한편 해안을 따라 정렬한 투아하 데 다난은 그들에게 맞설 드루이드 주문을 가지고 만반의 준비를 했다.

신호가 떨어졌다. 밀레시아인들은 노를 젓기 위해 몸을 굽혔다. 그러나 출발하자마자 육지에서 강풍이 불어와 전진할 수가 없었다. 처음에 그들은 그것이 자연의 바람이라고 생각했으나 돈은 거기서 마법의 낌새를 알아차렸다. 그는 부하 한 명을 배의 돛대에 올려보내 바람이 돛대의 높이에서도 바다의 수면처럼 세게 부는지 알아보게 했다. 부하는 돌아와 '돛대' 높이에서는 바람이 아주 잔잔하다고 말했다. 분명 그것은 드루이드 마술로 인한 바람이었다. 그러나 아모르긴은 곧 그 일에 대처할 수 있었다. 소리를 높여 그는 아일랜드의 땅에 호소했다. 땅은 신들을 보호해주는 한 수 높은 힘이었다.

에리우Eriu의 땅에게 호소하나이다!
빛나고 빛나는 바다여!
비옥하고 비옥한 언덕이여!
수풀 우거진 골짜기여!
물이 콸콸 넘치는 강이여!
물고기 가득하고 가득한 호수여!

본래의 주문은 이런 가락으로 되어 있다. 이 가락은 마술 공식의 하나인데, 고대 그리고 현재의 미개인들까지도 그 효험이 어구의 의미보다는 신성화된 어구의 정확성에서 나온다고 믿고 있다. 우리에게 우습게 들리는 이 호소가 고대 아일랜드 신화를 문학적 형식으로 만들었던 사람들에게도 틀림없이 우습게 들렸을 것이다. 후기의 형식이 다음과 같이 그것을 확대 설명하고 있는 것으로 미루어 이런 사실을 알 수 있다.[96]

우리가 에린의 땅에 다시 다다를 수 있도록 비나이다

높은 파도를 넘어온 우리

산이 우람하고 광대한 이 땅

개울이 많고 맑은 이 땅

숲에 여러 과일이 넘치는

강과 폭포가 크고 아름다운

호수가 넓고 크게 펼쳐지는

높은 대지에 많은 샘이 솟는

이 땅의 주민을 지배할 수 있게 하소서!

타라를 다스리는 우리네 왕을 갖게 하소서!

타라가 우리 역대 왕의 궁전이 되게 하소서!

밀레시아인이 여기 백성들을 정복하게 하소서!

우리 배가 항구에 닻을 내리게 하소서!

그들이 에린의 해안을 따라 무역하게 하소서!

에레몬Eremon이 초대 왕이 되게 하소서!

이르Ir와 에베르Eber의 자손들이 강력한 왕이 되게 하소서!

우리가 에린의 땅에 다시 다다를 수 있도록 비나이다, 비나이다!

이 주문은 효력이 있었다. 아일랜드의 땅이 길운을 기꺼이 받아들였다. 마술의 바람은 멈추었다.

그러나 성공은 그들이 소망한 것처럼 그렇게 쉬운 것이 아니었다. 바다의 아들이자 곶의 주인인 마난난이 그들을 향해 마법의 망토를 흔들어 바다 위로 새로운 폭풍을 내보낸 것이다. 밀레시아인의 배들은 파도 위에서 맥없이 까불렸고 여러 대가 탑승자들과 함께 물속에 가라앉았다. 돈은 실종자 속에 들어 에이루의 예언을 실현시켰고 밀러의 다른 세 아들 또한 사망했다. 마침내 오랫동안 바다의 연안에서 배회하던 나머지 사람들이 보인 강 하구의 기슭에 도착했다. 그들이 상륙해오자 아모르긴은 기슭에서부터 전에 육지의 도움을 청했듯이 바다의 도움을 청하였다.

물고기 가득한 바다여!
비옥한 땅이여!
우글대는 물고기!
저기 저 고기!
파도 밑의 새!
위대한 물고기!
게의 진흙 구멍!
우글대는 물고기!
물고기 가득한 바다여!

이를 앞선 주문처럼 풀이한다면 다음과 같은 뜻이 될 것이다.

바다의 물고기여 우리를 위해 여울을 타고 해안으로 몰려오라!

바다의 파도여 풍부한 물고기를 뭍으로 몰고 오라!

연어가 떼를 지어 우리 그물 안에 들어오게 하라!

온갖 물고기가 푸짐하게 바다로부터 우리에게로 오게 하라!

납작한 물고기도 푸짐하게 오라!

이 시를 바닷가에서 짓나니 물고기는 여울을 타 해안으로 오라!

그러고 나서는 힘을 모아 다누 여신의 부하들을 향해 진군해갔다. 전투는 두 번 있었다. 하나는 트랄리Tralee의 남쪽 슬리에버 미쉬Slieve Mish 산의 골짜기 글렌 파이시Glenn Faisi에서 있었고 두 번째 전투는 현재 텔타운Telltown이라 불리는 탈츄Tailtiu에서 있었다. 두 번 다 신들이 패했다. 그들의 왕 세 명은 밀러의 살아 있는 세 아들에게 죽임을 당했다. 막 쿠일은 에베르가, 막 케히트는 에레몬이 막 크레너는 사제 아모르긴이 죽였다. 패배를 당해 낙심한 그들은 항복하여 땅 밑으로 후퇴하고 땅 위는 정복자에게 넘겨주었다.

연대기 작가들에 의하면 아일랜드의 역사는 이날부터 시작한다. 밀러의 맏아들 돈이 죽었기 때문에 왕국은 둘째 아들 에레몬에게 돌아갔다. 그러나 셋째 아들 에베르는 부하들의 지지를 받아 분리를 고집했고, 아일랜드는 공평하게 두 부분으로 분할되었다. 일년이 지나자 형제간에 전쟁이 일어났다. 에베르가 전투에서 죽고 에레몬이 홀로 통치권을 차지하였다.

11장

추방당한 신들

신화에서는 전례 없이 인간이 신들을 정복했으나 완전히 굴복시킨 것은 아니었다. 전투에서 패배한 다누 여신의 백성들이 신적인 속성을 다 잃어버린 것은 아니어서 누구를 돕거나 해치기 위해 그것을 사용할 수 있었다. 밀러의 아들들을 다스리는 '다그다의 힘'은 아일랜드 정복 후에도 대단하였다. "다그다의 신하들은 곡식과 우유를 망쳐 사람들이 다그다와 평화 협상을 반드시 하게 만들었다. 그러고 나서야 비로소 그들은 다그다의 덕으로 곡식을 추수하고 우유를 마실 수가 있었다."[97]고 렌스터의 책은 기록하였다. 이 소실된 조약의 근거는 투아하 데 다난이 비록 이 땅에서 쫓겨났으나 후계자들에게서 충성과 공물을 계속 받는 게 정당하다는 것이었다. 우리는 막 슬레히트Mac Slecht의 〈딘헨휘스dinnsenchus〉라는 운문 속에서 이런 말을 찾아볼 수 있다.

덕망 높은 고귀한 위인

에레몬의 통치부터

마하의 선인 패트릭이 나올 때까지

돌을 숭배하는 풍습이 있었네.[09]

지상에서 쫓겨난 신들은 새 보금자리를 찾아야 했다. 회의가 소집되었다. 참석자들의 의견은 두 개로 갈렸다. 한쪽은 상속권을 잃어버린 아일랜드의 흙을 발에서 털어버리고 바다 너머 낙원에 피신처를 구하여 미지의 그리고 행운아인 인간 외에는 알 수 없는 서쪽 섬에 자리잡자는 것이었다. 게일 신화의 이 섬은 브린튼인들의 아빌론 섬에 해당한다.

아빌론Avillon 섬의 골짜기

우박도 비도 눈도 안 내리고

바람조차 소리 죽여 부는 곳

부드러운 잔디가 아름다운 푹신한 풀밭

여름 바다가 장식하는 아늑한 골짜기[99]

항구적인 즐거움과 잔치의 나라. 한결같은 '약속의 땅 취르 타이른키러Tir Tairngire' '행복의 들 마그 멜Mag Mell' '산 자의 땅 취르 남보Tir-nam-beo' '젊은이의 땅 티르 나 노그Tir-nam-beo' 그리고 브레살의 땅 '히브레살Hy-Breasail'인 것이다. 켈트 신화는 이 신비스러운 나라의 아름다움에 대한 칭송으로 가득 차 있으며 그 이야기는 결코 소멸될 줄을 모른다. 히 브레살Hy-Breasail은 몇 번이나 실재하는 고장으로 옛 지도에 나온다.[100] 탐험가들 중 스페인의 바다에서 그곳을 발견했다고 생각한 이들이 있는데, 그들은 그 땅을 '브라질'이라고 불렀다. 지금도 옛날 이야기를 좋아하는 사람들은 아일랜드나 스코틀랜드 최서단 해안에서 서쪽을 한참 바라보고 있으면 때로 낙조를 배경으로 가물가물 "에덴의 여름 섬이 검보라색 해역에" 보인다고 말한다.

이민을 떠난 신들 중 주요 인물은 레르의 아들 마난난이었다. 그는 바다 저편에 운명을 걸었으나 아일랜드로 돌아오는 일을 멈추지 않았다. 17세기의 한 시에 의하면 아일랜드의 왕 페발Febal의 아들 브란Bran이 이 지상 낙원을 향해 가다가 그곳에서 오던 마난난과 만났다고 한다. 브란은 배를 타고 있었고 마난난은 파도 위로 달리는 전차를 타고 있었다. 마난난은 노래했다.[101]

맑은 바다를 달려온 배에서
브란은 아름다운 바다를 보았노라.
멀리서 전차를 타고 달려온
나에게 그가 배를 달리는 곳은 꽃이 만발한 들판이었어라.

브란이 탄 뱃머리 오똑한 배에서
볼 때 맑은 바다로 보이는 것은
두 바퀴 전차를 탄 내가 보기엔
꽃이 만발한 즐거운 들판.

브란은 본다

수많은 파도가 맑은 바다 위를 들이치는 것을.

나는 이 놀이의 들판[102]에서 본다

티없이 아름다운 붉은 머리의 꽃을.

브란의 눈길이 미치는 저 멀리

여름 햇살에 해마가 반짝인다

레르의 아들 마난난의 땅에서

강은 꿀 같은 흐름을 쏟아낸다.

그대가 떠 있는 대양의 윤기

그대가 배를 젓는 바다의 흰 색

노랑과 하늘색이 펼쳐진 저곳

그곳은 거친 파도 없는 육지

그대가 바라보는 하얀 바다의

자궁 속에서 얼룩 연어가 튀어오르네.

그것은 송아지, 그리고 색깔 있는 어린 양

서로 정다워 살육하지 않네.

꽃들이 만발한 행복의 들에

보이는 것은 전차의 기사 하나뿐

그러나 보이지 않게 들판을

달리는 수많은 군마

(…)

삼림 위로

그대의 가죽 배가 능선을 가로질러 헤엄쳐가네

그대의 작은 배 뱃머리 밑에

아름다운 열매 열리는 숲이 있다네.

꽃피고 열매 열리는 숲[103]

담쟁이의 진정한 향기가 감도는 숲

부패도 결함도 없는 숲

황금빛 잎에 덮인 숲.

이렇게 갖가지 형체를 가진 만물이 근원적으로는 같다는 철학적
이고도 신비로운 설을 유난히 시적인 어조로 강조한 다음 마난난은
브란에게 켈트의 이상향이 가진 아름다움과 기쁨을 설명한다.

　그러나 대부분의 다른 신들은 고국을 떠나는 것에 반대했다. 그
들의 새 왕인 다그다는 아일랜드에 남아 있는 이들 각자에게 주거지
와 쉬sidh를 배당해주어야 했다. 쉬는 켈트의 약간 원시적 개념에 의
하면 무한한 영광과 기쁨의 지하세계로 이르는 봉분, 아니면 조그만
언덕을 말한다. 다그다가 자기 자신을 위해 가지고 있다가 아들 앙
구스Angus에게 속아 빼앗긴 쉬의 묘사는 좋은 예가 될 수 있을 것이

다. 그곳에는 언제나 열매가 열리는 사과나무, 살아 있는 돼지 한 마리, 구운 돼지 한 마리가 있었고, 맥주가 끊이지 않았다. 우리는 지금도 아일랜드에 있는 여러 신들의 쉬를 방문할 수 있다. 그런 장소는 유명하고 아직까지 전설도 남아 있다. 레르에게는 현재 '하얀 뜰의 언덕'이라고 알려진 쉬 피오나하이트Fionnachaidh[104]가 주어졌다. 이곳은 아마Armagh 주의 뉴타운 해밀턴Newtown Hamilton 근처 슬리에버 푸아드Slieve Fuad의 정상에 있다. 보브 데르그Bodb Derg는 골웨이Galway의 포르툼나Portumna 남부에 자기 이름이 붙은 쉬 보브Sidh Bodb[105]를 받았다. 미처르는 롱포드Longford 주의 아르다Ardagh 근처, 현재 슬리에버 콜리Slieve Colry라고 불리는 쉬 오브 브리 레스Sidh of Bri Leith를 부여받았다. 오그마의 쉬는 에르켈트라이Airceltrai라 하고, 루에게는 로드루반Rodruban이 배당되었으며, 마난난의 아들 일브렉Ilbhreach은 현재 도네로의 밸리샤논Ballyshannon 근처 물라하쉬Mullachshee의 고분으로 알려진 쉬 아사로Sidb Eas Aedha Ruaidha[106]를 받았다. 핀느바르 Fionnbharr[107]는 '크로크마Knockma'를 받았다. 그는 오늘날에도 요정의 왕으로서 그곳에 살고 있다고 일컬어진다. 덜 알려진 다른 신들의 거처도 기록에 남아 있다. 다그다는 자신을 위해 두 개의 거처를 가졌는데 그곳은 둘 다 미스Meath의 보인 강 근처에 있다. 그중 하나가 유명한 브루 나 보인Brugh-na-Boyne이다. 한 명을 제외하고 투아하 데 다난의 족속들은 모두 생계를 보장받았다.

이때 이래로 게일 신들에게는 오늘날 농민들이 아는 이름—에스 쉬Aes Sidhe(언덕의 사람들) 또는 파르 쉬Fer-Sidhe(언덕의 사나이)[108]라는 이름—이 붙여졌다. 모든 신 또는 요정fairy은 '언덕의 사나이Fer-Sidhe'

이며 모든 여신은 '언덕의 여자 벤쉬Bean-Sidhe'로서 대중 전설에 나오는 밴쉬banshee 즉 요정인 것이다.[109]

가장 유명한 요정의 언덕은 드로게다Drogheda에서 약 5마일 거리에 있다. 그것들은 아직도 투아하 데 다난족의 이름과 관련되어 있는데, 그들의 주거지가 아니라 무덤이라 알려져 있다. 보인 강의 북쪽 기슭에 7개의 봉분이 있다. 그중 세 개(크로우스Knowth, 다우스Dowth, 뉴 그렌지New Grange)는 매우 크다. 가장 크고 가장 잘 보존된 후자의 무덤은 직경이 300피트, 높이가 70피트이며 꼭대기 부분은 지름이 120피트의 평지로 되어 있다. 이곳을 답사한 결과 로마 동화, 황금 목장식, 구리 핀, 철제 반지와 칼들이 발견되었다. 그러나 그밖에 또 어떤 것들이 이곳에 보관되어있었는지는 영원히 알 수 없다. 크로우스나 다우스처럼 그곳도 9세기에 덴마크의 약탈자들에 의해 철저히 털렸기 때문이다. 무덤은 네모난 문으로 들어가게 되어 있으며 그 가장자리는 나선형 무늬로 세밀하게 장식되어 있다. 입구는 60피트가 넘는 돌 복도로 연결되는데, 들어갈수록 차츰 넓어지고 경사가 지면서 마침내 20피트 높이의 원추형 천장을 가진 방으로 연결된다. 이 중앙의 방 양쪽에는 운두가 얕은 돌 수반이 하나씩 놓인 벽감壁龕이 있다. 이 무덤 전체를 구축하는 큼직한 석판들은 밖과 안 양면이 문에 있는 것과 같은 나선형 무늬로 장식되어 있다.[110]

이 놀라운 선사시대 건조물의 기원은 알 수 없다. 그러나 그것은 일반적으로 켈트족 이전 아일랜드에 살던 민족의 것으로 추정되고 있다. 신기한 뉴 그렌지를 바라보면서 우리는 옛 아일랜드 시인 막니아Mac Nia가 밸리모트의 책에서 한 말을 되풀이하게 된다.

그대 목전의 쉬를 보라

그것은 분명 왕의 저택

굳건한 다그다가 지은 저택은

경이의 궁정이요 장한 언덕이라.[111]

그러나 현재 다그다의 이름이 연상시키는 것은 뉴 그렌지가 아니며 크로우스도 다우스도 아니다. '다그다의 무덤'으로 알려져 있는 것은 보인 강가의 훨씬 작은 무덤이다. 그것은 공개된 일이 없다. 투아하 데 다난을 실재의 민족으로 여기는 《조야한 돌 기념물Rude Stone Monuments》의 저자 제임스 퍼거슨James Fergusson은 "위대한 다그다의 뼈와 갑옷이 이 명예로운 무덤에서 발견될지도 모른다"[112]고 생각한다. 투아하 데 다난이 이 장소를 매장에 사용했다고 주장하는 11세기의 시도 있지만, 다른 켈트 학자들은 그렇게 낙관하지 않는다. 아일랜드의 신화가 그럴듯한 역사로 재편된 것은 이 무렵의 일이다. 〈무덤의 연대기Chronicles of the Tombs〉라고 하는 시는 '다그다의 기념비'와 '모리구의 기념비'에 대해 언급할 뿐 아니라 오그마, 에탄, 카이르프레, 루, 보안, 앙구스의 최후의 휴식처를 기록하고 있다.

그러나 우리는 이제 앙구스를 묘지와 관계없는 관점에서 고려해야 한다. 그는 사실 앞으로 나올 이야기 속에서 매우 생기발랄하다. 이 '젊음의 아들'은 쉬의 분배가 진행될 때 그 자리에 없었다. 그는 돌아와 아버지 다그다에게 가서 자기에게도 쉬를 하나 줄 것을 요구했다. 다그다는 이미 다 나눠주었다고 말했다. 앙구스는 항의했으나 별 도리가 없었다. 순리대로 하자면 도리가 없었으나 계교를 부리자면 얼마든지 부릴 수 있었다. 교활한 앙구스는 운명을 받아들이는 척하면서 아버지에게 하루 낮과 밤 동안 자기가 브루 나 보인의 쉬 뉴 그레인지New Grange에 머물 수 있게 허락해 달라고 청했다. 다그다는 쉽게 곤경에서 빠져나온 것을 기뻐하며 아들의 부탁을 들어주었다. 그러나 다음날 앙구스에게 시간이 다 되었다고 알려주러 가자 앙구스는 떠나기를 거부했다. 그는 낮과 밤 동안 머물 것을 허락받았고 시간과 영원은 낮과 밤으로 구성되어 있으니 그가 쉬에 머물 수 있는 기간은 한계가 없다고 주장했다. 이 논리는 현대인의 머리에는 별 설득력이 없어 보이나 다그다는 납득했다고 전해진다. 그는 가장 좋은 궁전 두 개를 아들에게 양도했고 아들은 조용히 그것들을 차지했다. 그리하여 그것은 제2의 이름 즉 '젊음의 아들'의 쉬 또는 브루라는 이름을 갖게 되었다.[113]

이후 다그다는 다누 여신의 백성들 역사에서 별다른 활약을 하지 않는다. 그 다음 우리는 새 통치자를 선출하기 위해 신들이 회의를 연 이야기를 듣게 된다. 빈 왕좌를 위해 다섯 명의 후보가 지명되었다. 붉은 머리 보브, 미처르, 마난난의 아들 일브렉Ilbreach,[114] 레르 그리고 앙구스인데 앙구스는 마지막으로 지명되었으나 왕의 권위보다 자유로운 생활을 선호하여 통치에 대한 욕심이 별로 없었다. 투아하 데 다난 사람들은 회의 결과 세 가지 이유로 붉은 머리 보브를 선택했다. 첫째 그 자신을 위하여, 둘째 그의 아버지를 위하여, 셋째 그가 다그다의 큰아들이기 때문이었다. 두 사람을 제외한 다른 경쟁자들은 이 선택을 인정했다. 미처르는 관습대로 보브 데르그에게 인질을 내주기를 거부하며 신하들과 함께 칼로우Carlow 주 '렌스터 산 주변의 사막지대'로 도주했고, 레르는 크게 분노하며 새 왕을 인정하고 복종하기를 거부한 뒤 쉬 피오나하이트Sidh Fionnachaidh에 들어앉아 버렸다.

레르와 미처르가 가장 오래된 신들이라는 것 외에는 그들이 어째서 이 문제를 그토록 섭섭해했는지 이해하기 어렵다. 앙구스의 무관심은 설명하기 쉽다. 그는 게일족의 에로스여서 에로스답게 사느라 분주했다. 당시 그의 사랑의 대상은 어느 날 밤 꿈에 나타났다가 그가 포옹하려고 팔을 뻗치자 사라져버린 처녀였다. 다음날 하루 종일 앙구스는 식음을 전폐했다고 한다. 다음날 밤 꿈의 여인이 다시 나타나 그를 위해 음악을 연주하고 노래를 했다. 그 다음날 그는 또다시 금식을 했다. 이렇게 사랑을 그리워하고 노심초사하는 사이 일년이 지나갔다. 마침내 투아하 데 다난의 의사들이 그 병의 원인을 짐작하고는 그에게 그것이 얼마나 치명적인가 일러주었다. 앙구스는 어머니 보안을 불러달라고 부탁했다. 어머니가 오자 그는 자신의 괴로움을 이야기하고 도움을 청했다. 어머니는 다그다에게로 가서 아들이 디안케트의 약도 고브니의 마법도 고치지 못하는 짝사랑 때문에 죽는 꼴을 보지 않으려거든 꿈의 처녀를 찾아내라고 청했다. 다그다도 어쩔 도리가 없어 붉은 머리 보브에게 사람을 보냈다. 새 왕은 아일랜드의 군소 신들에게 처녀를 찾으라고 명했다. 그러나 일년이 되도록 찾을 수가 없었다. 그러다 마침내 수심에 잠긴 앙구스는 꿈속의 여인을 알아볼 수 있는지 와보라는 전갈을 받았다. 앙구스는 150명의 시종 요정에 둘러싸인 그녀를 즉시 알아보았다. 그녀의 이름은 크르Caer, 코나트의 우아만Uaman에 있는 쉬의 소유자 에탈 암부

엘Etal Ambuel의 딸이었다. 붉은 머리 보브는 앙구스를 위해 그녀를 아내로 내줄 것을 요구했으나 그녀의 아버지는 자기가 딸을 통제할 능력이 없다고 선언했다. 그녀는 백조 처녀여서 매해 여름이 끝나자마자 '용의 입'이라는 호수로 친구들과 함께 가 그곳에서 백조가 된다는 것이었다. 그러나 이런 식으로 밀려나기를 거부한 앙구스는 마법의 변화가 일어나는 날까지 끈덕지게 기다려 호숫가로 내려갔다. 그는 크르가 다른 모든 백조보다 아름다운 백조의 모습으로 150마리의 다른 백조에 둘러싸여 있는 것을 보았다. 앙구스가 그녀를 부르며 자기 사랑과 이름을 알리자 그녀는 만일 그도 백조가 된다면 그의 신부가 되겠노라고 약속했다. 그가 동의하자 그녀는 한 마디 말로 그를 백조의 모습으로 바꾸었고 그들은 나란히 앙구스의 쉬로 날아갔다. 그곳에서 그들은 다시 인간의 모습을 되찾았고 둔갑이 가능한 이교 신들에게 걸맞을 만큼 오래 행복하게 살았다.[115]

한편 다누 여신의 백성들은 레르와 미처르에 대해 당연히 크게 화가 나 있었다. 붉은 머리 보브는 해마다 미처르의 쉬로 그를 공격했고 양측에서 많은 신들이 살해되었다. 그러나 레르에 대항해 움직이지는 않았다. 그들 간 우정이 두터웠기 때문이다. 붉은 머리 보브는 선물과 아첨으로 레르의 환심을 사려 했으나 성공하지 못했다.

그러다 레르의 아내가 세상을 떠났다. 바다의 신 레르는 크게 슬퍼했다. 이 소식을 들은 붉은 머리 보브는 레르에게 사자를 보내 자기 수양딸인 아이브Aebh,[116] 아이바Aeife,[117] 알버Ailbhe[118] 가운데 하나를 주겠노라고 제안했다. 감동한 레르는 보브의 쉬를 찾아가 아이브를 아내로 택했다. "그녀는 맏딸이기 때문에 가장 고귀할 것이오."

그는 말했다. 레르는 결혼하여 큰 잔치를 치르고 아내를 쉬 피오나 하이트로 데리고 갔다. 아이브는 레르에게 네 아이를 낳아주었다. 맏이는 피놀라Finola라는 딸이고 둘째는 에트Aed라는 아들이었다. 나머지 둘은 피아하라Fiachra와 콘Conn이라는 쌍둥이 아들이었는데, 아이브는 이들을 낳으면서 세상을 떴다.

붉은 머리 보브는 레르에게 수양딸 가운데 또 하나를 제공했다. 그는 둘째딸 아이바를 선택했다. 해마다 레르와 아이브와 네 아이들은 차례로 각 쉬에서 열리는 마난난의 '나이의 잔치'에 가곤 했다. 네 아이는 다누 여신의 백성들 사이에서 인기가 대단했다. 그러나 아이바에게는 아이가 없어서 그녀는 레르의 아이들을 질투하기 시작했다. 레르가 자기보다 아이들을 더 사랑할 것을 염려했다. 그녀는 처음에는 아이들의 죽음을 바라다가 나중에는 죽일 계획을 꾸몄다. 그녀는 하인들을 설득해 아이들을 죽이려 했으나 하인들이 응하지 않았다. 그러자 네 아이를 다르브라Darvra 호수(현재 웨스트 미스West Meath에서는 루 데라바르Lough Derravar라고 불린다)로 데리고 가 물 속에서 목욕을 하게 했다. 그런 다음 그들에게 주문을 걸었다. 그녀는 한 사람씩 차례로 드루이드의 지팡이로 건드려 백조로 만들었다.

그녀는 아이들의 모양을 바꾸는 마술은 걸 수 있었지만 인간의 말과 마음을 빼앗는 힘은 없었다. 피놀라는 레르와 붉은 머리 보브가 이 사실을 알면 분노할 것이라며 그녀를 협박했다. 그러나 그녀는 마술을 풀기를 거부했다. 레르의 아이들은 그녀에게 얼마 동안이나 자신들을 이 상태로 둘 것인지 물었다.

"그런 것은 묻지 않았어야 마음이 편했을 거다." 그녀가 말했다.

"내 말해주지. 너희는 다르브라 호수에서 300년, 에린과 알바 사이의 모일Moyle 바다[119]에서 300년, 이로스 돔난Irros Domnann[120]과 에리스Erris의 글로라Glora 섬[121]에서 300년 더 있게 될 것이다. 하지만 너희에게도 두 가지 위로가 되는 사실이 있다. 너희는 계속 인간의 마음을 가질 것이나 백조가 된 것을 슬퍼하지 않을 것이며, 이 세상에서 가장 부드럽고 사랑스러운 노래를 부를 것이다."

그런 다음 아이바는 그들을 남겨놓고 가버렸다. 그녀는 레르에게 아이들이 사고로 다르브라 호수에 빠져 익사했다고 말했다. 그러나 레르는 그녀가 사실을 말했다고 믿지 않았다. 그는 서둘러 호수로 달려가 아이들 흔적이 있는지 찾아보았다. 그리고 물가에 있는 네 마리 백조가 인간의 목소리로 서로 이야기하는 것을 보았다. 다가가자 그들은 물에서 나와 아버지를 맞이했다. 그들은 아이바가 한 일을 아버지에게 말하면서 자기들을 본 모습으로 돌려달라고 탄원했다. 그러나 레르의 마법은 아내의 마법보다 힘이 약해 불가능했다.

레르는 붉은 머리 보브에게 도움을 청하러 갔다. 그러나 신들의 왕임에도 불구하고 그 역시 어찌할 수가 없었다. 아이바가 한 일은 돌이킬 수 없었으나 그녀를 벌할 수는 있었다! 보브는 수양딸에게 자기 앞으로 나오라고 명령했다. 그녀가 오자 그는 그녀에게 진실을 말할 것을 맹세케 하고 "이 지구상에서 또는 지구의 위, 지구의 아래에서 그녀가 가장 싫어하는 모습, 그녀가 그 모습으로 바뀌기를 가장 두려워하는 것이 무엇인지" 고하라고 했다. 아이바는 공중의 아귀가 되는 것이 가장 두렵다고 말하지 않을 수 없었다. 붉은 머리 보브가 자기 지팡이로 그녀를 치자 그녀는 비명을 지르는 아귀가 되어

도망쳤다.

투아하 데 다난 사람들은 네 마리 백조를 만나러 다르브라 호수로 갔다. 그 이야기를 들은 밀레시아인들도 갔다. 신들과 인간이 서로 상종하기를 그친 것은 이 일이 있은 후 얼마 지나지 않아서이다. 호수로 가는 일은 연례적인 축제가 되었다. 그러나 300년이 지나자 레르의 아이들은 모일의 바다로 가서 두 번 째 추방의 기간을 보내야 했다. 그들은 신과 인간에게 작별을 하고 떠나갔다. 그들이 누군가에 의해 해를 입을까 봐 밀레시아인들은 그때 이래로 영원히 아일랜드에서 백조에게 상처를 주면 안 된다는 법을 만들었다.

레르의 아이들은 모일의 바다에서 폭풍과 추위에 몹시 시달렸고, 또 외로웠다. 기나긴 300년 동안 그들이 친구를 만난 것은 단 한 번 뿐이었다. 붉은 머리 보브의 두 아들이 이끄는 투아하 데 다난의 사절단이 그들을 찾아와 그들이 추방당한 동안 에린에서 일어난 모든 일을 이야기해주었다.

마침내 길고 긴 기간이 끝나고 그들은 세 번째 기간을 채우기 위해 이로스 돔난과 에리스 글로라로 갔다. 세 번째 기간이 지루하게 계속되는 동안, 성 패트릭이 아일랜드로 와서 신들의 힘을 아주 끝장내고 말았다. 레르의 아이들이 옛 집으로 돌아갈 수 있게 되었을 때 신들은 금기시되고 추방당했다. 쉬 피오나하이트는 텅 빈 무인 상태가 되었다. 레르가 핀 막 쿨의 사촌 킬터에게 살해당했기 때문이다.[122]

잃어버린 혈족을 찾는 길고 헛된 탐색 끝에 그들은 희망을 버리고 글로라의 섬으로 돌아갔다. 그곳에는 친구가 하나 있었다. 그것은 이니스키예Inniskea 섬의 외로운 학[123]이었는데, 이 세상이 시작할 때부터 그곳에서 살아왔으며 심판의 날까지도 거기 앉아 있을 학이었다. 그들이 아무도 만나지 않고 지내던 어느 날 한 남자가 섬에 찾아왔다. 그는 자기가 성 케먹Caemhoc[124]인데 그들의 이야기를 들었다고 말했다. 그는 그들을 교회로 데리고 가서 새로운 믿음에 대해 설교했다. 그들은 그리스도를 믿고 세례를 받기로 동의했다. 세례는 이교의 주술을 깼다. 성수가 그들 위에 뿌려지자 그들은 인간의 모습으로 돌아갔다. 그러나 그들은 세 명의 할아버지와 한 명의 할머니로, 몹시 늙고 등은 구부러진 모습이었다. 그들은 이날 이후 오래 살지 못했다. 그들에게 세례를 준 성 케먹은 그들을 한 무덤에 함께 묻어주었다.[125]

이 이야기를 하면서 우리는 900년을 건너뛰었다. 신들의 역사라 할지라도 그것은 큰 공백이다. 우리는 발길을 되돌려 아일랜드 최초의 왕들인 밀러의 아들 에레몬과 에베르의 시대는 아니더라도 그리스도교 시대의 초기로 되돌아가야 한다.

당시는 에카 아이렘Eochaid Airem이 아일랜드 최고의 왕이었으며 다라Tara[126]에서 지배하고 있었다. 그의 밑에는 제후諸侯로서 코노르 막네사Conchobar mac Nessa가 얼스터의 붉은 가지 전사들을 다스리고, 자러 아들 쿠로이Curoi는 먼스터의 왕이 되었으며, 메스게그라Mesgegra는 렌스터의 왕이 되었고, 알렐Ailell은 유명한 왕비 메브Medb와 코너트Connaught를 통치했다.

이보다 조금 전에 신들 사이에서는 젊음의 아들 앙구스가 미처르의 아내 에탄을 납치해갔다. 그는 여자를 유리방에 가두어둔 뒤 미처르가 그녀를 되찾을까 봐 어딜 가나 그것을 들고 다니며 여자가 방에서 나가지 못하게 했다. 그러나 게일족의 플루토 미처르가 아내의 소재를 알아낸 뒤 그녀를 구출할 계획을 세우고 있었는데 때마침 에탄의 연적이 앙구스를 꾀어서 그 상쾌한 옥사를 떠나게 한 후 그녀를 미처르에게 돌려주는 대신 이 불행한 여신을 파리로 둔갑시켜 공중에 날려보냈다. 그로 인해 그녀는 바람이 불 때마다 이리저리 날리며 시달림을 받아야 했다. 그렇게 7년이 지났을 때 돌풍이 그녀를 코노르의 한 군주인 에타이르Etair의 집 지붕 위로 날려보냈다. 에타이르는 그때 잔치를 열고 있었다. 불행한 파리 에탄은 방으로 밀려가 맥주가 가득 담긴 황금 잔 속에 떨어졌다. 마침 그 잔을 마시려던 집주인의 아내가 맥주와 함께 에탄을 들이켰다.

그러나 신들은 죽을 수가 없기 때문에 이것은 그녀의 끝이 아니라 새로운 생의 시작이 되었다. 에탄은 에타이르 아내의 딸로 다시 태어났으나 아무도 그녀가 인간의 핏줄이 아니라는 것을 알지 못했다. 그녀는 아일랜드에서 가장 아름다운 여인으로 성장했다.

스무 살이 되었을 무렵 그녀의 명성이 최고 왕의 귀에까지 들어갔다. 왕은 그녀가 소문대로 아름다운지 확인하기 위해 사자들을 보냈다. 그녀를 본 사자들이 왕에게 돌아가 극구 찬양했다. 마침내 최고 왕 에카가 몸소 그녀를 만나보러 갔다. 그는 그녀를 왕비로 삼으며 그녀에게 굉장한 혼례 예물을 주었다.

미처르는 그 무렵에야 비로소 그녀의 이야기를 들었다. 그는 아름답게 차려입은 청년의 모습으로 찾아가 그녀가 누구이며 어떻게 다누 여신의 백성들 가운데서 자기의 아내가 되었는지 알려주었다. 미처르는 왕을 떠나 자기와 함께 브리 레이스_{Bri Leith}에 있는 쉬로 가자고 에탄을 졸랐다. 그러나 에탄은 비웃으며 거부했다.

"그대는 내가 아일랜드의 최고 왕을 버리고 본인의 말 외에는 이름도 혈통도 알 수 없는 사람을 취할 거라고 생각하오?"

신은 물러나 잠시 좌절감을 맛봤다. 그러나 어느 날 에카가 큰 방에 앉아 있을 때 어떤 낯선 사람이 들어왔다. 보라색 튜닉 차림에 머리는 금발이었으며 눈빛은 촛불처럼 빛나고 있었다.

왕은 그를 맞아들였다. "그런데 뉘신가? 나는 모르겠는데."

"저는 오래전부터 임금님을 알고 있었습니다." 낯선 이가 말했다.

"그대 이름이 무엇이오?"

"그다지 유명하지 못한 이름이지요. 제 이름은 브리 레이스의 미처르라고 합니다."

"무슨 일로 왔소?"

"임금님과 체스 게임을 하려고요."

"나는 체스의 명수요." 아일랜드의 최고 명수인 왕이 대답했다.

"임금님을 이길 수 있다고 생각하는데요." 미처르가 대답했다.

"그런데 체스판이 왕비 방에 있는데 지금 왕비가 자고 있다네."

"그건 상관없습니다. 임금님의 판 못지않은 판을 가지고 왔습니다." 미처르가 대답했다.

그가 판을 왕에게 보이자 왕은 그의 말이 사실임을 인정했다. 은으로 만들어진 체스판에는 보석이 박혀 있었고 말은 금이었다.

"시작하시지요." 미처르가 왕에게 말했다.

"난 내기 없인 안 하오." 에카가 말했다.

"무얼 걸까요?" 미처르가 물었다.

"아무거나." 에카가 대답했다.

"그럼 이긴 사람이 요구하는 것은 무엇이든 주기로 하지요."

"왕에게 적합한 내기로군." 에카가 말했다.

그들은 게임을 했고 미처르가 졌다. 에카가 그에게 요구한 것은 미처르와 그의 신하가 아일랜드를 관통하는 길을 만들라는 것이었다. 에카는 도로가 만들어지는 것을 지켜보면서 미처르의 부하들이 소에 멍에를 지우는 방법을 눈여겨보았다. 그들은 게일족이 하듯이 뿔에 멍에를 매는 것이 아니라 어깨에 매었는데 그것이 나은 방법인 듯했다. 그는 이 방법을 채택하였으며 '경작하는 사람'이라는 뜻인 아이렘Airem이라는 별명을 얻었다.

일년이 지난 후 미처르는 돌아와 전과 같은 조건으로 다시 왕에게 도전했다. 에카는 기꺼이 수락했으나 이번에는 그가 졌다.

"지난번에도 마음만 먹었으면 내가 이길 수 있었지요. 이제 내기에 진 값으로 왕비 에탄을 요구하오." 미처르가 말했다.

놀란 왕은 차마 약속을 어길 수는 없어 일년의 말미를 달라고 했다. 미처르는 일년 뒤 그날 에탄을 데리러 오라는 제의를 받아들였다. 에카는 전사들과 의논한 결과 미처르가 정한 그날 종일토록 경비를 서서 해가 질 때까지 아무도 왕궁에 들어가지도 나가지도 못하게 하자고 결정했다. 에카는 요정의 왕이 정한 그날 하루 동안에 에탄을 데려가지 못한다면 약속은 더이상 구속력을 갖지 못할 것이라고 생각했던 것이다.

그리하여 그날이 오자 그들은 문을 걸어 잠그고 지켰다. 그러나 어느새 미처르는 큰 방 안에 들어와 그들 틈에 끼어 있었다. 그는 에 탄 곁에 서서 마법의 언덕 밑에 있는 신들의 고향의 쾌적함을 기리는 노래를 그녀에게 들려주었다.

오, 아름다운 여인이여! 나와 함께 가려오
내 고향 신기한 나라로
사람들 머리는 황금빛이오
사람들 몸은 첫눈같이 흰 나라로.

슬픔도 근심도 없는 곳
백옥 같은 이에다 새까만 속눈썹,
뺨과 뺨에 꽃분홍빛 감도는
이들의 모습 눈에 즐거우리.

들판의 꽃은 진홍빛
새알처럼 예쁘게 점이 박혔네
이니스파일Inisfail[127]의 들이 아무리 아름답다 해도
우리 들에 비하면 마을 공유지로다.

아일랜드의 에일이 거나하게 취하는 맛이 있어도
훌륭한 이 나라의 에일은 더 잘 취해
찬양할 유일한 이 나라는
누구도 노환으로 죽지 않는 나라.

부드럽고 달콤한 시내가 땅을 가로지르고
비옥한 들에 최고의 포도주
하자 없이 아름다운 인간들
죄도 악의도 없는 사랑의 나라.

우리가 팔방에 사람들을 보아도
우리 모습은 아무에게도 보이지 않네
아담의 파계破戒 구름이
그들 눈을 가려 우리를 못 본다네.

오, 여인이여! 나의 찬란한 나라로 오라
그대의 머리는 금발로 덮이고
신선한 제육, 맥주, 우유, 그리고 에일을
나와 더불어 포식하리니, 오, 아름다운 여인이여!128

노래를 마친 미처르는 에카에게 인사하며 에탄을 데리러 왔다고
말했다. 그리고 왕과 신하들이 속수무책으로 바라만 보고 있는 사이
이미 마음이 움직인 여인을 한 팔로 감싸안고 함께 사라졌다. 그제
야 큰 방 안에 있던 모든 사람들을 묶었던 마력이 풀려 그들은 일제
히 문으로 몰려갔다. 그러나 그들에게는 날아가는 두 마리의 백조가
보일 뿐이었다.

왕은 그러나 신에게 굴복할 마음이 없었다. 그는 에탄의 소식을
알기 위해 아일랜드 각지에 사람을 보냈다. 그러나 사자들은 모두

그녀를 찾지 못한 채 돌아왔다. 마침내 달란Dalan이라는 이름의 사제가 주목나무지팡이에 새겨진 오검문자에 의해 그녀가 미처르의 브리레스에 있는 쉬 밑에 숨겨져 있음을 알아냈다. 에카는 군대를 이끌고 그곳으로 가 '요정의 언덕'을 문으로 삼은 신들의 거처를 깊이 파기 시작했다. 미처르는 그리스의 신 하데스가 그랬듯이 땅이 갈라져 영토가 한눈에 노출될 것 같은 모습을 보고 질겁을 하였다.[129] 그는 에탄의 모습을 한 50명의 요정 처녀를 에카에게 보냈다. 그러나 왕은 진짜 에탄을 원했다. 미처르는 자기의 쉬를 구하기 위해 그녀를 포기하지 않을 수 없었다. 그녀는 그후 아일랜드의 왕과 목숨이 다할 때까지 함께 살았다.

그러나 미처르는 이 수모를 잊지 않았다. 그는 에카와 에탄이 남자 자손을 가질 때까지 3대를 끌었다. 그들 사이에는 아들이 없고 어머니와 같은 에탄이라는 이름의 딸만 있었다. 이 두 번째 에탄은 메스부아할로Messbuachallo라는 딸을 낳았고, 그 딸이 '위대한'이라는 별명이 붙은 코나이레Conaire라는 아들을 낳았다. 하지만 미처르와 신들이 코나이레 주변에 운명의 거미줄을 쳐서 그와 그의 부하들은 모두 비명에 죽었다.[130]

12장

아일랜드의 일리아드

밀러의 아들이자 신들의 정복자 에베르, 에레몬과 함께 게일 신화 속에 나오는 인물의 새 계열이 시작된다. 그들이 아일랜드의 초기 밀레시아계 왕들이다. 수도원의 연대기 작가들이 전해 내려오는 전설 속에서 그들에 관한 역사를 찾으려고 애썼으나 그들에 관한 전설 역시 투아하 데 다난의 이야기만큼이나 애매모호했다. 현실성이 없는 인물 가운데 첫 번째는 취허른마스Tigernmas로 그는 밀레시아인들이 도래하고 100년 후에 통치한 것으로 기록되어 있다. 그는 이따금 '문화 왕'이라고 불리는 부류의 왕이었던 것으로 보이며 테세우스Theseus가 아테네Athens(테세우스는 아테네를 민주적으로 통치했던 현명한 군주였다 — 역주)와 가졌던 또는 미노스Minos가 크레타Crete와(미노스 왕은 크레타의 전성기에 크레타를 통치했으며 이름 높은 크레타의 미궁을 건설한 왕이다 — 역주)와 가졌던 것과 같은 관계를 아일랜드와 가지고 있었다. 그의 통치 기간 동안 아홉 개의 새 호수와 세 개의 새 강이 땅 밑에서 솟아나 에린의 땅에 물을 공급했다. 또한 그의 통치기간 중에 금을 처음으로 제련했고 금은 장신구를 만들었으며 의복을 처음으로 염색했다. 그는 마그 슬레히트Mag Slecht의 들판에서 크롬 크루아이히Cromm Cruaich에게 예배를 올리던 중 에린의 백성 4분의 3과 함께 불가사의한 죽음을 맞았다.[131] 너트Nutt 씨가 그를 위대한 신화 속 왕으로 보는 것은 정당하다. 그러한 왕은 모든 나라의 역사에서 엄격한 의미에서의 신화 시대를 마무리하며 여전히 외경적外經的 존재로서 신성이 덜한 새 시대를 시작한다.[132]

에레몬이 세운 투아하 데 다난의 숭배 관습에도 불구하고 우리는 초기 아일랜드의 왕과 영웅들이 신들과 친숙하게 함께 걸어가는 모습을 본다. 아일랜드의 최고 왕인 에카 아이렘은 분명 여신 에탄에게 합당한 구혼자로 인식되었고 게일족의 플루토 격인 미처르[133]의 강력한 적수였다. 그리고 사랑과 전쟁은 에카와 그의 동시대인, 즉 얼스터의 왕이자 네사Nessa의 아들 코노르, 먼스터의 왕이자 다이러의 아들 쿠로이, 렌스터의 왕 메스게그라, 코나트의 왕과 왕비 알렐과 마이브Maeb[134]들과 마찬가지로 쉬의 주민들, 즉 신들 가운데서도 일어나고 있었다.

이 제2군의 게일 신화에 나오는 인물들, 특히 최고의 영웅 쿠훌린은 아일랜드 전설에 의하면 기독교 시대가 시작할 무렵에도 살고 있었다고 한다. 코노르는 그리스도의 죽음을 전해듣고 분노가 분출하여 숨을 거두었다고 전한다.[135]

그러나 이것은 원 이야기에 수도원의 손질이 가해진 것이 분명하다. 대부분의 현대 학자들의 관점은 이와 다르다. 그들은 켈트의 영웅 신화에 나오는 전설적 인물들에게서 인간 아닌 신을 보고 있다. 이런 문제에 대해 우리는 합리적으로 한쪽 편을 들 수 있다. 코노르 왕과 얼토니아Ultonia 지방의 용사들, 핀과 그의 추종자들, 아서와 그의 기사들은 한때 실존했던 인물들로서 신의 특성이 주어진 것일까, 아니면 숭배자 인간들과 더 가깝게 만들기 위해 신성의 일부를 박탈하고 새 이름을 붙인 옛 신들인가? 역사냐 신화냐? 아마도 두 가지의 혼합일 것이다. 쿠훌린[136]은 그의 아버지라고 일컬어지는 태양신을 닮은 점이 있다는 수장쩍음에도 불구하고 실존했던 게일 용사의 이름일 수 있다. 코노르 왕 또한 게일의 하늘 신을 암시하게 되기 이전에는 아일랜드 켈트족에 실존하던 족장일 수 있다. 그것은 그리스와 로마의 영웅전을 다룰 때 우리가 봉착하는 것과 같은 문제이다. 아킬레스, 아가멤논Agamemnon, 오디세우스, 파리스Paris, 아에네아스Aeneas가 신인가, 반신인가, 인간인가? 그들이 그리스 또는 트로이의 영웅이건, 붉은 가지의 전사이건, 게일족, 핀 또는 영국 아서왕의 추종자이건 모두 반신이라고 부르자. 그러나 그들은 한층 위대했던 이전의 신들과 분명히 구분된다.

그들을 반신이라고 부른다고 해서 우리가 무리한 주장을 하는 것은 아니다.[137] 그들은 신의 자손들이기 때문이다. 얼스터 신화의 가장 위대한 영웅 쿠훌린은 이중으로 신의 자손이었다. 어머니쪽으로 보면 그는 다그다의 손자이며 손이 긴 루가 그의 아버지라고 일컬어지고 있다. '젊음의 아들' 앙구스의 딸인 마가Maga의 딸 데히터러Dechtire가 그의 어머니였으며 그녀는 코노르 왕의 이복 누이였다. 다른 모든 주요 영웅들도 비슷하게 고귀한 혈통에서 나왔다. 고대 문서에서 그들이 지상의 신 아니면 여신으로 묘사되는 것은 놀라운 일이 아니다.[138]

그들은 형체는 인간이었으나 행동은 초인간적이었다. 사실 그들의 공은 '일리아드'에 나오는 영웅들의 공적에 비할 바가 아니다. 그리스의 용사들이 수십 명을 죽인 데 비해 얼토니아의 용사들은 수백 명을 해치웠다. 이런 용맹을 떨친 후 집으로 돌아온 그들의 몸이 하도 뜨거워 냉탕의 물이 끓어올랐다고 한다. 고기를 먹으려 앉으면 황소 한 마리를 단숨에 집어삼키고 술은 큰 통째 들이켰다. 좋아하는 칼을 장난 삼아 휘두르면 언덕의 머리가 베어졌다. 신들도 그보다 더하지는 못했을 것이다. 또 그 먼 옛날 신의 아들들이 인간의 딸들을 보고 아름답다고 느꼈을 뿐 아니라 여신들이 인간의 남자와 덧없는 인연을 맺지 못할 만큼 자존심이 세지도 않았다는 점을 이해하는 것은 어려운 일이 아니다.

얼스터 신화가 편찬되었을 당시에는 이미 일부 옛 신들이 기억에서 사라졌던 것처럼 보인다. 어쨌든 그들은 등장하지 않는다. 죽은 누아다는 그리아난 오브 알레흐grianan of Aileach에서 영면하고 오그마는 쉬 에르켈트라이에 묻혀 있다. 한편 아들 앙구스로 인해 뒤로 물러난 다그다는 에린의 제반 일에 별로 끼어들지 않았다.[139] 그러나 모리구는 모이투라 전쟁에서 다누 여신의 백성들에게 사기를 북돋웠던 것 못지않게 인간 또는 반신의 영웅들에게 전쟁을 열심히 권장한다. 얼스터의 붉은 가지 신화에 가장 자주 등장하는 신들은 끈질긴 생명력으로 시종일관 살아남은 이들이다. 긴 손의 루, 브루의 앙구스, 미처르, 붉은 머리 보브, 레르의 아들 마난난은 이제 인간이 연출하게 된 무대 뒤에서 움직이는 굵직한 신들이다. 그러나 사라진 굵직한 신들을 보충하기 위해 수많은 신들이 아래쪽에서 동원된다. 별의별 하급 신들이 자기네가 다누 여신의 일족이라고 주장했다. 전쟁통에 비명을 내지르며 돌아다니던 도깨비, 작은 요정, 악마들이 집합적으로 투아하 데 다난으로 묘사된다.[140]

포모르의 경우, 그들은 때로 해변을 습격하고 코노르가 에마인 마하Emain Macha에서 다스리던 영웅들과 전쟁을 하는 바다 밑 주민으로 인정받지만 고유한 이름은 상실했다.

코노르가 통치하던 자리, 지금도 아르마하 근처의 나반 요새Navan Fort[141]라 불리는 방대한 선사시대의 보루에 의해 표시되는 전설적 집터는 한때 남으로 보인 강까지 뻗어 있던 얼스터의 중심지였다. 그 통치자 주변에는 아일랜드가 그 전에도 후에도 본 일이 없는 불세출의 용사들이 즐비했다. 그들은 자신들을 '붉은 가지의 전사'라고 불렀다. 그들 중에는 영웅이 아닌 자가 하나도 없었으나 출중한 인물, 쿠훌린 때문에 모두 왜소해 보였다. 그의 이름은 '쿨란의 사냥개'를 의미한다. 알프레드 너트는 그를 '아일랜드의 아킬레스'[142]라 부르고 리스 교수는 그에게서 게일족의 헤라클레스[143]를 본다. 아킬레스처럼 그는 선택받은 백성의 영웅이었다. 그는 전쟁에서는 무적이었으나 "동시에 때이른 죽음과 인간으로서 감당하기 어려운 슬픔"을 겪어야 했다. 또한 헤라클레스처럼 그의 인생은 위대한 공적과 노력의 연속이었다. 그러나 그것은 별로 중요한 일이 아니다. 신화 속 영웅들은 필연적으로 그와 비슷한 삶을 살기 때문이다.

일부 사람들이 생각하듯 아킬레스와 헤라클레스가 태양을 인격화한 것이라면 쿠훌린도 마찬가지이다. 옛 이야기들이 기록하는 그의 특성은 대부분 태양의 상징인 것이 분명하다. 그는 평소 작고 하찮아 보였으나 온 힘을 발휘할 때에는 아무도 그의 얼굴을 눈을 깜빡이지 않고 볼 수 없었으며 그의 몸에서 나는 열은 주변 30피트 안의 눈을 녹였다. 그가 새빨개진 몸뚱이를 욕조, 바다에 담글 때는 쉭 하는 소리가 났다. 적이 그를 몹시 괴롭힐 때 그의 변화는 마치 태양이 안개, 폭풍, 일식에 의해 변할 때처럼 무시무시했다. 그럴 때 "그의 사나운 노기가 머리 위 구름 사이에서 뿜어져나와 시뻘건 불의 지독한 소나기와 불꽃을 만들어내는 모습을 볼 수 있었다. 그의 머리칼은 탄탄한 울타리 틈새를 틀어막는 붉은 가시나무 넝쿨처럼 엉망으로 엉클어져 있었다. (…) 그의 두개골 한가운데에서 위로 뿜어나오는 검붉은 피는 거대한 배의 돛대보다 높고 굵고 굳고 길게 수직으로 분출된 다음 네 개의 주요 방위로 흩어졌다. 그것으로 인해 왕이 겨울날 해질녘 거처로 다가갈 때 그의 거처를 감싸는 자욱한 장막을 닮은 시커먼 마법의 안개가 생겨났다."[144]

이렇게 훌륭한 인물[145]은 당연히 태생도 훌륭하다. 그의 어머니 데히티러는 수알탐Sualtam이라고 하는 얼스터의 족장과 결혼하기 위해 결혼 잔치 자리에 앉아 있다가 하루살이 한 마리가 그녀의 포도주 잔 속에 빠진 것을 모르고 삼켜버렸다. 그날 오후 그녀가 깊이 잠들었을 때 꿈속에서 태양신 루가 나타나 그녀가 삼켜 뱃속에 지니고 있는 것은 자기라고 말했다. 그는 그녀와 50명의 시종들에게 즉시 따라오라 명하고 그들의 출발이 눈에 뜨이지 않게 모두 새 모양으로 둔갑시켰다. 그후 그들의 소식은 끊겼다. 몇 달이 지난 어느 날 한 무리의 아름다운 새가 에마인 마하 앞에 나타나자 전차를 타고 가던 용사들이 새를 잡으려고 전차에서 내렸다.

그들은 밤이 되도록 새들을 뒤쫓다가 위대한 신들의 집이 있는 보인 강의 브루까지 갔다. 은신처를 찾던 그들의 눈에 갑자기 현란한 궁전이 보였다. 좋은 옷을 입은 키 크고 잘생긴 남자가 나와 그들을 환영하며 안으로 안내했다. 큰 방 안에는 아름답고 고귀한 용모의 여인과 50명의 시녀들이 있고 식탁 위에는 근사한 요리와 포도주와 용사들에게 필요한 모든 것이 놓여 있었다. 그들은 밤을 그곳에서 지냈다. 그날 밤 그들은 갓난아기의 울음소리를 들었다. 다음날 아침, 남자는 그들에게 자신이 누구인지 밝히고 그 여인은 코노르의 이복누이 데히티러라고 알려주었다. 그는 아기를 데리고 가 얼스터의 용사들 사이에서 키우라고 당부했다. 용사들은 아기와 아기의 어머니 그리고 시녀들과 함께 돌아왔다. 데히티러는 수알탐과 결혼하였고 얼스터의 모든 족장들, 용사들, 성직자들, 시인들, 입법자들은 이 신비의 아기를 양육하려고 다투었다.

처음에 그들은 아기를 세타나Setanta라고 불렀다. 그가 이름을 바꾸게 된 사연은 이렇다. 그는 어렸을 때 에마인 마하의 소년들 가운데서 가장 힘이 셌고 모든 경기에서 주역이었다. 어느 날 홀로 모든 사람을 상대로 하키를 하고 있을 때 코노르 왕이 귀족들을 이끌고 얼토니아인의 우두머리 대장장이 쿨란이 베푸는 잔치에 가는 길에 그곳을 지나쳤다. 코노르가 소년을 불러 함께 가자고 하자 소년은 게임이 끝나면 뒤따라 갈 수 있다고 했다. 얼스터의 용사들이 쿨란의 집 큰 방에 모이자 쿨란은 왕에게 자신이 가진 사나운 개를 풀어놓는 것을 허가해달라고 청했다. 그 개는 100마리의 사냥개를 당할 만큼 힘이 세고 사나웠다. 코노르는 소년이 뒤따라온다는 사실을 잊고 허락했다. 세타나가 오는 것을 본 개는 입을 벌리며 달려들었다. 그러나 소년은 놀이용 공을 개 입 속에 던져넣은 뒤 개의 뒷다리를 잡은 채 바윗돌에 쳐 죽였다.

대장장이 쿨란은 자기 개가 죽어 매우 화가 났다. 이 세상에 그만큼 집과 가축을 잘 지켜주는 개가 없었기 때문이다. 세타나는 쿨란을 위해 다른 개를 찾아서 그에 못지않도록 훈련을 시키겠으며 훈련이 끝날 때까지 대장장이 집을 자기가 지키겠다고 약속했다. 이것이 그가 쿠훌린 즉 '쿨란의 사냥개'라고 불리게 된 사연이다. 사제 카스바드Cathbad는 이 이름이 모든 사람의 입에 오르내릴 때가 올 것이라고 예언했다.

그 일이 있고 얼마 지나지 않아 쿠훌린은 카스바드가 드루이드의 가르침에 대해 이야기하는 소리를 엿듣게 되었다. 제자 하나가 오늘이 무슨 일을 하기에 좋은 날이냐고 물었다. 카스바드는 누구든 그날 먼저 무기를 드는 자는 다른 어떤 영웅보다 이름을 날리게 될 것이나 그의 목숨은 짧을 것이라고 대답했다. 소년(쿠훌린)은 즉시 코노르 왕에게로 가 무기와 전차를 달라고 했다. 왕이 누가 그런 생각을 그의 머리에 불어넣었느냐고 묻자 그는 드루이드 사제 카스바드라고 대답했다. 코노르는 그에게 무기와 갑옷을 주고 전차를 모는 전사와 함께 보냈다. 그날 저녁 쿠훌린은 얼스터의 용사를 여러 명 살해한 세 전사의 머리를 가지고 돌아왔다. 그때 그의 나이 일곱 살이었다.

　이 일이 있은 후 얼스터의 여자들이 쿠훌린을 너무나 좋아하는 바람에 샘이 난 용사들은 그에게 아내를 찾아주어야 한다고 주장했다. 그러나 쿠훌린은 좀처럼 응낙하지 않았다. 그는 '계략가 포갈Forgall'의 딸 아바이르Emer[146]라야 아내로 삼겠다고 고집했다. 그녀는 여섯 가지의 재능(아름다움, 목소리, 달콤한 말재간, 바느질 솜씨, 지혜, 순결)을 타고난 아일랜드에서 으뜸가는 처녀였다. 그리하여 그녀에게 청혼하기 위해 찾아갔으나 그녀는 그가 어린애라며 웃었다. 쿠훌린은 영웅의 행적이 사람들 입에 오르내리는 곳에서는 반드시 자기 이름이 알려지게 하겠다고 신들을 걸고 맹세했다. 아바이르는 자기를 용맹스러운 친척들에게서 빼앗아갈 수 있다면 그와 결혼하겠다고 약속했다.

　이 사실을 알게 된 그녀의 아버지 포갈은 그 약속을 깨기 위해 계획을 세웠다. 그는 에마인 마하에 있는 코노르 왕을 찾아갔다. 그곳에서 그는 처음으로 쿠훌린의 이야기를 들었고 그의 업적을 보게 된 것처럼 가장했다. 그는 모든 사람이 들을 수 있게 큰 소리로 그렇게 유망한 청년이 알바섬[147] 동쪽에 있는 아마존 스카하하Scathach의 섬으로 가서 그녀의 마술을 모두 습득해온다면 살아 있는 누구도 그 앞에 나설 수 없을 것이라고 말했다. 스카하하의 섬에 가는 것은 매우 어려운 일이었고 그곳에서 돌아오기란 더욱 어려웠다. 포갈은 쿠훌린이 만일 간다면 그곳에서 죽을 것이라고 생각했다.

　물론 이제 쿠훌린을 막을 수 있는 것은 아무것도 없었다. 그의 두 친구, 전투의 승리자 뢰카러Laegaire와 코날Conall이 함께 가겠다고 말했다. 그러나 얼마 가기도 전에 그들은 용기를 잃어 돌아가고 말았다. 쿠훌린 혼자 발목이 푹푹 빠지고 날카로운 풀잎이 튀어올라 살을 베는 '불운의 들'을 건너고, 야수들이 우글거리는 '위험한 골짜기'를 지나 '절벽 위의 다리'까지 왔다. 그 다리는 누구라도 발을 올려놓기가 무섭게 곤두서서 배의 돛대처럼 직립하는 것이었다. 쿠훌린은 세 번 다리를 건너려고 시도했지만 세 번 다 실패하고 말았다. 그러자 분노가 가슴에 치밀었다. 마법의 후광이 그의 머리를 감쌌고 그는 유명한 '영웅의 연어식 도약'을 하여 단숨에 다리 가운데 부분에 내렸다가 다리가 곤두서자 미끄럼을 타고 내려갔다.

스카하하는 두 아들과 함께 언덕 위 자기 성에 있었다. 그녀에게 다가간 쿠훌린은 칼을 가슴에 들이대며 그녀의 무술을 다 가르쳐주지 않으면 죽이겠다고 위협했다. 그리하여 쿠훌린은 그녀의 제자가 되었고 그녀는 그에게 자신이 지닌 전술을 모두 가르쳐주었다. 그 답례로 쿠훌린은 그녀가 라이벌인 아마존의 여왕 이퍼Aoife[148]에 대항하는 일을 도왔다. 그는 이퍼를 정복하여 스카하하와 평화 협정을 맺도록 강요했다.

그러고 나서 쿠훌린은 아일랜드로 돌아와 낫을 단 전차를 타고 포갈의 궁으로 갔다. 그는 삼중의 담을 뛰어넘어 가까이 오는 자를 모조리 살해했다. 포갈은 쿠훌린의 분노를 피해 달아나려다 죽었다. 그는 아바이르를 찾아내 자기 전차에 태우고 달렸다. 그러면서 포갈의 전사들이 다가올 때마다 돌아서서 100명씩 죽여 나머지를 도망치게 만들었다. 그는 에마인 마하에 무사히 도착했고 그곳에서 아바이르와 결혼식을 올렸다.

쿠훌린의 용맹과 아바이르의 아름다움에 대한 명성은 얼스터의 남녀들이 에마인 마하의 모든 잔치와 연회에서 그들에게(전사들은 쿠훌린에게 여자들은 아바이르에게) 윗자리를 내줄 정도로 대단했다.

그러나 쿠훌린이 그때까지 이룩한 모든 일은 아일랜드가 코나트의 왕 알렐과 왕비인 메브의 지휘 아래 '쿨리Cualgne의 갈색 황소'[149]를 얻기 위해 얼스터를 상대로 벌인 일대 전쟁에서 그가 떨친 용맹에 비하면 아무것도 아니다. 이 황소는 요정에게서 내려온 두 자손 중 하나였다. 그들은 원래 쉬 오브 먼스터Sidhe of Munster의 왕 보브와 쉬 오브 코나트Sidhe of Connaught의 왕 오칼 오크너Ochall Ochne라는 두 신의 돼지치기였다. 돼지치기로 있을 때 그들은 계속 적대관계였다. 그러다가 싸움을 더 잘하기 위해 그들은 두 마리의 까마귀로 변신하여 일년 동안 싸웠다. 다음으로 물 속의 괴물로 변신하여 일년은 수이르Suir 강에서 또 일년은 섀넌 강에서 맹렬하게 싸웠다. 그러고 나서 다시 인간이 된 그들은 전사로서 싸우다가 마침내 장어가 되었다. 그중 한 장어가 얼스터의 쿨리Cualgne[150]에 있는 크루이뉴Cruind 강으로 들어가 거기서 쿨리의 다이러 소유인 소에게 먹혔다. 또 한 마리는 코나트에 있는 우아란 가라드Uaran Garad 샘으로 들어가 메브 여왕이 소유한 소의 뱃속으로 들어갔다. 이렇게 해서 태어난 것이 얼스터의 갈색 황소와 코나트의 하얀뿔 황소이다.

여자에게 소속된 것을 수치스럽게 생각한 하얀뿔은 메브의 가축을 떠나 그녀의 남편 알릴의 가축 무리 속으로 들어갔다. 어느 날 알릴과 메브는 심심풀이로 각자가 소유한 가축을 헤아려 비교했다. 그들은 다른 모든 것(보석, 의상, 가정용 그릇, 양, 말, 돼지, 소)에 있어서 동등했으나 메브에게는 알릴의 하얀뿔에 견줄 만한 황소가 없었다. 남편에게 뒤지기 싫었던 콧대 높은 왕비는 선물과 인사말과 함께 사자를 다이러에게 보내 일년 동안 갈색 황소를 빌려달라고 청했다. 다이러는 기꺼이 그럴 의향이 있었다. 그러나 메브의 사자 가운데 한 사람이 술을 마시며 다이러가 자진해서 갈색 황소를 빌려주지 않았다면 메브가 그것을 빼앗고 말았을 것이라고 말하는 것을 누군가 들었다. 이 말은 곧 다이러에게 전해졌고, 다이러는 즉시 메브에게 황소를 절대 못 주겠다고 통보했다. 메브의 사자가 돌아갔다. 코나트의 왕비는 거부당한 것에 화가 나 무력으로 뺏기로 다짐했다.

그녀는 얼스터를 상대로 싸우기 위해 아일랜드 전역에서 군대를 끌어 모았다. 그리고 얼스터의 용사로서 지도자인 코노르 왕과 다툰 적이 있는 로이Roy의 아들 페르구스를 지도자로 임명했다. 그들은 쉽게 승리하리라 예상했다. 얼스터의 용사들은 그때 해마다 여러 날 동안 겪어야 하는 마법의 병을 앓고 있었기 때문이다. 그것은 오래 전에 코노르의 조상 한 사람에게 모욕당한 어떤 여신이 그들에게 내린 저주의 결과였다. 메브는 백성들 가운데 여자 예언자를 불러 승리를 예언하라고 명했다. "우리 군대가 어떻게 보이나?" 왕비가 물었다. "그들 위에 빨간색이 보입니다. 새빨간 색이." 예언자가 말했다. "하지만 얼스터의 용사들은 앓아 누워 있는걸. 그들이 어떻게 보이냐니까?" "모두 새빨갛게 보입니다. 빨갛게." 예언자는 되풀이했다. 전혀 다른 예언을 기대했다가 놀라고 있는 왕비에게 여자 예언자가 말했다. "조그만 남자가 매끈한 피부에 많은 상처를 입고도 무용을 떨치는 것이 보입니다. 영웅다운 후광이 머리 주변에 비치고 승리의 기운이 그의 이마에 보입니다. 값진 옷을 입은 젊고 아름다운 그는 겸손하지만 전투에서는 용같습니다. 그 외모와 용맹은 무르셈나Murthemne의 쿠훌린의 것입니다. 무르셈나에서 온 '쿨란의 사냥개'가 누구인지 모릅니다만 우리 군대가 모두 그의 손에 피바다가 되리라는 사실은 알 수 있습니다. 그는 전투 태세를 단단히 갖추고 우리 군대를 쓰러뜨릴 것입니다. 그가 벌이는 살육전은 오래오래 기억될 것입니다. 지금 저의 눈에 보이는 포르게Forge의 사냥개에게 상처입은 시체를 안고 수많은 여인들이 눈물을 흘릴 것입니다." 우리가 알 수 없는 이유로 쿠훌린은 얼스터에서 유일하게 마법의 병에 걸리지 않은 남자였기 때문에 메브의 군대와 혼자 맞서 얼스터를 방어하는 책임이 그에게 떨어진 것이다.

코노르 왕이 자신에게 입힌 해에도 불구하고 페르구스는 여전히 조국을 사랑하고 있었다. 그는 먼저 비밀리에 사자를 보내 경고를 한 다음에야 조국을 공격할 수 있었다. 그래서 붉은 가지의 전사들이 모두 속수무책으로 패하고 있었지만, 쿠훌린은 적군이 들이닥쳤을 때 그들의 진격을 지켜보고 있었다.

이제 게일족 영웅의 아리스테이아aristeia 이야기가 시작된다. 그것은 서사시 형식으로 된 일련의 일 대 일 결투의 기록인데 이 이야기 속에서 쿠훌린은 번번이 적수를 죽이고 있다. 적수는 연달아 그와 싸우지만 단 한 명도 살아서 돌아가지 못했다. 결투 사이사이에 쿠훌린은 투석기로 상대의 군대를 괴롭혀 하루에 100명씩 살해했다. 또 메브의 애완용 개, 새, 다람쥐를 죽여 대단한 공포를 불러일으키는 바람에 아무도 감히 군영 밖으로 나오려고 하지 않았다. 메브 자신은 구사일생으로 도망쳤다. 금으로 된 주인의 머리장식을 단 시녀가 쿠훌린의 투석기에서 날아든 돌에 맞아 숨졌기 때문에 가능한 일이었다.

위대한 여왕은 자기 전사들을 꼼짝 못하게 묶어두는 이 대단한 영웅을 자기 눈으로 보기로 결심했다. 그녀는 사절을 보내 자기에게 와서 회담할 것을 청했다. 쿠훌린은 동의했다. 쿠훌린을 만나본 메브는 그의 소년 같은 모습에 놀랐다. 그녀는 수염도 안 난 열일곱 살의 애송이가 자기 전사들을 죽여 전 군대를 몰살시키고 있다는 것을 믿을 수가 없었다. 그녀는 그가 코노르를 버린다면 우정과 최고의 명예와 코나트에 있는 소유지를 주겠다고 쿠훌린에게 제안했다. 그는 거절하지만 그녀는 여러 번 제안을 했다. 마침내 쿠훌린은 화가 나서 다음에 이런 전갈을 가지고 오는 자는 목숨을 걸어야 한다고 선언했다. 그러면서 한 가지 조건을 내걸겠다고 그는 말했다. 그는 날마다 아일랜드의 전사 한 사람과 싸울 용의가 있는데 결투가 계속될 동안에는 군의 주력이 진군할 수 있다. 그러나 쿠훌린이 적수를 죽이는 순간 진군은 다음날까지 멈추어야 한다는 것이었다. 하루에 100명씩 잃느니 한 명을 잃는 것이 났다고 생각한 메브는 이 조건에 동의했다.[151]

메브는 유명한 전사들을 쿠훌린과의 싸움에 내세우기 위해 제안을 했다. 상대 전사의 머리를 베면 자신의 딸 핀다바르Findabair[152]와 결혼시켜 준다는 것이었다. 그러나 왕녀를 탐내 도전한 어느 누구도 쿠훌린의 상대가 되지 못했다. 모두가 목숨을 잃었다. 핀다바르는 자기가 날마다 새로운 구혼자에게 약속된다는 사실을 알고 치욕

감 때문에 죽고 말았다. 그러나 쿠훌린이 결투를 하는 동안 부하들을 얼스터로 보낸 메브는 갈색 황소를 찾아내 50마리의 송아지와 함께 자기 진용으로 데려오게 했다.

한편 요정 신의 일족인 에스 쉬들은 반신반인인 이 영웅의 대활약에 놀라워하며 그를 지켜보고 있었다. 그의 용맹함은 위대한 전쟁의 여신 모리구의 사나운 가슴에 사랑을 불태웠다. 쿠훌린은 북쪽에서 나는 무서운 함성에 놀라 잠에서 깼다. 그는 누가 그런 소리를 내는지 알아보기 위해 마부 뢰크Laeg에게 전차에 말을 달라고 시켰다. 그들은 소리가 난 방향으로 가 붉은 말이 이끄는 전차를 탄 한 여인을 만났다. 그녀는 붉은 눈썹에 붉은 옷, 길고 붉은 외투 차림에 큰 회색 창을 들고 있었다. 그가 그녀에게 누구냐고 물었다. 그녀는 자기가 왕의 딸인데, 쿠훌린의 용감한 공적을 듣고 그를 사랑하게 되었노라 말했다. 쿠훌린은 사랑보다 생각해야 할 일이 많다고 대답했지만 그녀는 그가 결투할 때 도움을 주어왔고 앞으로도 줄 것이라고 말했다. 쿠훌린은 여자의 도움 같은 것은 필요 없다고 대답했다. "나의 사랑과 도움을 안 받겠다면, 나의 증오와 적의를 주겠소. 당신이 당신과 맞먹는 전사와 싸울 때 나는 여러 가지 형체를 하고 나타나 당신을 방해하여 적수에게 유리하게 할 것이오." 여자가 말했다. 쿠훌린이 칼을 빼들었지만 보이는 것은 나뭇가지에 앉은 까마귀뿐이었다. 그것을 보고 그는 전차를 타고 왔던 여인이 신들의 여왕임을 깨닫는다.

다음날 로호Loch라는 전사가 쿠훌린을 상대하러 왔다. 처음에 그는 수염이 안 난 상대와 싸우기를 거부했다. 그래서 쿠훌린은 수염이 난 것처럼 보이게 턱에 검은 딸기즙을 칠했다. 쿠훌린이 로호와 싸우고 있을 동안 모리구는 세 번 그를 방해하러 왔다. 한 번은 어린 암소로 나타나 그를 넘어뜨리려 했고, 다음번에는 장어로 둔갑해 흐르는 물 속에 서 있는 그의 발 밑으로 들어갔으며, 그 다음에는 늑대로 둔갑해 그의 오른팔을 잡았다. 그러나 쿠훌린은 어린 암소의 다리를 부러뜨리고 장어를 짓밟고 늑대의 눈 한 쪽을 빼냈다. 그러나 세 번 모두 로호는 그에게 상처를 입혔다. 마침내 쿠훌린은 바다의 괴물 뼈로 만든 무적의 창, 개볼그gae bolg[153]로 로호를 죽였다. 모리구는 노파로 변장하여 쿠훌린에게 자신의 상처를 치료받으러 왔다. 상처를 낸 사람만이 치료를 할 수 있었기 때문이다. 이 일이 있은 뒤 그녀는 친구가 되어 그를 도왔다.

그러나 싸움은 내내 계속되어 쿠훌린은 이따금 한 손으로 머리를 받치고 다른 한 손으로 쥔 창을 무릎 위에 놓은 채 잠깐씩 눈을 붙일 뿐이었다. 그를 딱하게 여긴 아버지, 긴 손의 루는 초록색 긴 외투에 금실 수를 놓은 비단 셔츠를 입고 검은 방패와 다섯 갈래 갈퀴 창을 든 키 크고 잘생긴 남자의 모습으로 그에게 나타났다. 그는 아들을 사흘 낮 사흘 밤 동안 재우고 그가 자는 동안 모든 상처에 드루이드 약초를 발라주었다. 다시 깨어났을 때 그는 완전히 치유되어 전쟁을 시작했을 때처럼 강한 체력을 가지게 되었다. 그가 자고 있는 동안 쿠훌린의 옛 동지들, 에마인 마하의 소년 부대가 와서 그를 대신하여 싸웠다. 그들은 자기들 수의 세 배에 달하는 적을 죽였으나 그들도 모두 살해되었다.

메브가 페르구스에게 가서 쿠훌린과 직접 싸우라고 청한 것은 이

때였다. 페르구스는 자기 양자와는 싸우지 않겠다고 대답했다. 메브가 여러 번 청하는 바람에 마침내 페르구스는 갔으나 그는 자신의 유명한 칼을 가지고 가지 않았다. "나의 수호자 페르구스여! 칼 없이 내게 맞서는 것은 위험한 일이오." 쿠훌린이 말했다. "칼을 가지고 왔더라도 그대를 향해 그것을 쓰지는 않을 것이오." 하고 페르구스는 대답했다. 페르구스는 쿠훌린에게 그가 어렸을 때 베풀어준 은덕을 생각하여 싸우다가 져서 도망치는 시늉을 해달라고 부탁했다. 쿠훌린은 남의 눈에 도망가는 모습을 보이고 싶지 않다고 대답했다. 페르구스는 이번에 쿠훌린이 자기 앞에서 도망친다면 쿠훌린이 원할 때 언제라도 자기가 도망치겠다고 약속했다. 쿠훌린은 이 일이 얼스터에 이로울 것을 알고 동의했다. 그리하여 그들은 얼마 동안 싸우다가 쿠훌린이 돌아서서 메브의 전 군대가 지켜보는 가운데 도망을 쳤다. 페르구스는 돌아갔고 메브는 그를 나무랄 수가 없었다.

그녀는 쿠훌린을 정복할 다른 방법을 찾았다. 그들이 맺은 협약으로는 하루 한 사람씩 그와 싸우게 되어 있었다. 메브는 이제 마법사 칼라틴Calatin을 27명의 아들 손자와 함께 쿠훌린에게 보내면서 말했다. "그들은 모두 칼라틴의 몸에서 나왔으니 한 사람이오." 그들은 독이 묻은 창을 잘 던졌는데, 이 창은 백발백중이었고 창에 맞은 자는 모두 그 자리에서 아니면 일주일 이내에 숨졌다. 이 소식을 들은 페르구스는 크게 슬퍼하며 자기처럼 얼스터에서 추방당해 있던 피아하Fiacha라는 사람을 보내 전투를 살펴보고 전황을 알려달라고 부탁했다. 피아하는 가담할 뜻이 없었으나 쿠훌린이 한꺼번에 28명의 공격을 받고 압도당하는 모습을 보고는 스스로를 억제할 수가 없었다.

그는 칼을 빼들고 쿠훌린을 도와 둘이서 칼라틴과 그의 가족 모두를 살해했다.

이제 마지막 수단으로 메브는 이베리아의 '돔누의 사나이들' 가운데 가장 위대한 전사인 페르지아Ferdiad를 부르러 보냈다. 그들은 갈색 황소를 얻기 위한 전쟁에서 메브와 운명을 같이한 터였다. 페르지아는 스카하하와 함께 쿠훌린의 동료이자 동문이어서 그와 싸울 마음이 없었다. 그러나 메브는 만일 거절한다면 그녀의 풍자시인들이 그를 철저히 풍자하여 그 수치심에 죽게 할 것이며 그로 인해 그의 이름은 영원히 비난의 대상이 될 것이라고 협박했다. 그녀는 또한 큰 보상과 명예를 제의하면서 여섯 가지 보증으로 약속을 지킬 것을 다짐했다. 마침내 그는 마지못해 갔다.

그가 오는 것을 본 쿠훌린은 마중하러 나갔다. 그러나 페르지아는 자기가 친구로 온 것이 아니라 싸우러 온 것이라고 말했다. 쿠훌린은 스카하하의 섬에 있을 때 페르지아의 손아래고 심부름꾼이었다. 그래서 그는 옛정을 생각하여 돌아가라고 말했다. 페르지아는 돌아갈 수 없다고 대답했다. 그들은 하루종일 싸웠다. 해가 질 때가 되어도 승패가 갈리지 않았다. 두 사람은 서로 키스하고 각 진영으로 돌아갔다. 페르지아는 자신의 먹을 것과 마실 것 중 절반을 쿠훌린에게 보내주었고 쿠훌린은 약초와 약의 절반을 페르지아에게 보내주었다. 그들의 말은 같은 마구간에 들어갔고 전차 모는 전사들은 같은 불가에서 잠을 잤다. 두 번째 날도 그랬다. 그러나 사흘째 되던 날 저녁, 다음날이면 둘 중의 하나가 쓰러져야 한다는 것을 알고 두 사람은 울적한 마음으로 헤어졌다. 그날 밤은 말들도 같은 마구간에 들지 않았고 전차몰이 전사들도 같은 불가에서 자지 않았다. 넷째 날 쿠훌린은 개볼그를 밑에서 위로 치켜 던져 페르지아를 죽이는 데 성공했다. 그러나 죽어가는 페르지아를 본 쿠훌린은 맹렬한 투쟁심이 사라져 옛 친구를 팔에 안고 그가 아일랜드 사람들이 아닌 얼스터 사람들과 함께 머물 수 있도록 둘이 싸우던 강둑을 넘어 강을 건너갔다. 그는 울면서 말했다. "페르지아가 나타날 때까지는 모든 것이 게임이요 놀이였다. 오오! 페르지아! 너의 죽음은 구름처럼 영원히 내 위를 맴돌 것이다. 어제만 해도 그는 산보다 위대했건만 오늘은 그림자보다 못하구나."

이즈음 쿠훌린은 옷이 살에 닿는 것을 못 견딜 만큼 상처로 뒤덮여 개암나무 가지로 옷을 들추고 그 사이를 풀로 채웠다. 방패를 든 왼손 말고는 바늘 끝만큼의 자리도 상처가 안 난 곳이 없었다.

쿠훌린의 평판 좋은 아버지 수알탐은 아들이 얼마나 심각한 형세에 빠졌는가 전해 들었다. "내게 들리는 이 소리는 하늘이 터지는 소리인가, 바다가 달려가는 소리인가, 아니면 땅이 꺼지는 소리인가, 아니면 내 아들이 신음하는 소리인가?" 그는 외쳤다. 아들을 찾으러 간 그는 상처와 피에 뒤덮인 쿠훌린을 발견했다. 그러나 쿠훌린은 아버지가 우는 것도 복수를 하는 것도 허용하지 않았다. "그것보다는 에마인 마하로 가서 코노르에게 더이상 나 혼자 에린의 네 지역을 상대로 얼스터를 지켜낼 수 없다고 일러주세요. 내 몸에 상처가 안 난 곳이 없다고 말하고, 왕국을 구하기 원한다면 지체하지 말라고 하세요." 그가 말했다.

수알탐은 쿠훌린의 군마 '전투의 회색 말'을 타고 에마인 마하로 달려갔다. 그는 세 번 외쳤다. "얼스터에서는 남자들이 살해당하고 여자들이 납치당하고 가축을 도둑맞고 있다." 두 번째 외칠 때까지 아무 반응도 없었다. 세 번째로 외치자 드루이드 성직자 카스바드가 나른한 잠에서 몸을 일으키며 왕의 잠을 방해하는 자를 비난했다. 화가 난 수알탐이 홱 돌아서는데 이에 놀란 회색 말이 뒷발로 일어서는 바람에 수알탐의 방패가 그의 목을 쳤다. 놀란 말은 돌아서서 코노르의 요새로 뛰어들어가 그 안을 달렸다. 잘린 수알탐의 머리는 계속해서 외쳤다. "얼스터에서는 남자들이 살해당하고 여자들이 납치당하고 가축을 도둑맞고 있다!" 이 놀라운 광경은 아무리 잠에 취한 사람도 번쩍 깰 만했다. 코노르도 정신을 차리고 큰 소리로 맹세했다. "하늘이 우리 위에 있고 땅이 우리 아래 있고 바다가 우리를 둘러싸고 있다. 하늘이 그 많은 별과 함께 무너져내리고 땅이 발밑에서 물러나고 바다가 육지를 덮치지 않는 이상 내가 모든 가축을 축사로 되돌려놓고 모든 여자를 집에 돌려보내리라."

그는 얼스터의 사람들을 소집하는 사자를 보냈다. 사람들이 모여들어 에린의 사람들을 향해 행진해갔다. 그리고 일찍이 아일랜드에서는 본 적이 없는 전투가 벌어졌다. 처음에는 한 편이 다음에는 다른 한 편이 물러났다가 다시 몰려들었다. 마침내 쿠훌린이 전투 소리를 듣고 일어나 전신의 상처를 무릅쓰고 그곳으로 왔다.

그는 자신이 요청하면 도망가겠다고 한 페르구스의 약속을 기억해냈다. 페르구스는 쿠훌린 앞에서 도망을 쳤다. 자기들의 영도자가 도망치는 것을 본 메브의 군대는 일제히 흩어져 달아났다.

군대를 따라 코나트로 간 쿨리의 갈색 황소는 그곳에서 알릴의 하얀뿔 황소를 만났다. 갈색 황소는 하얀뿔과 싸워 상대를 갈기갈기 찢어놓고는 뿔로 시체 조각을 날라 허리 부분은 아슬론Athlone에 떨어뜨리고 간은 트림Trim에 떨어뜨렸다. 그러고 나서 쿨리로 돌아가 실성을 하더니 앞에 보이는 자를 닥치는 대로 죽이다가 마침내 심장이 파열하여 죽고 말았다.

이것이 '탄 보 후알크녀Tain Bo Chuailgne' 즉 '쿨리의 가축 약탈'라고 하는 대전쟁의 종말이다.

이 전쟁은 놀랍기는 하지만 쿠훌린의 위업 중에서 가장 훌륭한 것은 아니었다. 모든 태양신과 켈트족의 영웅들처럼 그는 하데스의 어두운 영역까지 정복의 손을 뻗쳤다. 이 경우 그 신비의 지역은 '둔 스카이스Dun Scaith' 즉 '그늘진 마을'이라고 불리는 섬이었다. 그곳 왕의 이름은 나와 있지 않으나 미처르였을 가능성이 높다. 둔 스카이스는 팔가Falga 또는 만Man의 또 다른 이름이다. 어떤 시가 이야기하는[154] 이 빛의 세력, 특히 태양신들의 습격 이야기는 브리튼 신화에 나오는 하데스의 습격을[155] 기이하게도 상기시킨다. 유사하게 끔찍스러운 전투원들이 공격자들을 물리치기 위해 지하세계에서 꾸역꾸역 나온다. 둔 스카이스의 한가운데에는 구덩이가 있어 헤아릴 수 없이 많은 구렁이가 우글대고 있었다. 쿠훌린과 얼스터의 영웅들이 뱀들을 퇴치하지만 '한 집을 꽉 메운 두꺼비'가 그들을 향해 달려나왔다. "날카로운 주둥이를 가진 괴물들이(시가 이야기한다) 사람들 코를 쥐어뜯었으며 다음으로 사나운 용들이 나왔다. 그런데도 영웅들은 승리하여 전리품(마법의 힘을 가진 소 세 마리와 언제나 고기가 무한히 있는 신기한 솥 그리고 금은보화)를 가지고 돌아갔다. 그들은 금은 보화를 담은 주머니를 목에 맨 세 마리의 소를 선미에 매어 끌어당기며 배로 아일랜드를 향해 떠났다. 그러나 하데스의 신들이 폭풍을 일으켜 배를 부수는 바람에 해안까지 헤엄쳐가야 했다. 여기서 쿠훌린의 초인간적 힘이 유용하게 쓰였다. 그는 한 손에 아홉 사람씩을 잡아끌고 머리 위에는 30명을 얹고 옆구리에 8명을 매단 채 일종의 구명 벨트 역할을 했다고 한다.

이 일이 있은 뒤 쿠훌린에게 비극적인 사건이 발생한다. 그가 자기 아들을 알아보지 못하고 죽인 불행한 결투에 관한 이야기이다. 이런 이야기는 아리안계 국가에서는 흔하며 게일족뿐 아니라 튜튼족과 페르시아계의 신화에서도 볼 수 있다. 쿠훌린이 아마존의 여왕이자 스카하하의 연적이었던 이퍼Aoife를 이겨 그녀를 굴복시킨 사실을 우리는 기억한다. 이퍼가 자신의 아들을 낳자, 그는 아들의 이름을 콘라Conlaoch[156]로 지어 주고 아이가 여행할 수 있는 나이가 되면 자신을 찾아 아일랜드로 보내라고 했다. 이퍼는 그렇게 하겠다고 약속했다. 그러나 얼마 뒤 쿠훌린이 아바이르와 결혼했다는 소식이 들려왔다. 질투심에 불탄 그녀는 아들을 시켜 복수를 할 결심을 했다. 그녀는 아들에게 더이상 가르칠 것이 없을 때까지 무술을 가르친 다음 아일랜드로 보냈다. 떠나기 전에 그녀는 아들에게 세 가지 금기[157]를 내렸다. 첫째 돌아서지 말 것, 둘째 도전을 거절하지 말 것, 셋째 절대 이름을 밝히지 말 것이었다.

콘라가 쿠훌린의 고장 둔잘간Dundealgan[158]에 다다랐다. 전사 코날이 그를 맞으며 이름과 혈통을 물었다. 그가 대답하기를 거부하자 결투를 하게 되었고 코날은 무기를 빼앗기는 수모를 당했다. 다음으로 쿠훌린이 다가와 같은 질문을 하고 같은 대답을 얻었다. "명령을 받지만 않았어도, 이 세상에 당신만큼 기꺼이 대답을 해드리고 싶은 분도 없습니다. 당신의 얼굴이 정겹습니다." 콘라는 아버지인 줄 모르고 말했다. 그러나 이 말도 결투를 막지는 못했다. 쿠훌린은 신분을 밝히기를 거부하는 이 풋내기의 건방을 벌하는 것이 자기 의무라고 생각했던 것이다. 결투는 맹렬했다. 무적의 쿠훌린이 급박해지자 '영웅의 빛'이 그의 주변을 비치고 그의 얼굴을 변용시켰다. 그 모습을 본 콘라는 적수가 누구인지를 깨달았다. 그는 아버지에게 맞지 않도록 창을 일부러 비스듬히 던졌다. 그러나 쿠훌린은 무서운 개 볼그를 던진 뒤에야 그런 사실을 눈치챘다. 콘라는 죽어가면서 자기 이름을 말했다. 쿠훌린의 슬픔이 하도 격렬해 얼스터의 사람들은 그가 광란하여 분노를 자기들에게 퍼부을까 두려워했다. 그래서 그들은 그에게 마법을 걸어달라고 드루이드 사제인 카스바드에게 부탁했다. 카스바드가 바다의 파도를 무장한 군대의 모습으로 바꾸자 쿠훌린은 지쳐 쓰러질 때까지 칼로 그들을 내리쳤다.

쿠훌린의 모험과 무용담을 다 얘기하자면 너무 많은 시간이 걸릴 것이다. 이 장을 읽은 독자가 스스로 고대 아일랜드의 전설적 무용담을 읽어볼 마음이 생긴다면 그것으로 족하다. 우리는 서둘러 비극의 종말, 이 영웅의 죽음으로 옮겨가야 한다.

코나트의 여왕 메브는 쿠훌린이 얼스터를 공략하는 자기 군대를 물리치고 그토록 많은 친구와 동맹자들을 죽인 것을 결코 용서할 수가 없었다. 그래서 그녀는 몰래 쿠훌린이 죽인 사람들의 친척을(그 수가 꽤 많았다) 찾아가 복수하자고 부추겼다.

뿐만 아니라 그녀는 쿠훌린의 손에 아버지가 죽은 뒤에 태어난 마법사 칼라틴의 세 딸을 알바와 바빌론에 보내 마법을 배우게 했다. 그들은 온갖 마법을 터득하고 돌아왔다. 주문만 외우면 전쟁의 환영을 만들어낼 수가 있었다.

그런데도 실패할까봐 그녀는 얼토니아인들이 마법의 병에 걸려 쿠훌린을 도울 자가 하나도 없게 될 때까지 참을성 있게 기다렸다.

쿠훌린이 미처르의 딸 블라나트을 위해 죽인 먼스터의 왕 쿠로이의 아들 류이Lugaid[159]는 먼스터의 백성들을 소집했다. 또 쿠훌린의 손에 쓰러진 아버지를 가진 에르크는 미스의 사람들을 불렀다. 렌스터의 왕은 자기 군대를 이끌었다. 알릴과 메브 그리고 코나트의 모든 사람들이 함께 얼스터로 진군하며 파괴하기 시작했다.

코노르는 전사들과 사제들을 소집하여 회의를 열고 준비가 될 때까지 전쟁을 미룰 수 없는지 의논했다. 그는 또다시 쿠훌린이 전 아일랜드를 상대로 혼자 싸우러 나가는 것을 원하지 않았다. 만일 이 대표 전사가 쓰러진다면 얼스터의 번영은 그와 함께 영원히 사라지고 말 것이다. 그래서 쿠훌린이 에마인 마하로 왔을 때 왕은 궁전 안의 모든 숙녀들, 가수들, 시인들을 시켜 얼스터의 용사들이 무력증에서 회복할 때까지 그의 생각을 전쟁에서 멀어지게 했다.

그러나 그들이 '햇빛 밝은 집'에 앉아 잔치 음식을 먹으며 이야기하고 있을 때 칼라틴의 세 딸이 집 앞 잔디밭에 펄럭거리며 내려와 풀과 엉겅퀴와 말뿟버섯과 마른 잎을 모아 군대의 모습으로 바꾸기 시작했다. 그리고 같은 마법을 써 마치 진짜로 전쟁을 하고 있는 것처럼 함성과 외침과 나팔 소리와 무기가 부딪치는 요란한 소리가 온 집안에 들리게 했다.

쿠훌린은 자기 도움 없이 전투가 일어나고 있다는 수치스러운 생각에 낯을 붉히며 벌떡 일어나 칼을 쥐었다. 그러나 카스바드의 아들이 그의 팔을 잡았다. 그가 보고 있는 것은 칼라틴의 아이들이 그를 죽음으로 이끌기 위해 만들어낸 환영이라고 모든 사제들이 설명했다. 그가 허깨비군대를 보고 마법의 소음을 듣는 동안 그들은 온 힘을 다했으나 그를 조용히 있게 만류하는 것이 고작이었다.

그들은 칼라틴 딸들의 마법이 다할 때까지 쿠훌린을 에마인 마하에서 '귀머거리 골짜기 글렌 나 보워르Glean-na-Bodhar'[160]로 옮기는 것이 좋겠다고 결정했다. 아일랜드 사람들이 한꺼번에 외쳐도 그 안에 있는 사람은 아무 소리도 안 들리는 것이 이 골짜기의 특성이었다.

그러나 칼라틴의 딸들은 그곳까지 가서 풀과 엉겅퀴와 말붓버섯과 마른 잎을 다시 모아 무장한 군대의 모습을 만들었다. 골짜기 밖의 모든 곳에 함성을 질러대는 군사가 꽉 차 있는 듯했다. 또 그들은 사방에 불의 환영과 여자들의 비명소리를 만들어냈다. 그 소리를 들은 사람은 남녀를 막론하고 개까지도 모두 겁을 먹었다.

여자들과 드루이드 사제들이 온 힘을 다해 목청껏 외쳐 그들의 소리를 지우려고 했으나 쿠훌린이 그 소리를 못 듣게 할 수는 없었다. "오호라! 저들이 이 고장을 파괴할 것이라고 아일랜드 사람들이 외치는 소리가 들린다. 나의 승리는 끝났고 나의 명성은 사라졌다. 얼스터는 영원히 무력해졌다." 그가 외쳤다. "놔두오. 저것은 그대를 끌어내서 없애려고 칼라틴의 딸들이 지르는 마법의 소리요. 여기 우리와 머물면서 아는 척하지 마시오." 카스바드가 말했다.

쿠훌린은 그 말에 따랐다. 칼라틴의 딸들은 오랫동안 전투의 소음으로 공중을 채웠다. 그러나 마침내 드루이드 사제와 여자들이 자기들의 의도를 꿰뚫어보고 있음을 알아차리자 하던 일에 싫증이 났다.

그들 중의 하나가 쿠훌린의 정부의 모습을 한 채 그에게로 다가와 둔잘간이 불타고 무르셈나가 폐허가 되고 얼스터 전역이 파괴되었다고 울부짖을 때까지 그들은 성공하지 못했다. 그러나 마침내 그는 속아서 무기를 들고 갑옷을 입었다. 말리는 온갖 소리를 무릅쓰고 전차에 말을 매라고 뢰크에게 일렀다.

오디세우스의 큰 방에 모인 구혼자들 주변에 일어났던 것 같은 여러 가지 전조와 증후가 이 비운의 영웅 주변에도 몰려들었다. 그의 유명한 군마 '마하의 회색 말'이 고삐를 거부하며 피눈물을 뚝뚝 흘렸다. 그의 어머니 데히티러가 포도주가 가득 담긴 잔을 그에게 가져다주었는데, 그가 마시려고 입으로 가져갈 때마다 세 번이나 술은 피로 변했다. 첫 번째 여울에서 그는 옷과 갑옷을 빨고 있는 쉬의 한 처자를 보았는데 그녀는 그것이 곧 죽게 될 쿠훌린의 옷과 갑옷이라고 말했다. 그가 만난 세 노파는 마가목 꼬챙이에 꿴 사냥개를 굽고 있다가 그에게 함께 먹자고 권했다. 그는 자기와 같은 이름을 가진 동물의 고기를 먹는 것은 금기이기 때문에 사양했다. 그러나 노파들은 그가 부자의 식탁에서는 먹으면서 가난한 자의 대접을 거절한다고 창피를 주어 그것을 먹게 했다. 금기의 고기는 그의 몸 절반을 마비시켰다. 그 순간 그는 적들이 전차를 몰며 달려오는 것을 보았다.

쿠훌린은 세 개의 창을 가지고 있었다. 그 창들은 각각 한 사람씩 왕을 죽일 것이라는 예언을 받은 바 있었다. 세 사람의 사제가 번갈아 이 창을 요구할 책임을 맡았다. 왜냐하면 무엇이든 사제에게 거절하는 것은 상서롭지 못하다고 여겨졌기 때문이다. 첫 번째 사제는 쿠훌린이 살육으로 들판을 붉게 물들이고 있을 때 다가왔다. "그 창하나를 주시오. 아니면 당신을 풍자하겠소." "가지고 가시오. 난 지금까지 누구에게도 선물을 거절해서 풍자당한 일은 없소이다." 그러면서 그는 창을 사제에게 던져 그를 죽였다. 그러나 쿠로이의 아들류이가 그 창을 집어 그것으로 뢰크를 죽였다. 뢰크는 전차 조종사가운데 왕이었다.

"쿠훌린이여, 그대의 창 하나를 주시오" 두 번째 사제가 말했다. "이건 내게 필요하오." 그가 말했다. "거절하면 얼스터 전역을 풍자하겠소." "나는 하루에 하나 이상 선물할 의무가 없소. 하지만 얼스터가 나 때문에 풍자를 받을 수는 없지." 쿠훌린이 말했다. 그가 사제를 향해 창을 던졌다. 창은 사제의 머리를 관통했다. 그러나 렌스터의 왕 에르크가 그 창을 집어 말 가운데 왕인 마하의 회색 말에 치명상을 입혔다.

"내게 창을 주시오." 세 번째 사제가 말했다. "나는 나와 얼스터가 내야 할 모든 지불금을 다 냈소." 하고 쿠훌린이 답했다. "안 주면 그대의 친척을 풍자할 것이오." 사제가 말했다. "나는 고향에 돌아가지 않겠으나 그곳을 풍자할 원인을 제공하지도 않겠소." 쿠훌린은 답하면서 창을 청하는 자에게 던져 그를 죽였다. 그러나 류이가 그것을 되던져 창이 쿠훌린의 몸을 관통했다. 그는 치명상을 입었다.

고통 속에서 그는 몹시 심한 갈증을 느꼈다. 그는 적들에게 가까운 호수로 가 목을 축이고 돌아오게 해달라고 청했다. "만일 내가 돌아오지 못하거든 나를 데리러 오시오." 그들은 허락했다.

쿠훌린은 물을 마시고 목욕을 한 뒤 물에서 나왔다. 그러나 걸어 갈 수가 없어서 적에게 자기를 데리러 오라고 소리쳤다. 가까운 곳에 기둥 모양의 바위가 있었다. 그는 허리띠로 자기 몸을 바위에 묶어 눕지 않고 선 채로 죽을 수 있게 했다. 마하의 회색 말이 그를 위해 싸우러 돌아와 이빨로 50명을 물어 죽이고 말굽 하나마다 30명씩을 죽였다. 그러나 '영웅의 빛'이 쿠훌린의 얼굴에서 사라져가고 그의 얼굴이 '하룻밤의 눈'처럼 창백해졌다. 까마귀 한 마리가 와서 그의 어깨 위에 앉았다.

"새들이 저 기둥에는 앉지 않았었건만." 에르크가 말했다.

쿠훌린이 죽은 것을 확인하자 적들이 모두 주변에 몰려들었다. 류이가 메브에게 가져가기 위해 쿠훌린의 목을 베었다. 그러나 복수는 금방 시작되었다. 승리자 코날이 추격해와서 쿠훌린의 적들을 무참히 살육했다.

게일의 위대한 영웅은 이렇게 스물일곱 살의 나이로 죽었다. 그와 더불어 에마인 마하와 얼스터의 붉은 가지 전사들의 번영도 끝이 났다.

13장

게일족의 사랑 이야기

그러나 아일랜드의 영웅시대가 앞의 장에서 짐작되듯이, 단순히 전투에만 몰두한 것은 아니었다. 아킬레스Achilles와 헥터Hector뿐 아니라 헬렌Helen과 안드로마케Andromache가 존재할 여지도 있었다. 대표적인 전사들은 전쟁뿐 아니라 사랑도 했다. 게다가 그들의 구애 이야기는 다른 고대 문학에서는 볼 수 없는 낭만적 아름다움을 가지고 있다. 여인들은 자유로운 선택의 여지를 누리며 구애자의 경의를 요구한다. 사실상 켈트의 신화가 중세 유럽의 기사도적인 로맨스를 만들어냈다는 지적이 있다. 그보다 앞선 어떤 문학에서도 우리는 쿠훌린과 페르지아의 이야기에서 보는 적수에 대한 기사도적인 응대나, 아바이르에 대한 구애에[161] 나타나는 여인을 향한 시적 섬세함을 본적이 없다. 쿠훌린이 전차를 타고 포갈의 둔dun에 아바이르의 사랑을 구하러 올 때 남자와 여자 사이에 오가는 이야기는 그 생소함을 빼면 아주 현대적인 로맨스에 나오는 것 같다.

아바이르는 아름다운 얼굴을 들어 쿠훌린을 알아보고 말했다. "신이여, 당신의 앞길을 순탄하게 하소서!" "그리고 당신도 모든 재해에서 안전하길!" 그가 대꾸했다.

그녀는 그가 어디서 왔는지 묻고 그는 답한다. 그러고 나서 그가 그녀에 대해 묻는다.

"저는 여인들의 거울Tara이에요. 처녀들 중에 가장 살결이 희고 남들이 저를 바라보지만 저는 남을 바라보지 않으며 손이 닿지 않는 곳의 갈대, 아무도 걷지 않은 길 (…) 옛 미덕과 올바른 행실을 배우고 정조를 지키며 지체와 고귀한 품위는 왕비와 동등하여 에린의 여인들 가운데 모든 높은 덕이 제게 돌려집니다." 이보다 더 자랑스러운 어투로 쿠훌린은 자기 태생과 공적에 대해 이야기한다. 그는 코노르의 궁전에서 농부의 아들처럼 성장한 것이 아니라 영웅들, 전사들, 광대들, 사제들 가운데서 자라났다. 가장 힘이 약할 때에도 20명의 힘을 가졌으며 혼자서 40명과 싸울 수 있었고 그의 보호 하에서는 100명의 병사가 일신의 안전을 확신할 수 있다. 우리는 이런 자랑을 듣는 아바이르의 미소를 상상할 수 있다. "사실 어린 소년에게 그것은 굉장한 재주지요. 하지만 전차 책임자의 공적에는 못 미칩니다." 그녀는 말한다. 매우 현대적인 것은 그녀가 구애자에게 자기에게는 아직 혼인하지 않은 언니가 있다고 부끄러운 듯 상기시키는 장면이다. 그러나 마침내 그가 결정적인 순간으로 그녀를 몰고가자 그녀는 다정하게 그러나 당당하게 결심한 바를 이야기한다. 말이 아니라 행동으로 자기를 가지라는 것이다. 그녀가 결혼할 남자는 영웅의 무용담에서는 반드시 그 이름이 나와야 한다고 했다.

"당신이 요구한 대로 나는 그 모든 것을 수행하리다." 쿠훌린은 약속했다.

"당신의 결혼 신청을 받아들여요." 아바이르가 대답했다.

이렇게 근사한 구혼 끝에 얻은 신부에게 쿠훌린이 신의를 유지하지 못한 것은 유감스럽다. 그러나 여신이나 인간의 여인들이 결탁하여 유혹하는 영웅들은 보통 신의를 지키지 못한다. 레르의 아들 마난난의 아내 판드Fand는 바다의 신에게 버림을 받자 자기 언니 리반Liban을 쿠훌린에게 사랑의 사절로 보냈다. 처음에 쿠훌린은 그녀의 초대를 거절했지만, 자신의 전차 조정사 뢰크에게 리반과 함께 '행복의 들'로 가서 어떤 나라인지 살펴보라고 명했다. 뢰크는 황홀감에 취하여 돌아왔다. "아일랜드 전체와 전 주민의 최고통치권을 가졌다 할지라도 제가 보고 돌아온 그곳에 가서 살기 위해서라면 망설임 없이 내놓겠습니다."

그래서 쿠훌린은 직접 그녀의 쉬로 가 가장 아름다운 여인 판드와 함께 켈트의 천국에서 한 달 동안 머물렀다. 인간의 나라로 돌아오면서 그는 자기 나라의 바일러 바닷가 끝에 있는 주목나무 옆에서 이 여신과 다시 만나자고 약속했다.

이 이야기를 들은 아바이르가 연적을 죽일 칼을 든 시녀 50명을 거느리고 만남의 장소로 몸소 갔다. 그곳에서 그녀는 쿠훌린, 뢰크 그리고 판드를 발견했다.

"쿠훌린이여! 무엇이 당신으로 하여금 에린의 여인들과 모든 명예로운 사람들 앞에서 나를 욕보이게 합니까? 나는 당신의 성실을 믿고 그 비호 아래 몸을 두었거늘 이제 당신은 나와 싸울 구실을 만드는 겁니까?"

그러나 영웅 쿠훌린은 자신의 아내 자리가 왜 아바이르에서 판드로 바뀌면 안 되는지 이해할 수 없었다. 판드는 아름답고 고귀한 신들의 종족 출신이라 아바이르에게 결코 뒤지지 않는 상대였다. 아바이르는 결국 왕비다운 비애를 삼키고 물러났다.

"당신이 이 여인을 갈망한다면 당신의 뜻을 거역하지는 않겠습니다. 새것은 무엇이나 아름다워 보이고 익숙한 것은 덜 좋아 보이는 법이니까요. 못 가진 것은 탐나고 가진 것은 무엇이든 하찮아 보입니다. 하지만 쿠훌린이여, 나도 한때 당신이 좋아했던 여자입니다. 다시 그렇게 되기를 바랍니다." 그녀가 말했다.

그녀의 슬픔이 그의 마음을 움직였다. "맹세컨대 당신을 지금도 좋아하오. 내가 살아 있는 한 좋아할 것이오."

"그렇다면 저를 버리세요." 판드가 말했다.

"저를 버리는 것이 좋을 겁니다." 아바이르가 말했다.

"아니에요. 끝에 가서 버림받는 사람은 저일 거예요." 판드가 말했다. "크나큰 슬픔을 안고 제가 가겠습니다. 햇빛 따스한 신들의 고향에서 살기보다 쿠훌린과 함께 있고 싶었지만. 아바이르여! 그는 당신의 것입니다. 당신이야말로 그를 가질 자격이 있습니다. 내 손에 잡히지 않지만 내 마음은 그에게 축복을 보냅니다."

"보답 없는 사랑을 하는 것은 슬픈 일입니다. 자기 사랑에 걸맞은 사랑을 받지 못하느니 단념하는 것이 낫습니다."

"아름다운 머릿결을 가진 아바이르여! 불행에 빠진 판드를 죽이러

온 것은 훌륭하지 못한 일이었습니다."

여신과 여인이 이렇게 자기희생의 경쟁을 벌이는 동안 판드의 고초를 전해 들은 바다의 아들 마난난은 그녀를 버린 것을 후회했다. 그래서 그는 그녀를 제외한 다른 사람들은 자신의 모습을 볼 수 없게 해놓고 그녀 앞에 나타났다. 그는 용서를 빌었고, 여신은 '갈기를 단 파도 위의 기사'와 한때 행복했던 일을 잊지 못하고 있으며 그와 다시 행복해질 수 있을 것이라고 생각했다. 신이 여신에게 두 사람 가운데 하나를 택하라고 하자 여신이 신에게로 갔다. 그는 자기 망토를 그녀와 쿠훌린 사이에서 흔들었다. 마난난의 망토는 두 사람 사이에서 흔들면 이후 다시 만날 수 없게 하는 마법의 힘을 갖고 있었다. 판드는 남편과 불사신들의 나라로 돌아갔고 에마인 마하의 사제들은 쿠훌린과 아바이르에게 망각의 음료를 주어 쿠훌린은 사랑을, 아바이르는 질투를 잊게 했다.[162]

이 이야기의 한 장면은 이에 못지않게 아름다운 다른 사랑 이야기에서 그 이름을 빌려왔다. '바일러 바닷가 끝의 주목나무'는 달콤한 말씨의 바일러의 무덤에서 자라나 바일러의 애인 알린Ailinn의 모습을 지니고 있었다. 이 게일족의 로미오Romeo와 줄리엣Juliet은 왕실 출신이었다. 바일러는 얼스터 왕의 후계자이고 알린은 렌스터 왕의 아들의 딸이었다. 그들은 몬터규Montague와 캐플릿Capulet 가문의 불화 때문에 헤어진 것이 아니라 유령인 적의 마법에 의해 헤어졌다. 그들은 둔잘간에서 서로 만나기로 약속을 했다. 먼저 온 바일러에게 어떤 낯선 자가 인사를 했다. "무슨 소식을 가져왔소?" 바일러가 물었다. "렌스터의 알린이 애인을 만나러 나오려는데 렌스터의 남자들이 제지하자 슬픔으로 그녀의 심장이 파열했다는 소식을 제외하면 없소."
이 소식을 듣고 바일러의 심장이 파열하였다. 그는 바닷가에 쓰러져 숨졌다. 사자는 바람의 날개를 타고 알린의 집으로 돌아갔다. 알린은 아직 출발 전이었다. "어디서 오는 길이지요?" 그녀가 물었다. "얼스터에서 둔잘간의 해안을 따라 왔소. 사람들이 방금 죽은 자 위에 돌을 세우는 것을 보았소. 돌 위에서 바일러이라는 이름을 읽을 수 있었소. 그는 사랑하는 여인을 만나러 왔다는데, 그들은 이 세상에서 다시는 만날 수 없는 운명이었소." 소식을 들은 알린도 쓰러져 숨졌다. 그녀의 무덤에서는 사과나무가 자라났는데 거기서 열리는 사과가 바일러의 얼굴 모습을, 바일러의 무덤에서 자라난 주목나무는 알린의 모습을 띄었다고 한다. 아리안족 공동의 유산 가운데 일부로 보이는 이 전설은 아일랜드에서 인도에 걸치는 지역의 민담에서 볼 수 있다. 게일족 이야기는 그러나 다른 민족의 것과 다른 종말을 가지고 있다. 두 개의 나무는 베어져 지팡이로 만들어졌는데 얼스터와 렌스터의 시인들이 거기에다 자기네 두 고장의 비련의 노래를 오검 문자로 새겼다고 한다. 그러나 바일러와 알린의 이 두 기념비는 떨어져 있을 운명이 아니었다. 200년이 지난 뒤 아일랜드의 대왕High King '외톨이' 아르트Art가 타라의 궁으로 그것들을 가져오라고 명했다. 두 지팡이는 한 지붕 밑에 들어오자마자 서로 붙어버려 어떤 힘이나 재간으로도 다시는 떼어놓을 수 없었다. 왕은 그것을 "다른 보물처럼 타라의 보고에 보관하라"고 했다.[163]

그러나 이중 어느 이야기도 이제부터 언급될 이야기 같은 명성을 얻지는 못했다.[164] 많은 사람들에게 게일의 로맨스는 '데르드러

Deirdre'라는 한마디로 요약된다. 이 게일족 헬렌의 전설이이야말로 현대 켈트파 시인들이 가장 공들여 만들기 좋아하는 이야기이다. 또 아일랜드와 하일랜드(스코틀랜드)에서는 아직도 사람들이 토탄 불가에 앉아 이 이야기를 한다. 학자와 농부는 몇백 년이 됐는지 모를 이 전설을 보존하는 데 함께 힘을 모으고 있다. 이 이야기는 '가장 중요한 이야기' 가운데 하나로 렌스터의 12세기 책에 기록되었다. 또 이 이야기는 '투이렌의 아들들의 운명' '레르의 아이들의 운명'과 함께 '에린의 슬픈 세 이야기' 속에 어깨를 나란히 한다.

이렇게 인기 있는 이야기는 여러 세대를 내려오는 동안 많이 달라지고 또 보태어진다. 그러나 근간이 되는 이야기는 다음과 같다.

얼스터의 코노르 왕이 신하인 음유시인 페들리미드Fedlimid의 집에서 축제를 벌이고 있을 때 페들리미드의 아내가 딸을 낳았다. 사제인 카스바드가 아기에 대해 예언을 했다. 갓난아기는 이 세상에서 가장 아름다운 여인으로 성장할 것이나 그녀의 아름다움은 많은 영웅들의 죽음을 부르고 얼스터에게는 위험과 슬픔을 가져올 것이라는 예언이었다. 이 말을 들은 붉은 가지의 전사들은 아기를 죽여야 한다고 주장했다. 그러나 코노르는 그 말을 거부하고 신뢰하는 하녀에게 아기를 주면서 호젓한 산중의 비밀 장소에서 자기가 아내로 맞을 나이로 성장할 때까지 아기를 숨겨 키우라고 했다.

그리하여 데르드러(카스바드는 아기를 이렇게 불렀다)는 사람들이 다니는 곳에서 한참 먼 곳으로 가게 되었고 코노르 이외에는 아무도 그녀에 대해 알지 못했다. 그곳에서 그녀는 유모와 수양아비와 선생의 손에 의해 길러졌고, 산속의 짐승과 새들 외에는 어떠한 살아 있는 생물도 만나지 못했다. 그러나 그녀는 여인답게 사랑받기를 갈망했다.

하루는 수양아비가 식용으로 쓰기 위해 송아지를 잡는데, 그 피가 눈 덮인 땅 위에 흐르자 검은 까마귀가 그곳을 향해 내려왔다. 데르드러가 말했다. "저 까마귀처럼 까만 머리와 저 눈처럼 흰 피부와 저 송아지 피처럼 붉은 뺨을 가진 남자가 있다면 그 남자와 결혼하고 싶어요."

"사실 그런 남자가 있지요. 우스나Usnach[165]의 아들 가운데 하나인 나이시Naoise[166]요. 코노르 왕과 같은 종족의 영웅이지요." 선생이 생각 없이 말했다.

호기심이 동한 데르드러는 나이시를 불러 그와 이야기하게 해달라고 선생을 졸랐다. 둘이 만나게 되자 그녀는 나이시에게 사랑을 고백하고 코노르에게서 자기를 빼돌려달라고 간청했다.

그녀의 아름다움에 반한 나이시는 그렇게 하겠다고 약속했다. 아르탄Ardan과 안러Ainle라는 두 형제와 종자들을 거느리고 데르드러와 알바로 도망친 그는, 그곳에 있는 왕 가운데 한 사람과 동맹을 맺은 뒤 그 나라를 방랑하면서 사슴을 쫓고 왕을 위해 전쟁을 했다.

복수를 결심한 코노르는 때가 오기를 기다렸다. 어느 날 붉은 가지의 전사들이 에마인 마하에 모여 잔치를 벌이고 있을 때 그는 이보다 더 고귀한 모임에 대해 들어본 일이 있느냐고 물었다. 그들은 이 세상에 그런 모임은 있을 수 없다고 대답했다. "하지만 우리는 수가 부족하오. 우스나의 세 아들은 단독으로 아일랜드의 다른 지역과 대항하여 얼스터 지역을 방어할 수 있소. 그들이 아직도 추방된 신

세인 것은 이 세상 여인들을 위해 유감스러운 일이오. 나는 기꺼이 그들의 귀향을 환영하겠소." 왕이 말했다.

"왕이시여! 저희가 감히 그럴 수 있었다면 벌써 오래전에 그리 제언했을 것입니다." 얼토니아인들이 말했다.

"그렇다면 가장 우수한 대표자 가운데 한 사람을 보내 그들을 데려오게 하겠소. 승리자 코날이나 수알탐의 아들 쿠홀린이나 로이의 아들 페르구스 중 어느 누가 나를 가장 사랑하는지 알아볼 것이오." 코노르가 말했다.

처음에 그는 몰래 코날을 불렀다.

"코날, 만일 그대가 우스나의 아들들을 데려오라는 사명을 받고 가서 그들에게 안전보장을 했는데, 이곳에 와서 그들이 살해당한다면 어떻게 하겠는가?"

"그 일에 가담한 얼스터의 어느 누구도 제 손에서 죽음을 면치 못할 것입니다."

"그대에게는 내가 가장 소중한 사람이 아닌가 보구려." 코노르는 코날을 내보내고 쿠홀린을 불러 같은 질문을 했다.

"그런 일이 왕이신 당신의 동의에 의해 생긴다면 당신의 머리 이외에는 어떤 보상도 피의 대가도 받지 않겠습니다."

"그렇다면 그대를 보내지 않으리다." 왕이 말했다.

왕은 다음으로 페르구스에게 물었다. 그는 만일 우스나의 아들들이 자기가 보호하고 있는 동안에 살해당한다면 그 일에 가담한 자에게는 왕을 제외하고 모두 복수하겠다고 대답했다.

"그렇다면 그대가 가시오. 내일 당장 출발하고 도중에 쉬지 마시오. 그리고 보라하Borrach의 언덕에서 아일랜드 땅을 다시 밟을 때 그대가 무슨 일을 당할지라도 지체 없이 우스나의 아들들을 보내시오." 코노르가 말했다.

다음날 아침 페르구스는 두 아들, 금발의 일란Illan과 빨간 머리 부인네Buinne를 거느리고 갤리선으로 알바를 향해 떠나 우스나의 아들들이 살고 있는 로호 에티브Loch Etive에 도착했다. 페르구스의 외침 소리가 들려왔을 때 나이시, 안러, 아르탄은 체스를 두고 있었다.

"저것은 에린의 사나이가 외치는 소리다." 나이시가 말했다.

"아니에요. 모르는 척하세요. 알바의 사나이가 외치는 소리일 뿐이에요." 불상사를 예감한 데르드러가 말했다. 그러나 우스나의 아들들은 속지 않고 아르탄을 해변가로 내려보냈다. 아르탄은 해변가에서 페르구스 일행을 만나 인사를 건네고 전갈의 말을 들은 후 그들을 데리고 돌아왔다.

그날 저녁 페르구스는 자기와 함께 에마인 마하로 돌아가자고 우스나의 아들들을 설득했다. '투시력'을 가진 데르드러는 그들에게 알바에 머물러 있어야 한다고 애원했다. 그러나 추방자들은 지치도록 고향이 보고 싶어 데르드러의 두려움에 공감하지 않았다. 그들이 바다로 나설 때 데르드러는 '알바여 잘 있거라'라는 아름다운 노래를 읊었다. 그 땅을 그녀는 다시 보지 못할 것이었다.

사랑스런 땅은 저 동녘 나라
경이로운 알바
나이시와 동행이 아니었다면

나 그곳을 떠나지 않았으리.

사랑스런 것은 둔피그다Dunfidga와 둔 핀Dun-finn,

그 위에 솟은 요새도 사랑스러워.

소중한 이니스 드라이겐더Inis Draigende

둔 수이브니Dun Suibni도 소중해.

카일 쿠안Caill Cuan!

아아! 안러가 가려던 곳,

나이시와 함께 한 알바의 나라에서

시간은 빨리도 지나갔건만.

글렌 라이드Glenn Laid!

절벽 밑에서 내가 자던 곳

물고기, 사슴고기와 오소리의 비계는

글렌 라이드에서 나의 몫이었다네.

글렌 마사인Glen Masain!

키 큰 마늘풀, 그 하얀 가지,

마사인의 풀밭 무성한 하구를 내려보며

우리는 파도의 진동 들으며 잠을 잤다네.

글렌 에티브Glenn Etive!

내가 처음으로 집을 지은 곳

아름다운 숲-동트는 새벽에

가축 우리에 태양이 비추는 글렌 에티브.

(…)

글렌 다 루아드Glenn Da-Ruad!

그것을 이어받은 모든 사나이에게 내 사랑을!

굽은 가지 위의 종달새 소리 아름다워라

글렌 다 루아드를 굽어보는 산봉우리여.

사랑받던 드라이겐Draigen

사랑스런 파도 밑의 백사장

내 사랑과 함께 아니었다면

동녘 그곳을 떠나지 않았으리.

그들은 바다를 건너 보라하의 언덕에 도착했고 보라하는 그들이 아일랜드에 온 것을 환영했다. 코노르 왕은 보라하에게 페르구스가 상륙하면 잔치를 베풀라는 밀명을 보내왔었다. 이야기 속의 고대 아일랜드 영웅들에게는 '게사geasa'라고 하는 이상한 금기가 있다. 그들에게는 목숨이나 명예를 포기하지 않고는 해서 안 되는 일들이 있었다. 페르구스에게는 잔치를 거절하는 것이 하나의 게이스geis(게사의 단수형 — 역주)였다.

페르구스는 초대의 말을 듣자 "분노로 머리끝부터 발끝까지 새빨개졌다." 그러나 그는 잔치를 피할 수가 없었다. 그는 나이시에게 어떻게 할 것인가 물었다. 데르드러가 끼어들어 말했다. "잔치 때문에 우스나의 아들들을 버리겠거든 그들이 원하는 대로 하세요. 하지만 그들을 버리는 일에는 상당한 대가가 필요할 거에요."

페르구스는 하나의 타협안을 생각해냈다. 자신은 보라하의 환대를 거절할 수 없지만, 데르드러와 우스나를 자신의 두 아들 금발의 일란과 빨간 머리 부인네의 보호 아래 당장 에마인 마하로 보내는 것이었다. 우스나의 아들들과 데르드러가 질색을 했지만 이 일은 곧 시행되었다. 슬픔에 찬 이 여인에게 환영이 보였다. 그녀는 머리가 없는 우스나의 세 아들과 일란을 보고, 피구름이 그들 위로 감도는 것을 보았다. 그녀는 페르구스가 잔치를 마치고 올 때까지 안전한 곳에서 기다리자고 그들에게 간청했다. 그러나 나이시, 안러, 아르탄은 그녀의 두려움을 일소에 부쳤다. 그들은 에마인 마하에 도착했고 코노르는 '붉은 가지'의 궁전을 그들에게 개방하라고 명령했다.

저녁이 되자 코노르는 데르드러의 옛 선생 레바르함Levarcham을 불러 말했다. "붉은 가지 궁전에 가서 데르드러를 만나보고 아직도 예전의 아름다움을 간직하고 있는지 아니면 아름다움을 잃었는지, 그 모습에 대한 소식을 가지고 오라."

레바르함은 '붉은 가지' 궁전에 가서 데르드러와 우스나의 세 아들들에게 입을 맞추며 코노르가 그들을 배반할 준비를 하고 있다고 경고했다. 그런 다음 그녀는 왕에게로 돌아가 데르드러가 알바의 산중에서 고생스러운 생활을 하여 외양과 얼굴이 망가졌으며 이미 왕의 은총을 받을 가치가 없다고 고했다.

이 말을 들은 코노르의 질투심이 일부 누그러졌다. 그는 우스나의 아들들을 공격하는 것이 과연 현명할까 의심하기 시작했다. 한참 포도주를 거나하게 마시고 난 뒤 그는 두 번째 사자를 보내 레바르함이 데르드러에 대해 보고한 말이 사실인지 확인하게 했다.

이번에는 남자 사자였는데 그가 창문으로 안을 들여다보았다. 데르드러가 그를 보고 나이시에게 가리켰다. 나이시는 들여다보고 있는 얼굴에 장기 말을 던져 그의 한쪽 눈을 상하게 했다. 그러나 사자는 돌아가 자기는 눈 하나를 잃었으나 데르드러의 아름다움이 너무나 뛰어나 다른 쪽 눈으로 그녀를 바라보며 있고 싶었다고 코노르에게 말했다.

코노르는 크게 화를 내며 얼스터의 전사들에게 붉은 가지 궁에 불을 지르고 데르드러를 제외한 안에 있는 모든 자를 죽이라고 명령했다. 그들은 횃불을 던졌으나 빨간 머리 부인네Buinne가 나와 불을 끄고 습격자들을 모두 죽였다. 그러나 코노르는 그에게 협상을 제의하여 우스나의 아들들을 버린다면 '100개'의 땅과 우정을 주겠다고 했다. 부인네는 솔깃하여 굴복했다. 그러나 땅은 이런 배신자의 소유가 된 것에 분개하여 그날 밤 안에 불모지로 변하고 말았다.

페르구스의 또 다른 아들은 그의 형제와 다른 부류의 사람이었다. 그가 횃불을 손에 들고 달려나가 얼토니아의 병사들을 칼로 쓰러뜨리자 그들은 궁전 가까이 오기를 꺼렸다. 코노르는 감히 그에게 뇌물을 제공하지 못했다. 코노르는 아들 피아하를 주인이 위급해지면 소리치는 방패 모너Moaner(신음하는 방패라는 뜻 — 역주)를 포함한 마법의 무기로 무장시켜 일란과 싸우러 내보냈다.

결투는 치열했다. 일란이 피아하보다 우세하여 코노르의 아들이 방패 밑에 쭈그리고 앉자 방패가 도움을 청하며 소리쳤다. 승리자 코날은 멀리서 나는 고함소리를 듣자 왕이 위급하다고 생각했다. 그는 그곳에 달려오자마자 일란의 몸에 '녹청색' 창을 관통시켰다. 페르구스의 아들은 죽어가면서 코날에게 상황을 설명했다. 코날은 사태를 보상하기 위해 그 자리에서 피아하까지 죽였다.

우스나의 아들들은 코노르의 군대에 대항하여 새벽까지 요새를 지켰다. 그러나 날이 밝자 그들은 도망치지 않으면 죽음을 각오해야 한다는 것을 깨달았다. 데르드러를 가운데 놓고 방패로 보호하며 그들은 갑자기 문을 열고 밖으로 나갔다.

순간 코노르가 드루이드 사제 카스바드에게 그들의 목숨을 살려 줄 것을 약속하면서 마법을 걸게 하지 않았다면 그들은 뛰쳐나와 도망했을 것이다. 카스바드는 우스나의 아들들 주변에 폭풍이 몰아치는 바다의 환영을 펼쳐보였다. 나이시는 데르드러를 어깨 위에 짊어졌으나 마법의 파도가 점점 높아져 그들은 무기를 버리고 헤엄을 쳐야 했다.

마른 땅 위를 헤엄치는 사나이들의 이상한 모습이 보였다. 그 마술이 풀리기 전에 우스나의 아들들은 뒤쪽에서 붙들려 코노르 앞에 끌려갔다.

사제에게 한 약속에도 불구하고 그는 그들에게 죽음을 선고했다. 그러나 얼스터의 전사들 어느 누구도 그들을 칼로 치려 하지 않았다. 마침내 아버지를 나이시의 칼에 잃은 노르웨이에서 온 한 외국인이 그들의 목을 치겠다고 나섰다. 형제들은 서로가 죽는 모습을 보지 않으려고 먼저 죽겠다고 애원했다. 나이시는 레르의 아들 마난 난이 자기에게 준 '복수자'라는 칼을 집행인에게 주면서 이 고귀한 다툼을 해결했다. 그들은 나란히 무릎을 꿇었고 신의 칼이 가한 한 대의 타격이 그들의 목을 단번에 베어버렸다.

데르드러가 어떻게 죽었는가에 대해서는 여러 가지 설이 있다. 그러나 대부분 그녀도 우스나의 아들들이 죽은 뒤 몇 시간 더 살지 않았다는 데 의견을 모으고 있다. 그녀는 죽기 전에 그들을 위해 애도의 시를 지었다. 그것이 독특한 비애감과 아름다움을 지니고 있음은 여기 허락된 자리에 인용하는 몇 개의 시가 보여줄 것이다.[167]

우스나의 자손들이 없는 나날은 길구나!
그들과 지내던 시간은 쓸쓸하지 않았건만!
빈객을 환대하던 왕의 아들들
동굴의 언덕에서 내려온 세 마리 사자.
(…)

영국 여인들이 동경하던 세 남자
슬리에베 굴리온Slieve Gullion의 세 마리 매,
용맹이 섬긴 왕의 아들들
전사들이 충성을 바친 그들이여!
(…)

내가 나이시 뒤에 살아남아 있으리라고
세상은 생각지 말라
아르탄과 안러가 간 뒤
나의 시간도 길지 않으리.

얼스터의 높은 왕 나의 첫 남편을
나는 나이시의 사랑을 위해 버렸노라.
그들을 보낸 뒤 짧은 내 생명으로
나는 그들의 장례를 치르리라.

그들이 간 뒤 나는 살아 있지 않으리
전투마다 뛰어들던 세 아들,
고생을 감내하던 세 아들,
결투를 거부하지 않던 세 아들.
(…)

무덤을 파서
사랑하는 이들을 묻는 자여
무덤을 넉넉히 만들어두오
내 곧 숭고한 그들 곁으로 가리니.

코노르의 초라한 승리였다. 아름다운 데르드러는 죽음으로 그를
거부했다. 그의 주요 추종자들은 이 비극을 용납할 수가 없었다. 보

라하의 향연에서 돌아온 페르구스는 사태를 파악한 뒤 자기 부하를 모아 코노르의 아들과 전사들을 여러 명 죽이고 얼스터의 숙적인 코나트의 알릴과 메브에게 도망쳤다. 드루이드 사제 카스바드는 왕과 왕국을 모두 저주하여 코노르의 족속은 어느 누구도 에마인 마하에서 다시는 통치하지 못하도록 기도했다.

그렇게 이야기는 끝났다. 얼스터의 수도는 쿠훌린의 용맹으로 폐허가 될 위기를 모면했지만, 그가 죽자 수도도 함락되어 지금의 상태, 잡초가 무성한 언덕이 되어버렸다.

14장
핀과 그의 추종자들[168]

고대 아일랜드의 연대기에서 에마인 마하의 시대는 코노르 왕과 그의 궁정만큼이나 신화적이었지만 점차 인간적인 면모를 지닌 군주들로 대체된다. 그들의 왕실은 약 2세기에 걸쳐 지속되었는데 절정에 도달한 이 왕조에 대한 전설이 바로 전 왕조에 대한 전설보다 훨씬 많다. 연대기 편찬자들에 따르면, 이 왕조는 서기 177년 저 유명한 '백인 대적 전사the Hundred-Fighter' 콘Conn부터 시작되어 그보다 더 널리 이름을 떨친 그의 손자 '위대한' 코르막Cormac에게로 이어지고, 핀과 그의 추종자들이 이룩한 위업과 관련이 있는 게일의 세 번째 전설군과 연결된다. 이 왕들은 모두 민족신들과 관계가 있다. 15세기 아일랜드의 문서에서 '용사들의 예언The Champion's Prophecy'[169]이라는 제목으로 전해지는 이야기 한 토막은 루가 마법의 안개에 싸인 채 콘에게 나타나 그를 황홀한 궁전으로 데려간 일, 또 그 궁전에서 콘이 앞으로 얻게 될 자손의 수와 그들 각자의 통치 햇수, 그들이 맞이하게 될 최후의 모습 등을 전부 예언해준 내용들을 기록하고 있다. 또 다른 전설은 콘의 아들인 콘라Connla가 어떤 식으로 여신의 구애를 받았고, 어떻게 하여 영국의 아서처럼 유리로 된 배에 태워져 바다 저편 지상의 낙원으로 가게 되었는지를 들려준다.[170] 그리고 또 하나의 전설은 '손빠른 검객the Quick Hand on Sword' 라브라이드Labraid의 아내인 '흰 살결the Fair Skin' 베쿠마Becuma와 콘 자신의 결혼에 관련된 것인데, 다른 전설에서 라브라이드는 쿠훌린의 요정 연인인 판드의 자매 리반과 결혼한 것으로 되어 있다. 베쿠마는 마난난의 아들 가이아르Gaiar와 간통한 사실이 발각되어 '약속의 땅'에서 추방된 뒤, 신과 인간을 나누는 바다를 건너가 콘에게 청혼했다. 왕은 그녀와 결혼하였으나 그들의 결혼식에는 불운이 찾아들었다. 베쿠마는 콘의 또 다른 아들인 아르트Art를 시샘하여 그를 추방해야 한다고 고집을 부렸다. 그들은 체스(서양 장기)를 두어 누가 떠날 것인지를 결정하기로 하였다. 아르트가 게임에서 이겼다. 형제인 콘라를 잃은 후 '외톨이'라고 불렸던 아르트는 콘의 뒤를 이어 왕위를 계승하였는데, 전설상에서 그는 주로 코르막의 아버지로 이름이 알려져 있다.

아일랜드의 수많은 설화들은 게일족의 솔로몬Solomon이라고 불릴 만큼 위대한 입법자로 묘사되는 코르막의 명성에 관한 이야기를 담고 있다. 어떤 전설들은 그가 켈트의 다신교가 아닌 좀더 순수한 교리를 세운 첫 번째 인물이라고 추켜세운다. 또 다른 전설에서는 묄켄Maelcen이라는 드루이드 사제가 왕의 식탁에 사악한 마귀를 보내어 왕의 목에 십자 모양의 연어 가시가 걸리게 했고, 결국 왕을 죽음으로 몰아넣은 일에 보복하기 위해 그가 드루이드교의 탄압을 시도했다고 묘사하기도 한다. 그러나 또 다른 부류의 설화에 의하면 그는 앞서 이야기된 이교도 신들을 무척이나 숭배했다고 한다. 레르의 아들 마난난은 코르막과 친구가 되고 싶다는 갈망으로 인해 요정의 나라로 그를 꾀어들인 뒤 마법의 나뭇가지를 선사했다. 은으로 된 그 나뭇가지에는 황금 사과가 열려 있었는데, 가지를 흔들면 너무나도 아름다운 음악 소리가 흘러나와 상처 입은 자, 병든 자, 슬픔에 빠진 자가 모두 자신들의 고통을 잊고 깊은 잠에 빠져들곤 했다. 코르막은 평생 동안 이 보물 가지를 간직했고, 그가 죽은 뒤 이 가지는 다시 신들의 손으로 돌아갔다.[171]

코르막 왕은 그가 페나 에이린Fianna Eirinn(핀의 무리들 — 역주)[172]의 우두머리로 지명한 핀 막 쿨과 동시대의 인물이었는데, 이 페나 에이린은 보통 '페니안Fenian'으로 잘 알려져 있다. 핀과 그의 무리에 관해서는 스코틀랜드와 아일랜드계 게일족들에게 모두 잘 알려진 여러 가지 전설이 전해 내려온다. 우리는 초기 아일랜드의 문서들 속에서 그들의 업적에 관한 설화와 시들을 읽을 수 있으며, 그들의 이름과 그들에 관한 이야기들은 아일랜드와 서부 고지대의 농민들 사이에 오늘날까지도 전승되는 민담 속에서도 찾아볼 수 있다. 맥퍼슨MacPherson은 이처럼 민요의 형태로 민간에 떠도는 전설들을 기초로 허구적인 《오션Ossian》을 창조했는데, 현존하는 사람들의 육성을 통해 전설들을 수집하는 일은 게일에 대해 공부하는 학생들에게 여전히 많은 일거리를 제공하고 있다.

핀과 그를 따르는 무리들이 어느 정도까지 역사에 기초한 인물들이었는지에 대해서는 단언하기 힘들다. 아일랜드인들은 페니안이 그 지방 원주민 민병대의 일종이었고, 핀은 그들의 장수(장군)였다고 믿어왔다. 아일랜드의 초기 역사 집필자들 역시 이러한 관점을 지지했다. 1088년에 사망한 연대기 편찬자 취허르나하Tighernach도 이와 같은 믿음을 지지했다. 그리고 1632년부터 1636년 사이에 기존의 연대기들을 편집한 《네 대가의 연대기Annals of the Four Masters》에서 역사가들은 코노르 왕과 그의 붉은 가지 용사들을 굳이 눈여겨볼 만큼의 가치가 없는 인물들로 무시한 반면, 핀에 대해서는 서기 283년에 사망한 실제 인물이라고 언급했다. 유진 오커리Eugene O'Curry 같은 위대한 현대 학자도 핀에 관해서는 "단지 상상에 의해 창조되었거나 신화 속에만 등장하는 인물"이 아니라, "의심할 여지 없이 실제 역사 속의 인물이며 연대기에 적힌 그가 살았던 시대에 관한 이야기는 로마의 역사가들이 기록한 줄리어스 시저의 시대만큼이나 확실한 것"이라고 확언한 바 있다.

그러나 최근에 이르러 켈트 학자들은 이와는 정반대의 견해를 제시한다. 《렌스터의 책》에 전해지는 핀의 가계도는 얼핏 그의 실존 가능성을 뒷받침해주는 것처럼 보인다. 그러나 이를 좀더 자세히 들여다보면 핀과 그의 아버지의 이름이 그들의 실존 여부에 대해 중요한 단서를 폭로하고 있음을 눈치챌 수 있다. '하얀 피부에 금발fair'을 의미하는 핀 또는 피온Fionn[173]은 게일족의 신화적 조상 가운데 한 명의 이름이며, 그의 아버지의 이름인 쿠할Cumhal은 '하늘'을 의미하는 것으로 카물루스Camulus와 같은 단어다. 이는 골족에게는 하늘의 신이며 로마인들에게는 마르스로 알려져 있다. 핀의 추종자들 역시 그 실존 여부가 의심되기는 마찬가지이다. 그들은 쿠훌린이나 에마인 마하의 기타 영웅들과 비교해서 생각해볼 수 있다. 그들의 행적은 영웅들에 버금갈 정도로 굉장한 것들이었다. 그들은 마치 얼토니아의 전사들처럼 신들과 대등한 관계를 유지했다. 13~14세기의 문서들에 수록되어 있는 《원로들과의 대화*The Dialogue of the Elders*》[174]라는 작은 책자를 보면, '에린의 페나'는 정착민들과 빈번하고도 자유롭게 대화를 나누었던 것과 마찬가지로, 투아하 데 다난과도 자유롭고 빈번한 대화를 나누었다고 전해진다.[175] 페니안들과 마찬가지로 앙구스, 미처르, 레르, 마난난, 붉은 머리 보브 그리고 수없이 많은 그들의 자녀들은 페니안 또는 '오션의' 이야기들이라고 일컬어지는 전설 속에서 그 거대한 모습들을 드러낸다. 그들은 페니안들을 위해서 또는 그들에 대항하여 전쟁을 벌였으며 그들과 혼인으로 맺어지기도 했다.

리스 교수의 명석한 제안 역시 페니안들이 그들의 도래 이전 투아하 데 다난과 포모르인들 사이에서 벌어졌던 고대의 전쟁을 계승하고 있음을 암시한다. 핀과 그를 추종하는 영웅들의 가장 대표적인 적수는 전설 속에서 로호라나하*Lochlannach*라고 일컬어졌는데, 그들은 바다를 건너 침략해오는 부족들이었다. 이 '로흐란의 사람들'은 주로 페니안 시대의 전설군 속에서 역사를 추적해내고 있는 이들이 9세기경 아일랜드의 해안을 약탈한 스칸디나비아인 무리들로 간주하는 인물들이다. 그러나 페니안 이야기의 핵심적인 사건은 스칸디나비아인들의 습격보다 시기적으로 앞서며, 아마 인간적 적들이 단순히 신들의 불멸의 적들(그들의 영토인 "로흐란"이 바다 건너편이 아니라 바다

속에 있는)의 자리를 차지한 것으로 보인다.[176]

초기의 아일랜드 역사학자들은 핀이라는 인물 자체뿐 아니라 하나의 집단으로서 페니안 무리가 관련되어 있는 연대와 사건들을 곧이곧대로 받아들였다. 페니안은 기원전 300년에 피아하Fiachadh라는 왕이 처음 조직했고, 기원후 284년 코르막 막 아르트의 아들인 카이브러Caibre에 의해 해산, 좀더 정확히 표현한다면 몰살되었다. 무리의 구성은 로마의 군단을 본떠서 세 개의 연대로 편성되어 있었다고 전해지는데, 각 연대는 평화시에는 각각 3,000명으로 이루어졌으나 전시가 되면 인원이 무한정 증편될 수 있었다. 이들에게는 아일랜드의 해안과 나아가 국토 전반을 방어하는 임무가 주어졌고, 왕자들 가운데 하나가 외적으로부터 습격을 당하는 경우 그를 무조건 지원해야 하는 의무 역시 수반되어 있었다. 여섯 달 동안 지속되는 겨울에는 연대원 모두가 주민들로부터 숙소를 제공받았으나 여름에는 각자 스스로 사냥과 낚시를 통해 연명해야 했다. 이와 같이 이들은 숲속과 광야에 흩어져 살면서 겪는 모험들을 통해 스스로를 단련시켰다. 전쟁을 위한 단련이었다. 어마어마한 크기의 야영장들이 "페니안들의 조리소cooking-place"라는 이름으로 오랫동안 전해내려왔다.

명성이 자자한 이 부대의 일원이 되기란 결코 쉬운 일이 아니었다. 후보자는 매우 뛰어난 전사여야 했을 뿐 아니라 시인이어야 했으며, 교양 역시 갖추고 있어야 했다. 그는 사실상 부족 구성원으로서의 삶을 포기해야 했고 그 어떠한 경우에라도 자신의 친족이나 자기 자신을 위해 복수하지 않겠다고 맹세해야 했다. 누구든지 그에게 친절을 구하는 사람을 뿌리치지 말 것이며, 전장에서 후퇴하지도 말고, 어떤 여성이라도 모욕하지 말아야 하며, 아내에게 지참금을 요구하지 않는다는 맹약에 묶여있었다. 이 모든 조건들과 더불어 그는 최고로 엄중한 육체적 시험들을 성공적으로 통과하여야 했다. 켈트인들의 열렬한 상상력에 의해 과장된 이들의 모습은 하나같이 굉장하고 현실적으로 찾아보기 힘든 인물들로 우리에게 전해진다. 페나 에이린의 지원자는 우선 그를 위해 만들어진 구덩이 속에 무릎으로 버티고 선 채 양팔과 개암나무 막대기를 무기 삼아 아홉 이랑의 거리에서부터 각각 창을 들고 일시에 그를 공격하는 아홉 명의 전사들을 막아내야 했다고 전해진다. 만일 지원자가 전사들을 격퇴하는 데 실패한다면 그는 곧 실격되었다. 그가 이 첫 번째 관문을 통과하면, 다음에는 그에게 나무 하나의 길이만큼 앞서 출발할 수 있는 거리를 주고, 무장한 무리들로 하여금 숲속에서 그를 추격하도록 하는 시험이 이어졌다. 추격하는 무리들 가운데 한 명이라도 지원자를 따라잡거나 부상을 입히게 될 경우 지원자는 페니안의 일원이 될 수 없었다. 만일 그가 상처 없이 도망쳤더라도 땋아내린 머리에서 머리카락 한 올이라도 느슨해졌거나, 도주 중에 나뭇가지 하나라도 부러뜨렸거나, 막판에 이르러 무기가 그의 손에서 흔들렸을 경우에도 탈락되었다. 이 시험들과 더불어 그는 전속력으로 달리는 와중에 이마 높이의 가지를 뛰어넘고, 무릎 높이의 가지 아래로 몸을 구부릴 수 있어야 했으며, 탈주에 방해가 되지 않도록 하면서 발꿈치에 박힌 가시를 뽑을 수 있어야 했으니, 페니안들은 일반 병졸이었을지라도 하나같이 엄청난 실력자였음이 틀림없을 터였다.[177]

이제 이 전사들에 대한 좀더 상세한 기술로 넘어가야 할 때이다.[178] 이들은 훌륭한 무리로서 얼스터의 위대한 인물들 못지않게 영웅적이었다. 우선 핀부터 살펴보자. 그는 페니안들 가운데 육체적으로 가장 힘이 세지는 않았지만 가장 진실하고 현명했으며, 친절한 인물이었다. 여자들에게는 상냥했고 남자들에게는 너그러웠으며 모든 사람들로부터 신뢰받았다. 만약 가능했다면 그는 단 한 명도 가난 때문에 고통받지 않도록 했을 것이다. "만일 숲의 죽은 잎사귀들이 금으로 이루어져 있고, 물의 흰 거품이 은이었다면 핀은 다른 이들에게 이를 모두 나누어주었을 것이다."

핀에게는 아들이 두 명 있었는데, 페르구스와 그보다 좀더 널리 알려진 오션이 바로 그들이었다.[179] 달콤한 말투의 페르구스는 페니안의 음유시인이었다. 그는 달콤한 말솜씨 덕택에 외교관 겸 대사의 직책을 맡고 있었다. 그러나 얄궂은 운명의 장난으로 오늘날 스코틀랜드에서 '오션의 발라드'라는 이름 아래 거론되는 페니안의 시들은 초기 문서들에서는 시인으로 거론되지 않았던 오션에게 그 출처를 두고 있다. 오션의 어머니는 붉은 머리 보브의 딸 사브Sadb였다. 그녀는 경쟁자였던 여신에 의해 사슴으로 변했는데, '새끼 사슴'이라는 뜻의 이름 오션은 여기에서 비롯되었다. 이와 같은('새끼 사슴'이라는 호칭의— 역주) 이점을 지니고 태어난 오션은 비록 그의 사촌인 '마른 남자Thin Man' 킬터[180]만큼 날래지는 못했으나, 붉은 암사슴을 좇아가 귀를 낚아채 잡을 수 있을 정도로 빠른 발을 가지고 있었다.

한편 그는 아들 오스카Oscar만큼 힘이 세지 못했다. 오스카는 페니안들 가운데 가장 힘이 센 자로 알려졌으나 젊은 시절에는 너무도 주책맞았던 나머지 다른 동료들이 그를 원정에 데려가려 하지 않았다. 그러나 어느 날 그가 몰래 페니안들 뒤를 밟아 그들이 적군에게 밀리는 것을 발견하고 마침 땅에 놓여 있던 굵은 통나무 하나만으로 무장한 채 전투에 뛰어들어 전세를 뒤집어놓았고 이후 동료들의 마음은 그에게 호의적으로 돌아서게 되었다. 그 이후 오스카는 모든 페니안 가운데 최고의 전사로 대접받았다. 그는 일개 대대를 지휘하게 되었고, '무서운 빗 자루Terrible Broom'라 칭해졌던 그의 대대 깃발은 단 한 발자국도 물러선 적이 없다는 명성으로 인해 전투 때마다 전열의 중심으로 자리잡았다.

또 한 명의 걸출한 페니안으로는 모르나Morna의 아들 가울Goll[181]이 있었다. 처음 가울은 핀의 적이었다가 후에 그의 수행자가 되었다. 가울은 핀만큼이나 뛰어난 전투 능력과 학식을 지닌 자였다. 그는 애꾸눈임에도 불구하고 많은 여성들의 사랑을 받았다. 물론 핀의 약혼녀 그러니아Grainne[182]마저 유혹할 정도의 치명적 아름다움을 지녔던 핀의 사촌 데르맛 오두이너Diarmait O'Duibhne[183]만큼 인기가 있었던 것은 아니었다. 늙은 대머리에다 우쭐대며 성마른 성격을 가진 것으로 묘사되는 코난Conan은 이야기 속의 코믹한 인물로 고대의 피스톨Pistol만큼이나 허풍이 심하고, 테르시테스Thersites만큼이나 거친 언사를 썼다. 하지만 그로부터 한번 창피를 당한 뒤로 사람들은 좀더 노련한 수완가가 되었다. 지금껏 소개한 이들이 곧 페니안의 주요 인물들로서 전설의 주인공들이다.

페니안의 서사시는 이야기의 주인공이 태어나기 이전, 각기 제 스스로를 진정 유일한 피아나 에이린이라고 주장하는 두 경쟁 부족간에 벌어졌던 싸움에서부터 시작된다. 그들은 가울 막 모르나Goll mac

Morna가 이끄는 모르나 부족과 핀의 아버지인 쿠할이 이끄는 바스켄 Baoisgne 부족이었다. 크누하Cnucha의 전투에서 가울은 쿠할을 죽였고 바스켄[184]은 뿔뿔이 흩어졌다. 그러나 쿠할의 아내는 유복자를 낳았고 아버지의 적들에게 발견되어 아들이 살해당할 것을 염려하여 비밀리에 슬리에베 블룸Slieve Bloom 산에서 키웠다. 어린 시절 뎀너 Deimne[185]라 불렸던 이 소년은 던지기와 수영, 달리기와 사냥에서 뛰어난 소질을 보였다. 소년은 훗날, 쿠훌린 등 대다수 근세 야만인들이 그랬던 것처럼, 좀더 사적인 두 번째 이름을 가졌다. 그를 쳐다보았던 사람들이 저 흰 살결의 젊은이가 누구인지 물었다. 이 일을 하나의 전조로 받아들인 그는 스스로를 뎀너 핀Deimne Finn이라 칭했다.

보인의 기슭을 돌아다니던 그는 '펙크의 웅덩이Fec's Pool'라고 이름 붙여진 슬레인Slane 근처의 깊은 못에서 '예언자 핀Finn the Seeyer'이라 불리는 예언자와 마주쳤다. 예언자는 그 못에서 '지혜의 연어들' 가운데 한 마리를 잡아먹음으로써 만물에 대한 지식을 얻고자 하였다. 그는 아무런 성과도 없이 이미 7년째 그곳에 머무르고 있었는데, '핀'이라는 이름을 가진 자가 연어를 잡는 데 성공할 것이라는 예언이 있었던 것이다. 방랑하던 쿠할의 아들이 나타나자 예언자 핀은 그를 자신의 하인으로 받아들였다. 얼마 지나지 않아 예언자는 그토록 바라던 물고기를 잡았고, 절대 먹지 말라는 명령과 함께 물고기를 뎀너에게 요리하라고 했다. "네가 혹시 이 물고기에 조금이라도 입을 댔느냐?" 예언자는 삶은 물고기를 가지고 나타난 소년에게 물었다. "절대로 그러지 않았습니다. 하지만 제가 요리하는 동안 껍질이 부풀어오르기에 이를 엄지손가락으로 눌러주었는데 이 때문에 손가락을 데어서 아픔을 덜기 위해 손가락을 입에 넣었습니다." 핀이 대답했다. 예언자는 당황했다. "네 이름이 뎀너라 하지 않았더냐? 그런데 혹시 또 다른 이름을 가지고 있느냐?" 예언자가 물었다. "예, 핀이라고도 합니다." "그만 되었다. 아마도 네가 예언에서 이야기한 바로 그 인물인가 보니 그 연어는 네가 먹도록 하여라." 실망한 주인이 말했다. 핀은 '지혜의 연어'를 먹었다. 그 이후로 그는 데었을 때 했던 것처럼 엄지손가락을 입에 가져다댐으로서 예지와 마력을 받아들일 수 있게 되었다.[186]

이러한 능력으로 무장한 핀은 모르나 부족이 더이상 상대가 되지 못할 정도의 힘을 지니게 되었다. 그가 어떻게 아버지의 옛 부하들에게 스스로의 정체를 밝혔고, 마법을 사용해 적들을 혼란에 빠뜨렸으며, 결국 그들을 충성스런 부하들로 탈바꿈시켰는지에 대한 기묘한 전설들이 전해 내려오고 있다.[187] 심지어는 '주먹질쟁이 가울Goll of the Blows'마저도 그에게 굴복했다. 차차 그는 두 개의 대립 부족들을 하나의 페니안으로 합쳐 통치했고, 아일랜드의 왕들로부터 공물을 거두었다. 포모르인 '로호라나하'와 전쟁을 벌였고, 영토에 횡행하는 모든 종류의 거인, 뱀, 괴물들을 물리치고 마침내 전 유럽에 걸친 신화적 정복을 수행해냈다.

페니안의 위업에 관한 수많은 전설들 가운데 몇 가지의 예만을 골라내기란 쉽지 않은 일이다. 모든 이야기들이 영웅적이고 낭만적이며 대단히 멋지고 환상적이기 때문이다. 투아하 데 다난은 이 전설들 가운데 여러 이야기들 속에서 두드러진 역할을 하고 있다. 그 중 하나는 앞서 이야기된 바 있는 신화적 사건과 관련이 있다. 독자들은 다그다가 불사신들에 대한 왕정을 포기하자 다섯 명의 후보자가 이를 제것이라 주장하며 나타났고, 어떠한 경로를 통해 이들 다섯 후보자, 즉 앙구스와 미처르, 레르, 마난난의 아들 일브렉과 붉은 머리 보브 가운데 마지막 후보자가 선택되었는지에 대한 이야기를 기억할 것이다. 독자는 레르가 이 선출 결과에 승복하기를 거부했으나 마침내 화해하게 되었던 이야기며, 마찬가지로 반항적인 미처르가 칼로우 주의 "렌스터 산 부근의 황무지"로 도망친 사건과 그의 추종자들이 그들을 복속시키려는 나머지 신들로 인해 해마다 전쟁을 치러야 했던 상황에 관한 이야기들 또한 기억할 것이다. 이 전쟁은 핀의 시대에도 여전히 맹렬하게 지속되었고 미처르는 핀에게 도움을 요청하고자 했다. 어느 날 핀은 도네갈에서 오션, 오스카, 킬터, 데르맛과 함께 사냥을 하고 있었다. 사냥개들이 아름다운 새끼 사슴 한 마리를 몰았는데 사슴은 매순간 잡힐 듯하면서도 용케 그들의 추격을 피해 도망치더니 렌스터 산에 이르러 언덕 중턱에 나 있는 틈으로 갑자기 사라져버렸다. 곧 "숲의 나뭇가지들을 꼬인 실가지들처럼 보이게 할 만한" 폭설이 쏟아지기 시작했고, 이에 페니안들은 은신할 곳을 찾아나서야 했다. 그들은 사슴이 사라진 장소를 더듬기 시작했는데, 그 굴은 계곡 언덕의 멋진 성으로 이어졌다. 페니안들이 이 장소에 들어서자 아름다운 처녀 여신이 그들을 맞이했다. 미처르의 딸이라고 스스로를 소개한 여신은 자신이 바로 그들이 쫓던 사슴이었으며, 성을 공격하기 위해 다가오고 있는 군대를 막는 데 그들의 도움을 받고자 사슴으로 변신, 그 장소로 인도했다고 설명하였다. 핀은 공격자들이 누구인지 물었다. 이에 붉은 머리 보브와 그의 일곱 아들, '젊음의 아들' 앙구스와 그의 일곱 아들, 피오네하이트Fionnechaidh 성의 레르와 27명의 아들, 메허Meadha 성의 핀느바르와 17명의 아들, 그리고 그외에도 아일랜드뿐만 아니라 스코틀랜드 및 여러 섬들로부터 끌어들인, 덜 알려진 수많은 신들이라는 답을 듣게 되었다. 핀은 지원을 약속했다. 황혼 무렵이 되자 적들이 나타나 해마다 반복되었던 공격을 퍼붓기 시작했다. 밤새도록 계속된 전투 끝에 적들은 "수십, 수백의 목숨"을 잃은 채 달아났다. 핀과 오스카, 데르맛을 비롯해서 미처르의 아들들 대부분이 심한 부상을 입었으나 의사인 라브라Labhra가 그들의 상처를 모두 치료해주었다.[188]

사실 페니안들은 산의 종족들과 전쟁을 일으키기 위해 늘 요정 동맹을 핑계 댈 필요는 없었다. 소위 '오션의 발라드'라고 불리는 이야기들 가운데 하나에는 '브루의 앙구스의 마법에 걸린 돼지 사냥The Chase of the Enchanted Pigs of Angus of the Brugh'이라는 제목이 붙어 있다. 물론 이 이야기 속의 앙구스는 '젊음의 아들'로, 아버지인 다그다를 속여 보인 옆의 저 유명한 성 브루를 빼앗은, 바로 그 인물이다. 신들이 영웅들을 우호적으로 대하게 된 이후 그는 핀과 그의 추종자 가운데 선택된 1,000명을 초대하여 브루에서 연회를 베풀었다. 그들은 가장 좋은 옷차림으로 나타났고 "술잔이 손에서 손으로 전해졌으며, 시종들은 끊임없이 바쁘게 움직여야 했다." 마침내 대화는 연회와 사냥 가운데 어느 것이 나은지, 그 장점들을 비교하기에 이르렀다. 앙구스는 "향연이 영원히 지속되는 신들의 삶"이 페니안들의 그 어떤 사냥보다 낫다고 단호하게 주장했다. 핀은 완강하게 그의 주장을 반박했다. 핀이 자신의 사냥개들에 대해 자랑을 늘어놓자 앙구스는 그중 가장 뛰어난 개일지라도 자신의 돼지 가운데 한 마리를 죽이지는 못할 것이라고 대꾸했다. 그러자 화가 난 핀은 자신이 지닌 두 마리의 사냥개 브란과 스콜라운Sgeolan은 뭍의 어떤 돼지라도 모두 죽일 수 있다고 응수했다. 앙구스는 핀에게 그가 소유한 사냥개와 사냥꾼들이 절대로 잡거나 죽일 수 없는 돼지 한 마리를 보여주겠다고 답했다. 이처럼 불멸의 신들과 영웅들의 재미있는 말다툼이 이어지는 와중에 연회의 집사가 끼어들어 모두를 잠자리로 안내했다. 다음 날 아침, 1,000명밖에 안 되는 군대를 데리고 앙구스의 요정들과 싸우고 싶지 않았던 핀은 브루를 떠났다.

일 년 뒤, 핀은 그 대화를 차츰 잊어가던 참이었다. 앙구스가 사신을 보내 자신의 돼지들과 핀의 사냥 부대가 맞붙기로 했던 약속을 상기시켰다. 페니안들이 각자 가장 총애하는 사냥개의 목줄을 쥔 채 언덕의 꼭대기에 자리잡자, 즉각 동쪽 평야에서 여태껏 페니안들이 본 바 없는 101마리의 돼지 떼가 나타났다. 돼지들은 모두 사슴만큼 큰 체구에 대장간의 석탄보다도 더 검은빛을 띠었으며, 배의 돛대만큼이나 뻣뻣한 털이 온몸에 덤불처럼 돋아 있었다. 그러나 돼지 한 마리가 10명의 사냥꾼들을 해치우고 사냥개들을 여럿 죽였음에도 불구하고, 용감한 페니안들은 돼지들을 모두 도살해버릴 수 있었다. 그러자 곧 앙구스는 페니안들이 돼지의 모습으로 변신한 자신의 아들과 수많은 투아하 데 다난을 죽였다고 비난했다. 이렇게 양측은 격렬하게 서로를 헐뜯었다. 화가 난 페니안들은 보인의 브루를 공격할 준비를 시작했다. 그러나 앙구스가 금세 자신의 주장을 굽혔고, 이어 오션도 끼어들어 충고했기 때문에 핀은 결국 앙구스 및 그의 요정들과 화해를 했다.

이와 같은 이야기가 페니안 전설의 일군을 이루는 설화들의 일례이다. 본래 페니안들은 위대한 사냥꾼 종족이었고, 사냥은 그들의 가장 두드러진 특기였다. 그들을 위험에 빠뜨리고자 했던 마법사들은 항상 수퇘지나 사슴으로 변신해서 그들을 유혹했고, 많은 이야기들이 단순한 추격으로 시작해 잔혹한 전쟁으로 끝나고 있다. 그러나 오션이 "그들이 지닌 용기와 진실을 통해서"라고 자랑스럽게 표현했듯이 페니안들은 이러한 싸움에서 늘 성공적인 승리를 얻어냈다.

추격에 관한 가장 유명한 전설은 사슴이나 수퇘지를 쫓는 이야기가 아니라 한 여자와 한 남자의 이야기, 즉 핀의 약혼녀와 그의 조카 데르맛에 관한 것이다.[189] 전쟁에서 항상 행운의 주인공이었던 이 페니안의 우두머리는 사랑의 문제에 있어서는 매우 불행했다. 나이가 들어서 아내를 얻고자 했던 핀은 아일랜드의 대왕 코르막의 딸 그러니아Grainne에게 청혼했다. 코르막 대왕과 그의 딸은 이를 승낙했고, 핀의 특사는 2주일 뒤 신부를 데려가기 위해 방문해달라는 전갈을 가지고 돌아왔다. 이에 핀은 선발된 무리들을 이끌고 아일랜드에 당도하여, 타라의 거대한 연회장으로 당당하게 들어갔다. 그곳에서 연회가 열렸다. 그런데 이 장소에서 그러니아는 모여 있는 페니안의 영웅들에게 눈길을 돌리다가 데르맛 오두이너를 발견했다.

이 페니안의 아름다운 청년은 뺨에 매력점을 가지고 있었는데 그어떤 여성일지라도 즉시 사랑에 빠지지 않을 수가 없었다. 그러니아 역시 그녀의 고귀한 혈통에도 불구하고 예외가 될 수는 없었다. 그녀는 드루이드 사제들 가운데 한 사람에게 손님들을 소개시켜줄 것을 청했다. 사제는 그녀에게 모든 손님들의 이름과 그들의 공적에 대해 이야기해주었다. 그러자 그녀는 보석으로 장식된 뿔 술잔을 가져오도록 하여, 약을 탄 포도주로 채우고는 데르맛을 제외한 모든 손님들에게 이를 돌리도록 했다. 그 어떤 이도 공주가 보낸 술을 사양할 수 없었다. 그런 무례한 행동을 할 수는 없었다. 결국 모두가 이 술을 마셨고, 하나같이 깊은 잠에 빠져들었다.

그러자 공주는 자리에서 일어나 데르맛에게 다가가서는 그에 대한 자신의 열정을 고백했고 이에 대한 답을 요구했다. "족장의 약혼자를 사랑할 수는 없습니다. 제가 만일 원한다 해도 감히 그렇게 할 수 없는 것입니다." 그가 대답했다. 이렇게 말한 뒤 그는 핀의 덕망을 칭송하고 자신의 명성은 깎아내렸다. 그러나 그러니아는 자신이 이미 그를 자신과 함께 도주하도록 게사(그 어떤 영웅도 이행을 거부할 수 없는 계약)에 얽어매어 놓았다고만 이야기하고 나머지 무리들이 잠에서 깨어나기 전에 재빨리 자신의 의자로 돌아갔다.

연회가 끝난 후, 데르맛은 자신의 동료들 한 명 한 명에게 자신에 대한 그러니아의 사랑에 관해 이야기하고, 그녀를 타라로부터 데리고 도망치도록 공주가 그에게 씌운 맹세에 대해 털어놓았다. 그는 모든 동료들에게 이 일을 어찌해야 할 것인가에 대한 조언을 구했는데, 대답은 한결같았다. 하나같이 그 어떤 영웅이라도 여성이 부과한 맹세를 깨뜨릴 수 없다는 것이었다. 그는 심지어 그러니아의 이름은 숨긴 채 핀에게까지 조언을 구했는데, 그의 대답 역시 모든 이들과 마찬가지였다. 그날 밤, 두 연인은 타라에서 도주하여 아슬론에 위치한 섀넌의 개울로 향했고, 이를 건넌 뒤 '두 막사의 숲Wood of the Two Tents'이라 이름 붙여진 곳에 이르렀다. 이곳에서 데르맛은 그러니아가 쉴 수 있도록 나뭇가지를 엮어 오두막을 지어주었다.

한편 그들의 도주 사실을 알게 된 핀은 화가 머리끝까지 솟아 자신의 수색대 나빈Neamhuain 부족들을 보내 그들을 뒤쫓도록 했다. 수색대는 그들을 쫓아 숲에 이르렀는데, 그중 한 명이 나무에 기어올라가 아래를 살피다가 견고한 일곱 개의 문으로 이루어진 방벽 안의 오두막을 보았고, 그 안에 있는 데르맛과 그러니아를 발견했다. 이 소식이 페니안들에게 전해졌다. 그들은 한결같이 유감스러운 마음으로 핀이 아닌 데르맛을 동정했다. 그들은 데르맛에게 조심하라고 경고했지만, 이미 더이상 도망치지 않고 맞서 싸우기로 결심한 데르맛은 그들의 경고를 받아들이지 않았다. 마침내 핀이 방벽 앞에 도착하여 데르맛에게 그 안에 있는 것이 그와 그러니아인지를 외쳐 물었다. 데르맛은 그렇다고 대답하며 자신의 허락 없이는 아무도 방벽 안으로 들어올 수 없다고 못박았다.

데르맛은 얼스터와 아일랜드 사이의 전쟁에서 쿠훌린이 그랬던 것처럼 주군과 홀로 맞서야 하는 상황을 맞이했다. 그러나 데르맛 역시 쿠훌린과 마찬가지로 신의 도움을 받을 수 있었다. 투아하 데 다난의 총아였던 그는 '약속의 땅'에서 레르의 아들 마난난의 제자로 길러졌고, 브루의 앙구스가 양육했다. 마난난은 그에게 '붉은 창'과 '노란 창'이라고 이름 붙여진 자신 소유의 투창 두 개와, '거대한 격노'와 '작은 격노'라고 불리는 자신의 검 두 자루를 선사했다. 앙구스는 위기에 처한 자신의 양자를 돌보고자 신들이 사용하는 투명 망토를 가지고 황급히 오두막에 도착했다. 그는 데르맛과 그러니아에게 망토로 몸을 감싸 사람들의 눈에 띄지 않도록 하고 밖으로 나오라고 충고했다. 데르맛은 도주하기를 거부했지만 앙구스에게 그러니아를 보호해줄 것을 부탁했다. 신은 공주에게 요술 망토를 씌워 그녀가 페니안들의 눈에 띄지 않도록 데려갔다.

이 무렵 핀은 자기 부하들을 방벽의 모든 문에 각각 배치해놓았다. 데르맛은 각각의 문에 차례로 다가가보았다. 첫 번째 문에는 오션과 오스카가 바스켄 부족과 있었는데, 그들은 그를 보호해줄 것을 약속했다. 두 번째 문에는 킬터와 로난Ronan 부족이 있었는데 그들은 그를 위해 목숨을 바쳐 싸울 것이라고 맹세했다. 세 번째 문에는 코난과 모르나 부족이 있었는데 그들 역시 그의 편이었다. 네 번째 문에는 쿠안Cuan과 데르맛의 고향인 먼스터 출신의 페니안들이 있었다. 다섯 번째 문에는 역시 핀에 대항해서 그를 보호해주기로 맹세한 얼스터의 페니안들이 있었다. 그러나 여섯 번째 문에는 그를 미워하는 나빈 부족이 있었고, 마지막 일곱 번째 문에 핀이 서 있었다.

"오 핀이시여, 저는 당신이 서 계신 문을 통해 밖으로 나가겠습니다." 데르맛은 이렇게 외쳤고, 핀은 자신의 부하들에게 데르맛이 나오면 그를 포위해 죽이라고 명령했다. 그러나 데르맛은 방벽을 뛰어넘어 그들의 머리 위를 지나 미처 쫓아갈 새도 없이 날쌔게 도주하였다. 그는 앙구스가 그러니아를 데려다놓은 곳까지 한 번도 쉬지 않고 단숨에 달려갔다. 친절한 신은 그들의 곁을 떠나며 슬기로운 충고 한 마디를 남겼다. 절대로 줄기가 하나뿐인 나무에는 숨지 말 것이며, 입구가 하나뿐인 동굴에서는 쉬어가지 말고, 수로가 하나뿐인 섬에는 상륙하지 말고, 날 음식을 구할 수 없는 곳에서는 저녁식사를 거를 것과, 같은 장소에서 두 번 이상 잠을 자서는 안 된다는 것이었다. 인디언들의 병법을 방불케 하는 이 조언 덕분에 그들은 꽤 오랜 시간 동안 핀의 추격을 피할 수 있었다.

그럼에도 불구하고 결국 핀은 그들이 머무는 곳을 찾아냈다. 사냥개를 거느린 전사들을 보내 그들을 생포하거나 죽이라고 명령했다. 그러나 데르맛은 그에게 다가오는 모든 적들의 공격을 이겨냈다.

하지만 핀은 추격을 계속했다. 마침내 데르맛은 도주에 대한 마지막 희망을 품고 신들의 음식인 붉은 열매를 맺는 마술 마가목 아래에 도피처를 만들었다. 이 나무는 투아하 데 다난들 가운데 한 인물이 떨어뜨린 열매 한 알로부터 자라난 것이었는데, 그들은 자신들의 실수로 유한한 생명의 인간들에게 불멸의 천상 음식을 주게 되었음을 깨닫고 곧 '퉁명스러운 샤르반Sharvan the Surly'이라는 커다란 외눈박이 포모르인을 보내어 이를 지키게 했다. 이 포모르인은 하루 종일 나무 발치에 앉아 있다가 밤이 되면 가지들 사이에서 잠을 자곤 했다. 그의 외모는 너무도 끔찍해서 페니안들이나 인간들이나 가까이 다가가려 하지 않았다.

그러나 데르맛은 그러니아에게 안전한 은신처를 마련해주고 싶은 심정에 포모르인 앞에 용감히 나섰다. 그는 대담하게 포모르인에게 다가가 그의 주변에서 사냥과 야영을 할 수 있도록 허락을 구했다. 포모르인은 그가 붉은 열매를 따지 않는다면 마음 내키는 어느 곳에서나 사냥과 야영을 할 수 있다고 퉁명스럽게 대답했다. 그리하여 데르맛은 샘가에 오두막을 짓고 그러니아와 함께 그곳에서 야생동물들을 잡아먹으며 지냈다.

하지만 불행히도 그러니아는 마가목 열매를 먹고 싶은 욕망이 너무나 강해진 나머지 이 소망이 이루어지지 않는다면 죽고 싶은 상태에까지 이르렀다. 처음에 그녀는 욕망을 잘 숨기고 지냈으나 결국에는 자신의 애인에게 이를 고백할 수밖에 없었다. 데르맛은 포모르인과 싸우고 싶은 마음이 없었기 때문에 그에게 다가가서 그러니아가 처한 괴로운 상태에 대해 말하고 열매를 한 움큼만 선물로 받을 수 있는지 물었다.

그러나 포모르인은 "내가 맹세컨대 내 열매가 아닌 다른 어떤 음식으로도 공주와 아직 태어나지 않은 그녀의 아이를 살릴 수 없고, 또 그녀가 이 지구상의 마지막 여인이라고 할지라도 열매는 단 한 알도 줄 수 없다."고 답했다. 그래서 데르맛은 포모르인과 싸움을 벌였고 매우 고전했지만 결국에는 그를 죽일 수 있었다.

마법 마가목의 보호자가 죽었다는 소식이 핀에게 전해지자 그는 그를 죽인 인물이 데르맛일 것이라고 짐작했다. 그래서 일곱 개의 페니안 대대를 이끌고 데르맛을 찾아 마가목이 있는 장소로 향했다. 이 무렵 데르맛은 자신이 지은 오두막을 버리고 포모르인이 마가목 가지들 사이에 지어놓은 집에 머무르고 있었다. 그가 그러니아와 함께 집안에 있을 때, 핀과 그의 부하들이 도착했다. 그들은 나무발치에서 야영을 하며 한낮의 열기가 식은 후 수색을 하고자 기다렸다.

핀은 지루함을 잊기 위해 장기판을 가져오라 하여 아들인 오션과 승부를 겨루었다. 부자는 오션이 마지막 수를 앞두고 있을 때까지 게임을 계속했다.

"이번 한 수로 네가 이길 수 있겠구나." 핀이 그의 아들에게 말했다. "하지만 너와 모든 페니안들이 그 한 수가 어떤 것인지 직접 생각해내도록 나는 이를 가르쳐주지 않겠다."

가지 아래로 이를 지켜보고 있던 데르맛만이 그 마지막 한 수가 어떤 것인지 알고 있었다. 그는 참지 못하고 열매 하나를 장기판에 떨어뜨려서 움직여야 할 그 말을 맞췄고, 이에 힌트를 얻은 오션이 그 말을 움직여 게임에서 승리했다. 두 번째 판과 세 번째 판에서 매번 같은 상황이 일어났다. 그러자 핀은 데르맛이 오션에게 힌트를 주는 열매들을 던지고 있음을 눈치챘다.

그는 데르맛의 이름을 소리쳐 부르고는 그가 나무에 있는지 물었다. 단 한 번도 거짓을 말해본 일이 없는 페니안의 영웅은 자신이 그곳에 있음을 밝혔다. 그리하여 마가목은 방어벽에 둘러싸여 있던 예전의 오두막이 그랬던 것처럼 무장한 군사들에게 포위되었다. 그러나 똑같은 상황이 다시 한 번 일어나 브루의 앙구스가 그러니아를 투명 망토에 감싸 탈주시켰고, 굵은 가지의 끝까지 걸어간 데르맛은 나무를 둘러싸고 있는 페니안들의 영역을 벗어나 손끝 하나도 다치지 않은 채 탈출에 성공했다.

이것이 유명한 '추격'의 결말이 되었다. 앙구스는 특사의 자격으로 핀을 대면해 도망자들과 화해할 것을 설득했다. 대부분의 페니안들 역시 핀의 용서를 간청했다. 그리하여 마침내 데르맛과 그러니아의 안전한 귀환에 대한 허락이 떨어졌다.

그러나 핀은 끝내 그들을 진정으로 용서하지 못했다. 그는 곧 데르맛에게 벤 굴반Benn Gulban[190]의 멧돼지를 사냥해보라고 권유했다. 그리스의 아킬레스처럼 발뒤꿈치를 제외한 몸의 어느 부위에도 상처를 입지 않는 데르맛은 피 한 방울 흘리지 않은 채 멧돼지를 죽였다. 데르맛의 약점을 아는 핀은 그에게 맨발로 사냥감의 가죽의 길이를 재어보라고 은근히 권했다. 데르맛이 이를 실행하자 핀은 그가 길이를 잘못 재었다고 말하며 이번에는 반대 방향으로 다시 한 번 가죽 위를 걸어보라고 명했다. 이는 곧 거친 털이 난 방향의 반대로 걸어가는 꼴이 되어 털 한 가닥이 데르맛의 뒤꿈치를 찔렀고, 이것이 치명적인 상처가 되고 말았다.

이처럼 긴 지면이 할애된 '데르맛과 그러니아의 추격'은 페니안 전성기의 정점을 이루는 이야기라고도 할 수 있다. 왜냐하면 이 사건 이후로 그들의 세력은 점차 하락의 길을 걸었던 것이다. 데르맛의 친구들은 핀이 그를 죽이기 위해 꾸몄던 음모를 결코 잊지 않았다. 가울과 그의 모르나 부족 대 핀과 그의 바스켄 부족 사이에 여태껏 잠재워져 있었던 반목이 점차 겉으로 드러나기 시작했다. 페니안과 아일랜드 대왕들 사이에 싸움이 일어났고, 이는 가브라Gabhra[191] 전쟁에서 페니안이 전멸하는 것으로 끝을 맺었다.

이 전쟁은 서기 284년에 일어났던 것으로 전해진다. 한편 핀은 이 전쟁이 일어나기 한 해 전에 보인 브레Brea 여울에서 일어난 페니안 반란 세력들과의 작은 전투에서 이미 죽었다. 그러니아의 아버지인 위대한 코르막 왕 역시 숨을 거두었다. 그후 핀의 손자 오스카와 코르막의 아들 카이르브레Cairbre 사이에서 전쟁이 일어났다. 이 신화적인 전투는 캄란Camlan에서 아서 왕이 치른 최후의 전투만큼이나 격렬했다. 오스카와 카이르브레는 서로의 목숨을 빼앗았다. 거의 모든 페니안들이 전사했고, 카이르브레의 군대 역시 마찬가지였다.

두 명의 위대한 페니안만이 살아남았는데, 그중 하나는 빠른 발덕분에 살아남은 킬터다. '원로들의 대화'라고 이름 붙여진 유명한 전설은 몇 세기가 지난 후 킬터가 페니안들이 이루었던 굉장한 업적에 대해 성 패트릭과 함께 나눈 대화의 기록이다. 영웅시대에 친구들을 잃은 그는 투아하 데 다난과 운명을 같이한 것으로 전해진다. 그는 마난난의 아들인 일브렉과 함께 전투에 참가하여 레르에 대항했고, 이 고대의 해신을 자신의 손으로 무찔렀다.[192]그는 레르의 소유였던 쉬 피오나하이 요정 성城을 점령했는데, 이후 그의 행적에 대해서는 아일랜드 농민들의 마음 속에서 그가 성의 일원이자 이들의 통치자로 자리잡았다는 사실 외에는 알려진 바가 거의 없다.

전투에서 살아남은 다른 하나의 인물은 오션이다. 그는 가브라 전투에 참여하지 않았는데, 이는 그가 이미 오래전 많은 신화 속 영웅들이 그러했던 것과 마찬가지로 유한한 생명을 가진 평범한 인간이었다면 결코 돌아오기 힘든 대장정을 떠났기 때문이다. 쿠훌린이 그랬던 것처럼, 그의 여행 또한 여신의 초대로 이루어졌다. 페니안들이 킬라니 호수 근처에서 사냥을 하고 있을 무렵 지상의 아름다움을 뛰어넘는 미모를 가진 한 여인이 그들에게 다가왔다. 그녀는 자신의 이름은 니아브Niamh[193]로 '바다의 아들'의 딸이라고 했다. 18세기의 게일 시인 마이클 코민Michael Comyn은 이 고대의 이야기를 자신의 언어로 다시 들려주었는데,[194] 그의 시에서도 이 여인은 고대의 음유시인이 그려냈던 그 모습 그대로 묘사되고 있다.

고귀한 왕관이 그녀의 머리에 얹혀 있었고,

값비싼 비단으로 만들어진 갈색 망토는,

붉은 금색의 별들로 장식되어,

그녀의 신을 덮고 잔디에까지 이르렀네.

금빛 고리들이 드리워져 있었네

그녀의 곱슬거리는 금발 가닥들마다,

구름 한점 없이 파랗고 맑은 그녀의 눈은,

잔디 위에 떨어진 이슬방울 같았네.

그녀의 뺨 장미보다도 붉었고,

얼굴은 물결 위에 떠 있는 백조보다도 희고,

향유를 풍기는 그녀의 입술

붉은 포도주에 섞은 꿀보다도 달콤했네.

넓고, 길고도, 매끄러운 천이

흰 말을 덮고 있었네.

붉은 금의 알맞은 안장이 얹혀 있고,

그녀의 오른손 금 멍에에 연결된 고삐를 쥐고 있었네.

네 개의 훌륭한 모양의 말굽이 있었으니,

순전히 황금으로만 이루어진 것이었네.

은으로 만든 관 말의 뒷머리에 얹혀 있었고,

이 세상에 그보다 더 훌륭한 말은 존재하지 않았다네.

이 같은 모습을 지닌 마난난의 딸, 금발의 니아브가 수많은 인간의 아들 가운데 오션을 자신의 연인으로 선택했으니, 핀의 그 어떤 간청도 그를 멈출 수 없었던 것은 너무나 당연한 일이었다. 그는 요정의 말에 올라 그녀의 뒤에 앉았다. 그들은 물을 지나고 해안을 달려, 파도의 꼭대기 위로 말을 몰았다. 달리는 동안 그녀는, 마난난이 폐발의 아들 브란에게, 또 미처르가 에탄에게, 그리고 그곳에 가본 모든 이들이 지상에 남겨져 있었던 이들에게 설명해주었던 것처럼, 그에게 신들의 영토에 관해 이야기해주었다.

그곳은 이 세상에서 가장 즐거운 곳.
태양 아래 최고의 평판을 지니고 있는 곳,
나무들은 꽃과 열매로 가지가 늘어지고,
가지 끝에는 잎이 무성해.

꿀과 포도주가 넘쳐나고,
눈에 보이는 모든 것은,
시간이 지나도 결코 사라지지 않을 것이니.
죽음도 쇠락도 볼 수 없을 것이네.

그들은 경이의 세계를 통과해갔다. 눈부신 태양의 정자, 하얀 석회 벽들과 함께 요정의 성들이 바다의 표면 위로 나타났다. 그들은 이 성들 가운데 한 곳에서 멈췄고, 오션은 니아브의 요청으로 그곳에 살고 있던 사나운 포모르인을 공격하여 그가 볼모로 잡고 있던 투아하 데 다난의 처녀를 풀어주었다. 그는 뿔이 없는 새끼 사슴이 파도 사이를 뛰어다니는 것을 보았는데, 사슴은 켈트 신화에 등장하는 하얀 몸에 붉은 귀를 가진 이상한 모습의 사냥개에게 쫓기고 있었다. 마침내 그들은 '젊음의 땅'에 도착했다. 그리고 오션은 에린과 페니안들이 다시 기억에 떠오를 때까지 300년 동안을 그곳에서 니아브와 함께 살았다. 300년이 지나자 자신의 조국과 백성들을 다시 보고 싶은 마음이 강렬해졌다. 니아브는 이를 허락하고 그를 요정의 말 위에 태워 길을 떠나보냈다. 그녀는 그에게 한 가지를 맹세하도록 했는데, 절대로 지상의 흙을 밟아서는 안 된다는 것이었다. 오션은 이를 약속하고는 바람의 날개를 타고 아일랜드에 이르렀다.

그러나 레르의 자식들이 고행의 끝에 그랬듯이 그 역시 모든 것이 변했음을 알았다. 그가 핀과 페니안들에 대해 묻자 돌아온 대답은, 그러한 이름을 가진 이들이 아주 오래전에 살았으며 그들의 행적이 옛날 책들에 기록되어 있다는 것이었다. 가브라에서 전투가 있었고, 성 패트릭이 아일랜드로 와서 모든 것을 새롭게 만들었다. 인간의 모습 자체가 변해서 그가 보낸 옛 시절의 거인 같았던 사람들과 비교하면 모두가 난쟁이처럼 보였다. 그는 300명이나 되는 인간들이 대리석판 하나를 세우기 위해 헛된 노력을 거듭하고 있는 것을 보더니 다가가서는 얕잡아보듯 친절을 부리며 이를 한 손으로 들어 올렸다. 그러나 무리하게 이 일을 하는 동안 금으로 된 안장의 끈이 끊어져, 그의 발은 지상에 닿고 말았다. 요정의 말은 사라져버렸고 오션은 더이상 젊지도, 아름답지도, 힘이 세지도 않은, 다만 눈이 멀고 하얗게 센 머리에 초라해진 늙은이로 땅에서 일어났다.

몇 편의 기백 있는 발라드들이 스스로를 도울 힘도 없고 스스로 먹을 것을 구하지도 못한 채 땅 위에 버려진 오션을 성 패트릭이 개종시키기 위해 어떻게 자기 집으로 받아들였는가에 대해 이야기해주고 있다.[195] 성인은 만일 그가 참회한다면 갈 수 있는 천국에 대해 가능한 밝게 묘사해주었을 뿐만 아니라 그의 동료들이 고통받고 있는 지옥의 어두운 모습에 대해서도 이야기해주었다. 오션은 성인의 논증과 간원, 위협에 대해 놀랍도록 솔직하게 답했다. 그는 페니안들이 들어가고 싶어하는데도 그들을 받아주지 않는 그런 천국은 믿지 않을 것이며, 하느님 또한 핀과 우정을 맺는 데 주저하지 않을 것이라고 말했다. 그리고 만일 그렇지 않아서 사냥도, 아름다운 여인에 대한 구애도, 음유시인의 노래와 이야기를 들을 수도 없는 곳에서 영원히 살 수 있다고 한들 그게 무슨 소용이 있겠는가? 싫다. 그는 페니안들이 연회장에 앉아 있든 아니면 불 속에 있든 그들에게로 갈 것이다. 그리하여 그가 여태껏 살아온 것처럼 죽음 또한 같은 식으로 맞이할 것이라고 대답했다.

15장

신들의 몰락과 멸망

이처럼 오션과 패트릭의 대화 형식으로 이루어져 있는 발라드들이 좀더 널리 전파되었음에도 불구하고, 어떤 전설은 성인이 영웅을 개종시키는 데 성공했다고 전한다. 목숨을 부지한 또 한 명의 페니언인 킬터 역시 여태껏 받아들였던 이교의 민담을 신앙과 구원의 약속과 기꺼이 맞바꾸었다고 전해진다. 종교적 영향이 미친 이와 같은 사례들은 후에 붉은 가지 용사들에 관한 전설들에서 다시 목격된다. 아일랜드에서 최초로 기독교 개종운동을 펼친 이들은 아직도 절반은 이교의 영향력 아래 놓여 있는 신도들에게 그들의 사랑을 받았던 영웅들이 새로운 신앙에 복종한 것처럼 묘사하여 들려주는 정책을 펼쳤던 것이다. 코노르와 쿠홀린에 관한 설화들은 이교도였던 이 인물들이 결국에는 기적적으로 복음을 받아들였다는 이야기로 수정되었다. 그로 인해 완전히 새로운 이야기가 꾸며졌는데, 그 속에서 성 패트릭은 쿠홀린을 죽음으로부터 부활시킴으로써 그로 하여금 아일 랜드의 왕 뢰카러 2세에게 기독교의 진리를 입증케 하였고, 쿠홀린 의 엄청난 열정과 달변 덕에 의심 많은 이 아일랜드 군주마저도 결 국에는 설득되고 말았다는 얘기다.[196]

한편, 이교의 신이었던 투아하 데 다난을 기독교의 성인들로 탈바 꿈시키려는 대담한 시도도 있었다. 그러나 이 시도는 좀더 인간적인 면모를 지녔던 영웅들에게 펼쳐진 탈바꿈 정책에 비하면 그다지 효 과적이지 않았다. 다만 한 가지 시도는 얼마나 즉각적이고 눈부신 성공을 거두었는지 알 수 있다. 불과 시 그리고 가정의 여신인 브리 잇취는 오늘날 성 브리잇취Saint Bridget 또는 브라이드Bride라는 이름으 로 알려져 있다. 그녀는 아일랜드의 성인들 가운데 가장 유명한 인 물이지만, 그녀가 다그다의 딸임은 누구나 쉽게 알아챌 수 있다. 대 부분 불과 관련되어 있는 그녀의 기독교적 속성은 그녀가 이교에서 유래했음을 알려주는 증거가 된다.[197] 이 여신은 동이 틀 무렵에 태 어났는데, 그녀가 기거했던 집은 하늘까지 뻗어나간 화염으로 번쩍 였다. 그녀가 베일을 벗으면 불기둥이 머리에서 치솟았으며, 여신의 입김은 새 생명을 죽음으로 몰아넣었다. 1세기의 라틴 작가 솔리누 스Solinus는 배스Bath에서 숭배되는 영국의 여신 술Sul이 "끓어오르는 샘물을 지배했고, 그녀의 제단에는 절대로 하얀 재가 되지 않는 대 신 돌처럼 딱딱한 덩어리로 굳어버리는 불꽃이 영원히 타올랐다"고 전하고 있다. 킬데어Kildare에 있는 그녀의 신전에서 타오르는 이 성 스러운 불꽃은 절대로 외부로 반출될 수 없었다.[198] 불꽃은 13세기에 한 번 꺼진 적이 있었지만, 다시 켜져서 헨리Henry 8세가 수도원에 대한 탄압을 가하기 이전까지 두 번 다시 꺼진 적이 없었다. 이 성스러운 불꽃에 인간의 불결한 숨결이 닿아서는 안 되었다. 불꽃은 열아홉 밤 동안 수녀들이 지켰지만 스무 날째 밤에는 그냥 내버려두었음에도 기적처럼 불꽃을 유지하고 있었다. 이와 같이 반은 이교적이고 반은 기독교적인 이 아일랜드 신이 근본적인 특징이나 제례의식상의 변화가 거의 없었음에도 불구하고 이전의 여신 자리를 대신해서 새로운 성인으로 받아들여졌다는 것은 꽤나 놀라운 일이다.

아일랜드의 성인전聖人傳을 자세히 살펴보면 그 이름과 속성에서 이전에는 이교의 신이었던 흔적을 알아챌 수 있는 성인들을 다수 발견하게 된다는 사실에는 의심의 여지가 없다. 하지만 이들은 충분히 일반적으로 받아들여진 것이 아니어서, 아직까지 생생하게 남아 있는 게일 신들의 영향력에 맞설 만한 다른 조치들이 동원되어야 할 필요가 있었다. 때문에 이 신들이 단지 한때 에린을 지배하며 살아갔던 속세의 인간임을 증명하기 위한 새로운 신화사실론자euhemerists 학파가 일어났다. 학식을 갖춘 수도사들은 대홍수 시대 이래로 내려오는 아일랜드의 역사를 재구성하기 위해 혼신의 노력을 기울였다. 유진 오커리는 그들이 만들어놓은 여러 계보들을 편집하고 밸리모트 · 레칸 · 렌스터의 책들 안에 있는 투아하 데 다난뿐 아니라 피르볼그들, 포모르인들, 밀레시아인들 그리고 파르톨론과 네메드의 족속들까지도 모두가 노아의 자손이라는 엄청난 내용의 계보를 포함시켰다. 이 가부장의 아들인 야벳Japhet은 마고그Magog의 아버지였으며, 마고그로부터 가계가 둘로 갈라졌는데 그 하나가 밀레시아인이고, 다른 하나가 그외의 모든 종족들이었다.[199]

이처럼 신들을 전체 인류 역사 속에 그리고 아일랜드의 역사 속에 한 차례 엮어넣고 나자, 이들의 생몰년과 거주지, 무덤의 위치를 부여하는 것은 식은죽 먹기였다. 우리는 누아다, 다그다, 루 그리고 그 외의 인물들이 언제 타라를 지배했는지 정확한 시기를 알 수 있다. 보인의 무덤들은 이들에게 편한 안식처를 제공해주었다. 그들의 적인 포모르인들은 실제 있었던 전투에서 패한 실존의 침략자들이 되었다. 이런 방식을 통해 그들의 신성은 평범한 이야기 속으로 흡수되었다.

그러나 이 신화사실론자의 추종자들이 오늘날에도 존재한다는 사실은 이들에 대한 온당한 평가를 가능하게 할 것이다. 아일랜드의 역사나 영국의 민족 구성 문제를 다룸에 있어 그 권위를 인정받는 여러 작가들은 게일의 신화에서 거론되는 부족들이 실존 부족들이었다고 주장한다. 그러나 안타깝게도 그들은 '밀레시아인들'이 아리안계 켈트족이라는 단 하나의 의견에 대해서만 합의를 보고 있다. '피르 볼그들'에 대한 견해는 여럿으로 나눠지는데 혹자는 그들을 아리안 이전 부족이라 여기는가 하면, 다른 한쪽에서는 그 이름으로 볼 때 이들이 벨가이 계통의 골족이라고 생각한다. 나아가 좀더 신비에 싸인 종족들에 대해서는 수많은 추측들이 난무하고 있다. 투아하 데 다난은 게일족, 픽트족, 데인족, 스칸디나비아족, 리구리아족, 핀족 등으로 추측되고, 포모르인들은 이베리아인이나 무어인, 로마인, 핀족, 고트족, 튜턴족이라고 추측된다. 파르톨론Partholon과 네메드Nemed의 사람들은 구석기 시대의 사람들이라고 설명된다. 원주민 연대기 편찬자들은 다행히도 '스페인'에서 온 사람들을 제외하고는 종족의 문제에 대해 특별한 의견을 가지고 있지 않았기 때문에, 이와 같이 수많은 견해들이 혼재하는 상황을 피할 수 있었다.

물론 신화사실론의 지배적인 풍조에 이의를 제기하는 이들 역시 존재 했다. 10세기경에 에카 오플린Eochaid O'Flynn이라 불리는 시인은 투아하 데 다난들에 대한 그의 글에서 처음에는 이들을 인간으로 볼 것인지 아니면 신으로 취급할 것인지에 관해 망설이지만 종국에는 그들의 신성을 솔직하게 인정하고 있다. 《밸리모트의 책》[200]에 전해 지는 시에서 그는 이렇게 읊는다.

비록 그들은 부력 좋고 모험 가득한 배 없이도
유식한 에린에 오게 되었지만
창조된 그 어떤 인간도 알지 못했네
그들이 땅으로부터 나타난 것인지, 아니면 하늘에 속한 것인지를.

만약 그들이 극악무도한 괴물들이었다면,
그들은 비참한 추방으로 인해 온 것일 테고,[201]
만약 그들이 부족과 국가의 종족이라면,
만약 그들이 인간이라면, 그들은 베오사하Beothach의 종족일 것이다.

그는 이들을 계승 순서대로 일일이 열거한 뒤, 다음과 같이 부르 짖으며 시를 마치고 있다.

비록 내가 이 신들을 서열대로 다루긴 했으나,

나는 그들을 숭배하지 않았다.

민중들이 수도사보다는 시인과 의견을 같이했으리라는 사실은 쉽게 예측할 수 있다. 수도원의 경건한 이들이 그들의 뜻대로 기록을 남길지언정, 평범한 세속의 민중들은 자신들이 숭앙하는 신들이 자신들과 다를 바 없는 인간들에 지나지 않았다는 주장에 쉽게 설득되지 않았다. 이를 겉으로 드러나게 표시하지는 않았을 테지만, 서로 간에는 이러한 생각들을 비밀리에 실천하고 전승했을 것이다. 설령 고브니가 인간에 지나지 않는다는 선전에 고개를 끄덕였다 치자. 그렇다 하더라도 그의 이름은 마법의 주문을 외울 때에 매우 큰 효력을 지니는 것으로 유명하다. 이 같은 상황은 디안케트의 경우에 있어서도 마찬가지였다. 두 신들을 불러내는 주문은 8세기 아일랜드의 수도사가 문서의 여백에 적어놓은 시구에 담겨져 스위스의 생 갈St. Gall에 오늘날까지 보존되어 있다. 디안케트의 몇 가지 처방들은 오늘날에도 전해지고 있다. 그러나 이 처방들은 사실상 중세의 평범한 치료자(의사)들이 사용했던 것들과 거의 차이가 없다. 어쩌면 미아하의 몸에서 자라나온 약초를 엎지른 불행한 사건 이후로, 그는 경험적 연구로 다시 돌아가야 했는지도 모른다. 그는 "감기, 담, 목감기나 사람의 몸 속에 살고 있는 기생충과 같은 생물들에 의해 발생하는 우환들을 완화시키는 죽"을 발명했는데, 이 죽은 개암나무 싹과 민들레, 별꽃, 괭이밥, 귀리로 만든 것으로 매일 아침과 저녁에 먹어야 하는 것이었다. 그는 마법의 영향력에 대항할 수 있는 약과 위장에 생기는 열네 가지 병들에 대한 처방 역시 내렸다.

고브니는 아일랜드인들 사이에서 대장장이 신과 마법사라는 원래의 역할 외에도 건축가이자 교각 기술자라는 세 번째 명성을 가지고 있었다. 이 때문에 그는 고반 사에르Gobhan Saer라는 이름으로 알려졌는데, 이는 건축가 고브니라는 뜻이다. 아일랜드 전역에는 그의 용맹함에 대한 굉장한 이야기들이 전해진다.

사람들은 그를 고반 사에르라고 불렀고, 수많은 이야기들이
이 땅의 샛길들 위에 전해진다.
그가 어떻게 바위를 쪼개었고, 또 어떻게 찬란한 강물을
아이처럼 손을 잡아 골짜기 아래로 인도했는지,
그가 어떻게 거대한 배들을 띄워 위대한 항해를 해냈는지,
그 외에도 그가 처음 감행한 여러 놀라운 일들에 관한 이야기들이.

현대 아일랜드의 시인은 이렇게 적고 있다.[202] 특히 '둥근 탑들'은 그의 업적으로 돌려지는데, 기독교의 목사들은 그가 자신들의 교회를 설계했다고 묘사함으로써 그의 유명세를 전유했다. 전설에 따르면 그는 국토 각지를 방랑했는데 작업복을 입고 임무와 모험을 찾아다녔다는 점에서 그리스의 신 헤파이스토스와 닮은 모습이다. 그의 과업은 아일랜드의 성당과 교회 건물에 남아 있고, 그의 모험에 대해서는 다수의 기괴한 전설들이 아직도, 최근까지도, 아일랜드 벽지에 사는 노인들의 입을 통해 유포되고 있다.

이미 예상했던 것처럼 이 전설들 가운데 일부는 고대 신화의 파편적인 기억에 불과하다. 그러나 루, 마난난, 발로르처럼 오래되었지

만 잊히지 않은 신들의 이름은 오래전의 드루이드 사제나 영웅들, 희미한 과거의 아일랜드 왕들처럼 여전히 기억되고 있다.

이 전설들 가운데 한두 가지 정도는 다시 들려줄 만한 가치가 있다. 아힐Achill 섬에서 민간 설화들을 수집하는 윌리엄 라미니William Larminie는 한 늙은 농부로부터 이야기 하나를 전해들었다. 농부가 아득한 기억을 더듬어 풀어낸 이 이야기는 게일 신화의 중심 사건으로 여겨질 만한 것으로서, 악마인 부모에게서 태어난 태양신의 신비한 출생과 결국 그가 성년이 된 뒤 자신의 할아버지를 죽이게 되었다는 내용을 담고 있었다.[203]

이야기의 주인공들인 건축가 고반과 그의 아들 젊은 고반은 주먹질의 발로르Balor of the Blows에게 불려가 그를 위한 궁전을 지었다. 그들이 지은 궁전은 너무나도 훌륭한 것이었기에 발로르는 그들이 다른 이에게도 이처럼 훌륭한 궁전을 지어줄 것을 염려하게 되었고, 이에 그들이 살아서 자신의 왕국을 벗어나지 못하게 하기로 마음먹었다. 그래서 그는 이 부자가 궁전의 꼭대기에 있을 때 둘레의 발판을 모두 치워버리고는 그들이 그 위에서 굶어죽도록 내버려두었다. 그러나 곧 이 의도를 알아챈 부자가 궁의 지붕을 부수기 시작하자 발로르는 그들이 땅 위로 내려오도록 할 수밖에 없었다.

그럼에도 불구하고 왕은 그들 부자가 아일랜드로 돌아가지 못하게 막았다. 하지만 재주꾼 고반은 이미 계획을 가지고 있었다. 그는 발로르에게 궁전의 지붕에 가해진 손상은 그가 집에 남겨놓고 온 특별한 연장으로만 고칠 수 있는 것이라고 둘러댔다. 발로르는 고반 부자 대신 자신의 아들을 보내어 연장을 가져오도록 하였다. 고반은 발로르의 아들에게 여행의 경로를 가르쳐주었다. 문에 옥수수더미가 있는 집이 나올 때까지 계속 걸어간 뒤, 집을 발견하게 되면 그 안으로 들어가 눈이 하나인 아이를 안고 있는 한 여자를 만나라고 했다.

발로르의 아들은 그와 같은 집을 발견했고 집 안에 있던 여자에게 연장을 달라고 청했다. 고반은 발로르가 자기 부자를 돌려보내 주지 않을 경우에 대비하여 아내와 계획을 꾸며놓았기 때문에 그녀는 이 방문을 예상하고 있었다. 그녀는 발로르의 아들을 커다란 궤 앞으로 데려갔다. 그에게 연장들은 그녀의 손이 닿지 않는 궤의 밑바닥에 있다고 이야기하며 직접 궤 안으로 들어가 연장들을 꺼내라고 부탁했다. 그가 궤 안으로 들어가자마자 그녀는 뚜껑을 닫아버리고 나서 그의 아버지가 고반 부자에게 삯을 주어 돌려보내기 전까지 그 안에 갇혀 있어야 할 것이라고 말해주었다. 그러고 난 뒤 그녀는 똑같은 전갈을 발로르에게도 직접 보냈다. 발로르는 고반 부자에게 삯을 준 뒤 그들을 고향으로 보내줄 배편을 마련해주었고, 고반이 발로르의 아들을 풀어주는 포로 교환이 있었다. 발로르는 두 건축가들이 떠나기 전에 이제 그의 궁전을 수리하는 데 누구를 고용할 것인가에 관해 자문을 구했다. 아버지 고반은 아일랜드에서 자신 다음으로 뛰어난 기술자는 가비진 고Gavidjeen Go라고 말해주었다.

아일랜드로 돌아온 그는 가비진을 발로르에게 보내주었다. 그러면서 그는 가비진에게 한 가지 조언을 했는데, 일의 대가로 단 한 가지만을 받겠다는 약조를 하라는 것이었다. 이 대가는 바로 발로르의 회색 암소였다. 발로르는 이를 승낙하고 가비진 고에게 아일랜드로 데려가라며 암소를 건네주었으나 일부러 암소의 올가미를 주지 않았다. 이 올가미는 암소가 원주인에게 돌아가는 것을 막을 수 있는 유일한 물건이었다.

가비진 고는 회색 암소가 자꾸만 도주하는 것 때문에 크게 골치를 썩이다가 낮 동안 소를 돌보고 밤이면 다시 안전하게 집으로 몰고올 군대의 전사들을 고용하기로 했다. 가비진 고는 자비를 들여 전사의 칼을 만들어주는 대신, 만일 전사가 소를 잃는다면 그의 목숨을 빼앗기로 계약을 맺었다.

키안이라는 이름의 전사가 운이 나쁘게도 소를 잃어버렸다. 그는 바닷가까지 암소의 발자국을 쫓아갔지만 파도의 끝에 이르러 그 흔적마저 잃고 말았다. 그가 머리를 쥐어뜯으면서 고민하고 있을 때, 작은 배를 젓고 있는 한 남자가 그의 눈에 들어왔다. 그 남자는 다름 아닌 레르의 아들 마난난이었다. 마난난은 기슭으로 와서 무슨 일이 생겼는지 물었다.

키안은 자신의 곤란한 상황을 그에게 이야기했다.

"만일 당신에게 그 회색 암소가 있는 곳을 가르쳐주는 사람이 있다면, 당신은 그에게 무슨 보답을 하겠습니까?" 마난난이 물었다.

"나는 줄 수 있는 것이 아무것도 없습니다." 키안이 대답했다.

마난난이 말했다. "내가 바라는 것은 다만 당신이 돌아오기 전에 얻은 것을 반으로 나누어 받는 것입니다."

키안은 기꺼이 이에 동의했고, 마난난은 그에게 작은 배에 올라타라고 말했다. 눈 깜짝할 사이에 그는 너무나도 추워서 고기조차 구울 수 없기에 모든 음식을 날로 먹어야 하는 곳, 발로르의 왕국으로 키안을 인도했다. 키안은 이 왕국의 식습관이 맞지 않아 불을 피우고 음식을 조리하기 시작했다. 발로르가 불길을 보고 가까이 다가왔다. 발로르는 불을 보고 너무나 기뻐하며 키안을 자신의 불 피우는 담당이자 요리사로 임명했다.

발로르에게는 딸이 하나 있었는데, 드루이드 사제 가운데 한 사람이 그녀가 낳은 아들이 할아버지를 죽이게 될 운명을 지녔다고 예언했다. 그러자 그리스 신화의 아크리시우스Acrisius가 그랬던 것처럼 발로르는 딸을 탑에 가두어 여자들에게 지키게 하고는 자신을 제외한 그 어떤 남자도 만날 수 없도록 해두었다. 어느 날 키안은 발로르가 탑으로 가는 것을 목격했다. 그는 왕이 돌아올 때까지 기다린 후, 탑에 무엇이 있는지 살피러 갔다. 그에게는 잠긴 문을 열고 들어간 뒤 이를 다시 닫을 수 있는 재주가 있었다. 탑 안으로 들어간 그는 불을 피웠는데 이 진기한 광경은 발로르의 딸을 몹시 흥분시켰고, 그녀는 그에게 다시 방문해달라고 졸랐다. 아힐 섬 사람의 재미있는 표현에 의하면 이후로 "그는 그녀에게 아이가 생길 때까지 방문을 계속했다." 발로르의 딸은 아기를 키안에게 주면서 데리고 도망가라고 간청했다. 그녀는 그에게 회색 암소의 올가미도 주었다. 하지만 발로르가 아기의 존재를 알아차렸고 키안은 커다란 위험에 빠졌다. 그는 올가미를 이용해 회색 암소를 바닷가로 몰아간 다음 마난난을 기다렸다. 레르의 아들은 만일 키안에게 곤경이 닥치면 자신이 즉시 나타나겠다고 말했던 것이다. 즉시 마난난이 작은 배를 가지고 나타났다. 키안은 아기와 회색 암소와 함께 배에 올라탔다. 그때 막 발로르가 격렬한 추격 끝에 바닷가에 다다랐다.

발로르는 그들을 익사시키고자 주문을 외워 큰 폭풍을 일으켰다. 그러나 그보다 훨씬 뛰어난 마법 능력을 지닌 마난난이 이를 멈추게 하였다. 그러자 발로르는 그들을 태워 죽이고자 바다를 불로 돌변시켰다. 그러나 마난난은 바위를 이용해 이 불을 꺼버렸다.

그들이 아일랜드로 안전하게 돌아오자 마난난은 키안에게 자신과 했던 약속을 지킬 것을 요구했다.

"내가 얻은 것이라고는 아들밖에 없습니다. 하지만 아이를 둘로 나눌 수 없기에 당신에게 전부 드리겠습니다." 키안이 대답했다.

"그것이 바로 내가 원했던 바요." 마난난이 말했다. "아이가 자라면 이 아이에게 대적할 전사가 없을 것이오."

이리하여 마난난은 아이에게 세례를 베풀고 '둘 다우나the Dul-Dauna' 라는 이름을 지어주었다. '맹목적인 고집'을 뜻하는 이 이름은 원래 '모든 지식의 달인'을 의미하는 일다나[204]에서 파생된 신기한 변형이다. 성장한 아이는 어느 날 바닷가로 나갔다. 그때 한 남자가 탄 배 한 척이 지나가고 있었다. 도니브룩 축제Donnybrook Fair는 분명 유사 이전의 전통임에 틀림없다. 왜냐하면 청년은 낯선 이가 누구인지 묻지도 않고 "주머니 속에서" 창을 꺼내 힘차게 던져 그에게 적중시켰기 때문이다. 배에 탄 남자는 바로 발로르였다. 결국 예언에 따라 그는 자신의 손자에게 죽임을 당한 것인데, 비록 이 민담에서 아이의 이름을 밝히지는 않았지만, 그는 의심의 여지없이 루이다.

같은 전설에 관한 이본은 오도노반O'Donovan이라는 아일랜드 학자가 발로르가 자주 방문했던 토리Tory 섬 반대편의 도네갈 해안에서 수집한 것인데, 앞서 소개된 사건을 완결한다는 점에서 매우 흥미롭다.[205] 이 민간 설화에서 고브니는 가비다Gavida라는 이름으로 불려지고, 막 키닐리Mac Kineely, 막 사사인Mac Sathainn과 함께 삼형제로 나온다. 그들은 도네갈의 족장으로 대장간 일과 농사일을 하였는데, 발로르는 토리 섬에 있는 그의 요새에서 본토로 쳐들어와 그들을 괴롭히는 도둑이었다. 회색 암소는 원래 막 키닐리의 소유였는데 발로르가 훔쳐간 것이다. 암소의 원주인은 복수를 결심했다. 발로르가 아직 태어나지 않은 자신의 손자에게 죽임을 당할 거라는 예언을 알았던 그는 착한 요정을 설득하여 에스네Ethnea라고 불린 발로르의 딸이 감금되어 있는 토르 모르Tor Mor로 여장한 자신을 데려다달라고 했다. 이 모험의 결과는 예언을 충족시켜줄 아들을 무려 세 명이나 얻게 한다. 여기서 여분의 숫자는 매우 다행스러운 것이었다. 왜냐하면 발로르가 아기들을 모두 익사시키려 했을 때, 그들의 탄생에 우연히 관여한 바로 그 요정이 그들 중 한 명을 건져 아버지 막 키닐리에게 데려다주었기 때문이다. 오래 지나지 않아 막 키닐리를 잡은 발로르는 앙갚음을 하기 위해 커다란 흰 바위 위에서 그의 머리를 베어버렸다. 이 바위는 아직도 그 지방에서 '키닐리의 바위'라고 불린다. 딸의 아이들 가운데 하나가 살아남았으며 가비다Gavida가 그 아이를 대장장이로 키우고 있다는 사실을 모른 채, 발로르는 복수에 만족했다. 도둑질을 계속했던 그는 무기를 사기 위해 대장간을 방문하곤 했다. 어느 날 가비다가 없는 사이에 대장간을 방문한 그는 젊은 조수에게 자신이 어떻게 하여 막 키닐리의 죽음을 계획했는가에 대해 자랑을 늘어놓았다. 그러나 그는 야기를 마칠 수 없었다. 루라는 이름의 그 소년이 시뻘겋게 달구어진 쇠를 불 속에서 꺼내어 발로르의 눈을 찔러서 머리 속으로 꽂아버렸기 때문이다.

 이 같은 내용의 이 두 민담은[206] 아일랜드의 각기 다른 지역에서 여러 시대에 걸쳐, 수많은 사람들에 의해 수집된 것이다. 그 내용에는 좀더 예전의 사건들을 담은 고대 문서들에서나 찾아볼 만한 자잘한 신화적 사실들이 상당수 전해지고 있다. 이 민담들 속에는 고대 게일 만 신전萬神殿에 있는 여섯 신들의 이름이 나타나며 그들은 각자 옛날과 같은 역할을 담당하고 있다. 고브니는 그의 대장장이 기술을 잃지 않았고, 발로르는 여전히 바다의 추운 지역들을 통치하는 포모르인 왕이며, 그의 딸 에스니는 키안에 의해 태양신 루의 어머니가 되었다. 일다나라는 옛 칭호를 간직하고 있는 루는 비록 그 이름이 정반대의 뜻을 지니는 것으로 변형되긴 했지만, 여전히 '바다의 아들' 마난난에 의해 양육되고 자기 할아버지의 신체 부위 중에서 유일한 급소인 눈을 찔러 그를 죽음으로 몰아넣게 된다. 우리는 포모르인처럼 기형의 신체를 지닌 고반의 아내와 그의 자식에 대한 이야기, 다그다의 검은 갈기를 지닌 어린 암소 오션Ocean의 이야기를 상기시키는 회색 암소와 올가미 같은 이야기들 속에서 뒤죽박죽이기는 하지만 진짜 전설을 대할 수 있다. 민중들의 기억 속에는 여전히 루를 비롯해 앙구스나 다른 고대 신들에 대한 다양한 이야기가 자리잡고 있다. 하지만 고반 사에르 다음으로 널리 명성을 떨치고 있는 신은 전지전능한 데다 그 인기 역시 하늘을 찌르는 저 위대한 마난난이다.

 마난난은 공개적으로 숭배를 받은 마지막 신인 것으로 추정되는데, 전설 속에서 그는 자신에 대한 숭배를 중단했거나 거부한 이들에게도 여전히 도움을 주고 이들을 돌보아주는 이로 그려진다. 성 콜럼바Columba 시대에 이를 때까지도 그는 객지에 나가 있는 아일랜드인들이 위험에 처했을 때 그들을 도와주고, 안전하게 귀향시켜주는 특별 수호신으로 여겨졌다. 그는 민중들에게 화창한 날씨와 풍성한 수확을 가져다주었다. 인간들이 잠든 사이 그의 요정 신하들은 인간의 땅을 경작해주었다. 그러나 마침내 이러한 호의는 끝나고 만다. 지니고 있던 금으로 된 성배를 깨뜨린 성 콜럼바는 이를 하인에게 주어 수리해오도록 했다. 하인은 심부름을 가던 도중에 낯선 이를 만났는데, 그 낯선 사람이 그에게 어디에 가는 길인지 물어왔다. 하인은 그에게 자초지종을 설명하고 성배를 보여주었다. 그 낯선 이가 성배에 숨결을 불어넣자 단번에 깨진 조각들이 붙어버렸다. 그러고 나서 그는 하인에게 부탁했다. 주인에게 돌아가 성배를 보이고 레르의 아들인 마난난이 이를 고쳤는데 자신이 언제 낙원에 도착할 수 있겠는지 물어봐달라고 말이다. "슬프도다! 이와 같은 일을 하는 인간들에게 용서란 있을 수 없다!" 고마움을 모르는 성인이 말했다. 하인은 이 대답을 마난난에게 전했고, 이를 들은 그는 분노에 찬 슬픔을 느꼈다. "나, 마난난 막 리르는 불운하도다! 오랫동안 나는 아일랜드의 가톨릭 신자들을 도와주어왔지만, 이제는 그들이 물처럼 약해질 때까지 더이상 도움을 주지 않으리라. 나는 스코틀랜드 북부 고지의 회색 물결들 사이로 가버리겠다."207

그리고 그는 스코틀랜드의 고지에 머물렀다. 피오나 막클리오드 Fiona Macleod 양의 매력적인 이야기들이 단지 아름다운 상상에 불과한 것이 아니라면, 그는 오늘날의 외로운 목동들이나 '가장 멀리 떨어진 헤브리디스 제도Hebrides'의 어부들에게도 알려져 있다. 〈당대 리뷰Contemporary Review〉 1902년 10월호에 따르면 그녀는, "바람에 하늘거리는 칸나처럼 희었지만 푸른 기가 감도는" 투구의 앞꽂이 장식을 꽂고 "발바닥에서 밝고 차가운 불꽃이 감겨오르는" 키가 크고 아름다운 낯선 이가 노인의 오두막을 자주 방문했다는 이야기를 들려주고 있다. 그 낯선 사람은 노인에게 여러 가지 이야기를 들려주었는데, 노인이 언제 죽을지까지도 알려주었다. 낯선 이의 양손은 그가 입은 흰 외투의 주름 아래에 감추어져 있었는데, 그가 단 한 번 목동을 만지기 위해 손을 움직였을 때 목동은 그의 살갗이 마치 물 속을 떠다니는 해초와 같음을 목격했다. 이리하여 무르도 막키안Murdo MacIan은 그가 다름 아닌 '바다의 아들'과 대화를 나누고 있는지도 모른다는 사실을 알아차리게 되었다.

한편 그가 최초의 거주자였다는 전설이 전해지는 '만의 섬'에서도 그는 잊혀지지 않은 존재이다. 나아가 그는 마법을 사용해 이 섬으로 침입하는 적들을 막아내는 섬의 왕으로 묘사된다. 그는 어느 때고 안개를 일으켜 섬을 숨겨버릴 수 있었고, 같은 마력으로 한 사람을 100명처럼 보이게 하거나 그가 던진 작은 나무 조각이 전함처럼 보이게 할 수도 있었다. 성 패트릭의 도래에 이르러 다른 게일 신들이 그랬던 것처럼 그 역시 자신의 재위 기간이 끝날 때까지 모든 외부인들의 왕국 방문을 차단했다는 것은 전혀 놀라운 사실이 아니다. 이후로 그는 체력 단련을 위해 필Peel 성에서 콘트러리 헤드Contrary Head로 뛰었다거나, 그가 던진 바위에 아직까지도 손바닥 자국이 남아 있다는 식의 전설 속 거인의 모습으로 그려진다. 그는 해마다 하지 전야에 신하들과 숭배자들이 두 개의 산봉우리에 놓아두는 푸른 골풀 한 다발 외에는 그 어떤 공물도 받지 않은 것으로 전해진다. 이 두 개의 산봉우리 중 하나는 예전에 워필드Warrefield라고 불렸으나 이 제는 사우스바룰South Barrule이라고 알려진 곳이다. 다른 하나의 봉우리는 만Man이라고 불렸는데, 이제는 어느 곳인지 알 수가 없다. 그러나 마난난에 관한 가장 흥미로운 전설은 뭐니뭐니 해도 그가 다리를 세 개 가졌으며 이를 이용하여 엄청난 속도로 걸었다는 이야기이다. 이것이 어떻게 가능했는지는 섬의 문장을 보면 알 수 있다. 문장에는 그의 다리 세 개가 한데 붙어 마치 바퀴살처럼 뻗은 모습으로 그려져 있다.[208]

아일랜드의 전설에 의하면 마난난이 스코틀랜드로 떠났을 때 그를 알았던 모든 사람들이 엄청난 비탄에 빠져들었다. 그리고 그의 부재로 인해 공백 상태에 놓인 신과 요정의 통치권은 막 모이난터 Mac Moineanta에게 돌아갔다.[209] 어쩌면 이들의 엄청난 비탄으로 인해 막 모이난터가 폐위되었는지도 모른다. 왜냐하면 현재 아일랜드 요정들의 왕은 핀느바라Finvarra이기 때문이다. 핀느바라는 밀레시아인들이 투아하 데 다난을 정복한 뒤 다그다로부터 메허의 성을 할당받은 인물로, 페니안 이야기들에서 두드러진 역할을 담당했던 인물과 동일인이다. 아일랜드의 전설이 지니는 지속성은 대단해서 오늘날에는 크록크마라고 불리는 메허의 이 언덕은 아직까지도 그와 그의 왕비인 오나Onagh의 거주지로 여겨진다. 핀느바라와 관련해서는 무수히 많은 이야기가 전해져오고 있다. 그중에서도 가장 사랑받는 켈트 설화가 요정들에게 도둑맞은 신부와 그녀의 구출에 관한 이야기이다. 포위를 한 후 그녀가 갇혀 있던 언덕을 파서 그녀를 구출했다는 이야기를 비롯해 수많은 전설들이 전해진다. 브리 레이스의 미처르처럼 핀느바라는 아일랜드의 대왕이 아니라 일개 영주의 아내인 인간 에탄을 납치해버렸다. 현대판 에오하쉬 아이렘은 잃어버린 신부를 찾기 위해서는 어느 곳을 수색해야 할지를 보이지 않는 목소리로부터 듣고, 곧 자신의 일꾼들과 노동자들을 모두 모은 뒤 크록크마로 향해 이 언덕을 파괴하고자 했다. 그들은 매일 낮 이 언덕을 거의 파헤쳤지만 매일 밤 핀느바라의 요정 일꾼들이 파낸 구멍을 다시 막아버렸다. 이러한 상황은 아일랜드 영주가 파낸 흙에 소금을 뿌려 이를 신성하게 만든다는, 널리 알려진 방법을 동원할 때까지 사흘간이나 지속되었다. 두말할 필요도 없이 이 방법은 성공적이었다. 핀느바라는 그가 걸어놓은 몽환의 주술에서 여전히 헤매고 있는 신부를 되돌려주었다. 요정의 언덕에 생긴 깊은 구덩이는 믿기 힘든 이 이야기를 증명해주는 증거로 여전히 남아 있다.[210]

하지만 핀느바라가 늘 이와 같이 악랄한 모습으로 나타나는 것만은 아니다. 그는 북쪽 비탈에 자리한 하켓Hacket 성 주인인 키르완Kirwan 가문의 수호자로 널리 알려져 있었다. 핀느바라의 자애로운 영향 덕분에 성의 포도주 저장고는 마를 날이 없었고, 포도주의 질 역시 떨어진 적이 없었다. 포도주 저장고 외에 그는 마굿간도 돌보아주었는데, 그와 그의 요정 부하들이 밤에 말들을 조련시킨 결과 존 키르완Mr. John Kirwan의 말들은 쿠라Curragh에서 자주 승리를 거두었다. 이와 같은 이야기들은 오늘날까지도 기정사실로 전해지는데 이는 신화가 얼마나 오랫동안 무지몽매한 이들 사이에서 완벽하게 잔

존할 수 있는가에 대한 훌륭한 예가 된다.[211]

오늘날 핀느바라는 요정 민족의 넓은 영토를 통치한다. 이들은 켈트 시대의 아일랜드에서 그랬던 것처럼 씨족 계급제도를 토대로 하여 그들 자체의 가신 수령들을 두고 있었다. 핀느바라와 오나는 먼스터의 왕과 왕비였는데, 왕의 수하에는 코크Cork 주의 말로우Mallow, 인근에 있는 성을 지배하는 클리나Cliodna[212]가 있었고, 왕비의 수하에는 북부 먼스터 요정들의 여왕인 에빈Aoibhinn[213]과 남부 먼스터 요정들의 여왕인 아너Aine가 있었다. 아일랜드 요정 왕국의 지도는 정치적으로 꽤나 정확해서 쉬Sidhe의 다양한 왕국들을 큰 어려움 없이 그려낼 수 있다.

그러나 이 설화적 존재들의 기원과 계보를 확인하는 작업은 그보다 훨씬 힘든 일이다. 그들 가운데 일부는 더 이전의 신들과 여신들로 거슬러 올라갈 수 있다. 아일랜드의 동부 지역에서 바이브와 그녀의 자매들은 전쟁 이야기에서만 나타나는 것이 아니라, 죽음에 대해 울부짖는 '밴쉬들'로도 등장한다. 얼스터에서 가장 강력한 요정으로 간주되는 '어냐Aynia'와 남부 먼스터의 여왕인 '아너Aine'는 아마 아누Anu 또는 다누로 숭배되었던 신비롭고 무시무시한 여신과 동일한 인물이었던 듯하다. 《이름의 선택》에 의하면 두 여신들 가운데 특히 예전 아누의 전설들을 계승하는 것으로 보이는 '아너'는 먼스터에서 번영과 풍요의 여신으로 숭배되었다. 여전히 사람들의 기억 속에 남아 있는 이야기에 따르면 매년 성 요한 전야에는 다음 해의 풍년을 기원하기 위해 그녀를 달래는 마법의 제의가 행해졌다. 주민들은 건초 다발이나 밀짚으로 싼 막대기에 불을 붙여 들고는 이를 경작물과 가축들 위로 휘두르며 그녀의 크룩크 아너의 성sidh of Cnoc Aine(Knockainy)을 돌아 언덕 꼭대기로 향했다. 이 요정 또는 여신은 대개 친절했다고 회자되는데, 실로 그녀는 인간들에게 친절 이상을 베풀었다. 그녀가 신들의 어머니이든 아니든 간에 아일랜드의 명망 있는 열두 가문 가운데 절반이 그녀를 자신들의 여성 시조始祖라고 공언했다.

그녀의 자식들 가운데는 '마법사'로 알려진 4대 데몬드Deamond 백작과의 사이에서 태어난 저 유명한 제랄드Gerald 백작이 있다. 널리 알려진 '백조 아가씨들'의 이야기에서 이 마법사 백작은 아너Aine가 목욕하는 사이에 그녀의 망토를 훔쳐내고는 자신의 신부가 되지 않는다면 망토를 돌려주지 않겠다고 말해 부부가 되었다. 그러나 백작은 그녀를 결국 잃고 만다. 아너는 남편에게 자신들의 아들이 어떤 일을 벌이더라도 놀라지 말라고 경고했다. 그러나 아이가 보인 놀라운 재주는 백작이 평정심을 잃도록 만들었고, 아너는 요정들의 법에 따라 그를 떠나보내야만 했다. 비록 그녀는 남편을 잃었지만 아들과는 헤어지지 않을 수 있었다. 아들은 죽은 뒤 요정들의 세계에 받아들여져, 지금은 리머릭Limerick 주에 있는 로호 쿠르Lough Cur의 수면 아래에 살면서 마치 영국의 아서처럼 아일랜드에서 외적들을 몰아내기 위해 자신의 전사들을 지휘할 그날을 기다리고 있다. 그러나 이런 시기는 7년마다 한 번씩 호수를 빙 둘러 달리는 그가 탄 말의 은 말굽이 고양이의 귀처럼 얇아진 뒤에야 도래할 것이다.[214]

오늘날에는 다누의 부족뿐만 아니라 다른 신화시대들의 영웅들도 요정 무리의 수를 부풀린다. 아일랜드의 땅에 발을 내딛기도 전에 물에 빠져 죽어버린 밀러의 아들 돈은 케리Kerry의 딩글Dingle 반도에 있는 모래 언덕의 행렬인 '돈의 집'에 살았는데, 우리는 18세기까지도 이 지방 토착 시인들이 반쯤은 장난삼아, 그러나 또 한편으로는 여전히 조금의 진지함을 지닌 채 그를 향해 기원을 하고 있음을 찾아볼 수 있다.[215] 얼스터의 영웅들은 요정 왕국에서 아무런 자리를 차지하지 못했다. 그러나 그들의 적인 메브는 요정의 언덕들 가운데서 여왕다운 통치로 명성을 날렸고, 혹자는 그녀가 '매브Mab 여왕'의 원형이라고도 여긴다. 최후의 페니안이었던 킬터는 그가 지닌 기독교적 성향에도 불구하고 투아하 데 다난의 일원으로 올라 있다. 그러나 그의 동족이었던 오션이나 오스카 심지어는 핀조차 이에 등재되지 못했다. 역사적 인물들에게도 신이 되는 기회가 열려 있었다. 배리모어Barrymore 왕국의 수장 배리Barry는 나글즈 힐즈Nagles Hills의 하나인 크록크시에르나Knockthierna의 황홀한 궁전에 살았던 것으로 알려져 있다. 킬라르너Killarney 인근에 영토를 지닌 전설적으로 유명한 오도나휴 역시 지금은 호수의 수면 아래에 살고 있으며, 오월제五月祭에 그 모습을 드러낸다고 이야기되고 있다.[216]

신화나 역사에서 찾아볼 수 있는 인물들이나, 이들과 분명히 비슷한 성격들을 지닌 것으로 여겨지지만 관련 기록은 모두 소멸되어버렸다고 추정되는 기타 인물들 외에도 아리안족으로 보이는 요정들과는 다른 기원을 지니는 것으로 추정되는 수많은 존재들이 있다. 그들은 스칸디나비아의 꼬마 요정들과 개구쟁이 난쟁이 트롤들, 그리스 신화의 실레노스들(그리스 신화에서 인간의 얼굴과 몸 그리고 말의 귀와 발을 가진 것으로 표현되는 숲속의 신. 주신 디오니소스를 키웠다 — 역주)과 사티로스(그리스 신화에서 인간의 얼굴과 몸 그리고 염소의 뿔과 발굽을 가진 것으로 표현되는 숲속의 신 — 역주)에 상응하는 모습들을 지닌다. 레프러하운Leprechaun 요정들은 신발을 만들고, 보물이 숨어 있는 장소를 알고 있는 요정들이다. 간 케나하Gan Ceanach 또는 '사랑을 속삭이는 요정love talker'은 세상 사람들의 눈으로 볼 때에는 자기 일이나 열심히 하고 있어야 할 게으른 여자들의 귀를 달콤한 환상으로 가득 채워준다. 그리고 길 잃은 여행자들을 인도하거나 당나귀나 노새로 변신해 그들이 올라타도록 현혹시킨 뒤 다시금 길을 잃었던 장소로 되돌려 보내는 푸카Pooka, 머리 없이 말을 타고 달리는 둘라한Dulachan 등과 더불어 친절하거나 심술궂은 여러 요정들이 바로 그러한 존재들이다.

그들은 어디로부터 왔는가? 질문에 대한 대답은 그 자체에 있다. 아리안족에 앞서 있었던 이들은 아리안들이 전 유럽을 정복할 때 살아남은 비아리안계 유럽인들이었다. 이들은 자신들의 고유한 신들을 가지고 있었고 그들에 대한 숭배를 지속했다. 이 신들은 대대손손 숭배받으면서, 이들의 영토에 깊이 뿌리내렸던 것이다. 혹시 이 거칠고 불완전한 아일랜드의 레프러하운, 푸카, 둘라한들이 스코틀랜드의 클루리카너Cluricane, 브라우니Brownie 등 그들의 동족들과 더불어, '민중들의 공상의 산물'이었던 게 아니라, '암흑의 이베리아인들'과 암흑의 신들이 쇠락한 존재들은 아니었을까?

제3부

브리튼의 신과
그들의 이야기

CELTIC MIYTH AND LEGEND

16장

브리튼인의 신들

브리튼British 신들에 대한 묘사나 이야기는 아일랜드와 스코틀랜드 문서에 보존된 게일 신들만큼 풍부하거나 완전하게 전해져 내려오지 않았다. 더구나 그 신화들은 역사적인 해석에 따라 훨씬 더 심하게 왜곡되었다. 브리튼 신들이 본연의 모습대로 인간의 한계에 구속받지 않으며, 마법의 명수이자 초자연적인 존재로 묘사된 것은 오직 '마비노기의 네 갈래Four Branches of the Mabinogi' 이야기에서뿐이다. 그 네 개의 단편적인 신화와 웨일스의 몇몇 초기 시에 뿔뿔이 흩어져 있는 자료를 제외하면 그들은 이상한 모습으로 변장하고 있다. 어떤 신들은 몬머스의 제프리가 집필한 그 진위조차 의심스러운 《브리튼 사기Historia Britonum》에서 왕으로 행세한다. 또 다른 신들은 분수에 맞지 않게 성자화되어서 그들의 진짜 색채를 읽어내기 위해서는 먼저 그 꺼풀을 벗겨내야만 한다. 그런가 하면, 어떤 신들은 노르만·프랑스의 로맨스 작가들에 의해 원탁의 아서왕 같은 기사도의 표상으로 둔갑하였다. 그러나 변장의 이면에서 그들이 지닌 진정한 본성은 여전히 숨쉬고 있다. 게일과 브리튼은 켈트족이라는 민족의 두 갈래에 불과하다. 그러므로 브리튼인의 신들에서는 우리가 게일의 투아하 데 다난에서 익히 봐왔던 것과 동일한 이름과 품성을 지닌 신들을 접하게 될 것이다.

브리튼의 신들은 종종 돈Don의 자녀들, 누드Nudd의 자녀들, 리르Llyr의 자녀들의 세 가족으로 분류된다. 그러나 누드, 또는 루드Lludd로 불리는 신은 여신 돈의 남편인 벨리의 아들로 묘사되므로 이 세 가족은 사실 둘로 보아야 한다. 돈이 투아하 데 다난의 어머니인 다누와 동일인이며, 벨리가 아일랜드를 차지하기 위해 하계에서 최초로 게일 전사들을 파견한 게일의 절대적인 저승신 빌러의 브리튼 이름임에는 의심의 여지가 없다. 또 다른 가족인 리르의 자손 역시 우리에게 친숙하다. 브리튼의 리르는 다름 아닌 게일의 해신海神 레르다. 이 두 가족 또는 부족은 통상 적대관계에 있는 것으로 인식되며 브리튼 신화에서 그들의 대립은 게일 신화의 투아하 데 다난과 포모르인들 간의 전투에 암시되어 있는 것과 마찬가지로 천상, 빛, 삶의 세력과 바다, 어둠, 죽음의 세력의 갈등을 상징한다.

그도 그럴 것이, 돈의 자손은 명실공히 천상의 신들이다. 그들의 이름은 천국에 널리 씌어 있다. 우리가 현재 카시오페아 성좌라고 부르는 빛나는 W 별자리를 브리튼 선조들은 '리스 돈LLys Don(돈의 궁정)'이라고 불렀으며, 우리의 북완광성Northern Crown(별자리 이름 — 역주)은 '크르 아리안로드Caer Arianrod(아리안로드의 성)', 아리안로드는 돈의 딸이다)이라 불렸고, 은하수는 '캐슬 오브 귀디온Castle of Gwydion (돈의 아들인) 귀디온의 성'이라고 불렸다.[1] 그보다 어떤 이들이 한 가문의 시초로 보기도 하는 그녀의 가장 위대한 자손 누드 또는 루드는 게일인에게나 브리튼인에게나 제우스와 같은 존재였다. 라우 에레인트Llaw Ereint 즉 '은수銀手'라는 칭호는 그가 '은의 손 누아다'와 동일인이라는 것을 증명한다.

이 특성을 설명해주는 전설이 브리튼 땅에서는 분실되었지만, 분명 아일랜드 신의 이야기와 같을 것이다. 그 전설과 함께, 그가 천신으로서 포모르인 같은 적들을 상대로 다툰 무용담의 직접적인 기록은 대다수 사라졌다. 그러나 브리튼의 왕이라는 희미한 분장 아래, 한 고대 웨일스의 이야기[2]에는 그가 세 가지 초자연적인 '재앙'으로부터 압박받던 국가를 구출한 내용이 기록되어 있다. 이에 더하여, 웨일스의 한 삼제가三題歌(세 개의 제목을 같이 다룬 시 — 역주)에는 그가 누드라는 이름으로 '브리튼 섬의 자비로운 세 영웅' 가운데 하나로 묘사되며, 또 다른 이야기에서는 그가 젖소 2만 1,000마리를 소유한 것으로 전해져온다. 이 같은 표현이 어마어마한 부를 암시하는 것임은 분명하다. 이 두 가지는 모두, 그가 천상과 전투의 당당한 신이자 부유하고 자유로운 신이라는 주장의 근거가 된다.[3]

그에 대한 숭배가 널리 퍼져 있었다는 사실을 뒷받침해주는 근거는 풍부하다. 로마시대에 노덴즈Nodens, 또는 누덴즈Nudens라는 이름으로 그에게 헌정되었던 신전이 세번Severn 강변의 리드니Lydney라는 곳에서 발견되었다. 이 신은 찬란한 태양의 후광에 둘러싸여 사두마차를 끄는 젊고 활기찬 모습으로 동판에 남아 있다. 날아다니는 신령들이 바람이 되어 그를 호위하고 있으며, 그의 조수로 묘사되는 트리톤Triton은 그가 해신으로서 지닌 권위를 상징한다.[4] 이 신전은 브리튼 섬의 서쪽에 위치하는데, 동쪽 템스Thames 강변에 또 하나의 신전이 존재했다고 주장할 만한 타당한 근거가 있다. 전해오는 이야기에 따르면 세인트 폴 대성당St. Paul's Cathedral은 고대 이교도 신전의 터 위에 자리잡고 있다고 하는데, 몬머스의 제프리를 통해 그 터가 브리튼족에게는 '파르스 루드Parth Lludd'로, 색슨족에게는 '루데스 게트Ludes Geat'로 불렸다는 것을 알 수 있다.[5]

루드 혹은 누드는 분명히 위대했겠지만 적어도 현존하는 웨일스 이야기에서 그가 차지하는 위치는 그의 아들보다 작다. 귄 압 누드에 관한 전승은 거의 모든 친척 신들에 대한 전승을 뛰어넘는다. 리스 교수는 그를 게일의 핀 막 쿨에 상응하는 브리튼 인물로 본다.[6] 두 개의 이름은 똑같이 '희다'는 의미를 가질 뿐 아니라, 둘 다 천상신의 아들이며 유명한 사냥꾼들이다.

그러나 귄은 인간을 사냥하므로 그 이상이다. 초기 웨일스 시에서 그는 전투와 죽은 자들의 신이며, 죽은 자들을 하계Hades로 인도하는 영혼의 안내자이기도 하다. 후에 이 이야기는 기독교화되어 '안눈Annwn의 악마 집단이 현재의 인류를 파괴할 것을 우려해 그들 위에 군림하도록 보낸 누드의 아들, 귄'[7]으로 묘사된다. 이교주의가 더욱 쇠퇴하는 나중에는, 털뤼드 테그Tylwyth Teg 즉 웨일스 요정들[8]의 왕으로 여겨졌는데, 그의 명성은 그의 마지막 출몰 지역인 네아스Neath의 낭만적인 골짜기에서 소멸하지 않았다. 그는 여전히 웨일스와 잉글랜드 서부의 사나운 사냥꾼이며, 종종 암흑 이곳저곳에서 무언가를 좇으며 그의 무리들이 내지르는 소리를 들을 수 있다고 한다.

가장 초기에 그가 맡은 전쟁과 죽음의 신으로서의 모습은 《크르마 른셴의 검은 책*Black Book of Caermarthen*》[9]에 담긴 대화 형식의 시 속에서 찾아볼 수 있다. 대부분의 고대 웨일스 시[10]들이 그러하듯, 이 시도 모호하기는 하지만 의욕적인 작품이고 여기에서 초기 킴리Cymri 시의 한 예시로 인용할 만하다. 이 시에서 우리는 악마의 말을 타고, 악마의 개를 무시무시한 추격전으로 독려하는, 사슴이 아닌 인간의 영혼을 사냥하는, 브리튼 신들 가운데 가장 뚜렷한 성격을 지닌 '강대한 사냥꾼'의 모습을 보게 될 것이다. 그는 위대한 전사들의 영혼을 싸움터에서 거두어야 하므로 그들이 언제 어디서 쓰러지는지 정확하게 알고 있으며, 지옥이나 '안개 낀 산봉우리'[11]에서 그들을 지배한다. 이 시는 귀즈노이 가란히르Gwyddneu Garanhir라는 이름을 가진 신화적 왕자의 이야기에 관한 것이다. 이 웨일스 전설은 왕이 현재 카디건Cardigan 만 밑으로 사라진 왕국을 지배하였는데, 신에게 보호받기를 청하였으며, 그것이 허락되었음을 이야기하고, 이어서 그의 무용담을 늘어놓는다.

귀즈노이

그는 정렬되어 있는 군대를 흐트러뜨리는 성난 황소와 같았으며,

군의 지배자이고, 화를 내지 않으며,

삶을 보존하는 태도에 흠잡을 데가 없다.

권

완강한 영웅에 맞서 그는 앞으로 나아갔고,

군의 지배자이며, 분노를 버린 자,

그대가 요구하니 보호해주겠소.

귀즈노이

저를 보호해주었으므로

그대를 따뜻하게 환영했습니다.

모든 주인의 으뜸인 그대는 어느 지방에서 오셨는지요?

권

한 손에 방패를 들고

나는 전투와 싸움으로부터 왔소.

밀치는 창에 투구는 깨어졌소.

귀즈노이

방패가 망가진

고귀한 분, 당신께 묻겠습니다.

용감한 자여, 그대의 혈통은 무엇입니까?

권

전투의 고통으로 나의 말의 발굽은 둥글게 닳았소.

나는 누드의 아들 권이오.[12] 사람들은 나를 요정이라고도 하고,

루드의 딸 크로이르딜라드Creurdilad의 연인이라고도 하오.

귀즈노이

정의로운 권, 당신 앞이니
숨길 수 있는 것이 아무것도 없군요.
저는 귀즈노이 가란히르입니다.

권

서둘러 나의 산등성이 타웨Tawe의 주거로 가시오
내가 말하는 타웨는 가장 가까운 곳에 있는 것이 아니라
가장 먼 곳에 있는 타웨요.[13]

나의 반지는 반들거리고, 나의 안장은 금빛이며 빛나오.
슬프게도
나는 크르 반뒤Caer Vandwy[14] 앞의 싸움을 보았소.

크르 반뒤 앞에서 한 무리를 보았는데,
방패들은 산산조각이 나 있고 늑골이 부러져 있더군.
그 공격을 한 자는 유명하고 장하오.

귀즈노이

권, 누드의 아들, 군사의 희망이여,
꺾인 골풀이 땅에 쓰러지는 속도보다

당신 말발굽 앞에 부대가 무너지는 속도가 빠를 것입니다.

권

내 개는 잘 생기고 몸은 둥글지.

마일권Maelgwyn이 주인이었던

개 중의 명견인 도르마르스Dormarth[15]

귀즈노이

붉은 코의 도르마르스 말입니까!

귀비르 비니드Gwibir Vynyd[16]에서 당신의 방랑을 보았으니

당신도 저를 지켜보셨겠군요.

권

나는 숱한 노래의 대상이 되는 케이다우Ceidaw의 아들

돌로이wendoleu가 살해당한 곳에 있었소.

피를 보고 까마귀가 악악대던 때에.

나는 브란이 죽임을 당할 때에도 그곳에 있었지.

저 유명한 이우에리드Iweridd의 아들 브란이.

전투장의 까마귀들이 피를 보고 악악대던 때에.

나는 시들이 격찬하는 아서의 아들,

라호이Llacheu가 죽은 곳에도 갔었소.

피를 보고 까마귀가 악악대던 때에.

나는 카레이안Carreian의 아들이고 고귀한 명성의 뫼리그Meurig가

죽임을 당한 곳에도 있었소.

까마귀들이 살코기를 보고 소리칠 때에.

나는 괄라우그Gwallawg가 죽을 때에도 거기 있었소.

그 뛰어난 고홀레스Goholeth의 아들 괄라우그가.

레이나우그Lleynawg의 아들인 로이구르Lloegyr에게 저항한 자 말이오.

나는 브리튼의 병사들이 죽임을 당하는 곳에 있었소.

동쪽에서 북쪽까지,

나는 무덤을 호위한다오.[17]

나는 브리튼의 병사들이 죽임을 당하는 곳에 있었소.

동쪽에서 남쪽까지,

나는 살아 있고, 그들은 죽음 속에!

위 시의 한 행은 귄을 조금은 다르고 덜 사악한 모습으로 표현한
다. 그는 자신을 '루드의 딸 크로이르딜라드의 연인'으로 묘사하는
데, 헤르게스트의 붉은 책 안에 보존되어 있는 '킬후흐Kulhwch와 올
웬Olwen'이라는 제목의 신화적 로맨스를 통해 이 연애담을 더 자세
히 알 수 있다. 귄에게는 귀르수르 압 그레이다울Gwyrthur ap Greidawl
즉 '그을리는 자의 아들, 빅토르Victor, son of Scorcher'[18]라는 경쟁자가 있

었다. 둘은 크로이르딜라드Creurdilad 또는 크로이딜라드Creudylad를 사이에 두고 끊임없는 전쟁을 벌였다. 계속 상대방으로부터 그녀를 납치하던 중, 사건은 아서의 판결에 맡겨졌고, 아서는 크로이딜라드를 아버지에게 돌려보내라는 결정을 내렸다. 그리고 권과 귀르수르에게 "지금부터 종말이 올 때까지 매해 다섯째 달의 첫날에 그녀를 차지하기 위한 싸움을 하라"는 명령을 내리면서, "그들 중 싸움에서 승리하는 자가 처녀를 차지"하라고 결정했다.

이토록 긴 약혼 기간과 싸움 기간이 최후의 승리자에게 얼마큼의 만족을 줄지는 알 수 없지만 적어도 이 이야기의 신화적 해석은 명료하다. 죽음 및 지하세계의 신인 권과 태양의 신인 귀르수르의 싸움에서 우리는 어둠과 밝음, 겨울과 여름의 갈등[19]을 읽을 수 있다. 번갈아가며 얻고 잃게 되는 신부는 아마도 곡물과 꽃을 간직한 봄의 상징일 것이다. 킬후흐와 올웬 이야기 속에서 "강대한 자들의 세 섬과 인근 세 섬을 통틀어 가장 훌륭한 규수"로 묘사되는 크로이딜라드는, 사실 브리튼판 페르세포네Persephone이다. 루드의 딸인 그녀는 빛나는 하늘의 자식이다. 그러나 또 다른 전승은 그녀를 해신인 리르의 딸로 기록하고 있다. 그러한 그녀의 이름은 몬머스의 제프리를 통해 셰익스피어에게까지 전해져 리어왕의 비극적인 인물, 코델리아Cordelia로 변한다. 우연일지 모르지만, 그리스의 페르세포네를 몇몇 신화는 제우스의 딸로, 또 몇몇은 포세이돈의 자녀[20]로 기억한다는 사실은 주목할 만하다.

천신과 그의 아들로부터 눈을 돌려보면 돈의 다른 자식들은 인류가 초기에 신들로부터 직접 전수받았다고 생각하는 삶의 기술들을 형상화하고 있다. 돈에게는 마스Math라는 형제가 있었는데 그는 신비한 마소뉘Mathonwy의 아들이며, 벨리와 연관된 지하세계의 신으로 인식된다. 또 마스가 벨리의 다른 이름이라는 근거도 있다. 그의 이름은 '동전, 금전, 보물'[21]을 뜻하는데 그리스의 하계신인 플루톤Plouton도 금속의 주인이다. 아리안족에게는 부와 지혜가 본래 지하세계로부터 온다는 믿음이 팽배했던 것으로 보인다. 그의 마비노기에는 마스가 자신의 조카이며 제자인 귀디온에게 마법에 대한 지식을 전수한 것으로 되어 있다. 이 귀디온은 튜튼 부족들이 숭배하던 워덴Woden 또는 오딘Odin과 동일하다고 봐도 타당하다. 그 지식을 전수받은 돈의 아들 귀디온은 신들 가운데 드루이드 사제로 '환영과 환상의 주인'이 되었고, 뿐만 아니라 인간에게 이롭고 선한 모든 것의 선생이 되었으며 인류의 친구이고 조력자인 동시에 이로운 선물들을 빼앗기지 않으려고 하는 지하세계의 세력에 영원히 맞서는 자이다. 문명과 무지, 빛과 어둠 사이의 이 '성스러운 전쟁'에 귀디온과 함께 그의 형제들, 농사의 신인 아마이손Amaethon과 대장장이 신인 고바난Govannan(게일의 고브니와 동일)이 동참하였다. 귀디온에게는 또한 아리안로드Arianrod 즉 '은 동그라미'라는 이름의 누이이자 아내인 여신이 있었다. 이 같은 결합은 신화에 흔하디 흔하다. 제우스도 헤라와 혼인을 했으니 신들이 배필을 다른 곳에서 구하기는 무척 힘든 모양이다. 귀디온과 아리안로드 사이에서 딜란Dylan과 로이Lleu라는 두 쌍둥이 아들이 출생하였다. 이 둘은 통상 어둠과 빛의 양면성을 대표하는 것으로 인식된다. 켈트족은 바다를 어둠과 연결지었으므로 어둠의 신은 태어나서 이름을 받자마자 자신의 고향으로 뛰어들었다. 마소뉘의 아들인 마스의 마비노기는 다음과 같이 서술하고 있다. "그리고 바다에 입수한 즉시 그는 자신의 성질대로 그 어떤 물고기에도 뒤지지 않을 만큼 유영했다. 그 이유로 그에게는 딜란, 파도의 아들이라는 이름이 붙여졌다. 그의 아래에서 파도는 부서지는 법이 없었다." 딜란은 결국 삼촌인 고바난의 창에 찔려 죽게 되는데 탈리에신이라는 음유시인에 따르면 그의 죽음에 브리튼, 아일랜드, 스코틀랜드의 파도가 모두 눈물을 흘렸다고 한다.[22] 그의 죽음을 둘러싸고 아름다운 전설들이 생겨났다. 해변에 부서지는 파도의 아우성은 그들이 아들의 원한을 갚고자 하는 울음이라는 것이다. 콘웨이Conway 강어귀로 세차게 흘러들어가는 바닷물 소리는 아직까지도 '딜란의 죽음 전 신음소리'[23]라고 불린다. 메나이Menai 해협의 크나본쉬어Canarvonshire 쪽 한 작은 곳은 퓐트 마인 틸렌Pwynt Maen Tylen 또는 퓐트 마인 둘란Pwynt Maen Dulan이라는 명칭 속에 여전히 그의 이름을 간직하고 있다.[24]

귀디온과 아리안로드의 다른 자식은 자라나서 브리튼의 태양신 로이 라우 귀페즈Leu Llaw Gyffes가 되었다. 이는 '긴 손의 빛'이라는 뜻을 가진 게일의 루 라브다Lugh Lamh-fada와 동일 인물이다. 모든 태양신들이 그러하듯이, 그의 성장은 신속했다. 그는 한 살 때 두 살인 것처럼 보였으며, 두 살이 되자 혼자 여행을 하였고, 네 살 때는 키가 여덟 살짜리와 같았으며, 어디든 아버지와 함께 다녔다.

어느 날, 귀디온은 그를 아리안로드의 성으로 데리고 갔다. 이 성은 천상이 아니라 그녀가 머무는 지상에 있었는데, 봄과 가을 조수가 가장 낮은 때를 제외하고 배를 타야 접근 가능한 메나이 해협에 현재까지 돌무더기로 남아 있다. 아리안로드는 자신의 아들과 의절하였기에 귀디온과 함께 있는 그를 바로 알아보지 못했다. 그녀는 소년이 누구냐고 물었고 대답을 듣고 나자 탐탁해하지 않았다. 아들의 이름을 물었을 때 귀디온이 아직 이름이 없다고 말하자 아리안로드는 켈트의 방식에 따라 자신이 직접 이름을 허락하지 않는 한 그에게 이름이 없을 것이라는 '저주'를 내렸다.

이름과 영혼이 일치한다는 원시적인 믿음을 갖고 있던 고대 브리튼인에게 이름이 없다는 것은 매우 심각한 상황일 수밖에 없었다. 그리하여 귀디온은 아리안로드로부터 어떤 방식으로든 이름이 될 만한 발언을 이끌어낼 방도를 강구하기에 이르렀다. 다음날, 그는 아들과 함께 갓바치로 분장한 채 해변에 나갔다. 그는 마법을 사용해 해초를 배로 바꾸고, 마른 풀과 나무토막으로 아름다운 색의 가죽을 만들었다. 그런 다음 아리안로드의 성이 있는 항구까지 항해하여 성에서 아주 잘 보이는 위치에 돛을 내리고 현란한 솜씨로 가죽을 꿰매기 시작했다. 성 안에 있는 사람들이 금방 그들을 보았고, 아리안로드는 사람을 보내 그들이 누구이며 무엇을 하는 사람들인지 살펴보도록 했다. 그들이 신을 만드는 사람들이라는 이야기를 들은 아리안로드는 자신에게 마침 신발이 필요하다는 사실을 떠올렸다. 귀디온은 그녀의 발치수를 정확히 알고 있었지만 의도적으로 처음에는 너무 크게, 그 다음에는 너무 작게 신을 제작했다. 아리안로드는 하는 수 없이 배까지 직접 내려와 신발을 맞추었다.

귀디온이 아리안로드의 발 크기를 재는 동안, 굴뚝새 한 마리가 갑판 위에 앉았다. 소년은 활과 화살을 꺼내어 굴뚝새의 다리를 명

중시켰다. 이 같은 활솜씨는 애정 표현의 방편으로 켈트의 일류 궁수들이 자주 뽐내던 것이다. 여신은 소년이 자신에게 애정과 경의를 표하자 기분이 좋아져 "진실로, 사자Llion는 한 점의 흔들림 없이 활을 조준하였구나!"라고 말했다. 전세계적으로 원시인들은 이 같은 상황을 통해 이름을 얻게 된다. 소년도 자신의 이름을 갖게 되었다. 귀디온은 아리안로드에게 말했다. "당신에게 고마워할 이유는 없지만 이제 아이는 좋은 이름을 갖게 되었소. 이제부터 이 아이를 로이 라우 귀페즈25라고 부를 것이오."

태양신의 이름은 글로 기록되기 이전의 고대 이교도 전통이 얼마나 무용지물이 되었는지 보여주는 좋은 예이다. '빛'을 뜻하는 고어 로이Lleu는 더이상 사용되지 않았기 때문에 신화를 기록한 필경사는 자신이 모르는 단어 대신 익숙한 것으로 대체하였다. 로이Llew는 '사자'를 뜻한다. 귀페즈Gyffes라는 단어도 변화를 겪었던 것으로 보이는데 원래는 '흔들림이 없는'이 아니고 '길다'의 의미였던 것 같다.26

어찌됐든, 자신의 아들을 무명인 상태로 두려던 아리안로드의 계획은 수포로 돌아갔다. 더구나 귀디온이 목표한 바를 이루자 배와 가죽을 다시 해초와 건초, 나무토막으로 바꿔놓았기 때문에 신발도 얻지 못했다. 분노한 여신은 아들에게 자신이 허락하지 않는 한 무기를 가질 수 없다는 새로운 운명을 내렸다.

그러나 귀디온은 로이를 자신의 성 디나스 딘레브Dinas Dinllev로 데려가 그곳에서 무사로 키웠다. 귀디온의 성은 아직도 메나이 해협 가장자리에 서 있다. 아들이 무기를 가질 만한 나이라고 판단되자 아버지는 다시 크르 아리안로드Caer Arianrod로 데리고 갔다. 이번에는 방랑시인으로 변장하였다. 아리안로드는 그들을 반갑게 맞아 귀디온의 시와 이야기를 듣고, 만찬을 베풀고, 잠자리도 내주었다.

귀디온은 다음날 일찍 일어나 자신이 가진 가장 강력한 주문을 외우기 시작했다. 그의 마법으로, 온 나라에 군대의 함성과 나팔소리가 울리는 듯했으며 사람들은 만 가득히 적의 함대가 들어차 있는 환영을 보았다. 겁에 질린 아리안로드는 그에게로 와 성을 보호할 방책을 물었다. 귀디온이 대답했다. "우리에게 무기를 주시오. 그리하면 내 최선을 다해보겠소다." 그리하여 아리안로드의 시녀들은 귀디온을 무장시켰고 로이는 아리안로드 자신이 직접 무장시켰다. 그녀가 무장시키는 것을 마치자 소리가 잦아들었고 배는 사라졌다. "이제 무기가 필요 없게 되었으니 무장했던 것을 벗겠소," 귀디온이 말했다. "무슨 소리예요! 지금 성이 군사로 둘러싸여 있는데!" 아리안로드가 소리쳤다. 그러자 귀디온이 말했다. "애초에 군대는 없었소. 당신이 예언을 깨고 우리의 아들에게 무기를 주도록 내가 꾸며낸 환영이오. 이제 그는 무기를 얻었지만, 당신에게 감사할 이유는 없지." "그렇다면 더 가혹한 운명을 내리겠어요! 그 아이는 이 땅에서 아내를 찾을 수 없을 거예요!" 격분한 여신이 외쳤다. "당신의 방해에도 불구하고 내 아이는 반드시 아내를 얻게 될 것이오." 귀디온이 대답했다.

귀디온은 자신의 삼촌이며 마법의 스승인 마스에게로 갔다. 그들은 함께 마력과 환영으로 꽃을 여인으로 만들었다. "그들은 떡갈나무, 양골담초, 꼬리조팝나무의 꽃을 모아 인류 이래 가장 우아하고 청초한 여인을 만들어냈다." 그녀에게는 '꽃의 얼굴'이라는 뜻의 블로도이우에드Blodeuwedd라는 이름이 붙여졌고, 로이는 그녀를 아내로 맞이하였다. 그들은 또한 로이에게 발라Bala 호수 근처의 무르 이 카스텔Mur Y Castell 성을 주었다.

한동안 모든 것이 순조로운 듯했다. 그러던 어느 날 어둠의 신 가운데 하나인 그로누 페비르Gronw Pebyr가 해질녘 로이의 성 근처에서 사냥을 하다가 수사슴을 죽였다. 태양신은 마스를 방문하느라 집에 없었고 블로도이우에드는 낯선 자를 집으로 초대했다. 그날 저녁 둘은 사랑에 빠졌고 급기야 로이를 없앨 궁리를 하게 되었다. 로이가 마스의 궁에서 돌아오자 블로도이우에드는 마치 켈트의 데릴라처럼 그의 생명 보존의 비밀을 빼내었다. 그는 집 안과 밖, 말 등 위와 땅 위, 어디에서도 자신을 해칠 방법이 없지만 딱 한 가지 방법으로만 자신의 생명을 빼앗을 수 있다고 했다. 방법은 오직 하나, 초가지붕 밑에서 목욕을 끝낸 직후 한 발은 목욕통 위에 다른 한 발은 숫염소 등 위에 딛고 서 있는 상태에서 안식일인 일요일에만 일년 동안 제작된 창으로 찌르면 자신이 죽는다고 했다. 블로도이우에드는 남편의 생명이 철두철미하게 보호되어 있는 것에 대해 경건하게 하늘에 감사드리고 나서 자신이 알아낸 사실을 애인에게 전할 심부름꾼을 보냈다. 그로누는 즉시 창을 만들기 시작했다. 일년 후 창은 완성되었다. 이 소식을 전해들은 블로도이우에드는 로이에게 정확히 어떠한 상황에서 죽임을 당하게 되는지 연출해달라고 청했다.

로이가 승낙하자 블로도이우에드는 초가지붕 아래 목욕통을 준비하고 근처에 염소를 매두었다. 로이는 목욕을 한 뒤 목욕통과 염소 등을 딛고 올라섰다. 그 순간 잠복해 있던 그로누가 창을 던졌고, 창에 맞은 로이는 무서운 소리를 지르며 독수리가 되어 날아갔다. 로이는 돌아오지 않았고, 그로누는 그의 아내와 성까지 차지했다.

그러나 귀디온은 아들을 찾아 방방곡곡 돌아다녔다. 드디어 어느 날 그는 북부 웨일스에서 자신의 암퇘지에 대해 대단히 조바심을 내는 한 노인의 집에 다다랐다. 노인의 고민인 즉, 매일 아침 암퇘지 우리가 열리자마자 어디론가 뛰쳐나갔다가 저녁 늦어서야 돌아온다는 것이었다. 귀디온이 암퇘지를 따라가보기로 했다. 새벽이 되자 주인은 귀디온을 우리로 데리고 가 문을 열어주었다. 암퇘지는 앞으로 성큼 뛰어나갔고, 귀디온이 뒤쫓았다. 암퇘지를 따라 스노든 Snowdon 산과 바다 사이에 있는, 아직까지 난티 로이Nant y Llew라고 불리는 한 개천까지 간 그는 돼지가 떡갈나무 밑에서 마구 먹는 모습을 보았다. 나무 위에는 독수리 한 마리가 앉아 있었다. 독수리가 나무를 한 번씩 흔들 때마다 땅으로 부패한 고깃덩이가 떨어졌고 그 고기를 돼지가 먹는 것이었다. 귀디온은 독수리가 로이일 것이라고 짐작했다. 그는 시 하나를 읊기 시작했다.

두 개의 둑 사이에 자라는 떡갈나무
하늘과 언덕이 어두워졌구나!
상처를 보니 이것이 로이라는 사실을
말하지 말 것인가?

이 시를 들은 독수리가 나무에서 반쯤 내려와 앉았다. 이를 본 귀디온은 계속해서 노래를 불렀다.

고지에서 자라는 떡갈나무,

비에 젖었나?

180차례의 폭풍우에

흠뻑 젖지 않았는가?

그 가지에는 로이 라우 귀페즈가 앉아 있구나.

독수리는 나무의 가장 낮은 가지까지 천천히 내려왔다. 귀디온이
다시 노래를 불렀다.

낭떠러지 밑에 자라는 떡갈나무

모양이 위풍당당하고 장대하기도 하구나!

이 말을 하지 말까?

로이가 내 무릎으로 올 것이라는 말?

그러자 독수리가 내려와 귀디온의 무릎에 앉았다. 귀디온이 요술
지팡이로 새를 치자 새는 창에 묻은 독으로 인해 피골이 상접한 로
이로 변하였다.

귀디온은 그를 회복시키기 위하여 마스에게 데려갔다. 자신이 블
로도이우에드가 있는 무르 이 카스텔로 간 동안에도 아들은 계속 그
곳에 머물도록 했다. 그가 온다는 소식을 듣고 블로도이우에드는 도
망쳤지만 귀디온은 금방 그녀를 추월하여 낮을 싫어하는 올빼미로
바꾸어버렸다. 이 이야기의 전신은 아마도 태양신에 대한 고대신화
일 것인데, 그 야만적이고 불쾌하고 구체적인 내용이 이야기의 긴 역

사를 반증한다. 이 이야기에서는 귀디온이 블로도이우에드를 추격한 곳이 하늘이며 은하수의 별이 그 흔적이라고 말한다.[27] 또 그녀의 공범의 말로는 로이가 당했던 것과 똑같은 방식으로 선 채 그의 창에 죽임을 당하는 것이다.[28]

벨리와 돈에게는 아들이 두 명 더 있는데, 이들에 대한 기록은 너무 적다. 그들과 연관된 전설들에 대한 거친 시가 아니었더라면 거론하기조차 힘들 정도다. 모든 신들이 인간으로 바뀔 무렵에 기록된 이 이야기에서, 형제지간인 두 신은 브리튼의 두 왕으로 등장한다. 별빛이 밝은 어느 날 밤 그들은 함께 산책을 했다. "봐요, 내가 얼마나 훌륭하고 넓은 들판을 갖고 있는지." 닌니아우Nynniaw가 페이바우Peibaw에게 말했다. 그러자 페이바우가 물었다. "어디 있는데?" 닌니아우가 대답했다. "저기, 눈앞에 펼쳐친 하늘이 있잖아요." "그렇다면 내가 네 들판에 얼마나 많은 소 떼를 방목하고 있는지 보아라." 페이바우가 응수했다. "어디 있는데요?" 하고 닌니아우가 물었다. "네 눈에 띄는 모든 별. 별 하나하나가 모두 불타는 황금색이고 달이 그들의 목자이지." 페이바우가 대답했다. "그들을 내 들판에 방목할 수 없어요." 닌니아우가 소리쳤다. "돼." "안 돼."라는 대답을 거듭하면서 반박은 다툼이 되었고, 사사로운 다툼은 전쟁이 되었다. 그렇게 싸우다가 마침내 양쪽 군사는 전멸했고 신은 두 악의 화신을 소로 변하게 하였다.[29]

돈의 마지막 자식으로 페나르둔Penardun이라는 여신이 있는데, 해신인 리르와 혼인하였다는 정보를 제외하면 알려진 것이 거의 없다. 이 사실은 투아하 데 다난과 포모르인들 간의 결합에 대한 게일의 이야기[30]와 평행하다는 면에서 흥미롭다. 다그다의 딸인 브리잇취는 엘라한의 아들 브레스와 혼인하였고, 디안케트의 아들인 키안은 발로르의 딸인 에스니와 결혼하였다. 이러한 친족신화 속에서 하늘의 신들과 바다의 신들은 희미한 끈으로 연결되어 있다.

리르라는 이름은 '바다'를 의미하는 아일랜드의 레르와 동일하다는 설이 유력하다.[31] 브리튼의 해신은 의심의 여지없이 게일 해신과 같다. 그가 웨일스 문학 자료에 리르 레디아스Llyr Llediath, 즉 '외국 방언을 쓰는 리르'이라고 기록되어 있다는 사실과 그의 아내 이름이 이웨리드Iwerridd(아일랜드)라는 사실은 그가 게일족과 브리튼족이 공유하는 어떤 신화보다 나중에 브리튼족이 게일족에게서 빌려온 신이라는 유추를 가능하게 한다. 브리튼 신으로서의 그는 셰익스피어의 〈리어왕〉의 먼 조상이기도 하다. 그를 가장 많이 숭배하던 도시는, 예전에는 크르 리르Caer Llyr라고 불렸던, 레스터 리르-케스트러Llyr-cestre로 이름 속에 아직도 그의 흔적을 간직한다.

우리가 본 바와 같이 리르에게는 페나르둔과 이웨리드라는 두 명의 부인이 있었다. 돈의 딸에게서 그는 마나위단Manawyddan이라는 아들을 얻었는데, 이는 게일의 마난난 막 리르[32]와 동일인이다. 아일랜드 신보다 그에 대해 알려진 바는 적지만, 그는 분명히 켈트인들이 항상 바다와 연결지었던 하데스, 또는 엘리시움의 지배자이다. 하계에 속한 자들이 모두 그러하듯 그는 뛰어난 마법사이고 유용한 기술의 소유자이며 그 기술을 흔쾌히 친구들에게 전수하기도 하였다. 그러나 그의 적에게는 완전히 다른 면모를 드러냈는데 한 삼제가에 의하면, 그는 인골로 벌집 모양을 한 감옥을 만들었고, 그 감옥은 무수히 많은 칸으로 나뉘어 일종의 미로를 이루고 있었다고 한다.

> 지혜로운 마나위단의 업적,
>
> 통곡과 불타오르는 분노 뒤에
>
> 오이스Oeth와 아노이스Anoeth의 골성骨城을 쌓았다네[33]

이 끔찍한 곳에 그는 하계를 침범하는 자들을 감금하였다. 그의 포로 중에는 저 유명한 아서도 포함되어 있다.[34]

'아일랜드'는 리르와의 사이에 두 아이를 낳았다. 브란웬Branwen이라는 딸과 브란이라는 아들이었는데, '아름다운 가슴'이라는 호칭의 브란웬에 대한 소량의 정보에 따르면, 그녀는 사랑의 여신이었으며 그리스의 아프로디테처럼 바다의 자식이었다. 반면 브란은 마나위단보다 더 분명하게 하계의 어두운 신이었다. 그는 거대했다고 표현되는데, 너무나 커서 그를 지탱할 수 있는 집도 배도 없었다고 한다.[35] 그의 이름이 유래되었을 법한 뿔가마귀나 까마귀처럼 전투와 살육을 즐겼다고 하지만[36] 그는 또한 방랑시인, 음유시인 및 음악가들의 특별한 후원자이기도 했다. 탈리에신의 작품으로 알려진 한 시에 보면, 그는 동시에 자신을 음유시인, 하프 연주자, 크로우스crowth 연주자 그리고 140명의 다른 음악가라고 칭한다.[37] 그의 아들은 강한 팔의 카라다우크Caradawc라고 불렸는데, 브리튼 신화가 쇠퇴하면서 그는 일반적으로는 '카락타쿠스Caractacus'라고 알려진 역사 속의 인물과 합치되었다.

브란과 마나위단은 스완지Swansea 반도와 밀접한 관련이 있었다.

오이스와 아노이스의 인골탑은 전승에 의하면 가우어Gower에 위치하고 있었다.[38] 브란이 그곳에서도 집에서처럼 편하게 지냈다는 사실은 《아서의 죽음》을 통해 확인할 수 있는데, 여기서는 망각되고 오인된 '가우어의 브란' 신화가 '브란데고어Brandegore 왕'의 이야기로 남아 있다.[39]

이처럼 한 나라를 저세상과 연관시킨다는 점은 현대인에게 낯설게 느껴질지 모르지만 켈트 선조들에게는 지극히 자연스러운 것이었다. 모든 섬들은 (이는 반대편 해안선에서 보면 섬같이 보이는 반도들도 포함한다) 대표적으로 하계의 어두운 권력이 거하는 곳으로 여겨졌다. 접근이 어렵고, 사납고 위험한 바다로 둘러싸여 있는 데다 어떤 때는 짙은 안개에 싸여 자취를 감추었다가 다른 때에는 유령처럼 지평선 위로 떠오르는 그곳은 또한 종종 적대적인 하위 종족이 거주하는 곳으로서, 무지의 세계가 곧 악이라고 믿는 인간사고로부터 어떤 신비함과 거룩함을 얻을 수 있었다. 해안에서 그곳을 바라보던 콘월의 브리튼인들은 가우어와 룬디Lundy를 보며 바다 너머 저세상의 지표라고 생각하였다. 웨일스의 브리튼인들은 아일랜드는 인간이 살 곳이 못 된다고 생각하였으며, 반대로 게일인들은 하계가 브리튼 땅에 있다고 생각하였는데, 이들에게 맨 섬(아일랜드와 브리튼 섬 사이에 위치함-역주)은 공통의 작은 하계였다. 유령세계를 "그림자가 생기는" 인간 세상과 구분하기 위해 반드시 바다가 필요했던 것은 아니다. 통과가 거의 불가능한 늪으로 둘러싸인 글래스턴베리 바위산Glastonbury Tor은 귄 압 누드가 자주 찾았던 곳이었다. 북쪽 지방의 브리튼족은 로마 성벽 너머 펼쳐진 칼레도니아Caledonia 숲에 인간이 아닌 유령들이 산다고 믿었다. 웨일스인들이 디페드Dyfed라고 불렀으며 지금은 펨브룩셔Pembrokeshire 정도에 위치한 데메티아Demetia의 로마 통치구역까지도 토착민들이 마지막까지 거주하던 곳으로 신화적인 지하세계와 연관 지어졌다.

이처럼, 디페드는 그 지방 신들의 일족이 지배했다. 이들 가운데 가장 위대한 인물은 '안눈(하계를 일컫는 웨일스 명칭)의 우두머리' 필Pwyll과 그의 아내 리아논Rhiannon 그리고 그의 아들 프리데리Pryderi였다. 이들은 돈의 자식들에게는 적대적이었으나 리르의 종족에게는 우호적이었던 것으로 기록된다. 필이 죽거나 사라진 이후, 과부 리아논은 마나위단의 부인이 된다.[40] 탈리에신의 한 시에는 마나위단과 프리데리가 하계를 공동으로 지배했던 것으로 되어 있다. 이들은 훗날 '성배'로 유명해진 영감의 마법 냄비[41]를 빛의 신들로부터 지키기도 하였다. 그들이 지녔던 또 하나의 보물은 '리아논의 세 마리 새'이다. 고대 문서에 따르면, 이 새들이 노래하면 죽은 자들은 살아나고 산 자는 죽음과 같은 잠에 빠져든다. 다행히 이 새들은 노래를 자주 하지 않았다. 한 웨일스 삼제가는 다음과 같이 말했다. "이 세상에는 듣기 힘든 소리가 세 가지 있는데 하나는 리아논의 새들의 노래이며, 또 하나는 색슨족의 입에서 나오는 지혜의 노래이고, 마지막은 구두쇠의 잔치에 초대받는 것이다.

브리튼 신들의 목록에서 아서를 언급하지 않을 수 없다. 아서를 신으로 취급하는 것에 대해 다수의 독자들이 의아해할 것이다. 천재적인 테니슨은 작품 소재를 노르만·프랑스 로맨스에서 많이 차용했는데 그는 당시 유행했던 풍조를 따라 아서를 초기 브리튼의 왕으로 그렸고, 이후 침략하는 색슨족에 대적하여 모국과 기독교 윤리를 보호한 그의 이미지가 고정되었다. 이 전형적인 켈트 이름을 가진, 강력한 권력의 브리튼족 우두머리가 존재했을 가능성은 충분하다. 아일랜드 전설에 그는 아르터Artur라는 이름을 가진 네메드의 아들로 등장해 포모르인들과 싸운 것으로 기록되어 있다. 대륙에서는 아르타이우스Artaius라고 불리며 농업을 관장하는 골Gaulish의 신이었는데, 로마인들은 그를 자신들의 머큐리Mercury와 동일시한 듯하다.[42] 그러나 본래의 아서는 쿠훌린, 핀과 같은 경지에 있다. 그의 행적은 초인간적이기 때문에 신화적이다. 그가 어울리는 무리는 신들이었다. 우리에게 알려진 몇몇은 골Gaul에서 숭배되었다. 다른 이들은 돈, 리르, 필의 자손들이다. 이들은 오래된 신들의 족보를 형성하고 있었지만 아서의 숭배가 부상하고 그들이 쇠퇴하면서 아서가 그들의 우두머리가 된 것으로 보인다. 그들은 신성을 상실한 채 이상하게 변형되어 원탁의 기사들로 분해 로맨스의 수많은 지면을 채우고 있다.

이들은 브리튼의 고유한 신들이다. 그러나 이외에 브리튼 섬에서 발견되는 글씨들을 통해 알려진 다수의 신들은 외지에서 들어왔다. 로마 제국이 지배하게 되면서 제국에 속하는 여러 영토에서 다양한 인종의 사람들이 유입되었다. 이들은 브리튼 전반에 흩어졌지만, 특히 성벽(헤이드리안의 성벽을 뜻함— 역주) 근처의 북쪽 지역에서 다양한 국적의 신들이 산발적으로 숭배되었다는 증거를 찾아볼 수 있다.[43] 이 신들의 근원지는 독일, 아프리카, 골, 페르시아에까지 이른다. 대부분의 이국 신들은 로마제국을 통해 들어온 것이었지만, 에보라쿰Eboracum(지금의 요크)의 한 신전은 세라피스Serapis에게 헌정되었으며 페르시아의 태양신인 미트라Mithras도 그곳에서 사랑받았다. 노섬벌랜드Northumberland(고대 코르스피티움Corspitium)의 코브리지Corbridge에서는 티리아의 헤라클라스Tyrian Hercules와 아스타르테Astarte에게 바치는 제단이 발견되었다. 이 전쟁신은 다른 기이한 이름들로 불리기도 하였는데, 컴벌랜드의 다키안Dacian 무리는 '코키디우스Cocidius'라고 불렸으며, 다른 나라에서는 각기 투아테스Toutates, 카물루스Camulus, 코리티아쿠스Coritiacus, 벨라투카도르Belatucador, 알라토르Alator, 루케티우스Loucetius, 콘다테스Condates, 리기사모스Rigisamos 등의 이름으로 불렸다. 한 전쟁 여신은 바스Bath에서 네메토나Nemetona라는 이름으로 숭배되었다. 이 마을의 온천은 술Sul이라는 여신의 영향 아래 있었는데, 로마인들은 이 신을 미네르바Minerva와 동일시하였고 그녀의 헌정 석판에 '태양 아폴론 아니케투Sol Apollo Anicetus'라고 명시되어 있는 한 의약신의 도움을 받았다고 되어 있다. 그러나 이 '특이한 신들' 가운데 몇몇만이 브리튼 원주민들의 상상을 사로잡았던 것 같다. 그들의 숭배자들은 대부분 세력을 확장하지 않았다. 그들의 영향력은 대체로 터키 마을의 복음교회 정도에 그쳤다. 예외가 있다면 그것은 이국신이 골 지방 출신일 때인데, 이들은 로마가 아닌 본래 켈트로부터 유입된 것이라는 증거가 종종 발견되곤 한다. 호전적인 천신 카물루스는 게일 영웅신화에 핀의 아버지인 쿠할Cumhal로 등장하며, 브리튼 신화 역사에는 크르 코엘빈Caer Coelvin(과거의 카물로두눔Camulodunum, 지금의 콜체스터Colchester)의 공작으로, 브리튼의 왕좌를 탈환하여 짧은 재위기간이 잦은 전투로 점철되었던 코엘Coel로 기록되어 있다. 태양신 마포노스Maponos의 이름은 골과 브리튼의 제단에서 모두 발견되는데, 웨일스 문학에서는 아서를 추종하던 마본Mabon으로 기억되고 있다.[44] 또 다른 골의 태양신 벨리누스Belinus는 바요카소스Bajocassos(오늘의 바이외Bayeux)에 근사한 신전을 갖고 있었는데, 초창기 브리튼 신화에는 언급되지 않지만, 파편적인 기록을 통해 브란과 연결되었던 것을 짐작할 수 있다. 몬머스의 제프리가 쓴 사기에 '벨리누스 왕'이 '브레니어스 왕'의 형제로 기록되어 있고,[45]《아서의 죽음》에는 '발란Balan'의 형제인 '발린Balin'이라고 씌어 있다.[46] 2세기 그리스 작가 가운데 한 사람은 오그미오스Ogmios라는 명칭으로 골 지방에서 숭배되던 웅변의 신 이야기를 기록하였는데, 이 신은 헤라클레스와 무척이나 흡사한 차림으로 묘사되며, 이는 게일의 오그마에 대한 묘사와도 완벽하게 일치한다. 오그마는 문학과 글쓰기를 관장하는 신이었으며 투아하 데 다난의 직업적인 장수이기도 했다. 배스에서 숭배되던 전쟁 여신 네메토나는 아마도 누아다의 발키르Valkyr(북구 신화에서 오딘의 12신녀 가운데 하나. 전사한 영웅들의 영혼을 발할라Valhalla에 안내하여 시중든다고 함 — 역주) 부인들 가운데 하나인 네몬Nemon과 같은 인물이었을 것이며, 지금은 훼손된 아수보드바athubodva에게 바치는 비명은 본디 카수보드바Cathubodva에게 바쳐진 것이었을 것이고, 이는 골에서 바이브 카사Badb Catha로 불리던 '전쟁-분노신'과 동일인일 것이다. 루 또는 로이는 대륙에서 루구스Lugus로 널리 통하였다. 나온, 라이덴Leyden, 리용Lyons, 이 세 개의 중요한 도시는 모두 고대에 그의 이름을 따서 지어진 명칭이며, 루구두눔Lugu-dunum, 즉 '루구스의 마을'이라는 뜻에서 유래되었다. 이들 가운데 리용에서는 로마시대에 태양신을 위한 날에 축제를 벌였다. 태양신의 날인 8월 1일은 고대 아일랜드에서 개최되던 루그나사드Lugnassad, 즉 '루의 기념일' 날짜와 일치한다. 게일의 미네르바인 브리잇취는 브리튼 땅에서는 북쪽 지방의 부족인 브리간테스Brigantes의 수호 여신인 브리간티아Brigantia로, 동부 프랑스에서는 브리진도Brigindo라는 이름으로 찾아볼 수 있으며, 오피아노스Oppianos의 아들 이카보스Iccavos가 그녀에게 제물을 헌정했다는 기록이 지금까지 남아 있다.[47]

앞에서 언급한 예들보다 덜 인상적이긴 하지만, 브리튼 섬에 전하는 신화적 인물들의 명칭과 켈트 신화 속 인물들의 명칭이 일치하는 예는 더 있다. 그러나 지금까지 나열된 자료들로 골, 게일, 브리튼이 신화적인 명칭이나 개념, 생각들에 대해 공통의 유산을 갖고 있다는 증거는 충분하다. 이들은 개별적, 표면적으로는 다르지만 실질적으로 유사한 의식으로 그것을 발전시켜나갔다.

17장
하계 신들의 모험

브리튼 신들에 대한 최초의 연속적인 기록은 퓔의 가족으로부터
시작된다. 이 신들은 로마인들이 데메티아라고 부르고 브리튼인이
디페드라고 불렀던 웨일스의 서남부 지역, 즉 지금의 펨브룩셔와 관
계가 있다. 마비노기의 네 갈래 중 첫 번째 이야기는 '디페드의 왕자,
퓔'이 어떻게 해서 펜 안눈Pen Annwn, 즉 '하계의 우두머리'가 되었는
지에 대해 말하고 있다. 이 이야기는 일견, 아무리 전설적이었다 한
들 한낱 인간에 불과한 왕자와 신비로운 저승의 지배자가 한 인물일
수 없다는 모순을 해결하기 위한 의도적 기록처럼 보이기도 한다.[48]
그러나 이 전설이 문서의 형태로 기록되기 이전의 시기라면 그 같은
일이 모순으로 여겨지지도 않았을 것이다. 안눈의 우두머리인 퓔에
대한 신화적 전승이 아직 살아 있던 때에 디페드는 켈트인들에게 기
묘한 안눈의 세계나 그 속국 정도로 인식되었던 것이 분명하다. 영

토를 가르는 타웨 강의 동쪽에 위치한 켈트인들이 보기에 이곳은 험하고 미개한 미지의 영역으로, 그들이 몰아낸 토착민인 이베리아인들이 거주하는 외딴 곳이었다. 그러나 대담해진 사람들이 점차 경계를 넘으면서 디페드에도 켈트인들이 드나들기 시작했다. 비록 같은 인종은 아니지만, 그곳에도 사람이 살고 있으며 다른 나라들과 그리 다르지 않다는 사실을 알게 된 것이다. 그러므로 디페드는 비교적 최근까지 '환영의 땅' 또는 '황홀의 세계'[49]와 같은 이름으로 불리기는 했지만 더이상 하계 자체와 결부되지는 않았다. 변덕스럽고 어두컴컴한 그 왕국은 이제 저 먼 바다 너머나 이역만리 해저로 자취를 감추었다.

'디페드의 왕자, 필'[50]의 이야기는 안눈의 두 왕, 또는 무수히 많은 우두머리 가운데 두 명인 '은빛 혀Silver-Tongue' 아라운Arawn과 '여름 하얀Summer-White' 하브간Havgan이 서로의 영역을 쟁취하기 위해 벌인 전쟁에 대한 것이다. 계속되는 대결 중에 아라운이 패배했고, 절망에 휩싸인 그는 인간 중에서 동맹을 맺을 사람을 찾기 위해 지상을 방문하였다.

이때 디페드의 왕자였던 필은 나르베르스Narberth에서 통치를 하고 있었다. 마침 그는 지금의 펨브룩Pembroke과 카마던Carmarthen의 경계에 있는 골짜기 글린 쿠흐Glyn Cuch의 사냥대회에 참석하기 위해 수도를 비운 터였다. 유럽과 동양의 수많은 로맨스에서처럼, 모험이 다가왔을 때 그는 무리로부터 떨어져 있었다. 요즘 표현을 빌자면 소위 "내팽개쳐졌다." 그래도 필은 흡사 음악을 듣듯 자기 사냥개의 소리를 들을 수 있었는데 그때 자신을 향해 오고 있는 또 다른 개 떼의 소리가 들려왔다. 숨을 죽이고 귀를 기울이는 동안, 그의 시야로 수사슴이 들어왔고 그 이상한 사냥개 무리들이 사슴을 거의 자신의 발치로 끌어내리고 있었다. 처음에 퓔은 사냥개를 바라보느라 사슴은 보지도 않았다. "그는 세상 어디에서도 이 같은 사냥개의 무리를 본 적이 없었다. 그들의 털은 찬란하게 반짝이는 흰 빛이었으며 귀는 붉은 색이었다. 그들의 몸이 흰색으로 빛날 때마다 귀의 붉은 빛도 번득거렸다." 퓔은 눈치채지 못하였지만 이 개들은 진정한 하계의 품종이었다. 우리가 게일의 전설에서 자주 접하는, 눈같이 희고 귀가 붉은 사냥개들은 아직까지도 한밤중에 웨일스의 언덕을 헤치고 다니는 것으로 알려져 있다. 사냥개의 주인이 없는 것을 안 퓔은 얼른 사냥개 무리를 쫓아내고 자신의 사냥개 무리를 불러들였다.

그가 이 같은 행동을 하는 동안 "옅은 회색을 띤 큰 말 위에 사냥 뿔을 목에 걸고 사냥복 모양의 회색 털옷을 입은" 남자가 나타나 퓔의 비겁한 행동을 꾸짖었다. "정작 사슴을 잡은 내 개들을 쫓아내고 당신의 개를 불러들이는 이 같은 행위보다 더 무례한 경우는 본 적이 없소. 내가 이 일에 대한 복수는 하지 않겠지만 맹세코 당신에게 사슴 100마리보다 더 큰 해를 입힐 것이오."

잘못을 뉘우친 퓔은 낯선 이의 이름과 지위를 묻고 자신의 잘못을 만회하길 청했다. 그는 자신이 안눈의 왕인 아라운이라고 밝히며 오직 퓔이 자신을 대신해 안눈에 가서 하브간과 싸워야만 용서를 받을 수 있을 거라고 말했다. 퓔은 이에 찬성하였고, 하계의 왕은 자신의 부인을 포함하여 안눈의 어떤 누구도 그 차이를 알아보지 못하도록 자신의 모습을 퓔에게 입혔다. 퓔은 비밀통로를 통해 안눈에 있는 아라운의 성으로 인도되었고 둘은 그로부터 정확히 일년 뒤 그들이 처음 만난 장소에서 재회하기로 약속했다. 한편, 아라운은 퓔의 형상을 하고 나르베르스로 갔다.

안눈에서 퓔을 의심하는 사람은 아무도 없었다. 그는 일년 동안 사냥하고, 풍악을 울리고, 만찬을 즐기며 영토를 다스렸다. 밤낮으로 아라운의 아내가 그의 곁에 있었지만, 퓔은 그녀가 이제껏 보아온 여인 가운데 가장 아름답다고 느끼면서도 아라운의 신의를 저버릴세라 탐하지 않았다. 마침내 하브간과 맞대결을 펼칠 날이 도래했다. 승부는 한방에 결정났다. 숙명의 정복자 퓔이 하브간을 팔과 창을 합한 길이만큼 말 엉덩이 너머로 내팽개쳐 그의 무기와 방패를 산산조각 내버렸던 것이다. 하브간은 치명적인 상처를 입었다. 하브간은 최후를 맞이하기 위해 실려나갔고, 퓔은 아라운의 모습을 한 채 죽은 왕의 신하들로부터 항복을 받고, 그의 영토를 합병했다. 그런 뒤, 그는 아라운과의 약속을 지키기 위해 글린쿠흐로 돌아갔다.

그들은 본래의 모습을 되찾고 각자의 왕국으로 갔다. 퓔은 지난 일년 간 디페드가 너무나 평화롭고 풍요롭게 통치되었다는 사실을 알았다. 하계의 왕 역시 적은 없어지고 영토는 확장되어 있음을 보았다. 그가 아내를 어루만지자, 그녀는 왜 일년 동안이나 접촉이 없다가 이제야 관심을 보이느냐고 물었다. 그는 아내에게 모든 것을 사실대로 털어놓았고 둘은 퓔이 진정한 친구라는 점에 동의했다.

이후 안눈과 디페드의 두 왕은 매우 돈독한 우정을 쌓았다. 이야기에 따르면, 그때부터 퓔은 더이상 디페드의 왕자가 아닌 펜 안눈 곧 '하계의 우두머리'로 불렸다고 한다.

마비노기에 있는 디페드 왕자 퓔의 두 번째 신화는 어떻게 그가 리아논을 아내로 맞았는가에 대한 것이다. 리스 교수는 리아논이 새벽 또는 달의 여신이었을 것으로 추측한다.[51] 나르베르스에 있는 퓔의 궁전 밖에 신비한 작은 언덕이 있었다고 한다. 그 위에 앉는 사람은 두 가지 가운데 하나의 경험을 하게 되는데, 하나는 여기저기서 두들겨 맞는 것이고, 또 하나는 신기루를 보는 것이다. 어느 날, 퓔은 그 작은 언덕의 경험이 궁금해져 성 밖으로 나가 그 위에 앉았다.

보이지 않는 매는 퓔을 공격하지 않았다. 다만, 오래지 않아 "순백의 커다란 말 위에 금빛 찬란한 옷을 두른 여인"이 아주 조용히 그를 향해 다가오는 것이 아닌가. 그는 사람을 시켜 그녀가 누구인지 알아오게 했다. 그러나 그토록 천천히 움직이는 듯 보이는 그녀를 따라잡을 수가 없었다. 신하는 그녀를 따라잡는 데 실패했고, 신비한 여인은 유유히 사라졌다.

다음날, 퓔은 다시 언덕으로 갔다. 여인이 나타났고, 퓔은 이번에는 부하를 말에 태워 따라가게 했다. 부하는 처음에는 여인의 말과 비슷한 속도로 말을 몰았지만 그녀에게 다가갈 수 없자 이내 박차를 가하여 말을 달렸다. 그러나 모두의 눈에 여인이 아주 느린 걸음으로 가는 것이 분명한데도 부하는 빠르게 가건 느리게 가건 그녀에게 근접할 수 없었다.

그 다음날, 퓔은 여인을 직접 따라가 보기로 결심했다. 그녀의 말은 여느 때처럼 사뿐사뿐 걸었다. 퓔은 처음에는 천천히 가다가 나중에 말을 최고 속도로 달리게 하였지만 결과는 매한가지였다. 마침내, 깊게 상심한 그는 신비로운 처녀에게 멈춰달라고 소리쳤다. 그러자 그녀는 "기꺼이 서 드리지요. 당신이 미리 제게 서달라고 부탁했으면 댁의 말이 그렇게 수고하지 않았어도 됐을 거예요."라고 말했다. 그녀는 자신의 이름이 리아논이며, 고령의 헤베이드Heveydd the Ancient의 딸이라고 밝혔다. 그러고는 아버지 땅의 귀족들이 그녀의 의지와 상관없이 정혼을 강요해서 그녀가 택한 신랑감인 퓔을 찾으러 나온 것이라고 말했다. 그녀가 세상에서 가장 아름답다고 생각하고 있던 퓔은 이 말을 듣고 무척 기뻐했다. 그들은 미래를 약속하며 헤어지기 전에 그로부터 일년 뒤 같은 날 퓔이 그녀의 아버지인 헤베이드의 궁에 나타기로 약조했다. 여인은 사라졌고, 퓔은 나르베르스로 돌아왔다.

약속한 날에, 퓔은 100명의 무리를 데리고 고령의 헤베이드를 방문했다. 그는 환대를 받으며 귀중한 손님을 예우하는 켈트의 풍습대로 자신의 만찬을 직접 지휘했다. 퓔이 리아논과 그녀의 아버지 사이에 앉아 막 식사를 하려던 찰나 키가 크고 머리가 붉은 한 청년이 만찬장에 들어와 퓔에게 인사하며 부탁을 들어달라고 청했다. "당신이 요구하는 청이 내가 할 수 있는 일이면 모두 들어주리다." 퓔이 생각 없이 대답했다. 그러자 변장을 벗어던진 청년은 하객들에게 퓔의 약조에 증인이 되어달라고 요구하며 리아논이 자신의 신부라고 주장했다. 퓔은 할 말을 잃었다. "입 꾹 다물고 있어요. 정말이지 당신같이 멍청한 사람은 처음 봐요." 노련한 리아논이 한 마디 하자 얼빠진 퓔이 대답했다. "이보시오, 난 그가 누구인지 몰랐소." "그는 나와 정혼하기로 되어 있던, 클루드Clud의 아들 과울Gwawl이에요. 이제 나를 그에게 주어야 해요. 안 그러면 당신의 체면이 깎여요." "그럴 순 없소." 그녀는 끈질기게 설득했다. "저를 양보하세요. 제가 책임지고 그의 아내가 되지 않도록 할게요." 그리하여 필은 일년 뒤 같은 날 리아논을 과울에게 넘겨주기로 약속했다.

이듬해, 만찬이 준비되었고 리아논은 원하지 않는 신랑 옆에 앉아야 했다. 필은 군사 100명을 데리고 밖에서 잠복하고 있었다. 만찬이 최고조에 달하자 그는 허름한 옷에, 발에 맞지 않는 낡은 신발을 신은 남루한 차림으로 가죽가방 하나를 들고 연회장으로 들어갔다. 그 가죽 가방은 리아논이 준 마법 가방이었는데, 그녀는 그 가방 안에 무엇이든 넣어도 채워지지 않는다는 설명과 함께 사용 방법까지 일러주었다. "부탁이 있습니다." 필이 말했다. "무슨 부탁이오?" 과울이 물었다. "저는 가난한 사람입니다. 이 가방을 고기로 채워주시길 간청합니다." 필이 대답했다. 과울은 "무리하지 않은 부탁"이라고 말하며 그 청을 들어주라고 지시했다. 그러나 채우고 채워도 가방 속의 공간은 늘어나기만 했다. 과울은 깜짝 놀라며 왜 그러냐고 질문했다. 필은 수많은 땅과 재산을 지닌 분이 음식을 밟지 않는 한 가방은 가득 채워지지 않을 것이라고 답했다. "저 사람을 위해 한 번 밟아주세요." 리아논이 과울에게 말했다. 과울은 "기꺼이 그러지요."라고 답하며 두 발을 모두 가방 안에 집어넣었다. 그 순간, 필은 가방을 과울의 머리 위로 당겨 입구를 묶어버렸다. 그런 뒤 나팔을 불어 자신의 부하를 들어오게 했다. 부하들이 가방을 보고 저마다 "이 안에 뭐가 들었어요?" 하고 묻자 필은 "오소리"라고 답했다. 대답을 들은 부하들은 차례대로 가방을 발로 차고 막대기로 내리쳤다. 이야기는 이렇게 끝맺고 있다. "이렇게 해서, '가방 속의 오소리Badger in the Bag' 놀이(방망이를 들고 두 줄로 마주서 있는 사람 사이를 뛰어다니는 영국 놀이 — 역주)를 처음으로 하게 되었다."

과울은 그러나 고령의 헤베이드가 중재해준 덕분에 오소리만큼 비참한 결말을 맞지는 않았다. 퓔은 과울이 리아논을 포기하고 복수를 하지 않겠다고 약속한다는 조건 하에 그를 풀어주었다. 과울은 승낙하고 상처를 치료하기 위해 자신의 나라로 돌아갔다.

과울은 태양신이었으므로 '그의 나라'란 분명 하늘이었을 것이다. 그의 정체는 이름을 통해 알 수 있는데, '과울'의 의미는 '빛'이다.[52] 위의 이야기는 어둠의 세력이 빛의 세력보다 우위를 점한 시간 중 하나로 켈트달력에서는 소원의 만찬, 또는 여름의 끝으로 불러 기념하였다.

이제 퓔과 리아논의 혼인을 가로막을 장애물은 없었다. 그녀는 신부가 되어 그와 함께 디페드로 돌아갔다.

3년 동안 그들에게 자식이 없자 디페드의 귀족들은 불평하기 시작했다. 그들은 퓔에게 리아논 대신 다른 부인을 맞기를 청원했고 퓔은 일년 동안의 말미를 달라고 부탁했다. 이 부탁은 받아들여졌고 그 해가 가기 전에 아들이 태어났다. 그러나 아기가 태어난 밤 리아논을 시중드는 여섯 명의 여인이 모두 잠들었다가 깨어보니 아이가 온데간데 없이 사라져버렸다. 직무태만으로 목숨이 위태로워질 것을 두려워한 여인들은 리아논이 자식을 먹어버렸다고 주장하기로 작정했다. 그들은 강아지를 죽여 그 피를 리아논의 얼굴과 손에 바르고 뼈를 그녀 곁에 뿌려놓았다. 그리고 난 다음 놀란 척하며 리아논을 깨워 그녀를 추궁했다. 리아논은 아들의 죽음에 대해 아는 것이 전혀 없노라고 맹세했지만 여인들은 그녀가 아들을 먹는 것을 보았으며 자신들이 말릴 수 없었다고 주장했다. 당시의 드루이드 사제들은 생체학적 지식이 부족해 아이의 뼈와 강아지의 뼈를 구분하지 못했던 모양이다. 여인들의 증언에 따라 리아논의 죄가 인정되었다. 그러나 퓔은 그녀를 가두지 못하게 했으므로 그녀는 대신 속죄를 해야 했다. 7년 동안 성문 밖의 말 발판 옆에 앉아 방문자들을 업고 궁으로 들어가겠다고 말을 해야 했다. 그러나 마비노기에 따르면 "그녀가 그렇게 하도록 허락하는 사람은 아무도 없었다."고 한다.

리아논의 아이가 어떻게 되었는지는 마비노기의 저자조차도 몰랐던 것 같다. 어쨌든 그것은 똑같이 신비스러운 또 다른 사건과 연관 지어졌다. 그 사건인 즉, 매해 5월의 첫날밤에(이날은 켈트의 태양 축제인 발틴나이기도 하다) 퓔의 봉신封臣 가운데 하나인 테이르니온 투리프 블리안트Teirnyon Twryv Vliant의 농장에서 아름다운 암말이 새끼를 낳으면 그 새끼가 없어지는 일을 말한다. 매해 5월 첫째날 밤에 그 암말이 새끼를 낳았지만 새끼의 행방은 아무도 몰랐다. 테이르니온은 사건을 해결하기로 마음먹었다. 그는 말을 집 안으로 들여와서 무장을 한 채 상황을 지켜보았다. 이른 밤 새끼 말이 태어났다. 그러자 큰 소리가 나며 갈퀴가 달린 팔이 창문으로 들어와 망아지의 갈기를 낚아채는 것이 아닌가. 테이르니온은 검으로 팔을 내리쳐 두 동강을 냈다. 곧이어 울부짖는 소리가 들려서 문을 열어보니 비단 망토에 싸인 아기가 놓여 있었다. 그는 아기를 안아 아내에게 보여주었고 그들은 아기를 입양하기로 했다. 아이의 이름은 구리 왈트 유린Gwri Wallt Euryn 즉 '금발의 구리'라고 지었다.

테이르니온의 눈에 소년이 자랄수록 퓔의 모습을 닮아가는 듯했다. 그는 리아논이 자식을 잃은 그날 밤 소년을 발견했다는 사실을 기억해내고, 아내와 상의한 끝에 리아논이 불가사의하게 잃어버린 아기가 바로 자신들이 불가사의하게 찾은 아이라는 데 의견을 모았다. 그들은 리아논처럼 선한 사람이 부당하게 처벌을 받는데 그녀의 아이를 데리고 있는 것이 옳지 않다고 판단했다.

그래서 바로 다음날, 테이르니온은 소년과 함께 나르베르스로 향했다. 여느 때처럼 리아논이 성문 옆에 앉아 있었지만, 그들은 그녀의 등에 업히지 않았다. 퓔은 그들을 반갑게 맞이하였고 그날 저녁, 식사시간에 테이르니온은 아이에 대한 이야기를 처음부터 끝까지 전하며 리아논 앞에 그녀의 아들을 데려왔다.

소년을 본 궁궐 안의 사람들 모두 그가 퓔의 아들임을 한눈에 알아보았다. 그들은 매우 기쁘게 소년을 맞이하였고, 왕국의 최고사제인 펜다란디페드Pendaran Dyfed가 아이에게 새 이름을 주었다. '근심'을 뜻하는 '프리데리'[53]라는 이름이었는데, 이는 아이의 어머니가 아들을 되찾고 처음 한 말에서 따온 것이다. 그녀는 "이 모든 것이 진실이라면 이제 모든 근심이 끝났구나!"라고 말했던 것이다.

18장
브란웬의 구애와 브란의 참수[54]

　네 갈래 이야기의 두 번째 부분에서 프리데리는 장성하여 부인인 키크바Kicva와 함께 자신보다 지위가 높은 하계의 신(해신海神 리르의 아들 브란)의 궁정을 방문하는 방문객 또는 신하로 등장한다. 브란과 그의 누이 '아름다운 가슴'의 브란웬, 이복형제 마나위단 그리고 마나위단의 어머니가 첫 번째 결혼에서 나은 아들 두 명을 포함한 리르의 자녀들은 지금의 할렉Harlech의 투르 브란웬('브란웬의 탑')이라고 불리는 곳에서 하계를 다스렸다. 어느 날, 그들이 절벽에 나와 앉아 바다를 바라보고 있는데 아일랜드에서 13척의 배가 접근하는 것이 목격되었다. 함대가 육지에 가까이 근접해오자 브란은 그들의 정체와 용건을 알아보도록 부하를 보냈다. 부하의 회답은, 그 배의 주인이 아일랜드의 왕 마솔루흐Matholwch인데 그가 브란웬에게 청혼하기 위해 브란을 찾아왔다는 것이다. 브란은 이를 허락하였고 혼인 장소는 앵글시Anglesey의 아베르프라우Aberffraw로 결정되었다. 마솔루흐와 그의 함대는 바다로 이동했고, 브란과 그의 일행은 육지로 이동했다. 목적지에 도착한 그들은 "그 어떤 집도 위대한 브란을 수용하지 못했으므로" 정자를 세웠다. 그곳에서 브란웬은 아일랜드 왕의 신부가 되었다.[55]

그러나 이같이 우호적인 관계는 오래 지속되지 못했다. 리르의 아내이며 마나위단의 어머니인 페나르둔에게 니쓰옌Nissyen과 에버니쓰옌Evnissyen이라는 이름의 아들이 두 명 더 있었다. 이들 중 니쓰옌은 평화를 사랑하여 "항상 가족의 분노가 극에 달해 있을 때 화해하길 청"했고, 반대로 에버니쓰옌은 "두 형제의 관계가 가장 평온할 때 싸움을 일으켰다"고 한다. 그러한 에버니쓰옌은 브란웬의 결혼에 대하여 자신의 허락을 요청하지 않은 것에 분노했다. 그는 분풀이로 마솔루흐의 모든 말들의 입술, 귀, 눈썹과 꼬리를 잘라버렸다.

이 사실을 안 아일랜드 왕은 큰 모욕감을 느끼며 분개했다. 브란은 두 번이나 사절단을 보내어 그 일이 자신도 모르는 사이에 일어났노라고 해명했다. 그는 에버니쓰옌이 상처 입힌 말을 모두 성한 말로 보상하였으며 마솔루흐의 키만한 은 덩어리와 그의 얼굴만큼 넓은 황금 판을 선물했다. 여기에 아일랜드에서 온 요술 냄비도 추가했다. 그 냄비는 죽은 사람을 살리는 능력이 있었는데, 단 살아난 사람은 말을 할 수 없었다. 아일랜드의 왕은 브란의 사과를 받아들여 리르의 자녀들과 화해하고 브란웬과 함께 아일랜드로 돌아갔다.

그해가 지나기 전에, 브란웬이 아들을 낳았다. 부부는 아이의 이름을 궤른Gwern이라 짓고 아일랜드에서 가장 훌륭한 이들의 손에 아이의 양육을 맡겼다. 그러나 이듬해 마솔루흐가 브리튼에서 겪은 수모에 대한 소식이 아일랜드로 전해졌다. 왕의 의형제와 가까운 친지들은 왕에게 브란웬을 통해 설욕해야 한다고 주장했다. 그래서 여왕은 강제로 부엌에 가서 일을 해야 했고, 매일 푸주한에게 따귀를 맞았다. 브란이 이 사실을 알지 못하도록 아일랜드와 브리튼 사이의 모든 교역은 금지되었다. 그렇게 3년이 흘렀다.

그러나 그동안 브란웬은 찌르레기 한 마리를 길들여 말하도록 가르치고, 날갯죽지에 진실을 폭로하는 편지를 달아 새를 브리튼으로 날려보냈다. 주인이 일러준 대로 브란을 찾은 새는 그의 어깨 위에 앉아 날개를 세웠다. 편지가 발견되었고 그것을 읽은 브란은 144개의 국가로 아일랜드를 향해 진격하자는 전갈을 보냈다. 아들 카라다우크Caradawc를 비롯한 일곱 명에게 영국을 맡겨두고 브란은 배로 이동하는 군사들과 함께 몸소 바다를 가르며 아일랜드로 향했다.

아일랜드에서는 왕궁의 돼지 치는 사람들이 해변에서 돼지를 치다가 신기한 광경을 볼 때까지 군대가 접근하는 것을 전혀 눈치재지 못했다. 바다의 수면 위로 전에 없던 숲이, 또 그 옆에는 우뚝 솟은 봉우리 양쪽에 호수가 두 개인 거대한 산이 다가오는 것이 아닌가. 숲과 산은 모두 아일랜드를 향해 빠르게 움직이고 있었다. 놀란 그들은 마솔루흐에게 달려가 이 사실을 알렸고, 영문을 모르는 왕은 브란웬에게 하인을 보내 그녀가 아는 것이 있는지 물어보았다. 그녀가 말했다. "그들은 제가 홀대받는다는 소식을 듣고 '강한 자들의 섬Island of the Mighty"[56]에서 온 자들입니다. 저 바다 위에 보이는 숲은 배의 돛대입니다. 산은 바다를 걸어서 건너는 저의 형제 브란이고, 높은 봉우리는 그의 코이며, 양 옆의 호수는 그의 눈입니다."

아일랜드 사람들은 공포에 질려 섀넌 강 너머까지 도망가서 다리를 무너뜨렸다. 그러나 브란이 강을 가로질러 누웠고 그의 군대는 그 위로 건너갔다.

다급해진 마솔루흐는 화해를 청했다. 그는 아일랜드의 왕위를 브란웬의 아들이며 브란의 조카인 궤른에게 넘겨주는 것을 제안했다. 브란은 "왕국을 내가 가지면 안 되겠소?"라며 다른 제안은 받아들이지 않았다. 마솔루흐의 대신들은 (마솔루흐에게) 브란이 들어갈 수 있는 크기의 가옥을 지어 그 안에서 브란이 왕국을 원하는 대로 처분하게 하는 방법으로 그를 회유하라고 조언했다. 브란은 이를 받아들였고, 그를 수용할 거대한 집이 지어졌다.

그러나 그 집은 속임수였다. 내부에 있는 100개의 기둥 양쪽에 주머니를 달아 신호를 받으면 뛰쳐나올 무장 군인들이 그 안에 들어가 있도록 한 것이다. 때마침 집에 들어선 에버니쓰옌은 매달려 있는 주머니를 보고 음모를 알아챘다. 그는 첫 번째 주머니를 가리키며 아일랜드인에게 물었다. "이 주머니 안에 든 것이 무엇이오?" "곡식입니다." 그러자 에버니쓰옌은 그것이 정말로 곡식인 것으로 생각하는 양 주머니를 손으로 주무르는 척하며 안에 있는 사람을 죽였다. 그는 그렇게 돌아가며 모든 주머니에 들어 있는 군사들을 다 죽였다.

이윽고 두 우두머리가 집 안에서 마주 앉았다. 아일랜드 군사들이 한쪽으로 입장하고, 브리튼 군사들이 다른 쪽으로 입장하여 화덕을 중간에 두고 일렬로 정렬하여 앉았다. 아일랜드 측이 브란에게 경의를 표하였고, 그들은 브란웬의 아들 궤른을 마솔루흐를 대신하여 아일랜드 왕위에 올렸다. 예식이 끝나자 소년은 외삼촌들 사이를 돌며 인사를 나누었다. 브란은 소년을 귀여워하며 껴안았고 마나위단과 니쓰옌도 마찬가지였다. 그러나 에버니쓰옌의 차례가 되자 페나르둔의 악랄한 자손은 아이의 발을 낚아채 불길 속으로 집어던졌다.

이를 본 브란웬이 아들을 따라 불 속으로 뛰어들려고 했으나 브란이 이를 저지했다. 그리고 모든 사람이 각자 무기를 들고 싸우기 시작했다. 한 집 안에서 그토록 대단한 소란이 일어난 것은 전례 없는 일이었다. 싸움은 매일 계속되었고 아일랜드 측이 우세했다. 그들에게는 요술 냄비가 있어서 전사한 군인을 금방 살려낼 수 있었던 것이다. 이를 알아챈 에버니쓰옌은 자신의 악한 성격이 초래한 사태를 수습하기로 결심했다. 그는 아일랜드 군사로 분장하고 죽은 척 바닥에 누웠다. 아일랜드군이 그를 소생시키기 위해 요술 냄비에 집어넣자 그는 있는 힘을 다해 온 몸을 늘려 자신의 심장과 함께 냄비를 산산조각냈다.

두 세력 간 전력이 역전되면서 아일랜드 군이 브리튼 군에 전멸했다. 그러나 브리튼 군에서도 완전히 몸이 성한 사람은 일곱 명뿐이었다. 프리데리, 마나위단, 타란Taran[57]의 아들 글루노이Gluneu, 음유시인 탈리에신, 이나우크Ynawc, 무리엘Muryel의 아들 그루디엔Grudyen, 고령의 귄의 아들 헤일린Heilyn이 그들이었다.

브란도 독이 묻은 화살촉에 발을 다쳐 매우 고통스러워했다. 그래서 그는 생존한 일곱 명의 부하에게 자신의 목을 쳐서 머리를 런던의 화이트 마운트White Mount[58]로 갖고 가 얼굴이 프랑스를 향하도록 문어달라고 지시했다. 그러면서 그는 그들의 여정을 예언했다. 그들은 하알레히Harlech에서 7년 동안 리아논의 새가 노래하는 것을 들으며 만찬을 즐길 것이다. 이때 브란의 머리는 그의 몸에 붙어 있을 때와 다름없이 자유롭게 대화를 나눌 것이다. 그런 뒤 그들이 괄레즈Gwales[59]에 80년 동안 머물 것이라고 했다. 이 기간 중에도 브란의 머리는 전혀 부패하지 않을 것이며 브란과의 담소가 너무 즐거워 시간 가는 줄 모를 것이다. 그러나 정해진 시간에 누군가가 콘월이 보이는 쪽으로 문을 열면 그들은 더이상 머물지 못하고 서둘러 런던으로 가서 머리를 묻어야 한다고 했다.

일곱 명의 부하는 브란의 목을 친 뒤 브란웬과 함께 여행길에 올랐다. 앵글시의 알라우Alaw 강 어귀에 다다르자 브란웬은 뒤를 돌아 아일랜드를 한 번 바라보고 다시 앞에 있는 영국을 바라보며 슬프게 소리쳤다. "차라리 내가 태어나지 말 것을! 나 때문에 두 섬이 파괴되었으니……." 그녀는 비탄에 잠겨 울다가 결국 죽었다. 한 오래된 웨일스 시는 애절하게 다음과 같이 노래하고 있다.

아름다운 신체를 보고
덤불에서 경이로워하는 새들은
목소리를 낮추며 날갯짓을 멈추네.

암루흐Amlwch의 개울에서
미의 귀감인 그녀에게 일어난 일을
누구도 다시 언급하지 않을 것인가?[60]

마비노기에 의하면 사람들은 "사면으로 된 묘를 지어 알라우 강 기슭에 그녀를 묻었다"고 한다. 그 오래된 장소는 이니스 브란웬Inis Branwen이라는 명칭으로 불렸는데, 흥미롭게도 1813년 그곳에서 미처 다 타지 않은 유골과 재가 든 단지가 발굴되었다. 그 지역의 골동품 애호가들 중에는 그것이 아름다운 영국 아프로디테의 흔적이라고 여길 만한 "충분한 이유가 있다"며 열광한 이도 있었다.[61]

일곱 사람은 계속해서 하알레히로 갔다. 가는 도중 남자와 여자를 만나 최근 정보를 들었는데, 그들이 들려준 소식은 영국을 책임지기 위해 브란이 남겨두고 간 대신들을 벨리의 아들이며 돈의 남편인 카수알라운Caswallawn이 살해했다는 것이다. 그는 모습을 가려주는 마법 천을 쓰고 두 명을 제외한 모든 대신들을 죽였다. 살아난 한 명은 숲으로 달아난 프리데리의 양아버지 펜다란 디페드이며 브란의 아들 카라다우크도 살해를 면했지만 슬픔을 못 이겨 목숨을 잃고 말았다. 브란이 죽었으니 마나위단이 왕권 계승자인데도 카수알라운 자신이 왕좌를 차지했다는 것이다.

그러나 일곱 명의 운명은 우두머리의 머리를 갖고 여행을 계속하는 것이었다. 그들은 하알레히로 가서 7년 동안 만찬을 즐겼다. 리아논의 세 마리 새가 들려주는 노래는 너무나 황홀해서 다른 노래는 그에 비하면 음악도 아닌 것 같았다. 그런 뒤 그들은 괄레즈 섬에서 먹고 마시고 브란의 머리가 들려주는 재미있는 이야기를 즐기며 80년을 보냈다. 장장 80년 동안 계속된 만찬은 훗날 '고결한 머리의 연예'라고 불리게 된다. 진실로 브란의 머리는, 영국 신화에서 그가 살아 있을 때보다도 훨씬 중요한 위치를 차지한다. 탈리에신을 비롯한 다른 음유시인들은 거듭 그 사건을 우르다울 벤Urddawl Ben('존귀한 머리the Venerable Head') 또는 우세르 벤Uther Ben('위대한 머리the Wonderful Head')이라고 불렀다.

그러나 귄의 아들 헤일린이 금지된 문을 열자 모든 즐거움은 끝났다. 그는 푸른 수염Bluebeard의 부인처럼(호기심에 문을 열어 남편이 잔혹하게 전 부인을 여섯 차례나 살해했음을 확인한 동화 속 인물—역주) "사람들이 말하는 것이 진실인지 알아보기 위해서" 그랬다. 일곱 명이 콘월을 바라보자 그들을 87년 동안 즐겁게 해주었던 매력은 스르르 사라지고 흡사 그들의 군주가 바로 그날 죽은 듯한 슬픔만이 남았다. 비통함을 견디지 못한 그들은 당장 런던을 향해 출발했다. 이제 입을 다물고 부패하기 시작한 머리는 타워힐Tower Hill에 위치한 묘에 안치되었다. 영국을 적의 침략으로부터 보호하기 위해 머리의 방향은 프랑스를 향하게 하였다. 시대가 바뀌어 아서가 "자신 이외의 용맹한 자가 섬을 지키는 것이 위엄을 해친다."며 자만심에 무덤을 파헤칠 때까지 브란은 그곳에서 휴식을 취했다. 그러나 아서의 소행 이후 "북쪽 바다에 우글거리는 이교도들"[62]의 재난이 시작되었으므로 이 일은 한 삼제가에 '영국의 세 가지 악한 발굴' 중 하나인 것으로 기록되어 있다.

19장
마법의 전쟁[63]

　이제 리르의 가족 가운데 오직 마나위단만 남았다. 집도 없고 땅도 없어진 그에게, 프리데리는 디페드에 영토를 마련해주며 자신의 어머니인 리아논을 아내로 맞는 것이 어떠냐고 제안했다. 그는 그녀가 아직 아름다울 뿐 아니라 흥미로운 대화를 나눌 수 있다고 말했다. 마나위단이 그녀를 좋아한 만큼 리아논도 그를 좋아하게 된 것 같다. 둘은 혼인하였고 그후로 프리데리, 키크바, 마나위단과 리아논 사이의 관계는 너무나 돈독해져 넷은 항상 함께였다고 한다.

　어느 날, 나르베르스에서 만찬을 가진 뒤 그들은 리아논이 퓔을 처음으로 만났던 요술 언덕으로 갔다. 그들이 거기 앉아 있을 때, 갑자기 번개가 치더니 순식간에 주변이 두꺼운 안개로 뒤덮여 서로를 볼 수 없을 정도가 되었다. 안개가 걷히자 그들은 황무지에 있는 자신을 발견하였다. 그들의 성을 제외하고 땅은 경작되지 않은 불모지였으며 근처에는 그 어떤 인적도, 심지어 집 또는 동물의 기척도 없었다. 알 수 없는 마법의 손길에 의해 윤택한 왕국이었던 디페드가 황야로 변모한 것이다.

마나위단과 프리데리, 리아논과 키크바는 영토를 사방으로 가로지르며 다녔지만 그들이 찾은 것이라고는 황폐함과 사나운 짐승뿐이었다. 2년 동안 그들은 들판에서 꿀을 먹고 사냥을 하며 연명했다.

3년째 되던 해 야생의 삶에 싫증을 느낀 그들은 로이구르[64]로 가서 수공예로 생계를 유지하기로 결정했다. 마나위단에게 안장 만드는 기술이 있었는데, 그 기술이 너무 뛰어나서 곧 그들이 정착한 헤리퍼드Hereford에서는 마을 사람들이 마나위단에게서만 마구를 구입하기에 이르렀다. 이를 시기한 다른 마구상들이 낯선 방문객을 살해하려고 음모를 꾸몄다. 그래서 네 명은 다른 도시로 옮겨갔다.

이곳에서 그들은 방패를 제작했다. 곧 사람들이 마나위단과 프리데리가 만든 방패만 찾게 되었고 다른 방패 제조사들이 질투하기 시작하자 그들은 또 한 번 이주했다.

마나위단이 신발을 재단하고 프리데리가 구두를 꿰매는 구둣방을 연 다음 마을에서도 마찬가지 일이 일어났다. 그래서 그들은 디페드로 돌아가 사냥을 하며 살았다.

하루는 마나위단과 프리데리의 사냥개가 흰 야생 멧돼지를 자극하는 일이 일어났다. 동물을 계속해서 쫓던 그들은 어느덧 한 성 앞에 다다랐다. 전에는 그 성이 그곳에 없었던 것이 분명한데도, 멧돼지는 성 안으로 들어갔고 사냥개 무리도 뒤따랐다. 마나위단과 프리데리는 사냥개들이 나오길 기다렸다. 한참이 지나도 개들이 나오지 않자, 프리데리는 성 안으로 들어가보자고 했다. 마나위단은 디페드를 폐허로 만든 주범이 이 성의 주인일 것으로 추측하여 프리데리를 설득하려고 했다. 그러나 프리데리는 고집을 꺾지 않았다.

성 안에서는 멧돼지도, 사냥개도, 사람도, 또 그 어떤 짐승의 흔적도 찾아볼 수 없었다. 성 뜰 한가운데 분수만 보일 뿐이었다. 분수 가장자리의 대리석 판에는 아름다운 황금 그릇이 사슬로 고정되어 있었다. 그릇의 아름다움에 매혹된 프리데리는 두 손을 뻗어 그것을 잡았다. 그러자 그의 손이 그릇에 붙어버려 그 자리에서 옴짝달싹할 수 없게 되었다.

마나위단은 저녁때까지 프리데리를 기다리다가 궁으로 돌아와 리아논에게 상황을 설명했다. 남편보다 용감한 그녀는, 남편의 비겁함을 나무라며 곧장 마법의 성으로 향했다. 프리데리는 여전히 손이 그릇에 달라붙고 발이 대리석 판에 고정된 채였다. 그녀는 그를 떼어주려 했지만, 자신도 함께 고정되어버렸다. 그러자 천둥과 함께 안개가 끼더니 성은 두 포로를 잡아둔 채 사라졌다.

이제 홀로 남게 된 마나위단은 두려움에 떠는 프리데리의 아내 키크바를 안심시켰다. 그러나 사냥개를 모두 잃어버려서 더 이상 사냥을 할 수도 없었다. 그들은 마나위단이 구두장이로 일하던 로이구르로 돌아갔다. 그러나 그들을 시기하는 다른 구둣방 주인들이 다시 한 번 그들을 음해하려고 해 다시 디페드로 발길을 돌려야만 했다.

마나위단은 이번에는 밀 한 자루를 나르베르스로 갖고 와 세 개의 텃밭에 심었다. 농사는 매우 잘 되어 밀이 풍성하게 자라났다.

추수할 때가 되었다. 그는 첫 번째 밭에 가서 밀이 모두 익은 것을 확인했다. "내일 추수해야지."라고 마나위단이 말했다. 그러나 다음 날 아침 가보니 밭은 텅 빈 채 짚만 남아 있었다. 누군가가 한 톨도 남김없이 농작물을 거둬간 것이다.

그는 추수를 기다리는 다음 밭으로 갔다. 그가 밀을 수확하기 위해 다시 왔을 때 첫 번째 밭에서 그랬던 것처럼 밭이 모두 비어 있었다. 그는 디페드를 황폐하게 만들고 리아논과 프리데리를 납치한 자가 자신의 경작지에도 장난을 치고 있다는 것을 눈치챘다.

그래서 마나위단은 곡식이 무르익은 세 번째 밭만큼은 눈에 불을 켜고 지키겠다고 다짐했다. 날이 어두워지자 그는 무장을 하고 기다렸다. 자정이 되었을 때, 사방이 소란스러워져서 밖을 내다보니 생쥐 떼가 오는 것이 보였다. 생쥐들은 저마다 이삭을 하나씩 입에 물고 도망갔다. 그는 서둘러 생쥐를 잡으러 나갔지만 다른 놈들보다 굼뜬 쥐 한 마리를 잡는 데 성공했을 뿐이다. 그는 잡은 쥐를 장갑 안에 넣어가 키크바에게 보여주었다.

"내일 요놈을 매달아 죽일 것이오." 그가 말했다. "생쥐를 매달아 죽이는 일은 당신 체통에 맞지 않아요." 그녀가 대답했다. "그래도 그렇게 할 것이오." 그가 말했다. "정히 그렇다면 하세요" 키크바가 한발 물러섰다.

이튿날 아침, 마나위단은 요술 언덕으로 가서 땅에 포크를 두 개 꽂아 교수대 모양을 만들었다. 그가 막 작업을 마쳤을 때 초라한 학자 행색을 한 남자가 그를 향해 오더니 인사를 건넸다.

"나으리, 뭘 하고 계십니까?" 그가 말했다.

"도둑을 매달 것이오." 마나위단이 대답했다.

"어떤 도둑인가요? 생쥐로 보이는 동물을 쥐고 계시는 것 같은데, 어르신처럼 품격 있는 분은 그렇게 하등한 동물을 만지시면 안 되죠. 놔주시지요."

"이놈이 내 밀을 훔치는 것을 잡았소. 도둑 취급을 받아 마땅하오." 마나위단이 대답했다.

"당신 같은 분이 그러한 일을 하는 것을 차마 볼 수가 없습니다. 제가 1파운드를 드릴 테니 놓아주시지요." 학자가 말했다.

"놓아줄 수도 없고 팔 생각도 없소." 마나위단이 대답했다.

"나으리 마음대로 하시지요. 저는 상관하지 않겠습니다."라고 대꾸하며 학자는 자리를 떠났다.

마나위단이 포크를 가로질러 막대기를 설치하고 있는데 이번에는 말을 탄 신부가 다가왔다. 상황 설명을 듣고 난 그는, "나으리, 그 짐승을 만져서 체면을 상하시는 데 비하면 돈이 문제겠습니까. 제가 3파운드를 드릴 테니 놓아주시지요." 하고 말했다.

"돈은 받지 않겠소. 내 기필코 이 짐승을 매달아 죽일 것이오."

"정히 그렇다면 그러시지요." 말하며 신부는 가던 길을 계속 갔다.

마나위단이 생쥐의 목에 줄을 감아 매달려고 하는 순간, 주교가 수행원을 대동하고 오는 모습이 보였다.

"주교님께 신의 은총이 함께 하시길." 그가 말했다.

"당신에게도 신의 은총을. 지금 뭐하고 계시오?" 주교가 물었다.

"도둑을 매달고 있습니다. 이 생쥐가 제 물건을 훔쳐갔습니다."

"마침 내가 이 생쥐의 최후를 접하게 되었으니 몸값을 지불하겠소. 여기 7파운드가 있소. 이 돈을 받고 쥐를 놓아주시오." 주교가 제안했다.

"놓아줄 수 없습니다." 마나위단이 대답했다.

"당신이 쥐를 놓아준다면 24파운드를 더 주겠소." 주교가 말했다.

"그 두 배를 준다고 해도 응할 수 없습니다."

"그 돈을 주어도 놓아주지 않겠다면 내 말과 말이 지고 있는 짐까지 다 주면 어떻겠소?" 주교가 물었다.

"그래도 안 됩니다." 마나위단이 답했다.

"그렇다면 당신이 값을 불러보시오."

"그 제안은 받아들이지요. 리아논과 프리데리를 풀어주십시오."

"그렇게 하겠소." 주교가 대답했다.

"그래도 생쥐는 놓아드릴 수 없습니다." 마나위단이 말했다.

"바라는 것이 또 있소?" 주교가 물었다.

"디페드에 걸려 있는 마술을 거둬주십시오."

"그렇게 하리다." 주교가 약속했다. "자 이제 쥐를 풀어주시오."

"먼저 이 생쥐가 누구인지 알려주십시오. 그러기 전에는 못 놓아드립니다." 마나위단이 말했다.

"내 아내요. 나는 킬코이드Kilcoed의 아들, 루이드Llwyd요. 안눈의 우두머리인 퓔이 클루드의 아들인 과울을 데리고 '주머니 속의 오소리' 놀이를 한 데 대한 복수로 내가 디페드에 마법을 걸고 리아논과 프리데리에게도 요술을 부렸소. 당신 곡물을 훔쳐간 것은 생쥐의 모습으로 분한 나의 가족들이오. 그러나 나의 아내가 잡혔으니 그녀를 놓아주는 대가로 리아논과 프리데리를 돌려주고 디페드에 걸린 주문도 풀어주리다."

"당신이 디페드에 다시는 마술을 부리지 않겠다고 약속할 때까지 절대 아내를 놓아줄 수 없습니다." 마나위단이 말했다.

"그것도 약속하지. 이제 그녀를 놓아주시오." 루이드가 대답했다.

"앞으로 이 일에 대한 복수 따위는 하지 않겠다고 맹세하세요. 그러면 놓아드리지요." 마나위단이 말했다.

"퍽 지혜롭구려. 그 맹세만 아니면 당신 골탕깨나 먹게 되었을 텐데. 자, 맹세하오. 이제 내 아내를 풀어주시오." 루이드가 대답했다.

"그렇게는 못 합니다. 먼저 리아논과 프리데리를 보여주십시오." 마나위단이 말하는 순간 그를 향해 다가오는 둘의 모습이 보였고 그들은 서로를 반갑게 맞이했다.

"이제 내 아내를 놓아주시오" 주교가 말했다.

"기꺼이 풀어드리지요." 마나위단이 대답했다. 마나위단이 생쥐를 풀어주자 루이드가 생쥐를 요술 지팡이로 쳤다. 그러자 생쥐는 '세상에서 가장 아름다운 젊은 여인'으로 변했다.

그리고 마나위단이 주위를 둘러보니 디페드는 경작된 예전 모습대로 복원되어 있었다.

승리는, 이번에는 빛의 세력 편에 서 있었다. 이들은 조금씩 어둠의 세력의 영역을 잠식해 들어갔고 마침내 리르와 퓔의 후손들은 아서의 봉신으로만 남게 되었다.

20장

어둠에 대한 빛의 승리

그러나 빛의 힘이 어둠과의 투쟁에서 항상 승리한 것은 절대 아니었다. 돈의 아들인 귀디온조차 불운에게 도제 생활을 해야 했다. 크르 쉬디Caer Sidhi(하계[65]의 여러 이름들 가운데 하나)를 공략할 때 그는 퓔과 프리데리에게 붙들려 오랫동안 감금생활을 견뎌야 했다.[66] 그가 겪은 고난은 그를 시인으로 만들었다. 이것은 거인 이드리스Idris의 의자(메리오넷쉬어Merionethshire에 있는 카데르 이드리스Cader Idris의 정상)에서, 또는 스노든 산의 란베리스Llanberis 쪽 귀신이 출몰한다는 아르디Arddu의 검은 돌 아래서 혼자 감히 밤을 지새울 용기가 있는 사람은 아침에 영감을 받거나 미친 상태로 발견된다는 민간 전승에서도 볼 수 있는 오래된 켈트식 생각이다.[67] 그가 어떻게 도망쳤는지에 대해서는 전해지지 않는다. 그러나 이 일화는 적들에 대항하고자 하는 그의 태생적 열망을 잠재우지 못했음을 보여준다.

형제인 농업신 아마이손과 아들인 로이의 도움을 받아서 그는 고도이Godeu 또는 '나무들'의 전투를 치렀는데, 이 업적은 켈트 신화 가운데서 꽤 흥미로운 편에 속한다. 이것은 하계를 일컫는, 뜻을 알 수 없는 말인 아하렌Achren 또는 오호렌Ochren의 전투라고 알려져 있기도 한데, 아서의 '안눈 약탈'을 다루는 웨일스의 뛰어난 시에 다시 나타난다. 아하렌의 왕은 아라운Arawn이었는데, 그는 아직 치명적인 아일랜드 여행을 떠나기 전인 브란의 도움을 받았다. 이 전쟁은 인간에게 세 가지 이로운 물건(개, 사슴 그리고 댕기물떼새)을 얻어주기 위하여 치러졌는데, 무슨 이유에선가 이것들은 하계의 신들이 신성하게 여기는 존재들이었다.

처음에 불운했던 하계 정찰을 수행할 때와는 달리 이번에는 귀디온 혼자가 아니었다. 형제와 아들 이외에도 이 목적을 위하여 모집한 군대를 거느리고 있었다. 귀디온처럼 마법의 능력을 가진 지도자는 상비군을 필요로 하지 않는다. 그는 마법으로 대군을 만들어낼 수 있었고 더이상 필요하지 않을 때는 그들을 보내버릴 수 있었다. 전투의 이름("나무들의 전투" — 역주)이 그가 이 경우에 무엇을 했는지 보여준다. 그리고 시인 탈리에신이 증언을 보탠다.

나는 로이와 귀디온과 함께 고도이의 전투에 있었네,
그들은 자연의 나무들과 골풀의 형태를 바꾸어놓았네.

이 시[68]에서 탈리에신은 무슨 일이 일어났는지 상세하게 묘사한다. 나무와 풀들이 서둘러 싸우러 갔다. 오리나무는 선두에 섰으나 버드나무와 퀵큰즈quickens 나무는 너무 늦게 왔으며, 자작나무는 용감하기는 했으나 치장을 하는 데 너무 오래 걸렸다. 느릅나무는 전투의 한가운데 굳건하게 서 있으면서 한 치도 양보하지 않았다. 강건한 문지기인 참나무의 전진 앞에서는 하늘도 떨고 땅도 떨었다. 영웅적인 겨우살이와 산사나무는 그들의 가시로 스스로를 방어했다. 히스는 사방에서 적을 막았으며, 금작화는 상당히 앞쪽에 있었고, 양치식물은 약탈을 당했으며, 바늘금작화는 잘 싸우지 못했다. 튼튼하고 높은 소나무, 저돌적인 배나무, 우울한 서양물푸레나무, 수줍어하는 밤나무, 번성하는 너도밤나무, 오래 견디는 미루나무, 희귀한 서양자두나무, 그늘을 찾는 쥐똥나무와 인동덩굴, 야생의 외국산 라버넘((유럽 원산의 콩과의 낙엽 교목 가운데 하나 — 역주) "그늘 아래 환영의 군대를 거느리고 있는" 콩, 장미관목, 산딸기, 담쟁이, 벚나무, 그리고 서양모과나무……. 모두가 참여했다.

하계 편에도 이상한 투사들이 있었다. 혀뿌리 아래 대군을 거느리고, 머리 뒤쪽에 또 다른 대군을 거느린, 머리가 100개인 짐승의 이야기도 있다. 100개의 발톱을 가진 입을 쩍 벌린 두꺼비가 있었고, 벼슬이 달리고 갖가지 색으로 된 뱀이 있었는데 그 뱀의 살 안에서는 100명의 영혼이 그들의 죄 때문에 고통을 당하고 있었다. 실로 천국과 지옥의 마법이 정렬해놓은 대열들 사이의 괴상한 전투를 제대로 그리기 위해서는 도레Doré나 단테(단테가 《신곡》에서 천국과 지옥을 그린 것에 대한 언급 — 역주) 같은 문인이 있어야 할 것이다.

그의 운명을 결정한 것은 마법이었다. 하계의 대열에는 상대가 그의 이름을 짐작하지 못하면 무찌를 수 없는 전사가 있었다. 리스 교수는 이것이 땅에 속하는 신들의 특성으로서 대중적인 동화 속에 보존되어 있다고 말한다.[69] 귀디온은 이름을 짐작하고 다음과 같은 시두 마디를 읊었다.

박차의 재촉을 받는 나의 군마의 발굽은 자신감이 있다.
오리나무의 높은 가지는 그대의 방패 위에 있다.
그대는 빛나는 가지의 브란이라 불린다!
나의 군마의 발굽은 전투의 날에 자신감이 있다.
오리나무의 높은 가지가 그대의 손 위에 있다.
브란… 그대가 들고 있는 가지에 의해
선량한 아마이손이 우세해졌다![70]

이리하여 어둠의 신들의 힘은 사라졌고, 돈의 아들들은 모든 좋은 선물의 근원지인 지하세계에서 훔쳐온 사슴과 개와 댕기물떼새를 인간이 계속 사용할 수 있도록 해주었다.

빛의 신들이 어둠의 신들과 싸우는 것은 항상 실질적인 이득을 얻기 위해서였다. 하계에 대한 귀디온의 마지막 공세는 돼지고기를 획득하기 위하여 감행되었다.[71]

귀디온은 디페드에 전에 본 적이 없는 이상한 짐승들이 왔다는 소식을 들었다. 그들은 '돼지'라고 불렸는데, 안눈의 왕인 아라운이 필의 아들인 프리데리에게 선물로 보냈다. 그들은 비록 작았지만 그살코기 맛이 황소의 살코기보다 낫다고 했다. 그는 이것을 어둠의 세력으로부터 힘이나 사기를 통해 얻는 것이 좋을 것이라 생각했다.

크르 다실Caer Dathyl에 있는 자신의 올림푸스[72]에서 돈의 아들들을 다스리는 마소뉘의 아들 마스가 허락했고, 귀디온은 다른 11명과 함께 프리데리의 궁으로 향했다.[73] 그들은 프리데리의 영접을 받기 위해 음유시인으로 변장했고, '세상에서 제일가는 이야기꾼'인 귀디온은 디페드의 왕자와 그의 신하들을 전의 어떤 이야기꾼보다도 즐겁게 했다. 그러고 나서 그는 프리데리에게 은혜 즉 안눈으로부터 온 동물들을 베풀어줄 것을 요청했다. 그러나 프리데리는 그 숫자가 두 배가 될 때까지는 새로운 동물들을 팔거나 증여하지 않겠다고 아라운에게 언약했다. 그는 변장한 귀디온에게 그 언약을 들려주었다. 그러자 귀디온이 말했다.

"폐하, 제가 폐하를 약속으로부터 자유롭게 해드리지요. 돼지들을 저에게 당장 주시지도 말고 아주 거절하지도 마십시오. 내일이 되면 어떻게 자유롭게 해드릴 수 있는지 보여드리지요."

그는 프리데리가 정해준 숙소로 가서, 자신의 마술과 환영을 펼쳤다. 그는 곰팡이로 열두 개의 금칠한 방패와 금 마구를 한 열두 마리의 말 그리고 금 목걸이로 흰 가슴을 치장한 열두 마리 검은 그레이하운드를 만들었다. 그리고 자신이 만들어낸 모든 것들을 프리데리에게 보여주었다.

"폐하, 어제 폐하께서 돼지에 관하여 말씀하신 언약, 주지도 말고 팔지도 말라는 언약을 피해갈 수 있는 방법이 여기 있습니다. 그 돼지들을 더 나은 것들과 교환하시면 됩니다. 제가 금마구를 두른 열두 마리의 말과 금목걸이를 두른 열 두마리의 그레이하운드와 금칠한 방패 열두 개를 그 대신에 드리지요." 그가 말했다.

자신의 부하들과 상의한 프리데리는 이 거래에 응했다. 돼지를 얻은 귀디온과 그의 무리들은 서둘러 돌아갔다. 귀디온은 환영이 하루이상 지속되지 않는다는 것을 알았기 때문이다. 그들의 여행은 오랫동안 기억되었다.

그들이 디페드와 크르 다실 사이에서 휴식한 모든 장소는 돼지와 연관된 이름이 붙어 기억에 남았다. 카디간셔Cardiganshire, 몽고메리셔Montgomeryshire 그리고 덴비셔Denbighshire의 세 군county에는 각각 마하드레브Mochdrev(돼지 마을)라는 이름의 마을이 있다. 그리고 뒤의 두 군에 걸쳐 흐르는 마하난트Mochnant(돼지 개울)에는 카스텔 이 마하Castell y Moch(돼지 성)가 있다. 그들은 돼지들을 안전하게 가두고, 마스의 군대를 집합시켰다. 말과 사냥개, 방패들이 곰팡이로 변한 뒤 귀디온이 수작을 부렸다는 것을 짐작한 프리데리가 서둘러 북쪽으로 오고 있었기 때문이다.

두 개의 전투가 벌어졌는데 하나는 콘웨이 근처 마이노르 페나르드Maenor Pennard에서 그리고 또 하나는 크나번Caernarvon 근처 지금은 코이드 헬렌Coed Helen이라고 불리는 마이노르 알룬Maenor Alun에서였다. 두 전투에 모두 패배한 프리데리는 크나번에서 9마일 떨어진 난트 칼Nant Call로 퇴각하였다. 여기에서 또다시 대살육을 당한 그의 군대는 평화와 안전한 퇴각을 요청하며 인질들을 보냈다.

마스는 이를 허락하였다. 그러나 돈의 아들들의 군대는 퇴각하는 군대를 추격하여 괴롭혔다. 그러자 프리데리는 마스에게 불평을 전하며 아직도 전쟁을 치러야만 한다면 모든 일의 원인을 제공한 귀디온이 자신과 단독으로 싸워야 한다고 요구했다.

귀디온은 동의했고, 빛과 어둠의 수호자들이 대면하였다. 그러나 프리데리는 기우는 힘이었다. 귀디온의 엄청난 힘과 마법 앞에서 프리데리는 쓰러졌다. 〈전사들의 무덤에 대한 시〉라는 고대 웨일스의 시는 그가 영면하고 있는 장소로 다른 곳을 언급하지만, 마비노기는 "멜렌리드Melenryd 위의 마인 티리아우-크Maen Tyriawc에 그가 묻혔으며, 그의 무덤이 거기에 있다."고 말하고 있다.[74]

21장
아서의 신화적 '도래'

'아서의 도래' 즉 그의 급작스런 부상은 켈트 신화의 중요한 문제들 가운데 하나이다. 그는 게일족의 투아하 데 다난에 상응하는 브리튼인의 신 족을 다루는 마비노기의 네 갈래 이야기 중 어느 곳에도 언급되지 않는다. 웨일스 문학에서 등장하는 그에 대한 가장 이른 언급도 그를 그저 몇몇 인물들, 예를 들면 음유시인들과 테니슨에 의하여 불멸의 존재가 된[75] '데번의 종속국 왕자 게라인트Geraint' 같은 인물들보다 나을 것 없는 전사들의 우두머리로 다루고 있을 뿐이다. 그러나 얼마 뒤 우리는 그가 돈과 리르 그리고 필 등 오래된 신의 가문들이 의심할 여지 없이 충성을 바치는 신들의 왕좌에 올라 있는 것을 발견한다. 삼제가는 옛날 범신전의 제우스인 루드가 아서의 세 명의 '전투기사장' 가운데 하나였으며, 하계의 왕인 아라운이 세 명의 '고문기사장' 가운데 하나였다고 말한다. 헤르게스트의 '붉은 책'에 있는 '로나뷔Rhonabwy의 꿈' 이야기에서 그는 우리가 신족으로 알고 있는 자들(누드, 리르, 브란, 고바난 그리고 아리안로드의 아들들)을 거느리는 지도자로 나타난다. '붉은 책'에 있는 다른 이야기, 즉 '킬후흐와 올웬Kulhwch of Olwen' 이야기에서는 그보다도 더 큰 신들이 그의 신하로 나온다. 돈의 아들인 아마시온은 그를 위해 밭을 간다. 또 다른 돈의 아들 고바난은 쇠를 정련하며, 벨리의 다른 두 아들 닌니아우와 페이바우는 "자신들의 죄 때문에 황소로 변하여" 하루 동안 산을 갈아 경작하고 추수할 수 있도록 멍에를 쓰고 노역을 한다. 그는 '브리튼의 보물들'을 찾기 위해 전사들을 소집하는데, 리르의 아들인 마나위단, 누드의 아들인 권, 아들인 필의 아들인 프리데리가 그의 부름을 받아 주변에 모인다.

리스 교수의 설명이 가장 그럴 듯하고 유일하게 적합하다 할 수 있는데, 그는 각각 다른 두 아서의 명성이 우연히 혼동되어 서로 합쳐졌고, 그래서 준사실적이고 준신화적인 인물이 과다한 명성을 얻게 된 것이라고 생각한다.[76] 그중 하나는 신적인 아서로서 켈트 세계에서 광범위하게 숭앙받던 신, 즉 남동 프랑스에서 발견된 봉헌비명이 메르쿠리우스 아르타이우스Mercurius Artaius[77]인 존재다. 또 다른 존재는 인간 아서로서 로마 지배 당시, 브리튼인 사이에서 브리타니아의 백작이라고 불리던 사람이다. 이 '브리타니아의 백작'은 최고 군사 책임자였다. 그는 순회하면서 외세로부터 나라를 지키는 임무를 맡고 있었다. 그리고 그에게는 다소 종속적 위치에 있는 두 명의 사령관이 있었다. 북쪽 성벽을 맡은 브리튼 공작Dux Brittaniarum과 남동 해안을 지키는 색슨 해변의 백작Comes Littoris Saxonixi이 그들이다. 브리튼인들은 로마인들이 떠나간 뒤에도 정복자들이 마련해놓은 조직을 오랫동안 그대로 유지했다. 전쟁을 이끌던 이 직책이 초기 웨일스 문학에서 브리튼의 영웅들 가운데 유일하게 아서에게 부여한 '황제'라는 직책일 것으로 추정하는 것은 일리가 있다.[78] 황제 아서의 명성이 신 아서의 명성과 혼합되었고, 이것이 대브리튼 섬Great Britain 안에서 브리튼인들의 정주지로 추정되는 지역과 동일한 범위 안에서 통용되었다.[79] 그 때문에 '아서가 활동한 지역'과 캐멀롯Camelot 같은 도시의 위치 그리고 아서의 12대 전투의 위치에 대해서 많은 논란이 있었으나 성과 없이 끝났다. 역사적인 요소들이 아서와 그의 동료들에 대한 이야기들을 채색하였음이 분명하다. 그러나 이에 상응하는 게 일쪽 존재들(얼스터의 붉은가지 영웅들이나 핀의 추종자들)에 대한 이야기만큼이나 아서의 이야기는 신화적이다.

두 가지 전설군(얼스터의 붉은 가지 영웅들 이야기와 핀의 추종자들의 이야기 — 역주)들 중, 아서의 전설은 두 번째 것과 유사성을 많이 보인다.[80] 최고의 전쟁 지도자로서 아서의 위치는 '아일랜드 토착 민병대' 장군인 핀Finn의 위치와 이상하게도 닮았다. 그의 '원탁'의 기사들은 모험의 맹세를 한 핀의 추종자들을 상기시킨다. 그들은 둘 다 인간 및 초인간적인 적들과 전투를 벌인다. 둘 다 유럽, 그리고 로마의 성벽까지도 공격한다. 아서, 그의 아내인 권휘바르Gwynhwyvar(귀네비어Guinevere라고도 표기 — 역주) 그리고 그의 조카 메드라우트Medrawt(모드레드Mordered라고도 표기 — 역주)의 사랑 이야기는 몇 가지 점에서, 핀과 그의 아내 그러니아 그리고 그의 조카 데르맛의 이야기와 비슷하다. 아서와 핀의 족속들의 마지막 전투 이야기를 비교해보면 실질적 표현은 다소 다르지만 근본적 유사성이 아직도 존재한다. 캄란의 전투에서 마지막 결투를 한 것은 아서와 메드라우트였다. 가브라에 서 있은 마지막 대결에서 핀 족속의 원래 주인공들은 후손과 대리자들에게 자리를 내주었다. 핀과 코르막은 이미 죽은 뒤였다. 싸워서 서로 죽이게 되는 것은 핀의 손자인 오스카와 코르막의 아들인 카이르브레이다. 또한 아서가 정말로 죽은 것이 아니고 '아빌론 섬의 골짜기'로 갔다고 많은 사람들이 믿었듯이, 스코틀랜드의 전설에 의하면 시대가 한참 지난 뒤에 어떤 사람이 서쪽의 신비로운 섬에 우연히 상륙하게 되었을 때, 쿨의 아들 핀을 만나 이야기하였다고 전한다. 아서와 그의 전사들이 지하에서 마법의 잠을 자며 승리의 귀환을 기다린다는 대안적 전설까지도 핀의 족속에 대해 전해 내려오는 이야기와 비슷하다.

그러나 이런 유사성은 아서가 눈에 띄는 존재임을 드러내기는 할지언정 신들 가운데 그의 진정한 위치를 보여주지는 않는다. 이것을 결정하기 위해서는 옛 왕조의 모든 계층을 조심스럽게 검토하여 이 새로운 인물이 누구의 특성을 계승하고 있는가 살펴야 한다. 우리는 루드와 귄, 아라운과 프리데리 그리고 마나위단이 자기 이름을 그대로 지닌 채 존재하는 것을 볼 수 있다. 돈의 자식들 가운데 아마이손과 고바난도 볼 수 있다. 그러나 여기서 목록은 명백한 누락이 눈에 띈다. 나중의 신화에서는 귀디온을 볼 수가 없다. 돈의 아들들 가운데 가장 위대한 그가 흔적도 없이 사라졌다.

이상하게도 한때 귀디온에 대해서 언급되던 이야기들이 이제는 아서의 이름과 관련되어 있다. 그래서 리스 교수는 새로운 범신전의 걸출한 신인 아서가 예전의 귀디온을 대치하게 된 것이라고 가정한다.[81] 귀디온 신화와 아서 신화를 비교해보면 둘이 이름만 빼고는 정확하게 상응함을 알 수 있다.

귀디온과 마찬가지로 아서는 문화와 예술의 옹호자이다. 그리하여 우리는 귀디온과 돈의 아들들이 재화와 지혜를 얻기 위하여 바다인 리르의 아들들 및 하계인 퓔의 아들들에 대항하여 지하세계와 전쟁을 수행하는 것을 본다. 귀디온과 마찬가지로 아서도 초창기에 실패를 겪었다. 사실 아서는 그의 원형(귀디온 — 역주)이 성공한 경우에도 실패했다. 우리는 마스의 마비노기를 통해 귀디온이 프리데리의 돼지를 훔치는 데 성공했다는 것을 안다. 그러나 아서는 메이르히온Meirchion의 아들 마르하March라고 불리는 하계의 왕자에게서 돼지를 포획하려다 실패한다.[82] 그리고 귀디온의 경우 그가 최초로 수행한 하계의 정찰은 엉망이 되어 결국 붙잡혀 갇히는 몸이 되었다. 리르의 아들인 마나위단은 그를 오이스와 아노이스의 끔찍한 뼈의 요새에 가두어놓았다. 그곳에서 귀디온은 그의 사촌 고로이Goreu가 구하러 오기 전 사흘 낮 사흘 밤을 괴로워하고 있었다.[83] 그러나 끝내 그가 승리하였다. 탈리에신이라는 음유시인이 지은 것으로 추정되는 웨일스 시는 〈안눈의 약탈〉이라는 제목 아래 아서[84]와 그의 추종자들이 그 지역의 심장부로 들어가서 거의 모든 부하를 잃고 돌아온 것으로 보이나(시구가 다소 모호하여 뜻이 확실치 않다) 모험의 목적물(시의 영감을 주는 마술 가마솥)은 지니고 귀환한 것을 노래한다.

탈리에신은 목격자로서 이야기한다. 그는 사실 목격자였을 수도 있다. 세계가 창조되었을 때부터 중요한 사건은 하나도 놓치지 않았다고 자랑하고 있기 때문이다. 그는 자신이 루시퍼Lucifer가 추락했을 때 천국에 있었고,[85] 귀디온이 태어나기 전 돈의 궁정에도 있었다고 말한다. 그는 막달라 마리아Mary Magdalene와 이교의 여신 아리안로드와 함께 별자리를 이루고 있었다(신화적 인물들이 사후에 종종 별자리가 되는 사실에 대한 언급 — 역주). 알렉산더Alexander 대왕의 기수였으며, 바벨 탑을 세울 때 최고 책임자였다. 그는 트로이의 멸망과 로마의 건설을 목격했다. 그는 노아Noah와 함께 방주에 있었으며 소돔과 고모라의 멸망을 목격했다. 그리고 그는 베들레헴Bethlehem의 구유 그리고 갈보리Calvary의 십자가에도 모두 임했었다.

그러나 불행히도 아서만큼이나 탈리에신의 존재 역시 믿을 만하지 않다. 탈리에신의 책 속 시 몇 편을 지었다고 생각되는 그리고 그랬을 수도 있는, 6세기의 음유시인인 탈리에신이 실존했다는 사실을 학자들은 부인하지 않는다.[86] 그러나 영국 켈트족들의 신화적 시인으로서, 리스 교수가 게일족의 오션과 동일시하는 경향이 있는 또 다른 탈리에신이 있었다.[87] 이 두 인물에 대한 전승이 혼합되어, 역사적 탈리에신에게 신적 탈리에신의 속성이 부여됐으며, 신화적 탈리에신에게 후의 탈리에신이 지닌 실질성이 부여됐다.[88]

우리의 음유시인이 때로 좀더 조리 있게 노래하지 않은 것이 아쉽다. 그의 시가 브리튼인들이 저세상을 어떻게 생각했는지에 대한 가장 완벽한 묘사를 담고 있기 때문이다. 서로 다르고 어떤 것은 이제는 번역할 수도 없는 수많은 이름들이, 하나의 장소를 가리킨다는 사실은 명백하다. 이 시들은 안눈이 어떤 곳이었는지를 제대로 알기 위하여 모두 모아져야 한다. 여기에 인용하지 않은 명백하게 위조된

마지막 시구를 제외하고, 장엄하게 이교적인 이 시는 영국 신화의 보고이다.[89]

나는 이 땅의 군주, 최고의 영주를 칭송한다.

그는 자신의 영역을 세계의 해안으로 확장하였다.

퓔과 프리데리의 악의로 인하여

크르 쉬디에 있는 궤이르Gweir[90]의 감옥은 튼튼하였다.

그 이전에 그곳에 간 자는 아무도 없다.

무거운 푸른 사슬이 젊은이를 견고하게 결박하였으며,

안눈의 노획물 앞에서 그는 애처롭게 노래하였다.

그리고 그로부터 종말의 시간까지 그는 시인으로 남아 있을 것이었다.

프르드웬Prydwen[91]을 세 번 채울 만큼 충분한 수로 그는 그곳에 갔다.

일곱 명을 제외하곤 크르 쉬디[92]에서 돌아온 자는 없다.

네 번 회전하는 크르 페드뤼반Caer Pedryvan[93]을 노래하는

나는 명성을 얻을 자격이 있지 않은가?

가마솥이 발한 첫 마디는 언제 말해졌는가?

아홉 처녀의 숨결로 그것은 서서히 더워졌다.

이것이 안눈의 두목의 가마솥이 아니던가?

그 만듦새는 어떠했던가?

그 가장자리에는 진주 테두리가 있다.

이것은 거짓말쟁이나 맹세를 어긴 자의 음식은 익히지 않는다.

환하게 번득이는 칼이 그 위에 높이 쳐들리고,

레미나우그Lleminawg의 손에 남겨질 것이다.

그리고 우페른Uffern[94]의 문 앞에서 등불은 타고 있었다.

우리가 아서와 함께 갔을 때(이것은 빛나는 업적이었다!)

일곱 명을 제외하고는 크르 베드위드Caer Vedwyd에서

아무도 돌아오지 않았다[95].

튼튼한 문의 섬에 있는 크르 페드뤼반을 노래하는

나는 명성을 얻을 자격이 있지 않은가?

그곳에서는 여명과 칠흑 같은 어둠이 만나고,

빛나는 포도주가 주인의 음료라네.

프러드웬을 세 번 채울 만한 수로 우리는 항해를 했네.

일곱 명을 제외하고는 크르 리고르Caer Rigor[96]에서

아무도 돌아오지 못했네.

나는 문학의 지도자들에게 많은 칭송을 하지 않겠다.

크르 위더르Caer Wydyr[97] 외에는 그들은 아서의 용맹함을 보지 못했다.

6,000명이 성벽 위에 섰다.

그들의 보초와 대화를 하는 것은 어려웠다.

프러드웬을 세 번 채울 만한 수로 우리는 아서와 함께 갔다.

일곱 명을 제외하고는 크르 골루드Caer Golud[98]로부터

아무도 돌아오지 못했다.

나는 기백이 없는 자들에게 많은 칭송을 하지 않겠다.

그들은 어느 날 그 일이 일어났으며,

누가 그 일을 일어나게 했는지도 모른다.

그 고요한 날의 어느 시간에 쿠이Cwy가 태어났는지도 모른다.

누가 그로 하여금

데부이Devwy의 골짜기로 가서는 안 되게 했는지도 모른다.

그들은 그 멍에가 손 넓이의 140배가 되는

넓은 머리띠를 한 얼룩 황소를 알지 못한다.

우울한 기억의 아서와 함께 우리가 갔을 때,

일곱 명을 제외하고는

아무도 크르 반뒤Caer Vandwy[99]에서 돌아오지 못했다.

나는 용기가 없는 자들에 대해서는 많은 칭송을 하지 않겠다.

그들은 어느 날 두목이 일어났는지,

그리고 주인이 그 고요한 날의 어느 시간에 태어났는지 알지 못한다.

은의 머리를 한 어떤 동물을 그들이 기르는지도 알지 못한다.

힘쓸 일에 의욕이 앞서, 우리가 아서와 함께 갔을 때,

일곱 명을 제외하고는 크르 오크렌Caer Ochren으로부터

아무도 돌아오지 못했다.[100]

이 시에 나오는 여러 언급은 아마도 절대 설명되지 못할 것이다. 우리는 허영에 찬 탈리에신으로부터 무식과 기백의 부족을 조롱당하는 '문학의 지도자들'과 마찬가지로 쿠이가 어느 시간에 태어났는지, 심지어 그가 누구인지, 데부이Devwy의 골짜기들이 어디든 간에 누가 그로 하여금 데부이의 골짜기에 가지 못하게 했는지 알 수가 없다. 우리는 넓은 머리띠의 얼룩 황소[101]나 은의 머리를 가진 동물의 의미에 대해서도 알지 못한다. 그러나 이 시의 앞부분은 다행

히도 좀더 명확하며 야만적 상상력의 웅장함을 맛보게 해준다. 튼튼한 문을 가진, 유리로 된 정사각형의 요새, 말없고 유령 같은 보초들이 지키며, 끝없이 회전하여 거의 아무도 그 입구를 찾을 수 없는 곳. 이곳은 회전하는 문 앞에 타고 있는 등불에서 나오는 희미한 빛을 제외하고는 칠흑같이 어두웠다. 그곳에서는 연회와 환락이 지속되고 있었으며, 그 중심에는 그 성의 재화 가운데도 가장 빼어난, 진주 테두리를 한 시의 영감을 주는 가마솥이 있었다. 이것은 브리튼의 암컷 뱀 아홉 마리의 숨결이 이것을 계속 끓게 하여 신탁을 내릴 수 있었다. 이렇게 빈약한 정보에다가 우리는 역시 탈리에신이 지은 〈브로호웰 포위즈Brochwel Powyz의 리르의 아들들에 대한 노래〉라는 제목의 시 몇 줄을 더할 수 있을 것이다.

> 크르 쉬디에 있는 나의 자리는 완벽하다.
> 그곳에 앉은 자를 역병이나 노령이 해하지 못한다.
> 마나위단과 프리데리는 이것을 안다.
> 그 앞에서는 세 대의 오르간이 불 주변에서 노래하며,
> 그 모퉁이마다 바다의 물길들이 있고
> 그 위에는 풍부한 우물이 있다.
> 그 우물은 그 안의 백포도주보다 더 달콤하다.[102]

그러나 이것은 우리의 지식에 거의 보탬이 되지 않는다. 이것은 안눈이 바다, 궤이르를 굳건하게 결박하고 있던 '무거운 푸른 사슬'에 둘러싸여 있었다는 것을 상기시킨다. 그리고 '주인의 음료'인 '빛나는

포도주'는 우물 속에 보관되었다는 것을 알려준다. 나아가 환락에 세 대의 오르간의 노래를 첨가한다. 또 이곳의 주민들은 노령과 죽음으로부터 해방되었음을 알려준다. 마지막으로 이것은 우리가 기대했듯이 편재하는 탈리에신이 이 즐거운 영역의 특권을 부여받은 거주자라는 사실을 보여준다. 우리는 이 지역이 어느 곳에 위치하고 있었을지에 대한 두 가지 단서를 가지고 있다. 데번셔Devonshire 해안에 있는 룬디 섬이 예전에 이니스 바이르Inis Wair('궤이르' 또는 '귀디온의 섬')라고 불렸다. 고대 신화를 많이 구현하고 있는 앵글로-노르만 로맨스인《성배Seint Greal》의 웨일스어 번역은 이곳 '회전성'을 (크르 쉬디와 명백히 같은) 앵글시 연안의 퍼핀Puffin 섬에 위치시킨다.[103] 그러나 이들은 상상의 영역을 탄탄한 땅에 묶어두기에는 너무 약한 고리다.

마소뉘의 아들, 마스의 마비노기 가운데 태양신의 출생 신화를 이야기하는 부분에서 귀디온과 함께 그와 관련된 인물들 전체가 사라졌다. 마스 자신도 로이 라우 귀페즈도, 딜란도, 그들의 어머니인 아리안로드도, 더이상 아무 역할도 하지 않는다. 그들은 귀디온만큼이나 완벽하게 사라졌다. 그러나 그들이 역할을 담당하고 있던 신화의 요체는 손상되지 않은 채 남아 있다. 귀디온은 뉘브러Nwyvre(공간)라고 불리는 저물어가는 하늘의 신의 아내인 자신의 누이 아리안로드에게서 쌍둥이 아들, 빛의 신인 로이와 어둠의 신인 딜란을 얻었다. 그리고 우리는 이와 똑같은 이야기가 아서 왕 이야기의 핵심 조직에 짜여들어가 있는 것을 발견한다.[104] 새로운 아리안로드를 토머스 말로리[105]는 '모르가우저Morgawse'라 부르고, 몬머스의 제프리는 '안나

Anna'라고 부르지만[106] 초기의 웨일스 신화에서는 '귀야르Gwyar'[107]라고 했다. 그녀는 아서의 여자 형제였으며, 하늘신 루드의 아내였다. '피를 흘리다' 또는 '피'라는 뜻의 그녀 이름은 게일인들의 전쟁의 여신 모리구가 하늘신 누아다[108]와 가지는 관계를 상기시킨다. 새로운 로이 라우 귀페즈는 괄하메이Gwalchmei, 즉 '오월의 매'[109]라고 불린다. 그리고 새로운 딜란은 아서의 아들이자 괄하메이의 형제이기도 하며, 그 둘의 숙적인 메드라우트Medrawt이다.[110]

이렇듯 '새로운 얼굴의 옛 친구들' 외에도 아서는 자신과 함께 새로운 범신전을 부각시키는데, 이들도 대부분 하늘과 땅 그리고 하계의 옛 신들을 대치한다. 아서 전설군의 제우스는 머딘Myrdin이라 불리는데, 그는 노르만계 프랑스 로맨스에서 '멀린Merlin'이 되었다. 그에 대한 모든 신화는 그가 높은 신분이었음을 증명한다. 우리가 삼제가에서 볼 수 있는 인간들이 거주하기 이전 브리튼의 첫 번째 이름은 클라스 머딘Clas Myrddin, 즉 '머딘이 경계지은' 땅[111]이다. 그에게는 누아다와 루드의 배필들을 상기시키는 아내가 있다. 그녀는 코엘의 외딸로 묘사된다. 코엘은 골어로 전쟁과 하늘의 신인 카물루스의 브리튼식 이름이며 그녀는 엘런 뤼다우그Elen Lwyddawg, 즉 '군대의 영도자 엘렌'이라고 불린다. 그녀에 대한 기억은 아직도 웨일스에서 오래된 길과 연관되어 보존되어 있다. 포르드 엘런Fford Elen(엘런의 길) 그리고 사른 엘런Sarn Elen(엘런의 둑길) 같은 이름들은 군대들이 행진해간 이 길들이 그녀에게 헌정되었다[112]는 것을 보여주는 듯하다. 머딘의 아내로서 그녀는 카마딘Carmathen(크르 머딘Caer Myrddin) 마을과 '에이본Arvon에서 가장 높은 요새'를 창설한 업적을 인정받는다. 이 요새는 베젤러트Beddgelert 근방, 아직도 디나스 엠리스Dinas Emrys(머딘의 이름 또는 그에 대한 묘사의 하나인 '엠리스의 마을')라고 불리는 터였음이 틀림없다.[113]

리스 교수는 머딘 또는 이름이 무엇이든 간에 브리튼의 제우스가 특히 스톤헨지에서 숭배받던 신이었을 것이라고 생각하는 경향이 있다.[114] 확실히 지붕이 없고 하늘의 해와 바람과 비를 향해 열려 있는 이 인상적인 사원은 브리튼 최고의 빛과 하늘의 신에게 적합해 보인다. 역사적 허구가 대다수 신화적 사실을 감추고 있는 몬머스의 제프리[115]의 저술은 스톤헨지를 구성하는 돌들을 멀린이 세웠다고 전한다. 그 돌들은 본래 제프리가 '킬라라우스Killaraus 산'이라고 부르는 아일랜드의 언덕 위에 서 있었다고 하는데, 이곳은 아일랜드 전설에서 '우슈네하의 언덕'으로 알려져 있으며 그보다 전에는 발로르와 관련이 있는 곳이다. 브리튼의 전승에 의하면 이 돌들은 그 영험함 때문에 아일랜드를 식민화시킨 태초의 거인들이 "아프리카의 가장 먼 해안에 있는" 원래의 고향으로부터 가지고 왔다고 한다. 이 돌들을 닦은 물은 어떤 병이나 상처에도 최상의 치료제가 되었기 때문이다. 반은 현실적이고 반은 신화적인 브리튼의 왕 아우렐리우스Aurelius의 명령에 따라, 멀린은 이 돌들을 잉글랜드로 가지고 와서 배반자 헹기스트Hengist와 그의 부하 색슨인들에게 살해당한 브리튼 수장들에 대한 기념비로 솔즈베리Salisbury 평야에 세웠다. 이러한 토착적 정보의 단편을 우리는 또 다른 유일한 단편(이것을 아폴론의 신전이라고 불렀던 고전적인 디오도로스Diodorus의 설명)[116]과 비교할 수 있다. 이 두 가지 기술은 얼핏 상충되는 것처럼 보인다. 그러나 브리튼에 초기 정착한 켈트족들이 하늘과 해 사이에 별다른 종교적 구별을 하지 않았으리라는 것이 절대 불가능한 일은 아니다. 태양신을 별도의 인격으로 보는 것은 비교적 후대의 생각인 것 같다. 켈트 신화는 우리로 하여금 게일족의 루라브다와 브리튼의 로이 라우 귀페즈 두 인물의 탄생 모두에 동참하게 한다.

머딘에 관해 잘 알려진 이야기 또는 머딘이 환상적인 요술 무덤("벽 또는 어떠한 울타리도 없는 탑")에 최종적으로 갇히게 되는 이야기는 "불과 움직이는 광휘가 그를 둘러싸고 있는" 태양의 신화와 경이롭게도 유사하게 들린다.[117] 살아 있는 빛의 테두리에 둘러싸여 보호받고 찬란해져서, 하늘의 군주는 서쪽으로 서서히 나아가다가 마침내 바다 속으로 사라지거나(이 신화의 한 지역 이본異本에 의하면) 먼 섬으로(또 다른 지역 이본에 의하면) 또는 어두운 숲속으로 사라진다(세 번째 지역 이본의 선택에 의하면).[118] 이 신화가 마침내 고정되었을 때, 그의 마지막 거주지로 선택된 곳은 크나본쉬어의 서쪽 극점 연안에 있는 바지Bardsey 섬이었다. 그는 아홉 명의 수행시인들과 함께 그 이후로는 사라져버린 '브리튼의 열세 가지 보물'을 가지고 이곳으로 갔다. 바지 섬의 이름은 의심할 나위 없이 이 이야기에서 유래한다. 그리고 이에 대한 언급이 1세기의 그리스 작가 플루타르크Plutarch에게서 발견되는데, 그는 데메트리우스Demetrius라는 문법학자가 브리튼을 방문한 후 자신의 여행 이야기를 가지고 온 것을 언급한다. 그는 신들과 영웅들의 이름을 따서 명명된 영국 연안의 신성한 무인도 몇몇을 언급하고 있다. 그런데 특별히 크로노스Cronos가 수행신들과 함께 갇혀 있는 섬이 있었는데, 브리아레우스Briareus가 잠자는 그를 지키고 있었다. "잠이 그를 위하여 고안된 속박이었다."[119] 그리스인들이 자기들 식대로 '크로노스'라 불렀던 지위를 박탈당한 이 신은 의심할 여지없이 서쪽에 있는 그의 감옥으로 내려간, 브리튼의 하늘과 태양의 신이었다.

다른 새로운 등장인물로는 카이Kai가 있다. 그는 집사 케이 경Sir Kay으로서 나중의 로맨스에서 아주 중요한 역할을 한다. 최악의 죄과를 씻고, 아서의 시무룩한 청지기가 된 그는 아서의 아들 라호이를 죽였던 초창기 카이의 그림자에 불과하며,[120] 아서의 아내 권휘바르Gwynhwyvar를 데리고 도망가려 한 죄는 이 사건을 기술하는 시가 잘 알려지지 않았다는 사실로만 용서될 수 있다.[121] '킬후흐와 올웬'의 신화적 로맨스에 의하면 그는 불의 화신으로 생각되어왔다.[122] 이 로맨스는 "카이는 아주 교묘했다. 원할 때면 자신을 숲에서 가장 높은 나무만큼 크게 만들 수도 있었다. 그리고 다른 특징들도 있었는데, 그의 열기가 너무나 강하여 비가 가장 심하게 올 때에도 그가 들고 가는 것은 그의 손으로부터 한 손 넓이만큼 위쪽까지 그리고 그만큼의 아래쪽까지 건조한 채로 있었다. 그리고 그의 동료들이 가장 추울 때 그들에게 불을 지필 연료가 되었다"고 말한다.

아서의 이야기에서 눈에 띄는 역할을 하는 또 다른 인물은 귀디온이 프리데리의 돼지를 훔치려 했듯이 아서가 그의 돼지를 훔치려 했던 메이르히온의 아들 마르하이다. 어떤 로맨스 이야기에서는 그가 콘월의 왕이지만 또 다른 이야기에서는 브리튼 전체의 왕이고, 그 모두에서 아름다운 이죌트Isoult의 남편이며, 트리스트렘Tristrem 경의 아저씨로 알려져 있는 겁쟁이이고, 교활한 마크Mark 왕이다.[123] 그러나 지하세계 기형의 신으로서 그는 브리튼인의 신화와 게일인의 신화에서 모두 발견된다. 그는 유리성에서 네메드의 자식들을 그렇게도 치명적으로 억압하였던 포모르인의 왕 모르크와 본래부터 다르다고 생각되었을 리 없다.[124] 포모르인들은 그들의 동물적 특징으로 구별되었고, 마르하 역시 같은 특징을 가지고 있었다.[125] 토머스 말로리 경이, 아서와 랜슬롯 경을 즐겁게 하기 위해 디나단Dinadan 경이 마크에 대한 노래를 지었고, "이 시가 하프 또는 다른 악기에 맞추어 불려진 노래 가운데 최악의 것이었음"을 기술할 때,[126] 이 풍자시의 날카로움이 어디에 있는지 그는 우리에게 말해주지 않는다. 이것은 마크 왕에게 그가(프리지아Phrygia 왕처럼 당나귀 귀는 아니지만) 말의 귀를 가졌다는 불쾌한 사실을 상기시켰다. 그는 사실 켈트의 미다스(그리스 신화에서 손에 닿는 것마다 금으로 변하게 했다는 옛날 소아시아에 있던 나라 프리지아의 왕 — 역주)이며, 이것은 초기 아일랜드의 신화적 왕들 가운데 하나[127]와 그가 공유하는 특징이다.

우리는 또한 브란과 유사한 지하세계의 신 우리엔Urien도 그냥 지나칠 수가 없다.[128] 리르의 아들인 브란처럼 우리엔은 전쟁의 신인 동시에 음유시의 신이었다.[129] 그는 음유시인들의 수호자로 숭앙되었다.[130] 그의 상징은 까마귀(웨일스어로는 브란)였다.[131] 부상을 당했을 때 우리엔이 부하들에게 자기 머리를 자르라고 말했음을 전하는 현존 시는 그의 정체성을 완벽하게 보여준다. 그의 아내는 '마포노스'라는 비명碑銘의 주인공인 마본의 어머니 모드론Modron이었다.[132] 우리엔과 모드론의 또 다른 아들을 오웨인Owain이라고 하는데, 이것은 단지 마본Mabon의 다른 이름일 수도 있다.[133] 탈리에신은 그를 '빛나는 서부의 수장'[134]이라고 불렀다. 그는 아버지 우리엔과 마찬가지로 틀림없는 태양신이었고, '저녁[135]의 영주'였으며, 어두운 지하세계의 통치자였다.

아서의 주변에 많은 신들이 모여 있는 것은 그의 걸출함 때문인데, 이들은 아마 모두 몇 안 되는 신화적 개념을 각 부족별로 인격화한 존재들일 것이다. 게일계나 브리튼계의 켈트족들은 군소 부족들로 나뉘어 있었으며, 각각은 근본적인 개념들은 같으면서 다른 이름으로 육화시킨 자기 지역의 신들을 가지고 있었다. 외형은 거구에다 전사들과 음유시인들의 수호자이고, 문학과 웅변술의 스승이며 끝없는 부의 소유자이고, 브리튼족들은 브란이라는 이름으로 다른 족속들은 우리엔, 또 다른 족속들은 퓔 또는 마르하, 마스, 아라운, 또는 오귀르브란Ogyrvran이라는 이름으로 숭배했던 하계의 신이 있었다. 엘리시움의 영주(모든 사물들의 근원인 원초적인 지하의 영역으로서의 하계가 아니고 사자들의 낙원으로서의 하계인)도 있었는데, 웨일스의 브리튼인들은 그를 귄 또는 귄와스Gwynwas라 불렀고, 콘월의 브리튼인들은 멜와스Melwas라 불렀으며, 서머셋Somerset의 브리튼인들은 아발론Avallon 또는 아발라하Avallach라 불렀다. 이 마지막 호칭 아래 그의 영역은 이니스 아발론Inys Avallon, 즉 '아발론의 섬' 또는 우리가 아는 이름으로 아빌리온Avilion이라 불린다. 이곳은 '여름의 땅'이라고 전해지며 아주 초창기의 신화에서는 하계를 의미했다. 신비한 아빌리온의 섬이 글래스턴베리Glastonbery로, 엘리시움과 같은 '여름의 땅'이 서머셋으로 지상에 자리잡게 된 것은 훗날의 일이었다.[136] 높은 곳에서 숭앙받는 천상의 통치자인 전투의 신이 있었는데, 그의 손은

'전쟁의 엄중한 심판자'였다. 어떤 이들은 그를 루드로 알고 있고, 또 어떤 이들은 머딘 또는 엠리스로 알고 있다. 인간에게 친절하며 인간을 돕기 위하여 하계의 권력자들과 투쟁하거나 그들을 달랜 좀더 온화한 신도 있었다. 그는 귀디온 또는 아서라 불렸다. 마지막으로, 구체적 형태를 지녔다고 알려진 존재로 팔이 길고 날카로운 창을 지닌 태양신이 있었는데, 그는 문화의 신의 작업을 도왔으며 로이, 괄하메이, 마본, 오웨인, 페레두르Peredur, 그외에도 여러 가지 이름으로 알려져 있었다. 그는 대개 빛이 아니라 어둠을 상징하는 형제를 동반하고 있다. 같은 개념을 여러 가지 이름으로 표현하는 것은 게일족의 신화에서도 볼 수 있다. 비록 그렇게 명확하지는 않지만. 씨족과 씨족 사이의 대결 결과, 이처럼 많은 신들이 완전히 사라지거나 이름으로만 잔존하게 되었다. 이들은 아일랜드에서는 투아하 데 다난이라고 주장하는 거대한 상상의 족속을 구성하였고, 브리튼에서는 아서를 추종하는 자들의 긴 목록을 채우게 되었다. 다른 신들(좀더 강인한 공동체의 신들)은 그들의 숭배자들이 영토를 넓혀감에 따라 명성이 높아졌다. 그리하여 그리스에서처럼 많은 부족의 주신들이 국가적 범신전을 구성하였다.

우리는 이미 '아서의 도래'를 역사적으로 설명하려고 시도했다. 신화적으로 그는, 켈트적 관념에 따르면 모든 존재들이 원래 그렇듯이 지하세계에서 왔다. 그의 아버지는 우서 펜드래곤Uther Pendragon이라 불린다.[137] 그러나 우서 펜드래곤은 우서 벤Uther Ben, 즉 '경이로운 머리'[138]라는 이름으로 불릴 때의 브란이다('dragon'이란 말은 이름의 일부가 아니고, '전쟁 지도자'를 뜻하는 직함이기 때문이다). 그래서 아서가 브리튼을 용맹 이외의 다른 방법으로 지키는 것이 자신의 위엄을 손상하는 일이라고 생각하여 타워힐에서 침략을 막도록 지켜보고 있던 브란의 머리를 파내었다는 전설[139]에도 불구하고, 우리는 하계의 왕을 그의 아버지로 인정해야 한다. 이렇게 되면 그가 그 영원한 나라로부터 아내를 취한 것은 극히 자연스러운 일이며, 권휘바르의 아버지가 모든 면에서 켈트 신화의 하계통치자에 상응하는 오귀르브란이라는 사실에 놀랄 필요도 없다. 그는 거대했으며,[140] 세 명의 뮤즈들이 태어난 가마솥의 소유자였다.[141] 그리고 그는 음유시인들의 수호자[142]였다. 그래서 시인들은 그를 예술의 창시자로 여겼다. 그의 이름의 기원인 오쿠르 브란ocur vran을 분석해보면, 이것은 악한 브란 또는 까마귀, 즉 죽음의 새를 뜻한다.[143]

웨일스의 구비전승은 아서에게 세 명의 아내를 부여하고 있는데, 그들 모두 권휘바르라 불린다. 이 독특한 상황은 아마도 삼개일조를 선호하는 켈트족의 특성 때문일 것이다. 그들을 에카 아이렘, 에탄 그리고 미처르의 신화적·영웅적 이야기를 관통하는 세 명의 에탄에 비교할 수 있을 것이다. 이 세 명의 권휘바르 중 오귀르브란의 딸 권휘바르 말고 하나는 이름 외에는 알려진 것이 없는 귀르드의 딸이었으며, 다른 하나는 귀르수르 압 그레이다울의 딸인데, 그는 누드의 아들인 권이 초기 신화에서 싸우는 상대인 '그을리는 자의 아들 빅토르'이다. 상징적인 여인을 놓고 벌이는 빛과 어둠의 영원한 싸움은 아서 전설군에서도 다시 전개된다. 그러나 이제 권이 얻고자 하는 것은 크로이딜라드가 아니라 권휘바르이며, 귀르수르가 아니라 아서와 대적하는 것이다. 이것이 콘월 신화의 형태였던 것으로 보인다. 어둠의 신이 '권와스' 또는 그의 웨일스어 이름인 '권'이 아니고 '멜와스'라고 불리기 때문이다.[144] 멜와스는 일년 간이나 잠복하고 있다가 권휘바르를 아빌리온에 있는 자신의 궁전으로 탈취해가는 데 마침내 성공했다. 그러나 아서가 쫓아왔고, 브리 레스의 미처르 쉬에서 발굴되고 탐구된[145] 이 이야기의 게일어 판에서 에카 아이렘이 그랬듯이 그 요새를 포위하였다. 신화는 역사처럼 반복된다. 멜와스는 권휘바르를 온당한 주인에게 돌려줘야 했다.

그러나 가장 많이 알려진 이야기에서 권휘바르를 놓고 아서와 경쟁하는 것은 멜와스가 아니다. 가장 널리 퍼진 초기 전승에서 아서의 경쟁자는 조카인 메드라우트이다. 여기서 리스 교수는 브리튼족의 아서, 권휘바르, 메드라우트의 전설과 아이렘, 에탄 그리고 미처르에 관한 게일족의 이야기 사이에 존재하는 놀라운 유사성을 추적한다.[146] 두 가지 신화는 거의 복사판이다. 세 쌍의 이름들은 근본적 의미에서 일치한다. '아이렘'은 '아서'처럼 신성한 농업의 창시자인 '밭가는 자'를 의미한다. '빛나는 자' '에탄'은 '하얀 환영'인 '권휘바르'에 적합한 대응자이다. 그런가 하면 '미처르'와 '메드라우트'는 둘 다 '치다to hit' 또는 은유적으로 마음에서 결정을 하다라는 의미의 어원을 가지고 있다. 이 신화를 설명하려는 시도는 신화의 의미라는 난제를 제기하는 것이다. 새벽을 차지하기 위하여 밤과 낮이 싸우는 것인가, 또는 여름과 겨울이 아름다운 봄을 놓고 싸우는 것인가, 또는 인간의 생명을 만드는 곡식을 지하세계가 삼켜버리려는 것을 농부의 기지로 구출해내는 것의 전조인가? 다만 모든 곳에서 잃어버린 신부를 차지하려는 똑같은 경쟁자들이 나타난다. 하나는 빛의 속성을 가졌고, 또 하나는 어둠의 수호자이다.

원래의 전통에서 한참 유리된, 프랑스 로맨스에서 따온 토머스 말로리 경 판에서까지도, 이 신화는 살아 있다. 왕비의 연인이라는 메드라우트의 위치는 로맨스에서 랜슬롯 경이 차지한다. 랜슬롯은 이제는 사라진 켈트의 신[147]이 아니라면, 노르만인 각색자들의 발명이었음에 틀림없다. 그러나 메드라우트를 아서의 경쟁자로 만든 이야기는, 자신의 아저씨이자 왕인 아서에 대한 반란의 일부로, 권휘바르와 강제로 결혼하고자 했던 모드레드 경의 이야기 속에 남아 있다.[148] 이 투쟁은 초기 브리튼 역사의 일부가 되기 한참 전부터 켈트의 신화였다. 삼제가[149]들은 아서와 메드라우트가 각각 상대방이 없는 사이에 어떻게 그 궁정을 약탈했는지 말해준다. 메드라우트는 콘월에 있는 켈리 윅Kelli Wic으로 가서 그곳의 먹을 것과 마실 것을 몽땅 먹고 마셔버렸으며 권휘바르 여왕을 모욕했다. 이에 대한 보복으로 아서는 메드라우트의 궁정으로 가서 사람과 짐승을 살육하였다. 그들의 투쟁은 캄란 전투에 이르러서야 끝을 본다. 연대기 기술자들이 역사적인 사실로 만들려 시도했던 이 신화적 전투는 전설적인 설명들로 가득 차 있다. 전승에 의하면 아서와 그의 상대는 싸움 도중 세 번이나 그들의 군사력을 공유하였다. 그래서 이 전투는 '브리튼의 부질없는 삼대전투' 가운데 하나로 알려지게 되었으며, 이것은 또 '브리튼의 세 가지 범죄적 결의'가운데 하나이기도 하다. 이 싸움에서 네 명만이 살아남았는데, 하나는 너무 못생겨서 모든 사람들이 그를 악마로 생각하고 피했기 때문이며, 또 하나는 너무 아름다워서 사람들이 그를 천사로 생각하고 건드리지 않았기 때문이고, 세 번째 사람은 힘이 너무 세서 아무도 저항할 수 없었기 때문이다. 나머지한 명은 아서 자신이었는데, 그는 메드라우트에게 괄하메이의 죽음에 대한 원수를 갚은 후 자신의 심한 상처를 치료하기 위하여 아빌리온의 섬으로 갔다.

그리고 그곳, 켈트족의 엘리시움에서 언젠가는 그가 돌아오리라는 사람들의 믿음은 지금까지 계속되어왔다. 그러나 때로 게일인의 신들이 서쪽 파도 너머, 때로는 움푹 패인 언덕의 궁전 같은 '산 자들의 나라'에 살고 있다고 전해지는 것처럼, 아서가 아빌리온에 있다고 생각하는 사람들도 있었다. 또는 브리튼을 재정복하라고 부르는 나팔 소리를 기다리며 비밀스런 장소에서 그의 전사들과 함께 요술의 잠에 빠져 앉아 있는 것이라 생각하는 사람들도 있었다. 이 전설은 에일돈 힐즈Eildon Hills, 스노든 지역, 카멜롯일 것이라는 믿음이 가장 강한 서머셋의 캐드버리Cadbury, 남부 웨일스의 니스 골짜기 그리고 그 외의 다른 장소들에서 발견된다. 〈전사들의 무덤에 관한 시〉[150]라는 제목의 고대 웨일스 시가 브리튼족의 신들과 반신들의 영면장소를 나열한다. 귀디온의 무덤은 "딘로이Dinlleu의 습지에 있고," 로이 라우 귀페즈의 무덤은 "그가 친숙했던 바다의 보호 아래 있으며," "파도가 음울한 소리를 내는 곳에 딜란의 무덤이 있다." 우리는 프리데리, 괄하메이, 마르하, 마본 그리고 위대한 벨리의 무덤까지 알고 있지만 아서에 관해서는 다음과 같은 구절이 전한다.

아서의 무덤에 이르러서는, 생각이 현명치 못하다.[151]

22장

브리튼의 보물들

아서에 대해 기록된 초기의 웨일스어 이야기들이 의사疑似 역사를 부풀리는 네니우스[152]나 몬머스의 제프리 이야기들과 성격이 다른 것은 아서의 신화적 특성에 걸맞은 일이다. 제프리가 아서에게 할애한 《브리튼의 역사*Historia Britonum*》[153] 두 권에서 그렇게도 큰 부분을 차지하는 서구 국가들의 복속에 대해서는 아무 이야기가 없다. 그는 정복자이지만, 그가 정복한 것은 지리학자들에게 알려진 그 어떤 땅도 아니다. 그가 최고의 승리를 거둔 대상은 로마가 아니고 하계이다. 이것이 진정한 아서왕의 역사이다. 우리는 헤르게스트의 붉은 책에 보존된 두 개의 산문에서 그 이야기의 단편들을 좀더 볼 수 있다. 이 두 이야기들이 오늘날 전해지는 형태로 만들어진 것은 12세기의 일이다. 그러나 각각의 이야기에서 필자는 아주 먼 과거의 죽어가는 전통을 긁어 모으기 위해 손을 아주 넓게 벌리고 있는 듯이 보인다.

웨일스의 무사인 로나뷔가 어느 날 밤 묵게 된 악취 나는 오두막에서 벌레가 비교적 없는 유일한 가구인 노란색 송아지 가죽 위에 잠을 자려고 누웠을 때, 그가 본 환영이 〈로나뷔의 꿈*The Dream of Rhonabwy*〉[154]이라는 이야기에 기술되어 있다. 그는 자기가 동료들과 함께 세번Severn을 향해 가고 있다고 생각했다. 그때 뒤에서 무언가 달려오는 소리가 들렸다. 뒤돌아보자 괴물 같은 말 위에 거대한 사람이 타고 있었다. 이 말 탄 사람의 용모가 너무나 무시무시해서 그들은 도망치기 시작했다. 그러나 열심히 달려봤자 아무 소용이 없었다. 말이 숨을 들이쉬면 말의 가슴 쪽으로 빨려갔다가 말이 숨을 내쉬면 앞으로 던져졌기 때문이다. 그들은 절망하여 넘어져서는 그 추격자에게 자비를 구했다. 추격자는 그들을 받아들이면서 이름을 묻고는 자기 이름도 말해주었다. 그는 브리튼의 선동자 이다우크Iddawc라고 알려져 있다. 전쟁에 대한 사랑 때문에 의도적으로 캄란의 전투를 촉발시켰기 때문이다. 아서는 메드라우트를 설득하기 위하여 그를 보냈다. 아서가 생각할 수 있는 한 가장 부드러운 말을 그에게 전하도록 했으나, 이다우크는 자기가 고안할 수 있는 가장 거친 말로 그것을 번역하였다. 그는 7년간의 참회 끝에 용서를 받아 아서의 진영으로 말을 달리던 중이었다. 그는 로나뷔와 그의 동료들에게 그곳에 같이 가자고 했다.

아서의 군대는 뤼즈 어 그로이스Rhyd y Groes 여울의 양안에 1마일에 걸쳐 진을 치고 있었다. 강 중앙에 있는 작고 평평한 섬에서는 황제가 몸소 주교인 베드위니Bedwini와 카우Kaw의 아들인 과르세귀드

Gwarthgyd와 대화를 나누고 있었다. 오션과 마찬가지로, '약속의 땅'
에서 300년간 거주하고 아일랜드로 돌아온 뒤[155] 아서는 이다우크
가 그에게 보여주기 위하여 데려온 사람들의 빈약한 체구에 놀랐다.
"이다우크, 그대는 어디서 이렇게 작은 사람들을 찾아내었나?" "저
쪽 길 위에서 발견했습니다." 그러자 황제는 미소를 지었다. "폐하,
왜 웃으십니까?" 이다우크가 물었다. "이다우크, 내가 웃는 것이 아
니네. 다만 그 전에 이 섬을 지켰던 사람들을 이어 이런 몸집의 사람
들이 섬을 지니고 있다는 것이 내게 연민을 불러일으키네." 아서가
대답했다. 그리고 그는 돌아섰다. 이다우크는 로나뷔와 그의 동료들
에게 아무 말도 하지 않고 있으면 모든 것을 보게 되리라고 말했다.

　일부에서는 역사적인 사실이라 생각하는 배스Bath에서 있었던 바
든Badon의 전투를 위해 아서가 대장정을 할 때 그와 합류하기 위해
동료들과 함께 말을 타고 온 전사들의 모양새와 장비들을 묘사할 공
간이 이 책 안에서는 허용되지 않는다. 정작 이 이야기를 읽는 독자
는 로나뷔가 본 것들을 보게 될 것이다. 그리고 아서를 따르는 많은
전사들의 이름을 알게 될 것이다. 여기서는 브란의 아들이 아니고
리르의 아들이라 불리는 힘센 팔의 카라다우크, 지하세계의 왕인 메
이르히온의 아들 마르하, 아서의 궁정 전체에서 가장 아름다운 기수
라고 묘사되는 카이, 구이야르와 아서 자신의 아들인 괄하메이, 모
드론Modron의 아들인 마본, 탈루하Tallwch의 아들이자 '아름다운 이쵤
트'의 연인인 트리스탄Trystan, 아서의 사촌이며 마나위단의 뼈 감옥에
서 그를 구해낸 고로이, 이들과 더불어 더 많은 이들이 로나뷔가 송
아지 가죽 위에서 사흘 낮 사흘 밤을 자면서 꿈을 꿀 때처럼 그의 앞

을 지나갈 것이다.

'로나뷔의 꿈' 이야기는 그 세부 내용이 정교하지만, 사실은 거의 목록에 가깝다. 이 이야기 저자는 아서의 추종자들 가운데, 자신이 주요인물들이라 생각하는 이들에 대한 일련의 그림을 그리고 싶었던 것 같다. 다른 이야기, 즉 '킬후흐와 올웬'의 이야기 또한 이런 목록의 형태를 취하지만 열거된 대상은 다르다. 인간들에 대한 기록이라기보다는 사물에 대한 것이다. 브리튼의 영웅들이 아니라 브리튼의 보물들이 그 소재이다. 게일인들에게 전하는 투이렌의 세 아들의 모험이야기[156]와 비교할 수 있을 것이다.

초기 전설에서 '브리튼의 열세 가지 보물'은 유명했다. 이 보물들은 신과 영웅들의 것이었으며, 신의 시대가 끝날 때까지, 즉 멀린이 세상에서 사라지면서 자신의 공중무덤 속으로 그것들을 가지고 가서 더이상 인간의 눈에 띄지 않게 될 때까지 우리의 섬에 있었다. 전승[157]에 의하면 이것은 검, 바구니, 뿔잔, 수레, 마구, 칼, 가마솥, 숫돌, 옷, 납작한 냄비, 접시, 체스판 그리고 망토였는데, 투이렌이 루[158]에게서 얻은 돼지가죽, 창, 말과 수레, 돼지, 사냥개 새끼 그리고 요리용 꼬치만큼이나 경이로운 속성을 가진 것들이었다. 바로 이 전설적인 보물들이 '킬후흐와 올웬'의 이야기에 의심할 나위 없이 재등장한다. 여기에도 열세 개가 있으므로 숫자가 부합한다. 어떤 것들은 확실히 일치하고, 나머지 것들은 아마도 다른 전승에 등장하는 것들과 일치할 것이다. 일치하지 않는 점이 있다는 사실에 놀랄 필요는 없다. 이 전설에 여러 가지 이본이 존재할 가능성이 높기 때문이다. 브리튼의 열세 가지 보물에 대해서는 모두가 들어봤을 것이다. 그리고 많은 사람들이 틀림없이 그것이 무엇이었는지에 대하여 논쟁하였을 것이다. 또 어떤 사람들은 그것들이 어디에서 났는지에 관해서 의문을 가질 것이다. '킬후흐와 올웬'은 이것을 말해주기 위하여 지어졌다. 이 보물들을 획득한 것은 아서와 그의 힘센 부하들이다.

킬후흐Kulhwch[159]는 이 이야기의 남자 주인공이며 올웬은 여자 주인공이지만 형식상 그럴 뿐이다. 이 한 쌍의 사랑 이야기는 원시적인 사람들의 이야기에서 그러하듯이 다른 이야기의 배경에 불과하다. 이런 로맨스에서 여성은 현대판 '보물찾기' 이야기에서 금과 보석이 갖는 위치를 차지할 뿐이다. 그녀를 얻기 위해 필요한 것은 그녀의 허락이 아니라 외부 장애를 극복하는 것이다. 이 로맨스[160]에서 킬후흐는 왕의 아들인데 이 왕은 후에 다 자란 딸이 있는 과부와 결혼한다. 의붓어머니는 킬후흐에게 이 딸과 결혼할 것을 권한다. 아직 결혼할 나이가 아니라고 겸손하게 답하는 그에게 그녀는 '거인들의 두목 하우손Hawthorn'[161]이라 불리는 끔찍한 남자의 딸 올웬을 아내로 얻지 못하면 절대 결혼할 수 없으리라는 운명을 내렸다.

'거인들의 두목'은 외모가 괴물 같을 뿐 아니라 딸의 구애자들에게 적대적이었다. 그럴 수밖에 없는 것이 그는 딸의 결혼과 함께 자신의 종말이 오리라는 것을 알고 있었다. 이런 특수함과 그의 육중한 눈썹(눈썹이 하도 무겁게 그의 눈 위로 드리워져 포크로 눈썹을 쳐들 때까지 그는 볼 수가 없었다)에 대한 묘사 때문에 그는 포모르인 발로르를 상기시킨다. 반면 웨일스 이야기는 올웬에 대해서는 아주 아름답게 묘사한다. "그녀의 머리는 금작화 꽃보다 노랗고, 그녀의 피부는 바다의 거품보다 하얗고, 그녀의 손과 손가락은 초원에 있는 샘물의 물보라 가운데 있는 아네모네 꽃보다 더 고왔다. 훈련받은 매의 눈, 삼색 깃털 송골매의 눈도 그녀의 눈만큼 빛나지는 않았다. 그녀의 가슴은 하얀 백조의 가슴보다 더 눈결 같았고, 그녀의 볼은 가장 붉은 장미보다 붉었다. 그녀가 발을 내딛는 곳에는 네 개의 하얀 토끼풀이 피어났다. 그래서 그녀는 올웬이라 불렸다."[162]

킬후흐가 사랑에 빠지기 위해 그녀를 볼 필요는 없었다. 그는 그녀의 이름만 들어도 얼굴을 붉혔다. 그리고 자기 아버지에게 어떻게 하면 그녀와 결혼할 수 있는지 물었다. 그의 아버지는 사촌인 아서에게 부탁하라고 충고했다.

그리하여 킬후흐는 "머리에 회색 얼룩이 있고 네 살배기이며 사지가 단단하고 조개 모양의 발굽을 가졌으며, 머리에는 금사슬 고삐를 드리우고, 비싼 금으로 만든 안장을 얹은 군마에 박차를 가하며 떠났다. 젊은이의 손에는 날카롭게 잘 벼려진 촉에 강철을 댄 데다 길이가 3엘(옛 척도 단위, 브리튼에서는 1엘이 45인치 ― 역주)이고, 바람이라도 베어서 피를 흘리게 할 수 있을 듯한 날을 가졌으며, 6월에 이슬이 가장 무거울 때 갈대 잎에서 땅으로 떨어지는 이슬 방울보다 더 빠른 두 개의 은제 창이 들려 있었다. 그의 허벅지 위에는 금자가 달린 검이 놓여 있었는데, 금으로 된 날에는 하늘의 번개와 같은 빛깔로 십자가가 상감되어 있었다. 그의 전쟁나팔은 상아로 만들어져 있었다. 또 그의 앞에는 흰색 가슴을 가진 얼룩그레이하운드 두 마리가 있었는데, 그들의 목에는 어깨에서 귀까지 오는 튼튼한 루비 목걸이가 둘려 있었다. 왼쪽 사냥개는 오른쪽으로 가로질러 뛰고 오른편 것은 왼쪽으로 가로질러 뛰며 두 마리의 바다제비처럼 그의 주변에서 놀고 있었다. 그리고 그의 말은 네 발굽으로 네 마리 제비 같은 네 덩이의 흙을 그의 머리 주변으로, 위로 그리고 아래로 차올렸다. 또 그가 두른 사각의 자주색 헝겊 각 모서리에는 황금사과가 있었는데, 사과 한 개의 가치는 100마리 소와 같았다. 그의 신발과 박차와 무릎에서 발가락 끝까지에는 300마리 소의 가치에 준하는 귀한 금이 있었다. 그러나 그의 군마가 아서의 궁전 문을 향하는 발걸음은 너무도 가벼워 발굽 아래 풀잎이 구부러지지 않을 정도였다."

이 용맹한 구혼자는 예의를 많이 갖추지도 않았다. 그는 밤이 되어 성의 문이 닫힌 후에 도착하였음에도 전례에 반하여 즉각 아서에게 입성을 요청하였다. 또한 방문객들은 성문의 승마용 발판에서 말을 내리는 것이 관습이었으나, 집회장까지 군마를 타고 들어갔다. 아서와 인사를 하고 자신의 이름을 말하자마자 그는 황제와 그의 전사들에게 올웬을 자신의 신부로 달라고 요구했다.

아서를 비롯해 궁정의 어느 누구도 올웬에 대해서 들어본 적이 없었다. 그러나 아서는 사촌에게 그녀를 찾아주거나 그런 사람이 없다는 것을 증명하겠다고 약속했다. 아서는 가장 솜씨 좋은 전사들을 골라 킬후흐와 동행하도록 했다. 세상에서 제일 빠른 그의 동료 베두위르Bedwyr를 동반한 카이, 낯선 나라에서도 자기 나라와 마찬가지로 좋은 안내자인 킨젤리그Kynddelig, 인간의 모든 언어뿐 아니라 다른 생물들의 언어까지 아는 귀르히르Gwrhyr, 한 번도 모험을 성취하지 않고 놔둔 적이 없는 괄하메이, 그리고 마음대로 자신과 동료들을 보이지 않게 만들 수 있는 메누Menw 등이 그들이었다.

그들은 널따란 평원 위에 있는 성에 도착할 때까지 여행을 했다. 들판에는 수많은 양떼들이 풀을 먹고 있었으며 가까운 둔덕에는 괴물 같은 양치기가 괴물 같은 개와 함께 있었다. 메누는 개에게 마술을 걸었고, 그들은 양치기에게 접근했다. 양치기의 이름은 쿠스테닌 Custennin이라 했다. 그는 하우손의 형제였으며, 아내는 킬후흐의 어머니와 자매간이었다. 거인들의 악한 두목은 자기 형제를 하인으로 전락시켰을 뿐 아니라, 그의 아들 스물네 명 가운데 하나만 남기고 모두 죽여버렸다. 그리고 남은 하나는 돌궤 속에 감추어두었다. 따라서 그는 킬후흐와 아서의 사절을 반기면서 비밀리에 그들을 도와주겠다고 약속했다. 카이가 생존해 있는 한 아들을 자신의 보호 하에 두겠다고 제안하자 그는 더욱 기꺼이 그들을 환영했다. 쿠스테닌의 아내는 킬후흐와 올웬의 비밀스런 만남을 마련하였고, 처녀는 구혼자의 구애를 거절하지 않았다.

일행은 하우손의 성을 향해 출발했다. 겁 없이 그들은 아홉 명의 문지기를 살해했으며, 아홉 마리의 경비견을 죽였다. 아무런 방해도 받지 않고 그들은 집회소로 들어갔다. 그들은 육중한 거인에게 인사를 하고, 자신들이 찾아온 용건을 얘기했다. "나의 시동들과 나의 하인들은 어디 있는가?" 그가 물었다. "내가 사윗감의 모양새를 볼 수 있도록 나의 눈 위에 덮인 두 눈썹 아래에 포크를 넣어 들어올리시오." 이후 그는 일행을 쏘아보더니, 다음날 다시 오라고 말했다.

그들이 가려고 돌아서자, 하우손은 독 묻은 창칼을 들어서 그들 등 뒤로 던졌다. 그러나 베드위르가 이것을 잡아서 도로 던져 거인의 무릎에 상처를 입혔다. 그들은 그가 불평을 하도록 내버려두고,

쿠스테닌의 집에서 잔 뒤 다음날 아침 다시 찾아갔다.

그들은 다시 거절하면 죽이겠다고 위협하며 하우손에게 올웬을 요구했다. 하우손은 "내 딸의 증조모와 증조부 네 분이 살아계시오. 그분들과 상의를 해야겠소."라고 말했다. 그들이 돌아서자 하우손은 두 번째 창칼을 던졌는데 이것을 메누가 붙잡았고 그것을 다시 던져 거인의 몸을 꿰뚫었다.

다음에 그들이 왔을 때 하우손은 죽음을 원치 않는다면 자신에게 다시는 창을 던지지 말라고 경고했다. 그리고 나서 그는 자신의 눈썹을 쳐들라고 명령하고는 자기가 볼 수 있게 되자마자 킬후흐에게 독 묻은 창칼을 던졌다. 구혼자 자신이 그것을 붙잡아서 다시 던졌으며, 그것이 하우손의 안구를 꿰뚫었다. 여기에서 다시 우리는 루와 발로르의 신화를 상기하게 된다. 그러나 하우손은 대단히 불편을 겪긴 했지만 죽음을 당하지는 않았다. "정말 저주받을 사위 같으니라고! 내가 살아 있는 동안 나의 시력은 더 나빠질 것이다. 내가 바람을 맞으며 갈 때마다 나의 눈에는 눈물이 어릴 것이다. 아마도 나의 머리에서는 불이 날 것이다. 그리고 매달 초순마다 현기증이 날 것이다. 이 창을 연마해낸 불이여 저주받을지어다. 이 창의 일격은 미친 개가 무는 것과도 같구나."라고 그는 불평했다.

이제 킬후흐와 그의 일행이 거인에게 더이상 창칼던지기를 해서는 안 된다고 경고할 차례였다. 하우손은 좀 이성적이 되어서, 자기 딸의 신부로서의 값어치를 의논하기 위하여 킬후흐가 맞은편에 앉는 것을 허용하였다.

그가 내놓은 조건들은 끔찍했다. 키안을 위하여 루에게 지불한 값은 그에 비하면 아무것도 아닌 것처럼 보인다. 딸의 결혼식에 필요한 음식과 술을 만들기 위한 곡식을 얻기 위해서 그가 킬후흐에게 보여준 거대한 산을 평평하게 하고, 갈아서 씨를 뿌리고, 추수하는 모든 일을 하루 만에 끝내야 했다. 이런 일은 신성한 농부인 돈의 아들 아마이손과 역시 신성한 대장장이인 돈의 아들 고바난 외에는 아무도 할 수가 없었다. 그리고 마법의 황소 세 쌍의 노역이 필요했다. 킬후흐는 또 그가 젊어서 씨를 뿌렸으나 싹이 나지 않은 아홉 부셸의 아마를 그에게 돌려주어야 했다. 올웬의 머리에 씌울 너울을 그 아마로 만들어야 하기 때문이었다. 꿀술을 만들기 위해서는 "한 번도 꿀을 딴 적이 없는 벌 떼의 꿀보다 아홉배 더 단" 꿀이 있어야만 했다.

그 다음 결혼 지참금으로 킬후흐가 지불해야 하는 13가지 보물들이 열거되었다. 그런 결혼 선물들은 지금까지 절대 들어본 적이 없는 것이었다! 그가 요청한 꿀을 담을 항아리는 뤼리온Llwyryon의 아들인 뤼르Llwyr의 마술용기밖에 없었다. 세상 모든 사람들을 세 번씩 아홉 차례에 걸쳐 먹일 수 있는 귀즈노이 가란히르의 바구니를 갖지 못하면 결혼식 손님들을 위한 음식이 충분치 않을 것이었다. 게일인 주르나하Diurnach의 가마솥이 아니면, 고기를 요리할 수도 없었다. 다그다의 것과 마찬가지로 저절로 연주되는 테이르투Teirtu의 하프가 그들을 위해서 연주되어야 했다. 거인 장인의 머리는 꼭 한 가지 연장, 즉 멧돼지들의 왕인 일명 '흰 이빨'의 엄니로만 자를 수 있었다. 게다가 그 엄니의 주인이 살아 있는 동안 뽑아낸 것이 아니면 소용이 없었다. 그리고 이 머리를 자르려면 먼저 펼쳐야 하는데, 펼치기 위해서는 완벽한 흰 마녀의 딸로서 지옥의 경계에 있는 슬픔의 개울에서 온 완벽한 검은 마녀의 피로 머리를 적셔야 했다. 그리고 이 피는 세상의 동쪽 끝에서 서쪽 끝으로 가지고 가더라도 그 속에 넣은 액체의 열기를 유지해주는 귀졸뤤 고어Gwyddolwyn Gorr의 병에 넣지 않으면 따뜻하게 유지될 수가 없었다. 여기에 다른 한 벌의 병들(그 병 안에서는 어떤 음료도 상하지 않는 리논 린 바르나우드Rhinnon Rhin Barnawd의 병들)이 손님들의 우유를 보관하기 위해 필요했다. 자신을 위해서는 거인 구르나하Gwrnach의 검이 필요했는데, 이 거인은 그 검에 의해 자신이 죽을 것이라는 운명 때문에, 검을 절대 손에서 놓지 않았다. 마지막으로 가장 무시무시한 멧돼지로 변한 투르흐 트뤼스Twrch Trwyth의 두 귀 사이에 놓인 빗과 면도칼과 가위를 거인에게 주어야만 했다.

'킬후흐와 올웬' 이야기에 또 다른 제목 '투르흐 트뤼스'을 부여한 것은 바로 이 멧돼지 추격 때문이다. 이 과업은 신이나 준신이 할 만한 가치가 있는 것이었다. 이러한 계획에 킬후흐가 경악했을지도 모른다. 그러나 그는 쉽게 겁을 먹는 사람이 아니었다. 모든 새로운 요구에 대하여, 그의 앞을 가로막는 모든 새로운 장애물에 대하여, 그는 똑같은 대답을 했다. "당신은 이것이 쉽지 않으리라 생각할지 모르지만 내게는 쉬울 것이다."

그것이 쉬운지 아닌지는 이 사냥이 성공적으로 종결될 수 있는 조건을 보면 알 수 있다. 보통의 사냥개나 사냥꾼들은 소용이 없었다. 사냥개의 우두머리는 에리Eri의 아들인 그레이드Greid의 강아지 드루드윈Drudwyn이어야 했다. 이 강아지는 목둘레를 감쌀 수 있는 유일한 목걸이가 강하게 제작된 유일한 쇠사슬로 고정되고 그 개를 붙들어맬 수 있는 유일한 끈으로 인도되어야 했다. 이 개를 데리고 사냥을 할 수 있는 자는 모드론의 아들인 마본밖에 없었다. 그는 아주 예전에, 그가 태어난 지 3일째 되던 날 밤에 어머니와 벽 사이에서 누군가가 그를 데려가 버렸다. 따라서 그가 어디에 있는지 또는 살았는지 죽었는지조차 알 수가 없었다. 마본을 태울 수 있는 유일한 군마는 궤두Gweddw의 말인 권 미그둔Gwynn Mygdwn이었다. 가스트 림히 Gast Rhymhi의 새끼들인 경이로운 사냥개 두 마리도 구해야 했다. 이 개들은 그들이 끊어버리지 않을 유일한 끈으로 묶어두어야 했는데, 이것은 거인 디술Dissul이 살아 있는 동안에 뽑아낸 수염으로 만들어야만 했다. 또 키네디르 윌트Kynedyr Wyllt 이외의 어떤 사냥꾼도 그를 인도할 수 없었다. 그런데 이 사냥꾼은 산에 있는 가장 사나운 짐승보다도 아홉 배나 더 사나웠다. 아서의 모든 부하들이 와서 도와야 했다. 검은 말을 탄 누드의 아들 권까지도. 그가 지옥에 있는 악마들이 도망쳐서 세상을 파괴해버리지 못하도록 제어하는 그 끔찍한 임무를 어떻게 면제받을 수 있을 것인가?

여기에 진짜 로맨스의 소재가 있다. 그러나 불행하게도 이 대단한 보물들을 어떻게 구했는지, 이 모든 마법의 사냥개들을 어떻게 잡아서 사냥을 했는지, 이 모든 마법의 사냥꾼들이 돕도록 하기 위해 어떤 방법을 사용했는지에 대한 완전한 이야기는 절대 알 수가 없을 것이다. 이 이야기(너트 씨가 《아라비안 나이트》를 제외하고는 세계에서 가장 위대한 로맨스적 동화[163]라고 지칭한)가 오늘날 우리에게 전해지는 형태는 완전하지 못하다. 충분히 완벽하게 읽히기는 하지만, 이 이야기를 앞뒤로 훑어보고, 수행해야 할 과업의 목록과 그것을 서술하는 이야기를 훑어보면 그들 중 많은 것이 빠져 있다는 사실을 알 수 있다. "아서의 군대는 하나둘씩 조를 짜서" 조별로 각각의 과업을 달성하기 위해 애썼다고 이야기는 전한다. 그들 가운데 일부의 모험만 우리에게 전해질 뿐이다. 우리는 카이가 어떻게 거인 구르나하를 그 자신의 검으로 살해했는지, 크로이딜라드에 대한 귄의 사랑의 적수인 그레이다울의 아들 귀르수르가 어떻게 개미집의 화재를 방지했는지, 그래서 고마움을 느낀 개미들이 하우손이 젊어서 뿌린 바로 그 아마씨들을 어떻게 찾아주었는지, 아서의 군대가 가스트 림히의 강아지들을 어떻게 포위하여 잡았는지, 카이와 베두위르가 그 강아지들을 묶을 끈을 만들기 위하여 어떻게 디술을 제압하여 나무 족집게로 그의 수염을 뽑았는지에 대한 이야기를 듣는다. 우리는 아서가 어떻게 아일랜드로 가서 아일랜드 돈으로 가득 찬 게일인 주르나하의 가마솥을 가지고 왔는지, 어떻게 멧돼지들의 왕인 흰 엄니를 추격하여 죽였는지, 그리고 아서가 어떻게 완벽한 검은 마녀를 손수 죽였는지 안다. 다른 보물들을 획득했다는 것은 그저 암시되어 있다. 가장 중요한 것은(모든 것이 그에게 달려 있기 때문에) 우리가 유괴당한 마본이 어디에 있는지를 알게 되고 그가 어떻게 구출되었는지 알게 된다는 사실이다.

마본이 사라진 뒤로 많은 시대가 지나서 그에 대한 소식을 알 수 있으리라는 희망은 거의 없었다. 그러나 모든 생물의 언어를 구사하는 귀르히르가 킬구리의 우셀Ousel of Cilgwri이라는 아주 나이 많은 새에게 물으러 갔다. 우셀은 비록 한창 때에는 대장장이의 모루를 콩

만한 크기로 쪼아버릴 수도 있었지만 마본에 대해 듣기에는 나이가 너무 어렸다. 그래서 우셀은 귀르히르를 자기보다 먼저 태어난 레딘 브러Redynvre의 수사슴에게 보냈다. 그러나 이 수사슴도 참나무 묘목이 서서히 1,000개의 가지를 가진 나무로 성장한 뒤 그만큼 서서히 시들어 나무 등걸이 될 때까지 쇠락해가는 것을 볼 만큼 오래 살았지만 마본에 대해서 들어본 적은 없었다.

그래서 그는 자기보다 더 나이가 많은 존재, 쿰 카울위드Cwm Cawlwyd의 올빼미에게 그를 보냈다. 이 올빼미가 사는 동안 숲이 세 번이나 파괴되었다가, 세 번 다시 재생하였지만 그 긴긴 시간 동안에도 올빼미는 마본에 대해서 들어본 적이 없었다. 그러나 그런 말을 들었을지도 모를 궤른 아뷔Gwern Abwy의 독수리에 대해서는 들은 적이 있다고 귀르히르에게 말해주었다.

여기서 마침내 그들은 마본의 흔적을 찾아내었다. "독수리는 '나는 이곳에 아주 오래 있었지요. 내가 처음 이곳에 왔을 때 여기에 바위가 하나 있었는데 나는 그 꼭대기에서 매일 저녁 별들을 쪼았지요. 그런데 이제 그 바위가 한 뼘도 안 돼요. 그때부터 이날까지 여기 있었는데 린 리우Llyn Llyw까지 내가 먹이를 찾아갔을 때 한 번을 제외하고는 나는 당신이 물어보는 사람에 대해서 들어본 적이 없어요. 그곳에 갔을 때 나는 발톱으로 연어를 잡았지요. 그 연어가 오랫동안 나의 식량이 되리라 생각했어요. 그러나 그 연어가 나를 깊은 곳으로 끌고가는 바람에 겨우 도망쳐 나왔어요. 그 후에 나의 일족들을 데리고 가서 연어를 공격해 죽여버리려 했지요. 그러나 연어가 사자를 보내와 화해를 했어요. 그러고는 나에게 그의 등에 박혀 있는 50개의 작살을 빼달라고 했지요. 연어가 당신이 찾는 사람에 대해서 뭔가 알고 있지 않다면 나는 누가 알 수 있는지 모르겠어요. 연어가 있는 곳으로 제가 당신들을 인도하지요.'라고 했다."

연어는 그를 알고 있었다. 매번 밀물을 따라 연어는 글로스터의 성벽까지 세번Severn 강을 따라 올라갔다. 그리고 그곳에서, 어디에서도 본 적이 없는 부정함을 보았다고 했다. 연어는 자기 어깨에 카이와 귀르히르를 싣고 포로가 한탄을 하고 있는 감옥의 벽까지 데려다주었다. 이 포로가 모드론의 아들인 마본이었다. 그는 '브리튼 최고의 세 수인들' 중 다른 둘인 은으로 된 손을 가진 루드나 에리의 아들인 그레이드도 겪어보지 못한 그런 감금 생활을 겪고 있었다.[164] 그러나 이제 끝났다. 카이가 아서에게 연락하였고, 아서와 그의 전사들이 글로스터를 공략하여 마본을 데리고 왔다.

이제 최종적 과업, 지금은 일곱 마리의 새끼 돼지들과 함께 아일랜드에 있는 투르흐 트뤼스 사냥을 위한 모든 준비가 끝났다. 그의 성을 돋우기 전에 마법사 메누를 보내서 빗과 가위와 면도칼이 아직도 그의 두 귀 사이에 있는지 눈으로 확인하는 것이 현명하겠다고 생각했다. 메누는 새의 형태가 되어 멧돼지의 머리 위에 앉았다. 그는 그 탐나는 보물들을 보고 그중 하나를 가로채려 했다. 그러나 투르흐 트뤼스가 너무나 격렬하게 몸을 흔드는 바람에 그의 털에서 나온 독이 메누에게 튀어서 메누는 그날 이후로 몸이 건강치 못했다.

마침내 사람들은 사방에서 투르흐 투뤼스를 둘러싸고 개를 풀어놓았다. 첫날에는 아일랜드인들이 그를 공격했다. 둘째날에는 아서의 일족이 그와 대결했으나 패배했다. 그러자 아서가 직접 나서 그와 아흐레 낮과 밤을 싸웠으나 새끼 돼지 한 마리도 죽이지 못했다.

휴전을 하기로 하고 모든 언어를 구사하는 귀르히르가 가서 그와 교섭을 했다. 귀르히르는 평화롭게 그 빗과 가위와 면도칼을 달라고 간청했다. 아서가 원하는 것은 이 물건들뿐이었다. 그러나 트뤼스는 성가시게 시달린 일에 화가 나서 그렇게 하지 않을 작정이었다. 오히려 그는 다음날 아서의 나라로 가서 자기가 할 수 있는 모든 해악을 끼치겠다고 했다.

그래서 투르흐 트뤼스는 그의 일곱 돼지들과 함께 바다를 건너 웨일스로 갔고, 아서는 그의 전사들과 함께 그의 배 '프러드웬'을 타고 뒤따랐다. 이 대목에서 이야기는 아주 사실적이고 상세해진다. 우리는 남웨일스 지방을 따라 벌어진 긴 추격 과정에서 그들이 지나간 모든 장소의 이름을 알 수 있고 그 추격의 경로를 지도에서 추적할 수 있다.[165] 우리는 사냥꾼들의 좌절이 있을 때마다 그리고 멧돼지가 궁지에서 돌아설 때마다 매번 그 이야기를 일일이 들을 수 있다. 아서 부하들의 '사상자 목록'이 완벽하게 주어진다. 그리고 작은 돼지들이 하나씩 쓰러질 때마다 투르흐 트뤼스의 일행 수가 줄어드는 것을 추적할 수 있다. 와이Wye 강의 하구에 있는 세번Severn 강의 어구에 도달했을 때는 트뤼스 혼자 남았다.

여기에서 그와 대결한 사냥꾼들이 그를 물 속으로 몰았다. 이 익숙치 못한 환경에서 그는 압도당했다. 큰 칼 오슬라Osla[166]와 리르의 아들인 마나위단, 아서의 하인인 카큼우리Kacmwri, 그리고 겔리Gwingelli가 그의 네 발을 잡고 머리를 물 속에 처넣고 있는 동안 두 명의 사냥꾼 우두머리들, 즉 모드론의 아들 마본과 킬레디르 윌릿

Kyledyr Willit이 귀 양쪽의 가위와 면도칼를 채갔다. 그러나 그들이 빗을 뺏기 전에 멧돼지가 뿌리치고 달아나, 오슬라와 카큼우리를 세번 강에 절반쯤 빠뜨린 채 콘월을 향해 갔다.

지금까지의 어려움은 그들이 콘월에서 빗을 획득하기 전에 겪은 어려움에 비하면 장난에 불과했다고 한다. 그러나 마침내 그들은 이것을 얻었고 멧돼지를 바다 멀리 내몰았다. 멧돼지는 두 마리 마법의 사냥개들의 추격을 받으며 시야에서 사라졌다. 그리고 그들에 대해서는 이후 아무도 들은 일이 없다.

거인들의 왕인 하우손 앞에 진열된 이 보물들은 물론 하우손의 사형집행 영장이었다. 그의 불운을 원하는 모든 사람들이 그의 추락을 기뻐하기 위하여 모였다. 그러나 그들은 위엄 있는 거인의 종말 앞에서 부끄러움을 느꼈다. "나의 딸은 자네 것일세. 그러나 자네가 내게 감사할 필요는 없네. 이 모든 일을 성취한 아서에게 감사하게. 자네는 나의 자유의지에 의해서는 절대 내 딸을 가질 수 없었을 걸세. 나는 그 애를 여윔과 동시에 내 목숨을 잃게 되니까."

그렇게 말하고는 자신의 목을 잘라서 장대 위에 꽂았다. 그리고 그날 밤, 효심이 부족한 올웬은 킬후흐의 아내가 되었다.

23장

아서의 신하가 된 신들

그러나 아서가 영국 독자들에게 알려진 것은 이런 전설의 파편들에 의해서가 아니다. 아서라는 이름이 상기시키는 것은 신이 아니라, 원탁을 창시하고 그곳에서 기사들을 보내어 "밖으로 나아가 인간의 악을 구제하라"고 한 '나무랄 데 없는 왕'[167]이다. 그리고 이런 개념이 우리에게 전해지는 것은 토머스 말로리 경의 《아서의 죽음》을 통해서가 아니라 테니슨의 〈왕의 목가*Idylls of the King*〉를 통해서이다. 그러나 테니슨은 옛 전통을 아주 많이 현대화시켰기 때문에 옛 아서의 모습은 이름뿐이다.

혼령이 되어버린 그의 이름이
인간 모양의 구름이 되어 산봉우리로부터 흐르며,
아직도 원추형 돌무덤과 환상열석에 매달려 있는 회색 왕

또는 제프리의 책에 나오는 그,

맬리오르Malleor의 책에 나오는 그….[168]

테니슨은 자신의 시가 원래의 아서와 아주 미약한 연관성밖에는 없다고 말한다. 그는 완벽한 영국 신사(원래의 아서가 주장할 자격이 전혀 없는 호칭)의 이상적 모습에 실질적 형태를 부여하기 위하여 이 전설을 사용했을 뿐이라고 한다. 더구나 여기에는 신화를 암시할 만한 최소한의 흔적도 존재하지 않는다.

말로리의 책도 마찬가지다. 그는 자기가 그리고 있는 인물들의 원래 모습이 자신이 15세기의 작품을 편찬하는 데 바탕으로 삼았던 후기 프랑스 로맨스의 기사화된 기독교 모습과 달랐으리라는 생각은 전혀 하지 않았다. 옛 신들은 때때로 아주 완벽하게 영웅화되었다. '마비노기의 네 갈래' 이야기의 인물들은 아직도 그 신성을 알아볼 수 있다. 그러나 후기 웨일스 이야기들에서 그들의 신성은 마치 누더기처럼 매달려 있을 뿐이다. 그리고 이 이야기를 처음으로 각색한 노르만인들은 그들을 좀더 결정적으로 인간화하였다. 말로리가 외국의 로맨스로부터 아서의 죽음을 구축했을 때에 이르러서는 너무도 많이 변한 나머지 중세 기사의 변장 속에서 신들의 모습과 업적을 알아볼 수 있는 사람들은 그들의 고대 모습을 알고 있는 이들뿐이었다.

우리가 웨일스 시나 산문 이야기보다 나중에 씌어진 아서 관련 문학의 유일한 대표로 말로리의 《아서의 죽음》을 선택한 것은 세 가지 이유 때문이다.

첫째, 이것이 영국 최고의 아서 관련 로맨스로서 테니슨을 포함한 후대 모든 영국 작가들이 그들의 자료를 여기서 얻었기 때문이다. 두 번째, 아서의 소재를 다루는 외국 문학들은 그 자체가 일생의 연구거리이며, 이 장의 범위 내에서는 요약할 수 없는 것이기 때문이다. 그리고 세 번째, 말로리의 훌륭한 판단력이 자신의 로맨스에 외국 이야기들 중에서 최상이며 가장 전형적인 것들을 짜넣도록 했기 때문이다. 이것이 우리의 옛 브리튼 신들이(초기 신화군에 속한 신이나 아서와 관련된 체계에 속한 신이나를 막론하고) 변장된 형태로 이 페이지들을 활보하는 것을 우리가 보게 되는 이유이다.

이상하게도 에드워드 스트래치 경Sir Edward Strachey은 캑스턴Caxton의 '글로브Globe'판 《아서의 죽음》에 대한 서문에서 매슈 아놀드가 자신의 《켈트 문학 연구Study of Celtic Literature》에서 말로리의 산문시를 묘사하는 데 효과적으로 사용했던 것과 거의 같은 이미지를 사용하여 마비노기온의 진정한 성격을 지적하고 있다. 그는 "말로리는 위대하고 이리저리 뻗어 있는 중세의 성을 지었는데, 그 성벽은 초기의 조야하고 폐허가 된 건축들까지 둘러싸고 있다."라고 말한다. 이 초기의 유물이 얼마나 조야하고 폐허가 되었는지 말로리가 전혀 몰랐다는 것은 의심할 나위가 없다. 그는 고대의 신화들을 완전히 뒤죽박죽으로 만들어놓았기 때문이다. 옛 신들과 새로운 질서가 함께 등장할 뿐 아니라 약간 다른 이름의 똑같은 신들이 아주 다른 인물들이 되어 자꾸 나타난다.

예를 들어서 죽음과 하계를 관장하는 옛 신을 보자. 그는 브란데고어 왕 또는 브란데고리스Brandegoris(가우어의 브란Bran of Gower) 왕

으로서 아서에 대항하기 위하여 5,000의 기병을 끌고 온다.[169] 그
러나 브랜델Brandel 경 또는 브란딜레스Brandiles(괄레스의 브란Bran of
Gwales)[170]는 아서를 위해 싸우다가 죽는 용맹한 원탁의 기사이다.[171]
그리고 다시 우서 펜드래곤(우서 벤)이라는 이름으로 그는 아서의 아
버지가 된다.[172] 또 벤위크Benwyk('사각의 울타리' 탈리에신의 크르 페드
뤼반이요, 말로리의 카르보네크Carbonek임이 분명한)의 반Ban 왕으로서
그는 아서와 동맹을 맺은 외국의 군주이다.[173] 또한 오귀르브란은 권
휘바르의 아버지로서 레오드 그란스Leodegrance가 되었다.[174] 그는 또
고어의 우리엔스(Uriens 또는 Urience of Gore) 왕으로서, 아서의 누
이 가운데 하나와 결혼하고[175] 아서에 대항해 싸우다가 마침내 그에
게 굴복하고 아서의 기사들 중 하나가 된다.[176] 우리엔은 아서의 죽
음에 나오는 북웨일스의 리엔스Rience 또는 리온스Ryonce 왕[177] 그리고
가를로스Garloth의 넨트레스Nentres 왕과 일치한다.[178] 그리고 이 브리
튼의 신들이 보여주는 프로테우스Proteus(그리스 신화에서 갖가지 모습
으로 둔갑할 수 있고 예언의 능력이 있는 바다의 신 — 역주)와 같은 갖가
지 변형들 가운데 최고봉은 그가 다른 이야기들과 관련이 없는 일화
에서 형제인 발린과 죽을 때까지 싸워서 서로 죽이는 발란으로 등장
하는 것이다.[179]

이 로맨스에서 지하의 신들을 구별할 수 있는 것은 그들이 잉글
랜드의 정착되고 문명화된 지역이 아니라 야생적인 북쪽이나 서
쪽 변방 또는 좀더 야생적이고 더 먼 섬과 연관되어 있다는 사실이
다. 브란과 우리엔이 가우어의 왕이듯이 아라운은 그 이름이 '안귀시
Anguish' 또는 '안귀산스Anguissance'로 변하여 스코틀랜드나 아일랜드의

왕이 되었다. 이 두 나라들은 아마도 스코트인들 또는 게일인들의 나라와 혼동되었던 것 같다.[180] 안눈의 우두머리인 퓔 역시 두 가지 변모된 모습으로 나타난다. '외국 왕'이자 성배를 간직하고 있는 펠레스Pelles 왕[181]으로서 그의 진정한 본성과 주변 환경에 기독교적 표피가 입혀지긴 했지만 그는 신화적 의미가 큰 인물이다. 이러한 기독교적 표피는 아서의 기사들에게 펠레스의 왕국이 낯선 만큼이나 원래의 펠레스에게는 낯선 것이었다. 하계의 우두머리는 "그가 말을 타고 다닐 수 있는 동안은 기독교와 교회를 많이 원조하였다"고 전하는[182] "아리마시에Arimathie의 조지프Joseph(성배와 예수님의 옆구리를 찔렀던 창을 영국으로 가지고 왔다고 전하는 인물로서 이 성물들을 지키는 임무가 그의 자손들에게 대대로 맡겨졌다 — 역주)와 가까운 친척"[183]으로 나타난다. 그는 랜슬롯 경에게 딸 일레인Elayne(엘렌Elen)[184]을 결혼 시키는 아버지로 나타난다. 그는 이들 부부에게 '블리안트Bliant 성'이라는 거처를 마련해주는데, 이 이름은 마비노기의 첫째 이야기에서 테이르니온 투리프 블리안트Teirnyon Twryf Vliant라고 불리는 퓔의 신하와 관련이 있음을 보여주는 좋은 증거가 된다.[185] '펠레아스Pelleas 경'(테니슨의 《펠레아스와 에타레Pelleas and Ettarre》의 주인공)이라는 다른 이름 아래 퓔의 원시적 신화의 다른 측면이 부각된다. 에타레Ettarre(또는 말로리의 에타드Ettard)와의 불운한 사랑 끝에 펠레아스는 니무에Nimue와 결혼하는 것으로 되어 있는데,[186] 니무에의 원래 이름은 리아논이다. '비비엔Vivien'과 마찬가지로 니무에라는 이름은 여러 퓔경사들의 일련의 오기를 거쳐 만들어진 형태이다.[187]

펠레안Pellean의 왕 또는 그 아들 펠레암Pelleam은 펠레스Pelles 혹은

펠레아스Pelleas와 관련이 있다. 또한 성배의 보관자와 관련이 있는
데, 이는 다름 아닌 프리데리이다.[188] 마스의 마비노기에 나오는 그
신과 마찬가지로 그는 빛의 신 가운데 하나에게 패배한다. 그러나
타격을 가하는 것은 귀디온의 계승자인 아서가 아니고, 게일과 브리
튼의 태양신인 벨리누스, 곧 발린이다.[189]

또 다른 어둠의 신, 즉 누드의 아들 권을 우리는 세 가지 호칭
아래 모두 볼 수 있다. 각각 '귀나스 경Sir Gwinas'[190] '구이나스 경Sir
Guynas'[191] 그리고 '바우스 경Sir Gwenbaus'[192]이라고 말로리가 부르는
이 웨일스의 귀누아스Gwynwas(또는 권)는 전적으로 아서의 편으로 되
어 있다. 콘월의 멜와스는 두 명의 다른 기사로 갈라져서, 서로 다
른 쪽에 충성한다. 멜리아스Melias[193] 또는 멜로이스Meleaus[194] 드 릴
르de Lile('섬의')로서 그는 아서와 랜슬롯의 다툼에서는 왕에 대항하
여 기사의 편을 들지만, 원탁의 기사이다. 그러나 멜리아그라운스
Meliagraunce 또는 멜리아가운스Meliagaunce 경으로서 그는 오래된 신화
에서처럼 귀네비어 여왕을 납치하여 자신의 성으로 데리고 간다.[195]
서머셋의 지명과 관련이 있는 그의 또 다른 이름인 '아발론' 또는 '아
발라하'는 성배의 일화와 연관되어 있다. 에벨라케Evelake 왕[196]은 아
리마시에의 조지프가 개종시켜 브리튼으로 데려온 사라센의 통치자
이다. 개종자의 열성으로 그는 성배의 탐색을 시도하였다. 그러나
성공은 허락되지 않았다.[197] 다만 그에 대한 위안으로 그의 9촌 혈족
이 그것을 성취하는 것을 본 뒤에 죽게 되리라는 약속을 받았다. 이
약속을 실현한 것은 퍼시발Percivale에 이르러서인데. 에벨라케 왕은
그때 300살이었다.[198]

어둠의 신들에서 빛의 신으로 관심을 돌려보면, 우리는 하늘의 신이 아서의 죽음에 큰 역할을 하는 것을 볼 수 있다. 초기 신화의 루드는 말로리의 글에서 오크니Orkney의 로스Loth 또는 롯Lot 왕이다.[199] 그의 아내와 내통하여 아서는 모르드레드 경의 아버지가 된다. 롯의 아내는 가웨인Gawain 경의 어머니이기도 하다. 그러나 원래 신화가 그런 형태를 하고 있었을 것임에도 불구하고[200] 말로리는 가웨인의 탄생을 아서의 책임으로 돌리지는 않는다. 아서의 전설 속 가웨인은 웨일스 이야기 속의 괄하메이이다. 그는 좀더 초창기 로이 라우 귀페즈의 계승자이다. 이것은 모르드레드(웨일스의 메드라우트인)가 로이의 형제 딜란에 상응하는 것과 마찬가지이다.[201] 모르드레드 경이 메드라우트의 어두운 성격을 유지하고 있는 것과 마찬가지로 가웨인 경은 말로리에서조차도 태양신의 속성을 보인다. 우리는 그의 힘이 새벽에서 정오까지는 점점 세어지며, 그후 점차로 줄어든다는 얘기를 듣는다. 이것은 에드워드 스트래치의 수사의 적절성을 보여주는 이교적 상징의 단편이다. 흡사 좀더 최근에 세운 건물에서 두드러져 보이는 오래된 벽돌처럼 중세의 서사에서 두드러져 보인다.

후기 신화군神話群의 제우스인 멀린 또는 엠리스는 아서 왕의 죽음에서 두 이름으로 모두 나온다. '엠리스'라는 단어는 '보르스Bors'가 되며, 골Gaul의 보르스 왕은 벤위크의 반 왕[202]의 형제, 즉 사각 울타리의 브란, 편재하는 하계의 왕으로 나온다. 멀린의 경우는 그런 변형된 형태로는 나오지 않는다. 언제나 인기 있는 멀린은 하늘신의 속성을 그대로 지니고 있다. 그는 모든 기사들의 위에, 그들과 떨어져 존재한다. 어떤 의미에서는 아서 왕보다도 높은 위치이다. 아서와 그의 관계는 마비노기에서 마스와 귀디온의 관계와 똑같다.[203] 마스와 마찬가지로 그는 마술사이고 아무리 작은 소리로 말해도, 설령 바람만이 그 소리를 듣더라도, 세상 사람들이 하는 모든 말을 들을 수 있는 마스처럼 거의 전지적이다. 아서의 죽음이 기술하는 그의 마지막 모습인 실종은 원래 이야기를 미화한 것, 즉 자연신화가 소설가들이 '여성적 관심사'라고 불리는 것에 자리를 내어준 것에 불과하다. 이 위대한 마술사가 말로리는 '니무에'라 부르고, 테니슨이 '비비엔'(두 이름은 모두 '리아논'의 변형이다)이라 부르는 '호수의 여인'을 보고 사랑에 빠지게 된 일은 누구든지 안다. "멀린은 그녀를 가만 놔두지 않고 언제든지 함께 있었다. (…) 그러나 그녀는 점점 그에게 싫증이 났고, 그에게서 놓여나고 싶었다. 그녀는 그가 악마의 자식이기 때문에 어떤 방법으로도 멀리할 수 없음을 두려워했다. 그러다 어느 날 멀린이 바위 안에서 경이로운 광경을 보여준 일이 있는데, 이 경이로움은 마술을 부리면 커다란 돌 밑으로 들어갔다. 그녀는 멀린에게 그 돌 밑으로 들어가서 자신에게 그 경이로움을 알게 해달라고 설득했다. 그리고 나서 마술을 부려서 그가 아무리 재주를 부려도 그곳에서 나올 수 없게 만들었다. 그런 뒤 멀린을 그곳에 남겨둔 채 그녀는 떠나버렸다."[204]

멀린이 생매장당한 곳은 아직도 브리타니의 브레실리앙Brécillien 숲 속에 있는 발 데 페즈Val des Fées 골짜기 끝에서 볼 수 있다. 돌로 된 무덤은 하늘의 신이 휴식하러 간, 공기로 짠 탑에 대한 산문적인 상응물에 불과하다. 그러나 초창기 니무에의 원형인 리아논이 초기의 멀린인 과울을 마치 주머니에 오소리를 잡아넣듯이 가죽부대에 넣어

가두어버렸다는 것보다는 좀더 시적이다.[205]

멀린의 짝인 엘렌은 말로리에 다섯 명의 각각 다른 '일레인Elaine'으로 등장한다. 그들 중 두 명은 '반 왕'[206]과 '넨트레스'[207] 왕이라는 두 이름으로 나타나는 어둠의 신의 아내이다. 세 번째 일레인은 근본이 분명치 않은 펠리노어Pellinore 왕의 딸이다.[208] 그러나 가장 유명한 두 일레인은 랜슬롯 경을 사랑하였던 여인들, 즉 아름다운 일레인과 사랑스런 일레인, 아스톨랏Astolat의 백합처녀 일레인,[209] 그리고 좀더 운이 좋고 덜 신중한 펠레스 왕의 딸이자 랜슬롯의 아들 갈라하드Galahad의 어머니인 일레인이다.[210]

브리튼 신화의 가장 중요한 인물들이 기사들로 변신한 모습을 보여주었고 그들이 아서의 전설에서 차지하는 위치를 알려주었으므로 이제는 토머스 말로리 경이 쓴 로맨스의 진짜 주제에 대하여 설명할 때가 되었다. 외면상으로 이것은 말로리 당대 사람들이 역사적인 인물로 생각하였던 브리튼의 왕인 아서의 역사이다. 아서의 통치와 업적에 대한 이야기가 중심이고, 주변에 가신들의 일화의 형태로 그를 지지한 기사들의 개인적 모험담이 무리지어 있다. 그러나 약간 과장되고 왜곡된 전설적 역사를 빼고는, 이 로맨스 이야기군 전체는 몇 안 되는 신화로 분해할 수 있다. 이들은 이야기를 하는 사람들에 따라 다시 기술되었을 뿐 아니라 몇 가지 형태로 재결합되었다. 브리타니 소재를 차용한 노르만인들은 이미 변형중인 브리튼 신화를 발견한다. 몇몇 신들은 이미 인간의 영웅으로 위축되었고, 다른 신들도 드루이드교의 사제나 마법사 같은 인간적 존재로 축소되었다. 그들의 작업으로 브리튼의 전사들은 용맹을 무술시합 경기장 안에서 떨치며, 음유시인들에 의하여 인기를 누리게 된 환상적인 기사도에서 영감을 얻은 노르만인 기사들이 되었다. 그리고 드루이드 사제들은 아직도 약간은 야만적인 드루이드 주술을 버리고 라틴족의 좀 더 양식화된 마술을 택하였다. 그보다도, 이 이야기들의 본래 순서와 존재 이유가 사라지자마자 이것을 차용한 사람들은 그것을 자유롭게 다시 짰다. 대부분의 로맨스 작가들은 자신이 가장 좋아하는 인물을 이야기의 중심인물로 내세웠다. 가웨인 경, 퍼시발 경, 트리스트렘 경, 오웨인 경(이들은 모두 한때 브리튼 각 지방의 태양신들이었을 것이다) 등은 브리튼이나 이교의 흔적이 거의 남지 않은, 기독교화된 용맹한 기사 이야기의 주역으로 그들의 이름을 딴 로맨스에 등장한다.

말로리의 책이 캑스턴의 인쇄소에서 나왔을 당시 이미 오래전에 잊혔던 것들을 오늘날 우리에게 환원시킬 수 있는 것은 현대 학자들의 노력뿐이다. 망각이란 것은 절멸이 아니다. 리스 교수는 지질학자들이 화석에 대해서 말하는 것과 같은 확신을 갖고 후기의 이야기 속에 박혀 있는 옛 신화를 우리에게 지적해낸다.[211] 이런 방법으로 다루었을 때, 이 이야기들은 켈트 신화의 어디에서나 눈에 띄는 세 가지 주요한 모티프로 분해된다. 즉 태양신의 출생, 빛과 어둠의 투쟁, 우호적인 신들이 인간들의 복리를 위하여 지하세계를 약탈하는 행위가 그것이다.

첫 번째 것은 이미 다루었다.[212] 이것은 마비노기에 나오는 태양신인 마소뉘의 아들 마스의 탄생 이야기를 다시 한 것이다. 귀디온 대신에 아서가 나온다. 아주 나이가 많은 하늘의 신 뉘브러의 아내인 아리안로드를 대신하는 것은 아주 나이 많은 하늘의 신 루드인 롯 왕의 아내이다. 로이 라우 귀페즈는 가웨인(괄하메이) 경으로 부활하고, 딜란은 모르드레드(메드라우트) 경으로 다시 태어난다. 그리고 새로운 체계의 주피터인 현명한 멀린은 그의 현명한 원형인 마스의 자리를 차지한다. 이 첫 번째 신화와 관련이 있는 것은 두 번째 신화, 빛과 어둠 사이의 투쟁으로서 아서의 죽음을 통해 이 투쟁의 몇 가지 이본을 볼 수 있다. 가장 주요한 것은 악한 모르드레드 경이 아서와 가웨인 경에게 반란을 일으키는 것이다. 또 다른 설명에서는 발란(어둠의 신 브란)이 발린(태양신인 벨리누스)과 싸우며, 이 발린 또는 벨리누스는 펠람Pellam, 즉 옛 신화의 프리데리에게 치명적인 타격을 입힌다.

똑같은 신화에는 좀더 널리 알려진 형태가 있는데, 여기서는 처녀를 획득하기 위해 전투가 벌어진다. 그리하여(다른 예를 찾지 않더라도) 아서와 메드라우트 또는 좀더 초기의 신화 형태에서는 아서와 권이 귀네비어Guinevere(권휘바르의 다른 표기—역주)를 서로 다투어 가지려 했다. 아서의 죽음에서 권은 그의 콘월식 이름인 멜와스가 '멜리아그라운스 경'으로 변형되어 여전히 귀네비어를 포획하지만 그녀를 구출하는 것은 더이상 아서가 아니다. 이 과제 또는 특권은 새로운 용사에게 맡겨졌다. 멜리아그라운스 경을 쫓아가서 그를 무찔러 죽이고 아름다운 포로를 구출하는 것은 랜슬롯 경이다.[213] 그러나 랜슬롯 경은 (랜슬롯 경과 왕비 귀네비어가 없는 아서 이야기는 "희곡 햄릿에서 햄릿을 뺀 것" 같다고 생각할지도 모르는 이들은 놀라겠지만) 본래의 전승에는 없는 것임을 말해두어야 하겠다. 웨일스의 노래와 이야기는 그에 관해서 침묵한다. 랜슬롯 경은 다른 '기사들'이 한 것으로 여겨지는 업적들을 자신의 주인공에게 조용히 돌려준 노르만 로맨스 작가들의 창작이었을 가능성이 높다.

그러나 브리튼의 소재를 각색한 사람들이 이 두 가지 신화를 로맨스적으로 가공한 것보다 세 번째 신화를 가공한 것이 오늘날 우리에게는 더 흥미롭다. 아서 이야기의 매력은 아서의 전투나 권휘바르의 사랑들보다는 이 전설에 항구적 인기를 부여한 전설, 즉 성배 탐색의 기독교 로맨스에 있다. 이 전설이 고상한 미술과 문학 작품에 끼친 영향은 너무도 거대하고 다양해서 이것을 아서 이야기 중 다른 것들처럼, 그 신비적 아름다움을 창조하기는커녕 이해하지도 못했을 이교주의로까지 추적해 올라가는 것은 신성모독같이 보인다. 그럼에도 불구하고 이 이야기 전체는 다산성 및 영감의 경이로운 가마솥과 관련된 원시 신화로부터 진화하였다.

후의 로맨스에서 성배는 경이로운 능력을 지닌 기독교의 성물이다. 이것은 최후의 만찬에서 유월절 양고기를 담았던 것으로서[214] 예수의 죽음 이후 아리마시에의 조지프가 구세주의 피로 이 성배를 채웠다.[215] 그러나 이러한 색채를 띠기 전에, 이것은 모든 켈트 신화의 마술 가마솥이었다. 곁에 다가온 모든 사람을 먹이고, 만족함을 얻지 못하고 떠난 사람은 아무도 없었다는 다그다의 '운드리'[216] 죽은 자를 다시 살려놓는 브란의 재생의 가마솥,[217] 뮤즈들이 승천한 거인 오귀르브란의 가마솥,[218] 그림자 도시의 왕으로부터 쿠훌린이 획득한 가마솥들,[219] 아서가 하계의 우두머리로부터 획득한 가마솥들,[220] 그리고 그다지 중요하지 않은 몇몇 신화적 용기들이 있다.

이교적인 형태에서 기독교적 형태로 변화하는 과정에서 고대 신화의 특징이 모호해지지는 않았다. 우리는 아서가 약탈한 가마솥의 주된 속성을 탈리에신이 '안눈의 약탈'에서 말해주는 대로 다시 기술할 수 있다. 이것은 저세상의 왕국에 살고 있는 퓔과 그의 아들 프리데리의 소유였는데, 그들의 왕국은 '회전하는 성' '네 귀퉁이의 성' '환락의 성' '왕의 성' '유리성' 그리고 '재화의 성' 등의 이름으로 불렸다. 이 장소는 바다에 둘러싸여 있었으며, 접근이 어려웠다. 그곳에는 포도주가 결핍되지 않았고, 그곳의 행복한 주민들은 병이나 노령이 공격할 수 없는 존재로서 음악과 연회로 나날을 보내고 있었다. 가마솥으로 말할 것 같으면, 그 가장자리에 진주 테두리가 있었다. 그 밑에 있는 불은 아홉 명의 처녀가 입김을 불어 유지되었다. 이것은 의심할 나위 없이 예언적 지혜의 언어로 말했다. 그리고 이것은 사기꾼이나 겁쟁이의 음식은 익히려 하지 않았다.[221] 우리는 이교적 가마솥과 기독교의 성배 사이에 존재하는 유사성의 근거가 될 만한 상당한 자료를 가지고 있다.

상응관계를 찾기 위하여 멀리 갈 필요도 없다. 이들은 말로리의 로맨스 안에 거의 다 보존되어 있기 때문이다. 이 신화적 용기는 퓔이라고 볼 수 있는 펠레스 왕이 '카르보네크'라는 성에 보관하고 있었다. 이 성의 이름은 서지학자의 작업으로 크르 반나우그Caer Bannawg, 즉 '사각' 또는 '네 귀퉁이의 성'으로 풀이되었다. 다시 말해서 탈리에신의 시에 나오는 크르 페드리반Caer Pedryvan인 것이다.[222] "빛나는 포도주를 마시는 주인이 있는" '재화의 성'이나 '환락의 성'이라는 이 장소의 특징에 대하여 두 번 반복되는 설명[223]에서 우리는 암시 이상의 것을 얻는다. 성배가 나타나자 (처녀나 천사들이 들고 있다는 사실에 유의해야 한다) 집회 장소는 좋은 냄새로 가득 차고 모든 기사들은 식탁 위에서 그가 가장 바람직하다고 상상할 수 있는 모든 종류의 고기와 음료를 발견했다. 죄인들은 이 성배를 볼 수 없었다.[224] 이것은 겁쟁이의 음식은 익히려 들지 않는다는 야만적 생각을 기독교적으로 세련되게 표현한 것이다. 그러나 신앙심을 가지고 겸손하게 접근하는 이들은 그것을 보기만 해도 상처와 병이 치료되고[225] 이것이 있을 때는 노령이나 병이 그들을 압박할 수 없었다.[226] 그리고 말로리에서는 그 장소가 물로 둘러싸였다든가, 성이 "회전하는" 것에 대한 언급을 발견할 수는 없지만, 아서의 죽음에서 《성배》라는 제목의 로맨스로 눈을 돌리기만 하면 거기서 양자를 다 발견할 수 있다. 펠로이르Peleur(프리데리) 왕의 성에 가는 괄하메이는 그것이 큰 물에 둘러싸여 있는 것을 본다. 한편 페레두르는 같은 장소에 접근하면서 이것이 가장 빠른 바람보다도 더 빠른 속도로 돌아가는 것을 본다. 게다가 성벽 위의 궁수들이 너무나 활발하게 활을 쏘아대므로 어떤 갑옷도 화살촉을 견뎌낼 수 없었다. 이것이 아서와 같이 그곳에 간 사람들 중 "일곱을 제외하고는 아무도 크르 쉬디에서 돌아오지 못한" 사건이 어떻게 일어났는지를 설명해준다.[227]

이교적 원전에서는 아서 자신이 그 일을 성취했음에도 불구하고, 기독교화된 아서 이야기에서는 아서가 성배 탐색을 전혀 시도하지 않는다는 것은 주목할 만하다. 우리는 말로리에게서 아서의 자리를 차지하려 경쟁하는 네 명을 볼 수 있다. 펠레아스 경,[228] 보르스 경, 퍼시발 경 그리고 갈라하드 경이다.[229]

여기서 첫 번째인 펠레아스 경은 빼도 된다. 그는 자신이 성배 또는 경이로운 가마솥의 보관자인 펠레스 또는 필로서, 그러한 노력을 할 이유가 없기 때문이다.

두 번째 인물을 우리는 의심의 눈초리로 바라볼 수도 있다. 보르스 경은 다름 아닌 엠리스 또는 머딘으로,[230] 초기 브리튼의 신화를 뒤돌아보자면 하늘의 신이 지하세계로부터 혜택이 되는 물건을 강제로 또는 기술적으로 얻어올 때, 직접 활동한 적이 없기 때문이다.

다른 두 인물들, 즉 퍼시발 경과 갈라하드 경은 좀더 자격이 있다. '퍼시발 경'은 우리가 가진 가장 오래된 형태의 성배 탐색 이야기를 들려주는 헤르게스트의 붉은 책[231] 중에서 가장 오래된 형태의 성배 탐색을 우리에게 전해주는 이야기의 주인공인 페레두르의 노르만계 프랑스 이름이다.[232] 이것은 노르만의 로맨스들보다 앞선 것이며, 신화와 기사도 이야기들 사이의 연결고리를 형성한다. 페레두르 또는 퍼시발 경은 그러므로 가장 오래되고 가장 원시적인 성배 탐색자이다.

반면 갈라하드 경은 가장 최근의 그리고 가장 어린 성배 탐색자이다. 그러나 갈라하드는 웨일스어로는 '괄하베드Gwalchaved' 즉 '여름매'로서, 웨일스어로 '괄하메이' 즉 5월의 매인 가웨인과 같은 태양영웅이라 믿을 만한 이유가 있다.[233] 둘다 '쿨루후와 올웬'이란 이야기에서 귀야르라는 같은 어머니의 아들이다. 가웨인 경은 아서의 로맨스 중 한편에서 성배를 획득한다.[234]

이 둘 중에 하나를 택하려고 노력할 필요는 없다. 두 인물 모두 태양신의 속성을 가지고 있다. 로이 라우 귀페즈의 계승자인 괄하메이와 페레두르 팔아드르히르Peredur Paladrhir, 즉 '긴 손잡이의 창잡이'는 똑같은 명예를 주장해도 된다. 중요한 것은 한때 하계의 최고 보물이었던 성배의 탐색이 후기의 전설에서도 초기의 브리튼과 게일 신화에서처럼 어둠의 힘과 싸워서 이기는 팔이 긴 태양신으로서 로이라우 귀페즈와 루 라브다의 자리를 차지하는 자에 의하여 성취된다는 사실이다.

24장

신들의 쇠퇴와 몰락

천상의 존재들 마음속에 명성에 대한 사랑이 있다면, 아서와 함께 변할 수 있었던 신들은 스스로를 행운아라 생각할 것이다. 그들의 신성은 사라졌으나 로맨스의 영웅이라는 새로운 역할에서 생생한 새 생명을 얻었기 때문이다. 아서의 기사들은 거의 '친숙한 이름들'이라 묘사될 수 있을 것이다. 반면 원탁에서 아무런 몫도 차지하지 못한 신들은 민간전승을 연구하는 사람들에게나 알려져 있다. 웨일스의 변방에는 아직도 귀디온, 귄, 아리안로드 그리고 딜란 같은 고대 브리튼 신들의 이름이 나오는 몇 개의 민담이 잔존하는 것이 사실이다. 그러나 뒤죽박죽 왜곡된 전설의 혼돈 상태로 있어서 이야기의 가느다란 실마리조차 골라내기가 어렵다. 이것들은 앞장에서 아직도 고브니, 루, 키안, 마난난, 에스니 그리고 발로르의 신화들을 보존하고 있는 것으로 인용된 동시대 게일어 민담들의 정연함을 전혀 갖추지 못했다. 이 이야기들은 해체의 단계에 이르러 앞으로 한 세대 이상 살아남기 어려울 것이다.[235]

어떤 신의 신성을 더이상 믿지 않는 후손에게 그 명성이 전해지는 데에는 다른 길들도 있다. 초기 영국 역사의 명부는 그들의 이야기 가 매력적이기만 하다면, 몇 명의 신화적 인물이라도 환영하도록 열 려 있었다. 몬머스의 제프리가 쓴 유명한 《브리튼의 역사》는 정확한 역사라는 심각한 가면 아래 아서의 죽음 또는 마비노기온만큼이나 신화적인 요소를 가지고 있다. 초기 브리튼의 성인들에 대한 연대기 도 마찬가지로 포용성이 있었다. 그 구비전승이 너무도 강력하여 무 시되거나 소멸될 수 없는 신은 "환상열석cromlech을 용인하는 것이 복 음의 수용을 쉽게 한다"는 원칙을 가졌던 성직자들에 의하여 당연히 성인화되었다.[236] 전혀 조화될 수 없는 신들, 예를 들면 제프리가 거 의 쓸모 없는 것으로 판단했고, 수사 작가들이 다루기 힘들다고 판 단했던 누드의 아들 귄 같은 경우도 요정의 크기로 줄어들긴 했으나 정복당하지 않고 남아 있었다.

저항이 가장 위엄 있는 것일지도 모른다. 신들은 그들을 영웅화시 키는 자들의 변덕에 의하여 슬프게 변형될 수 있기 때문이다. 하늘 신들의 어머니로 우리가 알고 있는 돈은 묘하게도 267년에 아일랜드 인들을 북부[237] 웨일스로 인도하였던 로홀린Lochlin과 더블린의 왕으 로 묘사되고 있는 듯이 보인다. 좀더 알아보기 쉬운 것은 자기가 귀 화한 나라에 문자의 지식을 전해준 그의 아들 귀디온이다. '돈' 왕의 왕조는 에드워드 윌리엄스Edward Williams(음유시인으로서 이올로 모르 간우그Iolo Morganwg라는 이름으로 더 잘 알려져 있는) 씨의 장서 안에 있는 원고에 따르면 귀디온은 북웨일스를 129년간 지배하였는데, 북부 브리튼의 왕인 쿠네다Cunedda가 침략하여 아일랜드인들을 바다 건너 맨 섬으로 격퇴했다. 이 전투는 역사적 사건이며 돈과 귀디온을 열외로 하면, 브리튼 극서지방에서 두 번째이자 강력한 켈트족 침략에 저항하는 게일인들의 마지막 입지를 대표하였다. '이올로 필사본' 같은 장서에서 리르의 아들인 마나위단이 가우어에 세운 오이스와 아노이스의 뼈감옥에 대한, 이상한 신화의 묘하고도 희극적이기까지 한 영웅화된 이본이 발견된다. 새로운 해석에서는 이 무시무시한 거처를 웨일스인들과의 싸움에서 사망한 '시저인들(로마인들)'의 뼈로 건축된 진짜 건물로 만든다. 이 건물은 여러 개의 방으로 이루어져 있었다. 어떤 방들은 큰 뼈로 어떤 방들은 작은 뼈들로 만들어져 있고, 어떤 방은 지상에 어떤 방은 지하에 있었다. 전쟁 포로들은 가장 안락한 감방에 수용되었다. 지하의 토굴감옥은 자기 나라에 대한 반역자들 몫이었기 때문이다. '시저인들'이 수차례 이 감옥을 파괴했으나 웨일스인들은 매번 이전보다 튼튼하게 감옥을 지었다. 그러나 끝내 뼈들이 부패했고 땅바닥에 퍼져서 훌륭한 퇴비가 되었다! '그때부터' 부근의 사람들은 "밀과 보리 그리고 갖가지 곡식들의 놀라운 수확물을 수년 간 얻을 수 있었다."[238]

그러나 우리가 브리튼의 신들을 다시 찾아볼 수 있는 것은 이러한 비공식적 서사에서가 아니라 12세기 초반에 출간된 간결하고도 정연한 그리고 때로는 거의 확신을 주는 몬머스의 제프리의 《브리튼의 역사》에서이다. 이 책은 수백년 간 브리튼 섬들의 초기 역사에 대한 주된 근거로서 엄숙하게 인용되어왔다. 하지만 현대의 비판적 정신은 이것을 꾸며낸 이야기의 영역으로 추방했다. 우리는 아에네아스의 증손자인 브루투스의 인도를 받아 새로운 고향을 찾아 서쪽으로 온 트로이 생존자들이 브리튼인들의 시조라는 상쾌한 전승을 더이상 받아들일 수가 없다. 또한 아에네아스로부터 애설스탠Athelstan에 이르는 '역사'의 어떤 부분도 후세의 독자에게 설득력을 가지지 못한다. 여기에 나오는 왕들은 그럴듯한 연쇄를 이루며 계승되어왔다. 그러나 그들은 너무도 명백히 대중적 전설의 영웅들이다.

제프리 연대기의 많은 부분은 (12권의 책 중 두 권)[239] 물론 아서에게 할애되어 있다. 책에서 저자는 자기 나라에서 색슨인과 아일랜드인, 스코트인 그리고 픽트인들에 대항할뿐 아니라 서구 전역에서 정복활동을 하던 이 기사의 이야기를 한다. 우리는 이 브리튼의 용사가 아일랜드, 아이슬란드, 고스랜드Gothland 그리고 오크니 섬들Orkneys을 합병한 뒤에, 이 작은 전투에 뒤이어 노르웨이와 다키아Dacia(아마도 덴마크를 뜻하는 듯), 아키텐Aquitaine 그리고 골까지도 복속시키는 것을 본다. 이런 승리 이후 그에게 남겨진 일은 로마제국을 쓰러뜨리는 것이다. 그리고 모르드레드의 반란이 그를 죽음의 품으로 데려갔을 때, 또는 (제프리조차도 죽지 않는 아서에 대한 믿음을 잃지 않고 있었기 때문에) 그의 상처를 치료하기 위해 아발론의 섬으로 데려갔을 때 이것은 거의 성취되었다. 그리고 나서 브리튼의 왕관은 "542년에 그의 친척 카도르Cador의 아들인 콘월의 공작 콘스탄틴Constantine에게로 넘어갔다."[240]

아서와 관련된 좀더 개인적인 사건들에 대해서는 침묵하겠다고 제프리는 공언한다. 아마도 그는 이것이 역사의 영역에 속하지 않는다고 생각했던 것 같다. 그러나 곧이어 우리는 아서가 대륙에 간 동안에 모르드레드가 왕위를 빼앗고, 관하마라Guanhamara(귄휘바르)와 결혼하고, 색슨인들과 동맹을 맺었으나 제프리가 '캄불라Cambula'의 전투라고 부르는 치명적 전투에서 패배한 사실을 듣게 되는데, 이 전투에서 모르드레드, 아서, 왈간Walgan(말로리의 '가웨인'경, 그리고 초기 전설에서는 괄하메이) 모두가 종말을 맞는다.

우리는 앞선 세대의 신들이 웨일스 삼제가 이야기들에서처럼 제프리의 《브리튼의 역사》에서 같은 위치에 서 있는 것을 본다. 그들은 통치자이지만 아서의 신하이다. 북쪽의 수령이었던 것으로 나타나는 롯, 우리안Urian 그리고 아우구젤Augusel이라는 '왕실의 피를 이은 삼형제'에게서 우리는 루드, 우리엔 그리고 아라운을 찾아볼 수 있을 것이다. 이 세 사람에게 아서는 '그들 조상의 권리'를 복원시켜주었다. 스코틀랜드에 대한 준주권을 아우구젤에게 주었고, 우리안에게는 무리에프Murief(모레이Moray)의 통치권을 주었으며, 롯에게는 '루도네시아Loudonesia(로시아Lothian)를 비롯해 그에게 속하는 다른 지역들의 영사직'을 복원시켜주었다.[241] 그에게 복속된 두 명의 다른 통치자들은 오크니의 왕인 군바시우스Gunvasius와 아이슬란드의 왕인 말바시우스Malvasius였는데,[242] 이들에게서 우리는 웨일스 이름 권와스와 콘월 이름 멜와스가 라틴화된 이름 아래 나타나는 권을 알아볼 수 있다. 그러나 몬머스의 제프리가 이 몇몇 신들을 아서와 연결시키는 데 만족하지 않고 그들 나름의 통치영역을 부여하는 것은 자신의 자료를 느슨하게 장악하는 작가적 특징을 잘 드러낸다. '우리엔'은 아서의 신하였으나, '우리아누스Urianus'는 아서가 태어나기 수 세기 전에 브리튼의 왕이었다.[243] 러드Lud(루드)는 아버지 벨리Beli를 계승하였다.[244] 우리는 은으로 된 그의 손에 대해서는 아무 말도 듣지 못한다. 그러나 그가 "도시를 세우고 트리노반툼Trinovantum의 유명한 성벽을 재건하고,[245] 이를 여러 개의 탑으로 둘러싼 것, (…) 그리고 그가 많은 다른 도시들을 가졌으나, 무엇보다 이 도시를 사랑해 일년의 대부분을 이곳에서 보냈다는 것을 안다. 나아가 그래서 후에 이곳을 크르루드Caerlud라고 하고 그것이 변해서 크르론돈Caerlondon이라 불렸으며, 언어의 변화와 시간의 흐름에 따라 런던이라 불리게 되었고, 외국인들이 이곳에 와서 이 나라를 복속시켰을 때, 론드레스Londres라 부르게 되었다"는 것을 안다. 그리고 "마침내 그가 죽어, 그의 이름을 따서 오늘날까지 브리튼 말로 파르스루드Parthlud, 색슨어로는 루데스가타Ludesgata라 불리는 성문 옆에 묻혔다"는 사실을 안다. 그를 계승한 것은 동생인 카시벨라운Cassibellawn이었는데, 그의 통치 기간에 줄리어스 시저가 처음으로 영국을 침략했다.

그러나 브리튼의 왕으로서 루드가 누렸던 명성이 몬머스의 제프리에게 전적으로 의존하고 있는 것은 아니다. 레이디 샬롯트 게스트Lady Charlotte Guest의 마비노기온에 번역되어 있는 웨일스의 오래된 로맨스들 가운데 하나는[246] 제프리와 거의 같은 언어로 루드가 런던을 재건한 사실을 기술한다. 이렇듯 준역사적 설명들이 소개하고는 있지만 이 이야기는 분명히 신화적이다. 이것은 루드의 시대에 브리튼이 세 가지 재앙의 압박을 받았음을 우리에게 말해준다. 한 가지는 '코라니안들Coranians'이라 불리는 이상한 마법사 종족의 도래이다.[247] 그들은 사람들이 싫어하는 세가지 속성을 가지고 있었다. 그들은 '요정 화폐'를 지불하였는데, 이것은 후에 (프리데리를 속이기 위하여 귀디온의 아들 돈이 만들었던 방패와 말과 사냥개들처럼 요술로 만들어진 것이라서) 원래의 재료인 버섯으로 돌아갔다. 그들은 브리튼 전역에서 아무리 작은 소리로 하는 말이라도 바람이 스쳐간 말이라면 사람들이 하는 모든 말을 들을 수 있었다. 그리고 그들은 어떤 무기로도 상처를 입힐 수가 없었다. 두 번째 재앙은 "5월 전날 저녁에 브리튼 섬 위에 있는 모든 가정에 찾아와서 사람들의 가슴 속을 뚫고 지나가며 너무나 놀라게 하여 사람들의 안색을 창백하게 만들고 기운을 잃게 만드는 소리를 냈다. 어찌나 지독한지 여자들은 아이들을 잃어버리고, 젊은 남자들과 처녀들은 제정신을 잃어버리고, 모든 동물과 나무와 땅과 물은 황폐해지게 하는 비명 소리"였다. 세 번째는 왕궁에 저장된 음식이 사라진다는 것이다. 아무도 그 이유를 알아낼 수 없이 하룻밤 사이 음식이 감쪽같이 사라졌다.

귀족들의 자문을 받아 루드는 '위대한 충고와 지혜를 줄 수 있는 인물'인 그의 형제, 프랑스 왕 레벨리스Llevelys에게 도움을 구하러 프랑스로 갔다. 코라니안들이 엿듣지 못하게 형제와 얘기하기 위하여, 레벨리스는 놋쇠로 만든 기다란 관을 만들어서 서로 이야기하였다. 그러나 마법사 족속이 이러한 사실을 알았다. 그들은 관 속에서 무슨 말이 오가는지 알 수 없었다. 그러자 마법사를 그 속으로 넣어 마치 한 형제가 다른 형제에게 말하는 것처럼 모욕적인 메시지를 이쪽 저쪽으로 속삭였다. 하지만 누드와 레벨리스는 이런 것에 속기에는 서로를 너무 잘 알았다. 그들은 관 속에 포도주를 쏟아부어 악마를 관 밖으로 쫓아냈다. 그리고 나서 레벨리스는 루드에게 자기가 주는 특정한 곤충을 받아서 그것을 물 속에서 빻으라고 했다. 물 속에 그 곤충의 정수가 충분히 녹아들면, 백성들과 코라니안들을 회의하듯이 함께 불러놓고, 회의 도중 그들 모두에게 그 물을 뿌리라고 했다. 그 물은 그의 백성에게는 해가 없겠지만, 코라니안들에게는 치명적일 것이다.

비명 소리로 말할 것 같으면, 레벨리스는 그것이 용이 내는 소리라고 설명했다. 그 괴물은 브리튼의 붉은 용이었다. 이 용이 비명 소리를 내는 것은 자기를 굴복시켜 파괴하려는 색슨인들의 흰 용으로부터 공격을 받기 때문이었다. 프랑스 왕은 그의 형제에게 브리튼의 길이와 넓이를 재어서 섬의 정확한 중심을 알아낸 뒤 거기에 구멍을 파라고 했다. 이 구멍 안에, 만들 수 있는 최고의 꿀술을 담은 용기를 보이지 않게 공단 덮개로 덮어서 넣으라고 했다. 루드는 안전한 장소에서 이것을 지켜보아야 했다. 용들이 나타나 공중에서 지칠 때까지 싸울 것이며, 그리고 나서는 함께 공단천 위로 떨어질 것이고, 꿀술로 가득 찬 용기 속으로 그들의 몸뚱이와 함께 끌려들어갈 것이다. 자연히 그들은 꿀술을 마시게 될 것이며, 역시 자연스럽게 잠에 빠질 것이다. 루드는 그들이 꼼짝 못하게 되었음을 확인한 후, 그 구멍 속으로 들어가, 공단천으로 용들을 감싸서 브리튼에서 가장 튼튼한 장소에 있는 석관 속에 같이 넣어야 했다. 이 일을 안전하게 수행하면 비명 소리는 더이상 들리지 않을 것이라 했다.

그리고 음식 실종은 왕의 보급품을 옮기기 전에 모든 사람을 주술로 잠들게 한 '강력한 마법사'로 인하여 일어난 일이었다. 루드는 찬물로 가득한 가마솥 옆에 앉아서 그를 지켜보아야 했다. 졸음이 오는 것을 느낄 때마다, 그는 가마솥 속으로 들어가야 했다. 이렇게 하여 깨어 있으면 도둑을 좌절시킬 것이었다.

루드는 브리튼으로 돌아왔다. 그는 물 속에서 곤충들을 빤은 뒤 브리튼인과 코라니안을 소집하였다. 그리고 그는 모든 사람에게 똑같이 물을 뿌렸다. 원주민들은 이 신화적인 '풍뎅이 가루'로부터 아무런 해를 입지 않았다. 그러나 코라니안들은 해를 입었다.

루드는 용들을 다룰 준비가 되어 있었다. 그의 조심스런 측량 결과 브리튼 섬의 중심이 옥스퍼드에 있음이 확인되었다. 그곳에 구덩이를 파도록 했고, 꿀술을 담은 용기를 공단천 덮개로 감추어 그 안에 두었다. 모든 준비를 한 뒤 그가 지켜보자 곧 용이 나타났다. 오랫동안 용들은 필사적으로 공중에서 싸웠다. 그러다가 둘이 같이 공단 천 위에 떨어지더니 공단천을 끌고서 꿀술 속에 빠졌다. 루드는 그들이 아주 조용해질 때까지 기다렸다가 그들을 끌어내어서는 천으로 조심스럽게 싼 뒤에 스노든 구역의 튼튼한 요새에 묻었다. 베젤러트Beddgelert 근방에 있는 이 요새의 폐허는 아직도 '디나스 엠리스Dinas Emrys'라 불린다. 500년 뒤에 멀린이 그들을 파낼 때까지 그 끔찍한 비명 소리는 다시 들리지 않았다. 멀린이 파내자 그들은 다시 싸우기 시작했고 붉은 용이 흰 용을 브리튼에서 몰아냈다.

마지막으로 루드는 그의 집회장에서 큰 연회를 준비한 뒤 물이 가득 찬 가마솥을 옆에 두고 무장한 뒤 그것을 지켜보았다. 한밤중에 그는 자신을 거의 잠에 빠뜨린 부드럽고 졸리운 음악 소리를 들었다. 그러나 그는 반복하여 찬물 속에 몸을 담그면서 잠들지 않았다. 여명 직전에 거대한 사람이 갑옷을 입고 바구니를 든 채 집회장으로 들어왔다. 그러고는 식탁 위에 있는 음식들을 바구니에 담기 시작했다. 퓔이 과울을 잡아넣은 주머니처럼, 바구니의 용량은 끝이 없는 것 같았다. 그러나 마침내 이 사람은 바구니 가득 채웠고, 막 나가려 하는 찰나 루드가 그를 저지했다. 그들은 싸웠고, 루드는 그 마법사를 정복하여 자신의 신하로 삼았다. 이렇게 하여 '브리튼의 세 가지 재앙'이 종결되었다.

루드는 신에서 왕으로 변하는 과정에서 옛 신화적 속성들을 거의 잃은 듯하다. 그의 딸 크로이르딜라드까지도 그에게서 박탈되어 다른 고대 브리튼의 신들 가운데 하나에게 주어졌다. 왜 하늘의 신인 루드가 바다의 신인 리르와 혼동되었는지는 명확하지 않다. 그러나 초기 웨일스의 전설과 시 속의 '크로일라드Creudylad'가 제프리의 '코르델리아Cordeilla' 그리고 셰익스피어의 '코델리아Cordelia'와 같다는 사실은 명백하다. 이 위대한 극작가는 《리어왕King Lear》의 비극적 이야기 속에 짜넣은 전설의 기초를 궁극적으로 켈트 신화에서 빌려왔던 것이다. 제프리가 '레이르Leir'라 부르는 왕[248]은 크르 바두스 Caer Badus(Bath)를 세우고 이카로스Icarus처럼 자신이 발명한 나는 기계의 사고로 죽은 블라두드Bladud의 아들이다. 아들이 없고 고로닐라 Gonorilla, 레간Regan 그리고 코르델리아라는 딸만 셋 둔 그는 노후에 왕국을 그들에게 나누어줄 생각을 하였다. 그는 딸들이 자신에 대하여 가지고 있는 애정을 시험하기로 결정하였다. 가장 자격 있는 딸에게 자기 왕국의 최상 부분을 주려는 생각이었다. 큰딸 고로닐라는 자신을 얼마나 사랑하는가에 대한 그의 질문에 대하여 "하늘을 증인으로 아버지를 자기 영혼보다 사랑한다."고 말했다. 레간은 "어떤 살아 있는 존재보다 아버지를 사랑하다는 말로밖에는 자신의 생각을 표현할 수가 없다는 맹세"로 대답하였다. 막내딸인 코르델리아의 차례가 되었다. 그녀는 언니들의 위선에 염증이 나 아주 다른 방법으로 대답했다. "아버지, 자신의 의무가 요구하는 것 이상으로 자기 아버지를 사랑할 수 있는 딸이 있을까요? 그 이상의 사랑이 있다고 주장하는 딸은 자신의 진정한 감정을 아첨의 너울로 가장하는 것이지요. 저는 항상 아버지를 아버지로서 사랑해왔습니다. 그리고 저는 아직도 이 의무를 저버리지 않았습니다. 아버지가 제게 좀더 많은 것을 기대하신다면, 제가 아버지에게 가지고 있는 애정이 얼마나 큰지 들어보시고, 이것을 아버지의 질문에 대한 저의 짧은 대답으로 생각하세요. 아버지가 얼마나 많은 재물을 가지고 있는지 보세요. 그것이 아버지의 가치이지요. 그리고 저는 그만큼 아버지를 사랑해요." 격분한 아버지는 곧 자신의 다른 두 딸들에게 왕국을 주고는, 그들을 최고의 귀족 두 명, 즉 고로닐라는 알바니아Albania[249]의 공작인 마글라우누스Maglaunus와 레간은 콘월의 공작인 헤누이누스Henuinus와 결혼시켰다. 코르델리아에게는 왕국의 몫뿐 아니라 지참금도 주지 않았다. 그러나 프랑크족의 왕인 아가니푸스Aganippus가 코르델리아의 아름다움만을 보고 그녀와 결혼하였다.

재산을 차지한 레이르의 두 사위들은 그에게 반란을 일으키고 그의 모든 왕권을 박탈하였다. 잃어버린 권력에 대한 유일한 보상은 60명의 군사 경호단을 거느리게 될 그의 경비를 마글라우누스가 부담하겠다고 약속한 것뿐이었다. 그러나 2년 뒤에 알바니아의 공작은 그의 아내 고노릴라의 사주로 병력을 30명으로 줄였다. 이것을 원망하여 레이르는 마글라우누스를 떠나서 레간의 남편인 헤누이누스에게로 갔다. 처음에 콘월 공은 그를 명예롭게 맞아들였다. 그러나 일 년이 가기 전에 경호원 다섯 명을 제외하고는 모두 해임하라고 그에게 강요했다. 그는 분개하여 맏딸에게 돌아갔다. 그녀는 이번에는 그가 한 명의 시종으로 만족하지 않는다면 함께 살지 않겠다고 했다. 절망한 레이르는 코르델리아의 자비에 자신을 맡기기로 하였다. 그녀를 대접한 방식에 대한 회한과 자신을 어떻게 받아들일지에 대한 불안으로 가득한 채 그는 골을 향하여 배를 타고 떠났다.

카리티아Karatia²⁵⁰에 도착한 그는 딸에게 사자를 보내어 자신의 수난을 알리고 도움을 청했다. 코르델리아는 그에게 돈과 의복과 40명의 시종을 보냈다. 그가 왕에게 적합한 위엄을 갖추자 아가니푸스와 대신들은 레이르를 영접하였고, 그들은 레이르가 왕국을 되찾을 때까지 골을 다스릴 권리를 주었다. 프랑크족의 왕은 군사를 일으켜 브리튼을 쳤다. 마글라우누스와 헤누이누스는 패주하였고, 레이르는 왕위에 복원되어 이후 3년을 더 살았다. 코르델리아는 브리튼의 통치권을 물려받고, "레스터Leicester('리르세스트르Llyr-cestre')에 있는 소어Sore 강 밑에 만들도록 한 납골당에 그녀의 아버지를 묻었다. 이 납골당은 원래는 야누스 신을 기리기 위하여 지하에 만들어졌다. 이곳에서 벌어지는 야누스 축제의 엄숙함 속에서 도시의 모든 노동자들은 매해의 노동을 시작하곤 했었다."

레이르와 세 딸들의 이야기에서 정확히 어떤 신화가 인용되었는지 우리는 알아낼 도리가 없다. 그러나 그 신화적 성격은 리르에게 바쳐진 지하 사원의 묘사에서 충분히 드러난다. 리르는 물 밑 신이자 땅 아래 세계의 신이었다. 따라서 명백히 그와 동일시되었던 로마의 야누스처럼, 사물의 근원과 관계가 있는 브리튼의 디스 파테르Dis Pater였다.[251]

그후 10명 정도의 왕이 지나간 후에(제프리의 《브리튼의 역사》에는 시간의 경과를 측정하는 좀더 정확한 방법이 없다) 우리는 두 명의 브리튼 신들이 나타나는 것을 볼 수 있다. 브레니우스(즉 브란)는 그의 형제 벨리누스와 왕권을 다툰다. 이것은 명백히 우리가 켈트 신화에서 여러 가지 방법으로 표현되는 것을 확인한 어둠과 빛의 쌍둥이 형제 신화의 변형이다. 죽음과 하계의 신인 브란은 태양과 건강의 신인 벨리누스와 대조된다. 실종된 원래 신화에서는 아마도 번갈아 정복하고 정복당했을 (밤과 낮, 그리고 겨울과 여름이 번갈아 오는 것의 상징으로) 것이다. 제프리의 《브리튼의 역사》[252]에서 그들은 브리튼을 분할하였다. 벨리누스는 "장자인 그에게 상속권이 부여되는 트로이의 법에 따라 로에그리아Loegria, 캄브리아Cambria 그리고 콘월의 왕관"을 차지하고, 브레니우스는 차남으로서 "험버Humber 강부터 케이스네스Caithness까지 이어진 노섬벌랜드"를 차지했다. 그러나 아첨꾼들이 브레니우스로 하여금 노르웨이인들의 왕과 연합하여 벨리누스를 공격하도록 설득하였다. 전투가 벌어졌다. 벨리누스는 정복자가 되었고, 브레니우스는 골로 도망하여 알로브로즈Allobroges 공작의 딸과 결혼해 공작이 죽자 왕권을 계승했다. 군사를 확보하자 그는 브리튼을 다시 침범했고 벨리누스는 왕국의 모든 군사력을 동원하여 그에게 대적했다. 둘의 어머니인 코웬나Cowenna가 그들을 화해시키는 데 성공했을 때 그들의 군대들은 이미 서로 전투형으로 포진하여 마주보고 있었다. 이제 더이상 서로 싸울 필요가 없어지자 형제는 골로 연합원정을 가기로 하였다. 브리튼인과 알로브로즈인들은 프랑크족의 모든 왕들을 정복하였으며 이탈리아 로마로 진격하면서 모든 마을과 도시들을 파괴하였다. 로마의 집정관들인 가비우스Gabius와 포르세나Porsena는 많은 금과 은을 선물로 주며 매년 조공을 바치겠다는 약속으로 그들을 매수했다. 이에 브레니우스와 벨리누스는 군대를 독일 지방으로 후퇴시켜 이곳을 초토화하기 시작했다. 그러나 로마인들은 이제 더이상 급습을 받은 것도 아니고 준비가 안 된 것도 아니어서 독일인들을 도우러 왔다. 브레니우스와 벨리누스는 로마로 다시 진격하여, 오랜 포위 끝에 로마를 장악하는 데 성공했다. 브레니우스는 이후 이탈리아에 남아 있었다. "그곳에서 그는 백성들에게 전대미문의 폭정을 가하였다." 브리튼인인 그는 실제로 기원전 390년에 로마를 약탈하였다. 다른 형제 벨리누스는 잉글랜드로 돌아왔다. "그는 템스Thames 강변 트리노반툼에 경이로운 구조물을 만들었다. 오늘날까지 시민들은 이것을 그의 이름을 따서 빌링스게이트Billingsgate라 부른다. 이 위에 그는 거대한 탑을 세우고 그 아래 선박들의 정박소 또는 부두를 건설했다. 마침내 그가 일생을 마쳤을 때, 그의 유해는 화장되었는데, 이때 나온 재는 금 항아리에 담겨 트리노반툼의 탑 위에 안치되었다. 그의 왕위를 계승한 것은 구르기운트 브라브트룩Gurgiunt Brabtruc[253]이다. 그는 덴마크인들을 약탈하고 오크니를 거쳐 돌아오는 길에, 스페인에서 아일랜드에 정착하러 오는 파르톨론의 배와 그의 추종자들을 만난다.

리르와 그의 자식들은 신화적 역사에서 크게 부각되지만 성인으로서도 역시 이름을 떨친다. 리르 레디아스 가문은 초기 웨일스 성인전 작가들에게 '브리튼 섬 최초의 성스러운 주요 세 가문' 가운데 첫 번째로 묘사된다. 그러나 리르의 영광은 반사된 빛에 불과하다. 브리튼에 기독교를 처음 들여온 것은 그의 아들 "축복받은" 브란이기 때문이다. 전설에 의하면 그는 아들인 카라다우크(그는 이 목적으로 인해 역사적 인물 카라타쿠스Caratacus와 동일시된다) 및 나머지 가족들과 함께 로마에 포로로 잡혀가서 7년을 그곳에 지냈는데, 그 기간 동안 복음에 개종되어, 고향에 돌아와 열광적으로 기독교를 전파했다고 한다. 브란의 아들 카라다우크나 이복동생인 마나위단은 그의 족적을 정확히 따르지는 않았으나, 후손들은 그를 따랐다. 카라다우크의 아들들은 모두 신앙심이 깊었으며, 크르 사를로그Caer Sarrlog(Old Sarum)라는 족장과 결혼한 그의 딸 에이겐Eigen은 브리튼 최초의 성녀였다. 마나위단 쪽의 가계는 그만큼 순응적이 못 되었다. 그의 아들과 손자는 모두 이교도들이었다. 그러나 그의 증손자는 성 디판Dyfan으로서 기독교적 명성을 얻었다. 그는 교황 엘로이세리우스Eleutherius에 의해 웨일스로 파견되었고 메르시르 디반Merthyr Dyvan에서 순교하였다. 그 후에 리르 가문의 성자 계보는 증가하고 번창했다. 그런데 이상하게도 여기에 부적합한 인물들이 포함되어 있다. 게일과 브리튼의 아폴론인 마본 그리고 아서 왕 궁정의 게라인트와 기타 인물들이 그들이다.[254]

기독교가 다른 모든 것들과 마찬가지로 켈트 하계의 선물이라는 것은 너무도 괴이한 착상이어서 이를 의심하는 게 유감스러울 정도다. 그러나 고전 역사가들의 증언은 이것에 절대 반대한다. 타키투스는 카라타쿠스의 가계를 조심스럽게 열거하며, 그와 그의 아내, 딸 그리고 형제들을 클라우디우스Claudius 황제가 개별적으로 면담하였지만, 그들은 이 족장의 아버지로 생각되는 브란에 대하여 아무런 언급을 하지 않았다고 기술한다. 게다가 디오 카시우스Dio Cassius는 카라타쿠스의 아버지 이름을 쿠노벨리누스Cunobelnius(셰익스피어의 '심벨린Cymbeline')라고 부르면서, 그가 로마인들이 처음 브리튼을 침략하기 전에 죽었다고 덧붙인다. 이런 증거는 브란을 기독교 개척자로 볼 수 없게 한다. 그는 냉혹한 전쟁과 죽음의 옛 신으로 남아 있으며, 그의 이교적 숭배자들과 음유시인들에게만 축복을 받았다. 음유시인들은 그를 아마도 처음에는 벤디게이드 브란Bendigeid Vran이라고 불렀을 것이다. 그리고 이교도들의 고집스런 추종 때문에라도 그들의 적인 기독교 성직자들이 브란을 성인화시켜 자기들 편으로 끌어들이려고 마찬가지로 고집스럽게 노력했을 것이다.[255]

브란의 여자 형제인 '아름다운 가슴'의 브란웬은 기독교도들에게 좀더 손쉬운 과제였다. 사실 여신들이 남신들보다는 이 과정을 좀더 쉽게 견뎠던 것 같다. '게일의 성모마리아'인 '성 브리잇취'를 보라. 브리튼의 아프로디테는 브린원Brynwyn 또는 쥔웬Dwynwen이라는 이름으로 연인들의 수호성인이 되었다. 앵글시의 란쥔원Llandwynwyn에 있는 그녀의 신전은 14세기까지도 사랑에 실망한 남녀 연인들이 즐겨 찾아 성공 또는 망각을 비는 곳이었다. 그 결과를 좀더 확실히 하기 위하여 교회의 수도사들은 그녀의 성스런 샘에서 나온 망각의 물을 팔았다. 그녀에 대한 전설에 의하면 영원한 독신을 맹세한 뒤 그녀는 마엘론Maelon이란 젊은 족장과 사랑에 빠졌다. 어느 날 밤 그녀는 자신이 겪는 어려움을 이겨나갈 수 있도록 도와달라는 기도를 하던 중 망각의 음료라는 아주 맛있는 음료가 담긴 술잔을 권해받는 환영을 보았고, 똑같은 음료가 마엘론에게도 주어지는 것을 보았다. 이 음료는 마엘론을 당장 얼음덩이로 변하게 했다. 그녀는 신앙심 덕분에 세 가지 은혜를 허락받았다. 그녀가 선택한 첫 번째 은혜는 마엘론이 그의 타고난 형태와 온도를 되찾도록 허락받는 것이었다. 두 번째는 그녀가 결혼하고 싶은 욕망을 더이상 가지지 않는 것이었다. 그리고 세 번째는 진심을 가진 연인들이 애정의 대상과 결혼하거나 그 열정을 치유받을 수 있도록 그녀의 기도가 허락되는 것이었다.[256] 이렇게 하여 그녀의 신전과 샘의 효험이 생겨났다. 그러나 현대인들은 더이상 그곳에 모여들지 않았고 효험 있는 그 샘은 모래로 막혔다. 하지만 웨일스의 음유시인들이 '사랑의 성녀'[257]라 불렀던 그녀를 가끔 찾는 숭배자들이 아직도 있다. 그 주변 시골마을의 처녀들은 다른 모든 방도가 실패하면 그녀에게 도움을 구한다. 교회에서 가장 가까운 물이 이제는 마르고 폐허가 된 원래 샘의 최상의 대치물이 된다.[258]

이교주의에 대한 이 손쉬운 승리와 대조를 이루는 것은 누드의 아들인 귄이 기독교에 포섭되는 것에 대해 고집스럽게 저항한 일이다. 그가 한때 한 수사에 의해 '축복받은 브란'의 추종자[259] 중 하나로 기록된 것은 사실이다. 그러나 그 기록은 너무도 건성이어서 오늘날까지도 기록자가 스스로 부끄럽게 느꼈음을 짐작할 수 있다. 사실 강력한 요정으로서 그의 명성은 너무도 생명력이 강해서 쉽사리 변경할 수 있는 일이 아니었다. 스펜서조차도 그의 《선녀 여왕*Faerie*

Queen》에서 "그 안에 온건함의 위대한 지배가 보이는…… 선량한 귀온 경"이라 부르며, 그의 본성을 감추려 하지 않는다.[260]

높은 지위의 요정으로 태어나

그의 본국에서 많은 숭앙을 받는다.[261]

그는 에일이 떨어지지 않고 꿀술과 포도주가 강을 이루는 켈트 본래의 낙원에서는 함양되기가 어려웠을 듯한 미덕의 아름다움을 보여준다. 스펜서를 제외하고는 모든 권위자들이 귄을 기독교적인 것과 적대적인 자리에 두는 데 동의한다. 브란의 아들인 카라다우크의 증손자였던 성 콜렌Collen과 관련해 그에 대한 이채로운 전설이 전해진다.[262] 이 성인은 세상에서 좀더 멀리 떨어지기 위하여 귄의 소유인 '아빌리온 섬' 내의 글래스턴베리Glastonbury 바위산 근처 바위 밑에 작은 방을 만들었다. 이곳은 길에서 가까웠는데, 어느 날 두 사람이 누드의 아들인 귄에 대하여 이야기하고 지나가면서 그가 안눈과 요정들의 왕이라고 단언하는 것을 들었다. 방 밖으로 머리를 내민 성 콜렌은 그들에게 말을 하지 말라고 하며, 귄과 그의 요정들은 악마들일 뿐이라고 덧붙였다. 두 사람은 성자에게 그 어둠의 통치자를 곧 대면해야 할 것이라는 경고로 대답을 대신했다. 그들은 지나갔고, 얼마 되지 않아 성 콜렌은 자기 방문을 두드리는 소리를 들었다. 누구냐고 묻는 말에 그가 들은 대답은 다음과 같았다. "그대가 정오에 언덕 꼭대기에서 하계의 왕인 귄 압 누드와 만나 이야기하도록 명하기 위하여 그의 사자인 내가 왔다." 성인은 응하지 않았고, 사자는 같은 전언을 가지고 다시 왔다. 세 번째 방문 때에는 이번에도 오지 않으면 좋지 않을 것이라는 협박을 덧붙였다. 약간 불안해진 성인은 단단히 대비를 하고 권을 만나러 갔다. 그는 물을 성스럽게 만든 뒤 그것을 지니고 갔다.

다른 때 글래스턴베리 바위산의 꼭대기는 언제나 비어 있었다. 그러나 성인은 그 꼭대기에 찬란한 성이 있는 것을 발견했다. 남자들과 처녀들이 아름다운 옷을 입고 들락거리고 있었다. 시동이 맞아들이며 왕이 그가 만찬의 손님이 되어주기를 기다리고 있다고 말했다. 성 콜렌은 가장 희귀한 진미와 포도주들로 덮인 식탁 앞 금의자에 앉아 있는 권을 보았다. 권은 같이 먹자고 권하였다. 그러면서 성콜렌에게 특히 좋아하는 것이 있으면 갖다 주겠다고 덧붙였다. 요정들의 고기와 음료들이 무엇으로 만들어져 있는지 아는 성인은 "저는 나무의 잎사귀를 먹지 않습니다."라고 대답했다. 이 예의 없는 대답에 기죽지 않고 안눈의 왕은 성인에게 자기 종복의 제복이 굉장하지 않느냐고 싹싹하게 물었다. 그것은 얼룩얼룩했는데 한쪽은 붉은색이고 한쪽은 푸른색이었다. 성 콜렌은 "저들 같은 부류를 위해서는 충분히 좋은 옷이지요."라고 대답했다. "어떤 부류를 말하는 거지요?" 권이 물었다. "빨간색은 어느 쪽이 타고 있는지, 그리고 푸른색은 어느 쪽이 얼고 있는지를 보여주지요" 성인이 대답했다. 그러고는 성수를 그의 주위에 전부 뿌리자 성과 하인들과 왕이 사라지고자기 혼자 텅 빈 바람 부는 산꼭대기에 남겨졌다.

안눈의 마지막 신인 권은 이때에 이르러서는 다른 모든 신들의 기능을 인계받은 것이 분명하다. 그는 한때 아라운이 소유했던 사냥개들 (하얀 몸뚱이에 붉은 귀를 가진 쿤 안눈Cwn Annwn, '지옥의 개')을 갖고 있었다. 우리는 민간전승에서 주인보다 그 사냥개들에 대한 이야기를 더 많이 듣는다. 이러한 이야기들도 신문과 철도의 유포로 죽어가고 있다. 우리는 그들을 믿을 것을 주장했던 에드먼드 존스Edmund Jones 목사와 같은 인물[263]을 앞으로 다시 보게 될 것 같지는 않다. 배교자가 될까 두려워 그렇게도 명백한 초자연적 세계의 목격자들에 대하여 마음을 닫아버렸다. 그러나 오늘날도 폭풍이 부는 밤 그들이 참회하지 않은 사람들 그리고 세례 받지못한 아기의 영혼들이 도망가는 것을 쫓아 산자락을 휩쓸고 지나가는 소리를 들었다고 장담하는 농부들을 찾아볼 수 있다. 그 소리를 들은 사람들의 이야기는 이상하게도 비슷하다. 그들의 울음소리는 여우사냥개 무리의 소리 같지만 그보다 부드럽다. 그들이 사람들에게 가까워질수록 소리는 작고, 멀수록 더 크다. 그러나 그들은 보이기보다는 소리가 들리는 경우가 더 많으며, 그 소리가 사냥감을 쫓는 사냥개들의 소리가 아니고 이동하는 거위 떼의 소리라는 설도 있다. 이 미신은 광범위하게 퍼져 있다. 웨일스의 쿤 안눈은 북 데번에서는 '예스Yeth'(황무지의) 또는 '소리 지르는' 사냥개들이라 알려져 있으며, 다트무어Dartmoor에서는 '소원' 사냥개라고 알려져 있다. 더럼Durham과 요크셔Yorkshire에서 그들은 '가브리엘Gabriel' 사냥개로 알려져 있으며, 노포크Norfolk, 글로스터셔Gloucestershire, 콘월에서도 여러 가지 이름으로 알려져 있다. 스코틀랜드에서 이 거친 사냥을 인도하는 것은 아서이며, 이런 전설은 서유럽 전체에서 발견된다.

권의 이름이 직접 언급되는 민담은 몇 안 된다. 그에 대한 기억은 요정들이 출몰하는 니스의 골짜기에 가장 오랫동안 그리고 가장 나중까지 남아 있었다. 그곳은 "타웨, 가장 가까운 타웨가 아니고 가장 먼 타웨에 있는 주거"인 산마루 인근이다. 그러나 요정들의 왕이 언급될 때는 항상 그를 지칭하는 것이라 이해해도 된다. 옛 신화의 마지막 위대한 신으로서 그는 대중의 환상에 의해 켈트의 또는 켈트 이전 브리튼의 여러 종류 요정 인구들의 통치권을 부여받았다. 영문학에서 가장 유명한 요정은 튜튼족 계열이다. 오베론 왕의 이름은 프랑스의 파블리오fabilaux(중세 프랑스의 우화시 — 역주)를 통해서 전해진 엘베리히Elberich, 즉 《니벨룽겐의 노래Niebelungenlied》에 나오는 난쟁이들의 왕이다.[264] 그의 왕비 티타니아Titania는 오비드Ovid의 《변신》에서 나온 이름이긴 하지만,[265] 셰익스피어의 또 다른 요정인 퍽Puck은 그의 족속, 즉 웨일스의 '푸카스pwccas' 족, 아일랜드의 '푸카pookas' 족, 우스터셔Worcestershire의 '포크스poakes' 그리고 잉글랜드 서부의 '픽시pixies' 족의 의인화일 뿐이다.[266] 가장 많고도 다양한 요정들의 종류를 유지하고 있는 곳은 웨일스이다. 어떤 요정들은 아름답고, 어떤 것들은 흉측하며, 어떤 요정들은 친절하고, 어떤 것들은 악의적이다. 구라게즈 안눈Gwragedd Annwn이라 불리는 호수와 개울의 온화한 여인들이 있는가 하면, 퀼리온Gwyllion이라 알려진 사납고도 잔인한 산악의 요정들이 있다. 스코틀랜드와 브리튼의 '갈색 정령browny'과 비슷한, 부바호드Bwbachod라 불리는 집안의 정령들도 있다. 코블리나우Coblynau 또는 광산의 난쟁이들(콘월에서는 '두들기는 자들'이라 불리는)도 있다. 그리고 엘리론Ellyllon 또는 꼬마요정elf이 있는데, 푸카스pwccas는 이들의 일족이다.[267] 영국 북쪽에서는 정령들이 좀더 하층의 유형들에 속한다. 도깨비bogles, 갈색정령brownies, 킬물리즈 killmoulis, 붉은 모자redcaps및 그와 비슷한 정령들은 상층의, 아리안 계열로 보이는 요정들과는 거의 닮은 점이 없어 보인다. 웨일스의 부바하bwbach도 갈색이고 털이 많은 것으로, 코블리나우는 검은색 또는 구리색 얼굴을 가진 것으로 묘사된다. 이러한 혼령들은 아직도 아름답고 고상한 투아하 데 다난의 형태와는 공통점이 하나도 없는 아일랜드의 레프러하운leprechauns과 푸카pookas처럼 아리안족 이전 종족의 신들이 강등당한 것으로 보는 게 별로 틀린 일이 아닐 것이다.

이 수많은 이름 없는 귄의 신하들 중, 어떤 이들은 땅 밑에 또는 호수의 표면에 거주하고 (이것이 웨일스에서는 게일의 '요정 언덕'을 대치하고 있는 듯하다) 또 어떤 이들은 서쪽에 있는 모든 즐거움의 섬으로서 바다 위에 또는 바다 바로 밑에 있는 아빌리온에 거주한다. 펨브룩셔(고대의 디페드)는 이 전승을 가장 완벽하게 간직해왔다. 이 주의 100개나 되는 셈므Cemmes 가운데 요정 왕국의 비밀을 간직한 사방 1야드의 구역이 있다. 누군가가 이곳에 우연히 발을 내딛게 되면, 그의 눈이 떠지고 그는 다른 사람들은 볼 수 없는 것(요정 나라와 공화국)을 보게 된다. 그러나 그가 마법에 걸린 지점을 떠나는 순간 그는 이 환영을 잃어버리고, 이 장소를 다시는 찾을 수 없게 된다.[268] 이 나라는 바다 위, 해안에서 멀지 않은 곳에 있다. 아일랜드의 낙원에 상응하는 이곳을 때로 선원들이 본다. 아직도 펨브룩셔와 크르마른센쉬어Caermarthenshire의 선원들은 이 '마법의 푸른 초원'을 믿는데, 거기에는 그럴 만한 이유가 있다. 1896년에 〈펨브룩 카운티 가디언 *Pembroke County Guardian*〉의 특파원은 존 에반스John Evans 선장에게서 받은 보고를 보내왔다. 어느 여름날 아침 해협을 향하던 중 그레스홀름Gresholm 섬(브란의 머리의 연예가 일어났던)을 지날 때였다. 그는 항상 깊은 물이라 생각했던 그곳에 푸른 초원으로 덮인 큰 땅이 있는 것을 보고 놀랐다. 그런데 이 땅은 물 위에 있는 것이 아니라 물 밑 2~3피트 아래 있었다. 물결이 그 위를 흘러갈 때 풀들이 너울거리고 이리저리 움직여 보고 있는 사람을 졸립게 했다. 에반스 선장은 옛 사람들에게서 요정의 섬에 대한 전승을 종종 들은 적 있었다. 그러나 자기 눈으로 그것을 볼 수 있을 것이라는 희망을 가지지는 못했었다고 인정했다.[269]

'안눈의 사냥개들'처럼 아주 자연스러운 설명을 할 수도 있을 것이다. 신기루는 해안지방에서 이런 전설을 낳기에 충분히 자주 또는 드물게 일어나는 현상이다. 그래서 멀쩡한 사람들로 하여금, 게일인들의 아일랜드나 스코틀랜드 또는 브리튼인의 웨일스 아주 먼 서쪽 해안 어느 곳에서든지, 켈트 낙원의 시각적 증거에 대하여 확신을 가지고 장담하게 만든 것은 시실리의 '모르가나 선녀Fata Morgana'(이탈리아어로 아서의 누이로 알려진Morgan le Fay를 뜻함. 그녀가 거주한다고 믿어지는 성의 모습이 신기루로 나타나는 현상을 뜻함. 이것은 절반쯤 물에 잠긴 모습으로 나타나기도 하고 공중에 나타나기도 하여 이곳을 안전한 항구로 알고 배를 대다가 난파하는 경우도 있다 — 역주)와도 같은 현상이었음이 분명하다.

제4부

켈트 이교주의의
생존

CELTIC MIYTH AND LEGEND

25장

현대 속의 켈트 이교주의의 잔류

　켈트 민족 신앙의 몰락은 그 자매 섬에서보다 브리튼 섬에서 훨씬 먼저 시작되었다. 또한 여기에 그 첫 번째 타격을 가한 것은 기독교가 아니라, 로마인들의 거친 인도주의와 엄격한 정의였다. 로마인들은 세계의 어떤 사람들보다도 다른 민족의 종교에 대하여 관용적이었으며, 켈트의 신들을 자신들의 다양한 범신전에 기꺼이 환영했다. 우호적인 골이나 브리튼의 신은 어느 때라도 소위 신성한 로마 시민권을 얻어 주피터나 마르스, 아폴론에게 동화되거나 로마 사람들이 그와 비슷하다고 생각하는 다른 자격을 갖춘 신격에 동화되었다. 로마 법이 타격을 가한 것은 신이 아니고 성직자들의 손으로 행해진 그 신의 숭배에 대해서였다. 드루이드 사제들의 대규모 인신공희는 약간의 유혈사태에 대해서는 별로 개의치 않았던 사람들에게까지도 혐오감을 일으켰다. 그들 자신은 이런 풍습을 시저가 브리튼 섬을 처음 침략하기[1] 전에 원로원의 칙령으로 이미 철폐했다. 그래서 그들의 제국 안에서 인간이 죽음에 이르는 고통으로부터 전조를 얻기 위하여 사람을 살해하는 의식을 허용할 수가 없었다.[2] 드루이드교는 처음에는 로마 시민이 되는 사람들이 거부해야 하는 요구조건 가운데 하나였다. 그 후에는 덜 문명화된 종족들에게서 이것을 철저히 억압했다. 타키투스는 드루이드교의 대거점인 모나Mona 섬(앵글시)이 어떻게 공격을 받아, 성스러운 숲이 잘리고, 제대가 허물어졌으며, 사제들이 검으로 죽임을 당했는지 말해주고 있다.[3] 플리니는 티베리우스Tiberius 황제가 어떻게 "드루이드 사제들을 억압했는가"를 기록하면서 자국민들의 영역이 미치는 곳곳에서 신들이 살인과 식인주의를 기꺼워할 수 있다는 교리에 영감을 받은 괴기한 풍습을 종식시킨 것을 축하하였다.[4] 드루이드교는 그에 따르는 야만성과 함께 브리튼 내 로마의 원대한 영향력이 미칠 수 있는 모든 곳에서 절멸되어 북쪽 성벽 너머, 아직 침략자들의 멍에에 종속되지 않은 야만적인 칼레도니아Caledonia족들 사이로 숨었다. 자연히 아일랜드에서도 이것은 아무런 변화 없이 남아 있었다. 그러나 로마인들이 브리튼을 떠나기 전에, '픽트인들과 스코트인들' 사이를 제외한 모든 곳에서 근절되었다.

로마의 통치에 뒤이어 기독교는, 브리튼 섬에서 적어도 그 공적인 면모에 있어서는 이교주의 파괴를 완수하였다. 6세기의 수사이자 작가였던 길다스Gildas는 고대 브리튼의 종교를 죽은 신앙이라고 편안하게 언급할 수 있었다. 그는 "나는 이집트의 우상들보다 훨씬 수가 많으며, 아직도 버려진 신전의 안팎에서 관례대로 경직되고 기형적인 모습을 한 채 썩어가고 있는 우리 나라의 악마적인 우상들을 열거하지 않겠다. 그리고 한때는 인간들에게 혐오스러운 파괴자였고, 맹목의 인간들이 그들에게 신의 명예를 부여하였던, 그러나 이제는 인간들의 소용에 종속된 산이나 샘이나 언덕이나 강 위에서 나는 소리치지 않겠다."[5]라고 말한다. 우상들과 함께 제사장들도 몰락하였다. '드루이드'라는 말 자체가 사어가 되었으며, 같은 시기의 아일랜드 글에서는 두드러진 존재였던 드루이드 사제들이 초기 브리튼 문학에서는 거의 언급되지 않는다.

세속적인 영향력은 스코틀랜드와 아일랜드에서는 힘이 없었다. 결과적으로 이교주의와 기독교 간의 전투는 좀더 동등한 조건하에 수행되었으며 더 오래 지속되었다. 전승에 따르면 스코틀랜드에서는 성 콜럼바가, 그리고 아일랜드에서는 성 패트릭이 드루이드 사제들과 그들의 신들을 물리친 사람들이다. 《콜럼바의 생애 *Vita Columbae*》를 쓴 이오나Iona의 수도원장인 아담난Adamnan은 한 세기 전에 그 성인이 어떻게 픽트인들에게 복음을 전했는가 묘사하고 있다. 그들의 왕 브루드Brude는 그를 불손하게 받아들였으며, 왕실의 드루이드 사제들은 그를 거스르고 화나게 하기 위하여 이교적 주문을 하나도 남김없이 사용했다. 그러나 모세의 힘이 이집트 마술사들의 힘보다 강했듯이, 성 콜럼바의 기도가 적수들이 수행한 기적보다 더욱 경이롭고 설득력 있었다. 이런 이야기들은 영웅적 인간들을 항상 감싸왔던 신화적 분위기에 속한다. 중요한 사실은 픽트인들이 옛 종교를 버리고 새 종교를 택했다는 것이다.

아일랜드의 성 패트릭이 일생을 걸었던 사업도 유사한 전설로 요약된다. 그가 오기 전에 크롬 크루아이히Cromm Cruaich는 기억하기 힘든 때부터 매년 인명을 희생 제물로 받아왔다. 그러다 성 패트릭이 그 섬뜩한 우상을 대면하였다. 그가 십자가상을 쳐들자 악마는 자신의 상으로부터 비명을 지르며 떨어졌고, 그 상은 혼을 빼앗기자 땅에 엎드렸다고 전한다.

교리의 공적 표현을 타파하는 것은 그 내적인 생기를 타파하는 것보다 훨씬 쉽다. 크롬 크루아이히의 우상은 넘어졌을지 모르나, 그 정신은 자유자재로 변형되어 살아남을 것이다. 고대 켈트 종교의 성소들은 침범당하고, 그 우상들과 제단들과 신들은 쓰러지고, 제사장들은 살해당하거나 흩어지거나 추방되고, 숭배의식은 공적으로 절멸이 선언되었을지 모른다. 그러나 그 정신은 중심지로부터 밀려나 외곽과 주변에 살아남아 있었다. 좀더 문명화된 게일인과 브리튼인은 좀더 순수한 복음을 받아들이고 그들이 한때 숭배하였던 신들을 버릴 것이다. 그러나 농부들, 대다수의 대중은 아직도 친숙한 의례와 이름들에 집착할 것이다. 좀더 고상한 신념과 높은 문명은 결국 인간 삶의 거대한 바다 표면을 스치는 물결일 뿐이다. 소요의 밑에는 새로운 문화가 스며들기 어렵고, 변화가 아주 천천히 오는 준의식적 신앙과 사고의 거대한 심연이 졸고 있다.

우리는 성직자들이 게일과 웨일스의 옛 신들을 고대의 왕들이라고 설명하거나 또는 기적을 일으키는 성인으로 변형시키거나 또는 지옥의 악마라고 하여 금지하려 노력했음에도 불구하고 그곳의 농부들이 얼마나 오랫동안 그리고 얼마나 충실하게 그들의 옛 신들에게 집착했는가 보여주었다. 이 농업 인구의 보수적인 종교적 본능이 브리튼 제도의 주민들에게만 국한된 것은 아니다. 현대의 그리스인들은 아직도 네레이스Nereis(그리스 신화에서 바다의 요정 — 역주), 라미아Lamia(그리스 신화에서 상반신은 여자 하반신은 뱀인 괴물 — 역주), 사이렌Siren(그리스 신화에서 아름다운 노랫소리로 근처를 지나는 뱃사공들을 유혹하여 파선시켰다는 바다의 요정 — 역주)과 하계의 어두운 뱃사공 카론Charon(그리스 신화에서 죽은 혼을 명계로 데려다주는 스틱스 강의 뱃사공 — 역주)의 존재를 믿는다.[6] 로마인과 에트루리아인의 후손들은 고대 에트루리아와 로마의 숲과 들의 신들이 아직도 세상에 정령으로 살고 있다고 주장한다.[7] '둔덕의 신'과 그의 무시무시한 친족들의 높은 제단들은 평평해졌고, 그들의 금상과 거대한 사원들은 버려져 부패하고 있다. 그러나 거친 시골 신의 거친 시골 사당은 아직도 제물을 받고 있다. 이교의 의식이 족장에게서 농부에게로, 궁정에서 오두막으로, 그리고 어느 정도는 높은 족속으로부터 낮은 족속으로 옮아간 것이 어떻게 좀더 원시적이고 거친 신들이 좀더 고귀하고 우아한 모습의 신들을 대대적으로 대치하게 되었는가 설명해준다. 토착신들은 고상한 외국의 침범에 의하여 묻히게 되자 본래의 모습으로 돌아갔다.

우리가 왜 브리튼 제도의 영적인 인구들을 두 계층으로 나누어야 하는가는 명백해 보인다. 소위 엄밀한 의미의 '요정'과 푸카, 레프러헌, 갈색 요정, 두들기는 자knocker 또는 도깨비 등의 이름으로 등장하는 보기 흉한 '꼬마 요정elf' 사이에는 공통점이 거의 없다. 전자는 게일 신화 또는 그 친족인 브리튼의 마비노기온의 신들이 속하는 투아하 데 다난과 같은 족속에 속한다. 후자는 아주 다른 종류, 좀더 저급한 종류의 상상력에 기원을 두고 있다. 신석기인이 자기 자신의 모습으로 그런 존재를 만들었다고 상상할 수 있을 것이다.

그러나 태고의 전승은 켈트 자연신들의 기본적인 모습을 잘 보존해왔다. 요정에 대한 오늘날의 믿음은 켈트인들이 그들의 신들에 대해서 가졌던 생각과 거의 다르지 않다. '원로들의 대화' 속에서 투아하 데 다난을 "신체적 또는 물질적 형상을 가졌으나 불멸성을 지닌 정령 또는 요정"이라고 묘사한 것은 오늘날 '요정들good people'에 대한 지배적인 생각과 비슷할 것이다. 아일랜드나 웨일스의 민간신앙 속 요정들도 서로 다르지 않다. 두 종류 모두 산속에 (웨일스에서는 호수가 종종 '요정 동산'을 대치하지만) 살며, 서로 전쟁도 하고 결혼도 하지만 준불멸의 존재들이다. 모두 인간의 아이들을 탐내 요람에서 그들을 훔치고는 자기들의 괴기한 자손을 인간의 아이 대신에 그 자리에 남겨놓는다. 모두 인간에게 주술을 걸 수 있고, 음악과 춤을 즐기며 비현실적이고 환상적인 호사와 사치의 삶을 산다. 그들이 서로 닮은 또 하나의 특징은 작은 크기이다. 그러나 이것은 셰익스피어가 시작한 문학적 관례의 결과로 보인다. 게일과 브리튼의 순수한 민담에서 요정들은 적어도 인간과 같은 크기로 그려진다.

그러나 아리안 계열이든 이베리안 계열이든, 아름답든 흉측하든 그들의 존재에 대한 믿음은 빠르게 사라지고 있다. 옛날식으로 살며 옛 꿈을 꾸는 격리된 골짜기들이 빠른 움직임과 빠른 사고의 현대 세계에 점점 개방되어가는 추세이다. 과거 10년 동안 이런 방향으로의 변화가 지난 10세대 동안 일어난 것보다 더 많이 일어났다. 어느 외로운 양치기나 어부가 위대한 마난난의 환영을 언제 다시 보게 될 것인가? 오늘날 외양간에서 일하는 소년들이 아직도 핀느바라에 대한 믿음을 가질 것인가? 귄 압 누드가 타웨와 네드Nedd의 자기 소유 골짜기에서 얼마나 기억되는가? 자기 지역의 푸카나 교구의 보글bogle(도깨비 — 역주)을 진심으로 믿는 사람을 발견하기는 이제 어려울 것이다.

예전의 켈트 신앙 의식은 그것보다는 잘 보존되었으며, 시간의 해체적 영향력을 좀더 오래 견딜 것이다. 어려운 이름들을 기억할 필요도 없다. 한때는 종교를 위해서 행해졌던 일들이 '행운'을 위해서 행해질 것이다. 관습적 행위는 그것을 지키지 않으면 "어떤 일이 일어날지도 모른다"는 절반쯤 인정된 두려움에 의해서만 유지되면서 아주 천천히 사라진다. 우리는 다른 방법보다도 그런 관습을 검토함으로써 켈트 이교주의의 본성에 대하여 만족할 만한 증거를 얻을 수 있을 것이다.[8]

우리는 고대의 종교가 최근까지도 살아남은 세 가지 형태를 볼 수 있다. 첫째는 춘분과 추분 그리고 하지와 동지의 고대 태양 또는 농업 축제들을 기념하는 것이다. 두 번째는 이제는 그 의미를 망각한 사람들이 상징적으로 인신공희 의식을 거행하는 것이다. 그들은 단지 후에 가축의 병을 물리치거나 불운을 피하기 위하여 실제로 가축을 희생으로 바치는 사례와 결합된 옛 관습을 지키고 있을 뿐이라고 생각한다. 세 번째는 아직도 잔존하는 신성한 물, 나무, 돌 그리고 동물들에 대한 보편적인 숭배이다.

켈트의 민족적 신앙의 정확한 의미가 무엇이었든 이것은 태양의 떠오름과 진행과 기움, 따라서 땅의 소산과 관계가 있는 일년 중 나흘의 중요한 날들을 중심으로 하고 있다. 이날들은, 5월 초의 발티나 축제, 일광과 식물의 승리를 기념하는 한여름축제Midsummer Day, 8월에 태양이 경로의 선회점에 도달했을 때 하는 루 축제, 그리고 태양이 권능과 고별하고 겨울과 어둠의 악한 힘들에게 반년 간 지배되는 슬픈 소원Samhain이다.

이 중요한 태양의 기간들 가운데 자연히 첫 번째 것과 마지막 것이 가장 중요했다. 켈트의 신화 전체는 이날들을 축으로 하여 운영된다. 파르톨론과 그의 추종자들, 즉 아일랜드를 발견하고 만든 사람들이 다른 세계로부터 도착한 것은 발타나 축일이었으며, 300년후 같은 날 그들은 온 곳으로 돌아갔다. 게일의 신들, 즉 투아하 데 다난과 그 다음으로 게일인들이 아일랜드 땅에 발을 내디딘 것도 발타나 축일이었다. 포모르인들이 끔찍한 세금으로 네메드의 백성들을 짓누른 것은 소원 축일이었다. 그리고 후세대의 빛과 생명의 신들이 모이투라 전투에서 그 악마들을 마침내 정복한 것도 소원 축일이었다. 단 하나의 중요한 신화적 사건만이 (이것은 뒤에 첨가된 것이었는데) 이 두 날이 아닌 날에 일어났다. 다누 여신이 아일랜드를 그 주민들인 피르 볼그즈Fir Bolgs로부터 접수한 것은 태양 경로 가운데 덜 중요한 지점 중의 하나인 한여름축일이었다.

브리튼 신화는 아일랜드 신화와 근본적으로 같은 생각을 보존하고 있다. 어떤 괴기한 일이 일어나면 그것은 메이데이 날이었다. 첫 번째 마비노기온에 의하면 리아논이 유아인 프리데리를 잃어버리고, 테이르니온 투리프 블리안트가 그를 발견한 것은 오월 초하룻날 밤이었다.[9] 루드 왕의 통치기간 동안 "메이데이 전날 밤마다" 두 마리의 용이 싸우며 비명 소리를 내었다.[10] 누드의 아들인 퀸이 루드의 아름다운 딸 크로이딜라드[11]를 얻기 위하여 그레이다울의 아들인 귀르수르와 싸우는 것도 매년 '5월 초하룻날'이다. 귄 또는 멜와스가 멜리아그라운스라는 로맨스의 이름 아래 아서의 왕비 귀네비어(권휘바르)를 납치한 것은 그녀가 웨스트민스터 부근의 들판에서 꽃을 따고('꽃을 따다'를 영어로 may라고 표현할 수 있음 — 역주) 있을 때였다.[12]

이런 날들에 치러지는 의례의 성격은 그 희미한 잔존물로 짐작할 수 있다. 켈트인의 후예들은 아직도 이날들을 기념하는데, 그들은 아마도 메이데이와 성요한 축일, 수확제 그리고 할로윈이 왜 기념되어야 하는지 모를 것이다. 첫 번째 것(아일랜드에서는 '발타나'라 불리고, 스코틀랜드에서는 '베알티운Bealtiunn'이라 불리며, 맨 섬에서는 '셴 다 보알딘Shenn da Boaldyn'이라 불리고, 웨일스에서는 '갈란—마이Galan-Mai'(오월 초하루)라고 불린다)은 겨울잠으로부터 대지가 깨어나고 온기와 생명과 식물이 재생하는 것을 기념한다. 이것이 오월의 기둥(오월제를 축하하기 위해서 꽃이나 리본으로 장식한 기둥 — 역주)의 의미이다. 요즘의 거리에서는 거의 볼 수 없지만, 셰익스피어는 오월제에 대한 기대가 너무도 커서 그 전날 밤에는 아무도 잠을 잘 수가 없다고 말했다.[13] 사람들은 한밤중에 일어나서, 가장 가까운 숲으로 가 나무의 가지를 뜯어내어 집의 문을 장식하고 떠오르는 태양을 맞았다. 그날은 거친 시골풍의 즐거움으로 여름이 오는 것을 환영하며 자연과 하나가 되어 오월의 기둥을 돌면서 춤추고 하루를 보냈다. 그 반대가 되는 날은 아일랜드에서는 '소윈' 맨에서는 '사우인Sauin' 스코틀랜드에서는 '노스 갈란 가이오프Nos Galan-gaeof(겨울 첫날 전날 밤)'이다. 이 축제는 슬픈 것이었다. 여름이 끝나고 햇빛도 없는 짧은 낮과 길고도 끔찍한 밤들이 올 차례였다. 고대에는 켈트 해의 시작이기도 했으며,[14] 괴기한 의식을 통해 어두운 힘으로부터 미래의 조짐을 이끌어낼 수 있었다. 이날은 죽은 자들의 명절이었으며 모든 악한 초자연적 존재들의 명절이었다. 북 카디건셔Cardiganshire의 속담에 '11월이 되기 전날 밤'에는 "모든 문설주에 악령이 있다"는 말이 있다. 스코틀랜드인들은 특별히 소윈 날 출몰하는 악령 '삼하나하Samhanach' 또는 악귀를 고안해냈다.[15]

태양신이, 아일랜드에서는 '루그나싸드Lugnassad(루 기념일)'라 불리고, 맨에서는 '라 루아니스Lla Lluanys'라 불리며, 웨일스에서는 '귈 아우스트Gwyl Awst(8월의 축제August Feast)'라 불리는 8월의 축제를 조성했다고 한다. 그리고 한때 이것은 발티나나 소윈보다 결코 그 중요성이 떨어지지 않았다. 리용Lyon(전에는 루구두눔Lugudunum, 즉 루구스Lugus의 마을이라 불렸던)에서 8월 초하룻날이 중요한 날이었음은 유의할 만하다. 반대로 한여름 축제는 기독교의 성 요한 축일에 그 신화적 의미를 합류시켰다.

이 축제들의 특징은 이교 축제 본래의 성격을 말해준다.[16] 사실 이 축제들은 본래 이교 축제의 잔재이자 모조품에 불과하다. 이 모든 축제들에서 가장 높은 산꼭대기에 모닥불이 지펴지고, 화덕의 불들은 엄숙하게 다시 켜진다. 이것은 많은 놀이와 즐거움의 핑계가 된다. 그럼에도 불구하고 뭔가 사악한 분위기가 있다. '요정들'이 활동하고, 그들을 화나게 하거나 그들의 힘에 종속되지 않으려면, 처방된 의식을 빼먹지 않도록 조심해야 한다. 사람들은 여전히 반쯤 믿는 이들 자연신에게 아주 최근까지도 제물을 바쳤다. 18세기 페난트

Pennant가 글을 썼을 당시에도 많은 스코틀랜드 고지 마을에서 양떼와 소떼들 등 이로운 '정령들'에게 뿐 아니라, 그들을 종종 괴롭혔던 여우, 독수리 그리고 뿔까마귀에게까지도 술과 케이크를 바쳤다.[17] 할로윈(켈트의 소원)에 헤브리디스의 원주민들은 에일의 헌주를 쇼니 Shony라 불리는 바다의 신에게 바치고, 해안으로 해초를 보내달라고 기원했다.[18] 또한 이런 존재들을 위하여 신기한 제의가 수행되었다. 처녀들은 아름다움을 기원하면서 아침이슬로 얼굴을 씻었다. 그들은 그 진홍색 열매가 투아하 데 다난의 신찬神饌인 신비의 나무 마가목 가지를 가지고 다녔다.

원래 형태에 있어서는 무난해 보이는 이 시골의 명절은 그리스에서 디오니소스 숭배와 연관되며 인기를 얻은 난교적亂交的 자연숭배 같은 종교적 축제였음이 분명하다. 삶을 생성해내고 지배하는 위대한 '삶의 영주들'과 자연의 힘을 광적인 초사招辭와 격렬한 춤, 인신공희로 달래었다.

현대의 축제에서 그렇게도 큰 역할을 하는 모닥불이 대단치 않게 언급되었다. 원래는 즐거움의 불에 불과했던 모닥불은 점차 끔찍한 의미를 가지게 되었는데, 그 의미와 연관된 관습이 여전히 보존되고 있다. 고지의 발티나에서는 케이크가 뽑기에 의해 나누어졌는데, 누구든 '탄 조각'을 뽑은 사람은 불꽃을 세 번 뛰어넘어야 했다. 아일랜드의 한여름 축제에서는 모든 사람이 모닥불을 지나간다. 남자들은 불꽃이 한창 높을 때, 여자들은 불꽃이 낮아졌을 때 그리고 가축들은 연기만 남았을 때 그렇게 했다. 웨일스에서는 10월의 마지막 날 즉 옛 소원의 날, 약간 다르지만 좀더 암시적이 제의를 향했다. 산꼭대기의 모닥불들이 꺼질 때까지 사람들은 이것을 지켜보았다. 그러고는 모두가 언덕 아래로 질주하면서 악마가 제일 꽁무니에 있는 자를 잡아갈 것이라는 주문을 외친다. 새로운 믿음의 악마란 그것이 뿌리뽑아 버린 종교의 신이었다. 세 가지 모두 이 관습은 단순히 의미 없는 장난질이 아니다. 상징적인 인신공희이다.

좀더 잔인한 형태의 비슷한 관습이 성 요한 축일 프랑스에서 지켜졌는데, 루이 14세 때 법으로 금지했다. 살아 있는 늑대, 여우 그리고 고양이를 담은 바구니들을 시의 보안관 또는 시장의 후원과 입회 아래 모닥불 위에서 태웠다.[19] 시저는 드루이드 사제들이 버들가지로 짠 상들을 건조하는 관습을 보았다. 그들은 이것을 살아 있는 사람들로 채우고 불을 놓았다. 불쌍한 늑대, 여우 그리고 고양이들이 제의용 인간의 대용물이라는 것은 의심할 여지가 없다.

기독교가 소개된 뒤에, 이런 고대의 제의가 변화한 의미 아래 지속되도록 교묘한 이론이 발명되었다. 사람들과 가축들을 불꽃이나 연기 속을 지나가게 하는 것은 그들을 악의 힘으로부터 마법적으로 보호하는 것이라고 설명되었다. 악한 세력의 신성한 불을 악에 대한 보호용으로 사용하는 이 동종요법은 〈레위기〉의 율법이 비난하고 있는 짐승새끼를 어미의 젖에 담가 끓이는 요리법을 연상시킨다. 그러나 의심할 나위 없이 이교의 '악마들'은 좋은 사냥감으로 간주되었다. 이 설명은 물론 명백히 그리고 서투르게 억지로 만들어낸 것이다. 시저를 인용하자면 "인간의 삶의 대가를 다른 의간의 삶으로 지불하지 않는다면, 불멸의 신들의 의지를 달랠 수 없다"는 드루이드교의 음울한 철학이 켈트의 민족적 그리고 사적인 인신공희를 지탱

하였으며, 그 그림자는 오늘날 모닥불을 건너뛰는 행위 속에 그리고 아주 최근까지도 가축들을 희생으로 바쳤다는 많은 기록들 속에 남아 있다.

로렌스 곰므Laurence Gomme는 그의 《민속의 민족지학Ethnology of Folklore》에서 수많은 가축 희생 사례를 수집하였다. 이것은 아일랜드와 스코틀랜드에서뿐 아니라 웨일스, 요크셔, 노샘프턴셔 Northamptonshire, 콘월 그리고 맨 섬에서도 수집되었다.[20] "스코틀랜드 대도시의 20마일 반경 안에서 심슨Simpson 교수의 친척이 가축전염병의 정령에게 살아 있는 소를 제물로 바쳤다."[21] 웨일스에서는 가축병이 돌면, 높은 바위 위에서 거세한 소를 던져서 제물로 삼았다. 그러나 일반적으로 불쌍한 희생자들은 산 채로 태워졌다. 1859년에는 맨 섬의 한 농부가 틴왈드Tynwald 언덕 부근에서 발굴하여 신성이 더럽혀진 분묘의 주인 혼령의 분노를 피하기 위하여 어린 암소를 바쳤다. 때로는 태운 봉헌물들이 소위 말하는 기독교 성자들에게까지 바쳐졌다. 딩월Dingwall 교구의 기록부는 1656년과 1678년 사이에 어떤 이들은 '성 무리St. Mourie'[22]라 부르고 어떤 이들은 그 의심스런 성격을 알고서 '무리 신'이라 부르는 존재를 기념하여 고대사원 터에서 가축을 희생으로 바친 기록을 담고 있다. 커크쿠드브라이트Kirkcudbright에서는 성 커스버트Cuthbert가 그리고 웨일스의 클리노그Clynnog에서는 성 보이노Beuno가 황소의 피를 기꺼워했다고 전한다.[23]

이러한 가축의 희생은 가축들의 전염병을 방지하기 위하여 주로 행해졌던 것으로 보인다. 사람은 사람으로, 가축은 가축으로라는 것이 옛 법칙이었던 것 같다. 그러나 모든 민족의 제의에서 인신공희는 점차 동물로 대체되었다. 코크 주의 밸리보니Ballyvorney에 있는 오헐레비즈O'Herlebys 가족은 예전에 우상을 간직하고 있었는데, "2피트 가량 높이에 여자 모양으로 조각되고 색칠이 된 목제상이었다."[24] 이것은 천연두의 여신이었는데, 그 병에 걸린 사람을 위하여 이 목제상에게 양이 제물로 바쳐졌다.

켈트 이교 신앙의 세 번째 잔재는 물, 나무, 돌, 동물 숭배의 여러 가지 사례에서 찾아볼 수 있다. 다른 '아리안' 민족들과 마찬가지로 켈트족은 강을 숭배하였다. 디Dee 강은 아에르폰Aerfon이라는 호칭을 가진 전쟁 여신으로서의 신적 명예를 부여받았으며, 리블Ribble 강은 벨리사마Belisama라는 이름 하에 로마인들에 의해 미네르바와 동일시되었다.[25] 그리스의 신성한 강에 대해서와 마찬가지로 이 강들에 대한 신화도 있었다. 디 강은 웨일스인과 잉글랜드인들 사이의 영속적인 전쟁의 결과에 대한 신탁을 내렸다. 이 강이 웨일스 쪽을 잠식하는가 또는 잉글랜드쪽을 잠식하는가에 따라서 승리를 거두는 민족이 결정되었다.[26] 트위드 강은 그리스의 여러 강들처럼 인간 후손을 가진 것으로 알려졌다.[27] 브리튼 섬의 강들이 인신공희를 받았다는 증거는 그들에 대한 민담에서 명백히 알 수 있다. 사람들은 이 강들이 기대하는 제물을 받지 못하면 몰래 그들이 갈망하는 인간의 생명을 가져간다고 믿었다. 데번셔의 민요는 "다트Dart 강이여, 다트 강이여, 매년 그대는 인간의 심장을 하나씩 너의 몫으로 가져가는구나." 라고 노래한다. 스페이Spey 강 역시 매년 생명을 하나씩 요구한다.[28] 그러나 리블 강의 정령은 7년마다 한 명의 희생을 받는 것으로 만족한다.[29]

강을 숭배하였다는 증거는 샘을 숭배했다는 증거에 비해서는 빈약하다. 곰므는 "샘 숭배의 경우, 세 왕국의 모든 주에서 이것이 번성한다는 사실을 확신을 가지고 단언할 수 있을 것"이라고 말한다.[30] 그는 게일의 주들에서 샘 숭배를 가장 중요하게 여겼으며, 브리튼에서는 좀 덜 중요하고 튜튼족들이 주로 거주하는 남동부에서는 전혀 찾아볼 수 없다는 것을 알았다. "신성한 샘물들"은 그 수가 너무도 많아서 그 사례에 관해서만 몇몇 논문이 집필되었다.[31] 어떤 경우에는 병의 치료를 위하여 사람들이 이곳을 많이 찾고 또 어떤 경우에는 날씨의 변화 또는 '행운'을 얻기 위하여 찾았으며 이곳을 수호하는 신이나 님프들을 달래기 위해 제물을 바쳤다. 페난트는 예전에는 부자들이 다른 말들에게 축복을 주기 위하여 그들의 말들 가운데 하나를 아바르겔로이Abergeleu 근처에 있는 샘에서 제물로 바쳤다고 이야기한다.[32] 렉섬Wrexham 근처에 있는 성 테글라Tegla의 샘에서는 간질병 환자들이 가금류를 제물로 바쳤다.[33] 그러나 후세에 와 샘의 정령들은 핀이나 누더기, 색칠한 조약돌 그리고 작은 동전들 같은 훨씬 작은 제물에 만족해야 했다.

신성한 샘들은 신성한 나무와 종종 연관이 있는데, 소박한 숭배자들은 이 나뭇가지에 헝겊조각, 작은 옷조각 같은 것들을 걸어놓았다. 또 때로는 식물이 없는 샘 옆의 땅에 관목을 심었다. 샘과 나무들을 숭배하는 사람들은 성스런 돌도 똑같이 숭배하였다. 로덴Roden 경은 1851년 마요Mayo의 해안에 있는 이니스키예Inniskea의 섬을 묘사하면서, 이 섬에서는 '데리블라Derrivla'라고 불리는 성스런 샘과 '니부기Neevougi'라고 불리는 성스런 돌을 플란넬 천에 쌌다가 특정한 기간 동안에 꺼내어 공적으로 경배하는데 주민이 300명인 이 외로운 대서양의 섬에서 이들이 유일한 신들인 것 같다고 주장한다.[34] 이 주장은 별로 신빙성이 없어 보인다. 그러나 영국 제도에 살고 있는 현대의 주민들도 주물석을 숭배한다는 충분한 증거가 있다. 아란 섬에서는 하탄Chattan 씨족이 이런 돌을 보관하고 있었다. 사람들은 이 돌이 이니스케아의 돌처럼 질병을 치유하는 능력이 있다고 믿으며, "고운 리넨 천으로 싸고, 그 위를 다시 모직 천으로 싸서" 보관하였다.[35] 또한 이와 유사하게 샘의 숭배는 동물 숭배와 연결되어 있었다. 슈롭셔Shropshire의 럭클리Ruckley와 액튼Acton 사이에 있는 '악마의 둑길'에 샘이 하나 있는데, 그 샘에 사람들이 '악마와 그의 꼬마 도깨비들'(다시 말해서 금지된 우상숭배의 신이나 악마들)이라 믿고 아마 지금도 그렇게 믿고 있는 네 마리의 개구리가 살았고 아마 아직도 살고 있을 것이다.[36]

아일랜드에는 이러한 수호정령들이 대개 물고기(영원한 생명을 부여받았다고 생각되는 송어, 뱀장어, 또는 연어)이다.[37] 밴프셔Banffshire에 있는 샘의 정령은 파리의 형태를 하고 있었는데, 이 파리 역시 불멸의 존재로서 이 몸에서 저 몸으로 환생하였다. 이 파리의 기능은 신탁을 전달하는 것이었는데, 이것이 활동적인가 또는 늘어져 있는가에 따라 숭배자들은 전조를 읽었다.[38] 아직도 살아 있는 물과 나무와 돌과 동물들의 숭배 사례를 모두 열거할 필요는 없을 것이다. 우리가 관심을 가지는 것은, 세계에서 가장 오래되고, 가장 저급하며 가장 원시적인 종교(한때는 보편적이었으나, 말살당하지 않고 다른 교리들이 지나가도록 땅 가까이 웅크리고 있다가 그들 모두보다 오래 생존해온)

를 우리가 브리튼에서 대면하고 있다는 것이다.

　이것은 세계 3대 종교의 저변에 있으며, 아직도 그것을 추종하는 대다수 사람들의 진정한 믿음을 형성한다. 그 위력을 깨닫고 그것을 근절시키기보다 신성하게 만든 것이 기독교의 독특한 지혜이다. 한때 그리스 '요정들의 샘물들'에 해당하는 켈트의 샘물들은 '성스러운 샘물'로 신성함을 부여받았다. 이렇게 이들을 받아들이는 과정은 일찍이 시작되었다. 성 콜럼바가 6세기에 픽트인들을 개종하러 갔을 때, 그들이 신으로 숭배하는 샘을 발견했다. 그는 이 샘을 축복했고, 그날부터 "악마가 그 물에서 떨어져나갔다."[39] 그가 이와 같이 성스럽게 만든 샘의 수는 300개에 달한다.[40] 성스러운 돌들 역시 기독교의 보호 아래 들어갔다. 어떤 것은 성당의 제단 위에 놓여졌으며, 또 어떤 것은 신성한 벽의 일부를 이루었다. 동물 신들은 기독교 전설의 주인공이 되거나, 무슨 이유에선가 그렇게 받아들여질 희망이 없는 것들은 '마녀의 동물들'이라 선언당하고 그에 걸맞은 취급을 받았다. 이런 일이 들토끼에게 일어났는데, 들토끼는 고대 브리튼인들에게 성스러운 동물이었지만[41] 이제는 미신을 믿는 자들에게 평판이 좋지 않다. 굴뚝새도 성 스티븐 축일에 무자비하게 사냥된다. 이 새의 죄는 "그 안에 악마의 피가 한 방울 있다는 것"이지만 진짜 이유는 아마도 아일랜드의 드루이드 사제들이 이 새가 짹짹거리는 것을 보고 전조를 읽었기 때문일 것이다.

　우리는 이 책에서 우리의 제일 초창기 조상들, 즉 게일 계통과 브리튼 계통 켈트족들의 고대 종교에 대한 그림을 그려보려는 시도를 했다. 우리는 그리스 신화만큼이나 화려하고 찬란한 신화의 깨어진 조각들을 모을 수 있는 대로 모아 보여주었다. 그 신적인 형상을 그리려 시도했고, 그들의 영웅적 이야기들을 다시 펼쳐보려 노력했다. 나아가 그들이 신전으로부터 추락하는 것을 보았다. 하지만 다시 부활하여 왕 또는 성인, 로맨스의 기사들이 되고, 오늘날은 '요정'으로서 살아남아 있는, 그들의 빛과 그림자를 일별하였다. 그들에 관한 의식들은 아직도 누구를 숭배하는지 그리고 왜 숭배하는지조차 잘 모르는 숭배자들에 의해 소중히 여겨진다.

이 개관은 짧고도 불완전할 수밖에 없으며 켈트 신화의 거대한 전면이 완전히 복원될 수 있을지도 현재로서는 불확실하다. 그 거대한 조각들은 너무 깊이 묻혀 있거나 너무 광범위하게 흩어져 있다. 그러나 설령 폐허가 된 상태로 남아 있다고 해도, 켈트 신화와 전설 속 이야기들은 여전히 아직 태어나지 않은 시인들이 예술적 집을 짓기 위해 정신적 대리석을 고르고 잘라낼 거대한 채석장이다.

켈트의 신화와 문학에 대한 책 몇 권

이 짧은 목록의 목적은 이 주제에 좀더 깊이 들어가기를 원하는 독자에게 이 주제에 대하여 가장 최근에 구할 수 있는 저서들을 알려줌으로써 주석을 보완하기 위한 것이다. 이러한 의도를 고려할 때 구할 수 있느냐가 가장 중요한 관건이다. 그래서 손쉽고 싸게 구할 수 있는 책들만 여기에 언급한다.

● 입문서

Matthew Arnold *THE STUDY OF CELTIC LITERATURE* 대중판, London, 1891.

Ernest Renan *THE POETRY OF THE CELTIC RACES* Wiliiam G. Hutchinson 번역. London, 1896.

: 이상 두 권은 웅변적인 켈트 문학 감상서이다.

Magnus Maclean, M.A., D.C.L. *THE LITERATURE OF THE CELTS. Its History and Romance* London, 1902.

: 이상 켈트 문학의 모든 분야에 대한 손쉬운 설명서이다.

Elisabeth A. Sharp(편집). *LYRA CELTICA. An Anthology of Representative Celtic Poetry. Ancient Irish, Alban, Gaelic, Breton, Cymric, and Modern Scottish and Irish Celtic Poetry* William Sharp의

해설 및 주석. Edinburgh, 1896.

Alfred Nutt. *CELTIC AND MEDIEVAL ROMANCE.* No. I of Mr. Nutt's "Popular Studies in Mythology, Romance, and Folklore." London, 1899.
: 이상 중세 유럽문학이 중세 이전의 켈트 원전에 근거를 두고 있는 흔적을 추적하는 소책자.

● 역사서

H. d'Arbois de Jubainville. *LA CIVILISATION DES CELTES ET CELLE DE L'ÉPOPÉE HOMÉRIQUE* Paris, 1899.

Patrick Weston Joyce. *A SOCIAL HISTORY OF ANCIENT IRELAND, treating of the Government, Military System, and Law; Religion, Learning, and Arts; Trades, Industries and Commerce; Manners, Customs, and Domestic Life of the Ancient Irish People* 전2권. London, 1903.

Charles I. Elton, F.S.A. *ORIGINS OF ENGLISH HISTORY* 개정 2판. London, 1890.

John Rhys. *CELTIC BRITAIN* 'Early Britain' 연작. London, 1882.

H. d'Arbois de Jubainville. *INTRODUCTION A L'ÉTUDE DE LA LITTÉRATURE CELTIQUE* 'Cours de Littérature celtique' 1권, Paris, 1883.
: 이상 드루이드 사제와 드루이드교에 대하여 가장 완전하고도 권위 있는 정보를 담고 있다.

● 게일 신화

H. d'Arbois de Jubainville. *LE CYCLE MYTHOLOGIQUE IRLANDAIS ET LA MYTHOLOGIE CELTIQUE* 'Cours de Littérature celtique'의 2권, Paris, 1884. 영역본은, *THE IRISH MYTHOLOGICAL CYCLE AND CELTIC*

MYTHOLOGY Dublin, 1903.

: 이상 아일랜드의 신화적 역사와 게일의 몇몇 큰 시들. 켈트 신앙의 특징적인 국면에 관한 장들이 있다.

Alfred Nutt *THE VOYAGE OF BRAN, SON OF FEBAL. An Irish Historic Legend of the eighth century* Kuno Meyer 편집. With essays upon the Happy Otherword in Irish Myth and upon the Celtic Doctrine of Rebirth. 1권 *The Happy Otherworld.* 2권 *The Celtic Doctrine of Rebirth.* Grimm Library. London, 1895~1897.

: 이상 켈트 신화에 대한 주목할 만한 여러 가지 기여 이외에도 같은 저자의 아래 연구에서 간결하게 취급되고 있는 투아하 데 다난의 성격에 대한 연구를 담고 있다.

Alfred Nutt *THE FAIRY MYTHOLOGY OF SHAKESPEARE* 'Popular Studies in Mythology, Romance and Folklore' 6호, London, 1900.

Patrick Weston Joyce *OLD CELTIC ROMANCES* 게일어에서 번역. London, 1894.

: 이상 좀 더 중요한 신화와 핀의 추종자들에 관한 이야기를 대중적이고 현대적인 문체로 다시 쓴 것이다.

Lady Gregory *GODS AND FIGHTING MEN. The story of the Tuatha De Danaan and of the Fianna of Erin* Lady Gregory가 편찬 및 영역. W.B. Yeats의 서문. London, 1904.

: 이상 Mr. Joyce의 책과 거의 같은 영역을 다루지만 좀더 문학적이다.

Alfred Nutt *OSSIAN AND THE OSSIANIC LITERATURE* 'Popular Studies in Mythology, Romance, and Folklore' 3호. London, 1899.

: 이상 핀의 추종자들과 관련된 문학에 대해 개관하고 있다.

John Gregorson Campbell, Tiree의 목사 *THE FIANS. Stories, poems, and traditions of Fionn and his Warrior Band, collected entirely from oral sources* Alfred Nutt의 소개의 글과 서지 해설. 'Waifs and Strays of Celtic Tradition'의 4호. London, 1891.

: 이상 스코틀랜드 게일족 측에서 본 핀과 추종자들의 이야기를 싣고 있다.

Alfred Nutt *CUCHULAINN THE IRISH ACHILLES* 'Popular studies in Mythology, Romance, and Folklore' 8호. London, 1900.

: 이상 쿠훌린 이야기군에 대한 간결하면서도 뛰어난 입문서이다.

Lady Gregory *CUCHULAIN OF MUIRTHEMNE. The story of the Men of the Red Branch of Ulster* Lady Gregory 편찬 및 번역. W. B. Yeats 서문. London, 1902.

: 이상 쿠훌린과 연관된 이야기들을 시적인 산문으로 다시 썼다.

Eleanor Hull *THE CUCHULLIN SAGA IN IRISH LITERATURE. Being a collection of stories relating to the Hero Cuchullin, translated from the Irish by various scholars* Eleanor Hull 편집 및 소개. 고대 아일랜드의 지도 포함. Grimm Library, 8권. London, 1898.

: 이상 고대 아일랜드 원고에서 나온 일련의 쿠훌린 이야기들을 들려준다. 레이디 그레고리가 각색한 것보다 원문의 어구에 충실하다.

H. d'Arbois de Jubainville. *L'ÉPOPÉE CELTIQUE EN IRLANDE* 'Cours de Littérature celtique' 5권. Paris, 1892.

: 이상 쿠훌린 이야기군의 주요한 이야기 몇몇에 게일의 신화적 주제에 대한 다양한 부록을 추가하여 프랑스어로 번역한 선집.

L. Winifred Farady, M.A *THE CATTLE RAID OF CUALGNE (Tain Bo Cuailgne). An old Irish prose-epic translated for the first time from the Leabhar na h-Uidhri and the Yellow Book of Lecan* Grimm Library, 16권. London, 1904.

: 이상 쿠훌린 이야군의 중심 에피소드를 자구에 충실하게 번역했다.

● 브리튼의 신화

Ivor B. John *MABINOGION* 'Popular Studies in Mythology, Romance, and Folklore'11호. London, 1901.

: 이상 마비노기온 문학에 대한 소개 소책자이다.

Lady Charlotte Guest *THE MABINOGION. From the Welsh of the LLYER COCH O HERGEST*(the Red Book of Hergest) in the library of Jesus College, Oxford Lady Charlotte Guest 번역 및 주석. 초판. 본문, 번역, 및 주석, 총3권, 1849.

: 이상 이 고전의 값싼 판본들이 최근에 출간되었다. Nutt의 예쁜 작은 책으로 사거나, Dent사의 'Temple Classic'판 또는 'Welsh Library' 판으로 살 수 있다.

J. Loth *LES MABINOGION, traduits en entier pour la première fois en français avec un commentaire explicatif et des notes critiques* 총2권. De Jubainville's의 'Cours de Littérature celtique' 3권과 4권. Paris, 1899.

: 이상 Lady Guest의 것보다 좀더 정확한 번역으로 주석은 최근의 연구결과를 구현하고 있다.

J.A. Giles, D.C.L. *OLD ENGLISH CHRONICLES, including...Geoffrey of Monmouh's British History, Gildas, Nennius...* J.A. Giles, D.C.L. 편집 및 도해 주석. 'Bohn's Antiquarian Library' London, 1901.

: 이상 Geoffrey of Monmouth 중 가장 구하기 쉬운 판본이다.

Sir Thomas Malory *THE MORTE DARTHUR* Dr. H. Oskar Sommer 편집. 1권-본문. 2권-용어해설, 3권-원전연구. Lodnon, 1889~1891.

: 이상 Morte Darthur의 최고 텍스트인 이 책의 1권은 별도로 구할 수 있다.

Jessie L. Weston *KING ARTHUR AND HIS KNIGHTS. A survey of Arthurian romance* 'Popular Studies in Mythology, Romance, and Folklore'의 4호. London, 1902.

: 이상 아서에 관한 문학의 좀더 전문화된 연구에 유용한 소개서.

● 켈트 신화의 비교연구

John Rhys *LECTURES ON THE ORIGIN AND GROWTH OF RELIGION AS ILLUSTRATED BY CELTIC HEATHENDOM* 'The Hibbert Lectures for 1886.' London, 1898.

John Rhys *STUDIES IN THE ARTHURIAN LEGEND* Oxford, 1901.

: 이상 이 두 권은 켈트 신화의 과학적이고도 종합적인 연구를 향한 시도 중 가장 중요한 것들이다.

● 켈트 요정 이야기와 민담

T. Crofton Croker *FAIRY LEGENDS AND TRADITIONS OF THE SOUTH OF IRELAND*

: 이상 이것은 아일랜드 요정 이야기 선집 중에 가장 과학이지는 않더라도 가장 초기의 그리고 가장 매력적인 책이다. 후에 편찬한 것들로는 Mr. William Larminie의 *West Irish Folktales and Romances*와 Jeremiah Curtin의 *Hero Tales of Ireland, Myths and Folklore of Ireland* 그리고 *Tales of the Fairies, collected in South Munster*가 있다. 스코틀랜드 쪽에서는 Campbell의 *Popular Tales of the West Highlands* 그리고 *Waifs and Strays of Celtic Tradition*이라고 이름 지어진 책들이 있다. 이 책들은 모두 최근 것이거나 최근에 재출판된 것들이며 켈트 신화의 좀더 가벼운 쪽에 대한 가치 있는 또는 그렇지 않은 긴 저서목록에서 단순히 선택되었을 뿐이다.

John Rhys *CELTIC FOLKLORE, WELSH AND MANX* 총2권. Oxford, 1901.

Wirt Sikes *BRITISH GOBLINS: Welsh Folklore, Fairy Mythology, Legends, and Traditions* 주 웨일스 미국공사 Wirt Sikes 지음. London,

1880.

George Laurence Gomme *ETHNOLOGY IN FOLKLORE* 'Modern Science'
연작. London, 1892.

: 이상 브리튼 제도의 명백한 비아리안계 신앙들을 아리안족 이전의 거주자
들에게 돌리려는 시도를 하고 있는 책이다.

제1부

1) 보들리안 도서관의 사서 E.W.B. 니콜슨Nicholson 씨는 최근 출간된《켈트족 연구Celtic Researches》의 서문에서 랭커셔Lancashire, 서 요크셔WestYorkshire, 스태퍼드셔Staffordshire, 우스터셔Worcestershire, 워릭셔Warwickshire, 레스터셔Leicestershire, 러틀랜드Rutland, 캠브리지셔Cambridgeshire, 윌트셔Wiltshire, 서머셋Somerset, 그리고 서섹스Sussex의 일부는 퍼스셔Pertshire와 북먼스터North Munster만큼 켈트 색이 진하다고 믿을 만한 근거가 있다고 했다. 체셔Cheshire, 슈롭셔Shropshire, 헤리포드셔Herefordshire, 몬머스셔Monmouthshire, 글로스터셔Glocestershire, 데번Devon, 도셋Dorset, 노샘프턴셔Northhamptonshire, 헌팅던셔Huntingdonshire, 베드퍼드셔Bedfordshire는 더욱 그러하며 북웨일스와 렌스터Leinster만큼 켈트적이라고 그는 말한다. 한편 버킹엄셔Buckinghamshire와 하트포드셔Hertfordshire는 이 정도를 넘어 남웨일스 및 얼스터Ulster와 같은 수준이다. 물론 콘월은 영국의 다른 어느 주보다 켈트적이며 아가일Argyle, 인버네스셔Inverness-shire, 코나트Connaught와 비슷하다.

2) 《The Study of Celtic Literature》.

3) 1801년에 쓰인 소네트sonnet에 나오는 말.

4) Elton《Origins of English History》chap.x.

5) 게일족과 웨일스족 전설의 연대에 관한 증거의 훌륭한 요약은 너트Nutt 씨의 《Popular Studies in Mythology, Romance, and Folklore》의 8번과 11번 소책자에서 볼 수 있다.

6) Rhys《Studies in the Arthurian Legend》chap. I

7) 이 책의 16장 'The Gods of the Britons' 참조.

8) Lecture II.

9) Huxley 《On Some Fixed Points in British Ethnology》 1871.

10) Sergi 《The Mediterranean Race》.

11) Gomme, 《The Village Community》 Chap. IV—'The non-Aryan Elements in the English Village Community'.

12) Tacitus 《Agricola》 chap XI.

13) Strabo 《Geographica》 Book IV, chap Ⅴ.

14) Taciuts. op. cit.

15) Rhys 《The Early Ethnology of the British Islands》 《Scotish Review》 April. 1890.

16) Caesar 《De Bello Gallico》 Book 1. chap I.

17) Rhys 《Scottish Review》 April 1890.

18) Op. Caesar, op. cit.

19) Tacitus 《Agricola》 chap XI.

20) Caesar 《De Bellico Callico》 Book V, chap XII.

21) Elton 《Origins of English History》 Book V, chap Ⅶ.

22) 〈La Civilization des Celtes et celle de l'Epopée Homérique〉 by M. d'Arbois de Jubainville 《Cours de Literature Celtique》 Vol VI.

23) Elton 《Origins of English History》, chap. VII 참조.

24) Caesar 《De Bello Gallico》 Book IV, chap. XXXIII.

25) 《Tain Bo Chuailgne》에서. Standish Hayes O'Grady의 번역.

26) 《Tachmarc Emire》—the 《Wooing of Emer》—옛 아일랜드 로맨스.

27) 때로 'Conachar'로 쓰이며 콘하우어Conhower 또는 코노르Connor라고 발음한다.

28) The 《Wooing of Emer》.

29) Caesar, 《De Bello Gallico》, Book V, chap xxi, Book VII의 나오는 글 참조.

30) Ibid., chap. xiv.

31) Schrader, 《Prehistoric Antiquities of the Aryan Peoples》 pp. 138, 272 참조.

32) 겨우살이를 사용한 드루이드 숭배의식 설명은 Pliny 《Natural History》 XVI, chap XCV에서 볼 수 있다.

33) Frazer 《The Golden Bough》 chap. IV 참조.

34) Caesar 《De Bello Gallico》 Book VI, chaps XII, XIV. 드루이드에 관한 좀더 상

세한 설명은 M. d'Arbois de Jubainville 《*Introduction a l'etude de la Literature Celtique*》《*Cours de Literature Celtique*》 Vol.I 참조.

35) Caesar 《*De Bello Gallico*》 Book VI, chap. XIII.

36) Pliny 《*Natural History*》 XXX.

37) 12장 '아일랜드의 일리아드' 참조.

38) Rhys 《*Celtic Britiain*》 chap II; Gomme 《*Ethnology in Folk-lore*》 pp.58~62; 《*Village Community*》 p. 104 도 참조.

39) Pausanias 《*Description of Greece*》에 이에 관한 많은 증거가 들어 있다.

40) Caesar 《*De Bello Gallico*》 VI, chap XIV.

41) 《*The Wooing of Emer*》.

42) 이 이야기는 '암갈색 암소의 책'에 들어 있으며 Eugene O'Curry(《*Manners and Customs of the Ancient Irish*》), Du Jubainville(《*Cycle Mythologique Irlandais*》, Nutt(《*Voyage of Bran*》)등이 번역을 하거나 주석을 달았다.

43) Caesar 《*De Bello Gallico*》 Book VI, chap. XVI

44) 이 시의 번역은 Dr. Kuno Meyer가 한 것이며 Nutt의 저서 《*Voyage of Bran*》의 Appendix B에 나온다. 여기에 생략된 3연의 시는 후반부 제12장 '아일랜드의 일리아드'에 붙여진 주석에서 볼 수 있다.

45) 이 시의 번역은 Dr. Kuno Meyer가 한 것이며 Nutt의 저서 《*Voyage of Bran*》의 Appendix B에 나온다. 여기에 생략된 3연의 시는 후반부 제12장 '아일랜드의 일리아드'에 붙여진 주석에서 볼 수 있다.

46) Rennes의 《딘헨휘스》는 《*The Revue Celtique*》 Vol. XVI에 Whitley Stokes 박사의 번역으로 나와 있다.

47) 세 부분으로 구성된 성 패트릭의 전기에 나오는 이야기. 15세기에 고대 켈트 문서 세 가지를 합쳐 만든 것.

48) 1886년 《*The Hibbert Lectures*》 Lecture II-'The Zeus of the Insular Celts'.

49) Baltinna로 발음.

50) 《*Diodorus Siculus*》, Book II chap.III

51) Sowin으로 발음.

52) 이 제목은 고대 영어로 'bards'라는 말을 재생하려고 지은 것이라는 암시가 있다.

53) 《*Diodorus Siculus*》 Book II. chap III.

54) 《*Hibbert Lectures*》 1886. Lecture I-'The Gaulish Pantheon'.

55) Rhys 《*Lectures on Welsh Philology*》 pp.426, 552, 653 참조.

제2부

1) Tooaha dae donnann투아하 데 다난으로 발음.

2) Rhys 《*Hibbert Lectures*》 1886. Lecture VI—'Gods, Demons, and Heroes'.

3) Ibid.

4) De Jubainville 《*Le Cycle Mythologique Irlandais*》 chap. V.

5) Ibid., chap. IX

6) 영국박물관에 있는 15세기 할레이안Harleian 문서 5280번 《*Second Battle of Moitura*》이라는 원고에서 인용.

7) 할레이안 문서 5280.

8) "먼스터에서는 아나라는 이름을 가진 풍요의 여신을 숭상했다. Luachair Degad 위의 아나의 젖꼭지는 여기서 나온 이름이다." Whitley Stokes 박사가 《*Irisch Texte*》에 낸 16세기 소책자 《*Anmann, the Choice of Names*》에서 인용.

9) Cormac, King—Bishop of Cashel의 말로 추정.

10) Rhys 《*Hibbert Lectures*》, 1886—'The Zeus of the Insular Celts.'

11) Rhys 《*Hibbert Lectures*》, 1886—'The Gaulish Pantheon.'

12) 《*Pharsalia*》 Book I, I. 444. &c.,

      Et quibus immitis placatur sanguine diro

      Teutates, horrensque feris altaribus Hesus;

      Et Taranis Scythicae non mitior ara Dianae."

13) Iliad, Book V.

14) Op. cit., Book XIV.

15) Magh Rath의 전투를 기리는 시.

16) Badb은 아마도 Bive 또는 Bibe로 발음되었을 것이다.

17) 이 존재들에 대한 상세한 설명으로는 《*Revue Critique*》 Vol.I에 나오는 W.M. Hennessey의 'The Ancient Irish Godess of War'라는 글을 참조.

18) De Jubainvill 《*Le Cycle Mythologique*》 Rhys 《*Hibbert Lectures*》 p. 154. 그러나 The 《*Coir Anmann*》은 이것을 'Fire of God'로 번역하고 있다.

19) 《*The Second Battle of Moytura*》 Harleian MS. 5280.

20) 이 이야기는 Book of Leinster에 나온다.

21) 현재 'Trinity Well'이라 불린다.

22) 14장 'Fin and the Fenians' 참조.

23) Book of Leinster. 이 이야기의 줄거리는 O'Curry의 《Manners and Customs of the Ancient Irish》 Vol. II, p. 143에 나온다.

24) 15장 '신들의 쇠퇴와 몰락' 참조.

25) Rhys 《Hibbert Lectures》 p.331.

26) Rhys 《Hibbert Lectures》 p.331.

27) 11장 '추방당한 신들' 참조.

28) 8장 '게일족 아르고 선의 선원들' 참조.8장 '게일족 아르고 선의 선원들' 참조.

29) Rhys 《Hibbert Lectures》 p. 524.

30) Bodb는 Bove로 발음.

31) Ler는 Lir의 소유격.

32) Dianket라고 발음한다. 그의 이름은 《Choice of Names》와 Comac의 《Glossay》에 '건강의 신'을 뜻한다고 나와 있다.

33) Standish O'Grady 《The Story of Ireland》 p.17

34) Luga 또는 Loo로 발음한다.

35) Lavdda로 발음한다.

36) O'Curry가 《Atlantis》 Vol. III에 Book of Lismore에서 번역 게재했다.

37) 8장 '게일족 아르고 선의 선원들'

38) 7장 '태양신의 등극'

39) Rhys 《Celtic Britain》 chap VII.

40) De Jubainville 《Cycle Mythologique》 chap. V.

41) Rhys, 'The Mythographical Treatment of Celtic Ethnology' 《Scottish Review》 Oct. 1890.

42) De Jubainville 《Cycle Mythologique》 chap v. Rhys 《Hibbert Lectures》 pp.90, 91.

43) Ecca 또는 Eohee로 발음한다.

44) Gomme 《Ethnology in Folklore》 chap III 'The Mythic Influence of a Conquered Race'

45) Elton 《Origins of English History》 p. 136 주석.Elton 《Origins of English History》 p. 136 주석.

46) 페니안들은 아일랜드 원주민의 신들 아니면 영웅들이었다는 주장이 있다. 얼스터의 붉은 가지 영웅담들이 아리안계 켈트인들의 이상을 대변했듯이 그들에 대한 신화는 켈트 이전, 아리안인 이전의 이상을 대변한다고 논의되었다. 그러나 이 문제는 아직도 전혀 만족스럽게 해결 된 것이 아니다.

47) William Forbes Skene 《The Coronation Stone》

48) 《History and Antiquities of Tara Hill》 참조.

49) 투아하 데 다난과 피르볼그들 사이의 전쟁에 대한 자세한 내용은 Stokes와 De Jubainville이 번역한 하를레이안 원고 5280의 도입부의 시행과 더블린의 트리니티 칼리지Trinity Colloege에 보관되어 있는 원고 중 O'Curry의 《MS. Materials of Ancient Irish History》와 《Manners and Customs of the Ancient Irish》에 실려 있는 번역을 참조하였다.

50) 지금은 Benlevi라 불린다.

51) Dr. James Fergusson 《Rude Stone Monuments》 pp. 177~180 참조.

52) Sir William R. Wilde 《Lough Corrib, Its Shores and Islands》 chap. VIII.

53) De Jubainville 《Cycle Mythologique Irlandais》 p. 156.

54) 이 장의 주요 정보원은 'The Second Battle of Moytura' 라는 제목이 붙어 있는 Harleian MS 5280로서, Whitley Stokes 박사는 그것을 번역하여 《Revue Celtique》에 냈고 M. de Jubainville는 《L'Epopee Celtique en Irlande》에 번역을 실었다. Eugene O'Curry의 《Atlantis of the Fate of the Children of Tuirenn》 Vol. IV에 나와 있는 번역도 주요 정보원이다.

55) Kian이라고 발음한다.

56) Ildana로 발음한다.

57) 로스코먼Roscommon과 슬라이고 사이에 있는 컬류Curlieu 언덕을 가리킨다.

58) Croagh Patrick.

59) 섀넌 강의 하구.

60) 'Fate of the Children of Tuirenn'의 이야기는 19세기의 'Cormac's Glossary'에서 언급되어 있다. 또 Book of Lecan을 포함하는 여러 가지 아일랜드와 스코틀랜드의 문서에서 볼 수 있다. 여기 실린 이야기는 'Atlantis' Vol. IV에 나오는 Eugene O'Curry의 번역에서 나온 것이다.

61) Rhys 《Hibbert Lectures》 pp. 390~396.

62) 보인Boyne과 던도크Dundalk 사이에 있는 라우스Louth 주의 일부. 영웅적 전설군은 쿠

홀린과의 연관성을 말한다. 발음은 Murthemna 또는 Murhevna.

63) 뮈르솀나 군에 키안의 봉분 'Ard Chein'이라 불리는 언덕이 있다고 한다. O'Curry 는 현재 드롬슬리안Dromslian이라고 불리는 언덕을 가설적으로 그의 봉분으로 보고 있다.

64) Pezar로 발음한다.

65) Dobar로 발음한다.

66) Asal로 발음한다.

67) Iroda로 발음한다.

68) Fincara로 발음한다.

69) 포모르들이 살았다는 신화의 나라.

70) Midkena의 언덕(cnoc).

71) 6장 '신들의 도래' 참조

72) Ibid.

73) Ibid.

74) 11장 '추방당한 신들' 참조

75) Ibid.

76) Petrie 《*History and Antiquity of Tara Hill*》

77) 이 땅은 노르웨이나 아이슬란드로 여겨져 온 것 같다.

78) Midkena로 발음한다.

79) 나머지 두 이야기는 11장에 나오는 'The Fate of the Children of Ler'와 제13장에 나오는 영웅 이야기군 중 한 일화인 'The Fate of the Sons of Usnach'이다.

80) 이 장은 대영박물관 소장 Harleian MS 5280번 'Second Battle of Moytura'을 기 초로 몇 군데 다른 자료를 추가한 것으로서, Whitley Stokes 박사가 《*Revue Celtique*》 Vol. XII에 발표한 번역과 M. de Jubainville이 《*L'Epopee Celtique en Irlande*》에 낸 번역을 따랐다.

81) 이 생생한 묘사는 O'Curry가 《*Atlantis*》 Vol. IV에 번역해낸 'Fate of the Children of Tuirenn' 속에서 투아하 데 다난과 포모르인들 간의 전쟁 이야기에서 가져온 것 이다.

82) 이것은 전에 W. Monck Mason 씨가 소유하던 고대 피지 문서에서 Eugene O' Curry가 번역한 것인데 그후 이 문서는 런던에서 경매되었다. 그의 저서 《*Manners and Customs of the Ancient Irish*》, Lecture XII, p. 252 참조.

83) Fergusson 《*Rude Stone Monuments*》, pp. 180, &c 참조.

84) 배그파이프Bagpipe.

85) 《*Book of Fermoy*》《*Revue Celtique*》Vol. I. 'The Ancient Irish Goddess of War' 참조.

86) 웨일스 전설에 따르면 Cymri의 조상은 '여름의 나라' Gwld yr Hv 즉 켈트족이 말하는 저승에서 왔다고 한다.

87) 《*De Belle Gallico*》Book VI, chap. XVIII.

88) De Jubainvill 《*Cycle Mythologique*》chap. X. Rhys 《*Hibbert Lectures*》'The Gaulish Pantheon.'

89) Geoffrey of Monmouth 《*Historia Britonum*》Book I, chap.II

90) Book of Leinster 및 다른 고대 문서에 나온다.

91) 현재는 Kenmare 강이라고 한다.

92) 이 시와 연이어 나오는 세 개의 시는 아모르긴Amergin의 것이며 아일랜드 문학사상 가장 오래된 기록이라고 한다.

93) Skene의 Four Ancient Books of Wales, Vol I, p,. 276에 실린 Book of Taliesin, poem VIII.

94) De Jubainville 《*Cycle Mythologique*》및 《*Transactions of the Ossianic Society*》Vol. V 참조.

95) 《*Transactions of the Ossianic Society*》Vol. V. Owen Connellan 교수 번역.

96) 이 주문과 주문의 본래 판본은 De Jubainvill의 《*Cycle Mythologique Irlandais*》에서 나온 것이며 후기 판본은 Owen Connellan 교수가 번역한 《*Transactions of the Ossianic Society*》Vol. V에서 따온 것이다. 교수는 "이들 시는 중세 저작가나 평론가에 의해 해설된 것이다. 그들의 손질 없이는 어떤 아일랜드 학자도 그것을 해석할 수 없었을 것이다. 따라서 이들 시의 번역은 원본보다도 해설본을 따른 것이라고 해야 옳다."고 논평하고 있다.

97) De Jubainvill 《*Cycle Mythologique Irlandais*》p. 269.

98) 4장 '고대 브리튼인과 드루이드교' 참조.

99) Tennyson 《*Idylls of the King: The Passing of Arthur*》.

100) Wood-Martin 《*Traces of Elder Faiths of Ireland*》Vol. I, pp. 213~215 참조.

101) 여기 나오는 시는 Nutt의 Grimm Library, Vol. IV에 발표된 Kuno Meyer 박사의 로맨스 《*The Voyages of Bran, Son of Febal*》의 번역에서 인용한 것이다.

102) 놀이 평원.

103) 행복의 평원.

104) Shee Finneha로 발음.

105) Shee Bove로 발음.

106) Shee Assaroe로 발음.

107) Finnvar로 발음.

108) Far-shee로 발음.

109) O'Curry 《*Lectures on the MS. Materials of Ancient Irish History*》 Appendix p.505.

110) Fergusson 《*Rude Stone Monuments*》 pp. 200~213.

111) O'Curry 《*MS. Materials*》, p. 505.

112) Fergusson 《*Rude Stone Monuments*》 p 209.

113) 이 이야기는 Book of Leinster에 나온다.

114) Ilbrec으로 발음한다.

115) 'The Dream of Angus'이라고 하는 이 이야기는 대영박물관에 있는 18세기 문서 중 Edward Muller 박사가 영문으로 번역한 《*Revue Celtique*》 Vol.III에 나와 있다.

116) Aive라고 발음한다.

117) Aiva라고 발음한다.

118) Alva라고 발음한다.

119) 현재는 '북해로 North Channel'라고 한다.

120) 마요Mayo에 있는 에리스Erris 반도.

121) 벤뮬렛Benmullet에서 떨어진 곳에 있는 조그만 섬.

122) 14장 '핀과 그의 추종자들' 참조.

123) 마요 해안에서 떨어진 곳에 있는 섬.외로운 학은 '이 섬의 신비' 가운데 하나였으며 지금도 민속 신앙의 대상이 되고 있다.

124) Kemoc라고 발음한다.

125) The Fate of the Children of Ler의 이 유명한 이야기는 17세기 초 이전의 문서에는 나오지 않는다. 그것의 번역은 Eugene O'Curry가 《*Atlantis*》 Vol. IV에 발표했으며 여기 나온 요약은 이 번역을 따른 것이다.

126) Dara로 발음한다.

127) 아일랜드를 시적으로 부른 이름.

128) O'Curry의 번역 《*Manners and Customs of the Ancient Irish*》 Lecture IX, p. 192, 193.

129) Iliad, Book XX.

130) 미처르의 복수와 콘느레의 죽음 이야기는 《*Bruidhen Da Derga*》 안의 'The Destruction of Da Derga's Fort'에 나오며 Whitley Stokes, Eugene O'Curry, Zimmer 교수가 원본으로부터 번역했다.

131) 지편 타라의 왕자 티게르마스Tigermas가
할로윈날 군병을 거느리고
나타나자
그것은 백성들의 슬픔의 씨가 되었노라.

반바Banba의 군대는
크롬 크루아이히Cromm Cruaich를 숭상하는
북녘의 파괴자 티게르마스 주변에
맥없이 쓰러졌노라.

영리한 게일 족의 4분의 1 외에는
함정에서 버티어 들이닥친 죽음을 피하여
살아남은 자 한 명도 없었노라.
――Kuno Meyer의 《*Dinnsenchus of Mag Slecht*》의 번역문에서

132) Nutt, 《*Voyage of Bran*》, p. 164.

133) 제11장 '추방당한 신들' 참조

134) Maive로 발음한다.

135) Eugene O'Curry가 Book of Leinster에서 번역한 'The Tragical Death of King Conchobar' 이야기는 그의 《*MS. Materials of Irish History*》의 부록과 Hull 양의 《*Cuchuallin Saga*》에서 찾아볼 수 있다.

136) Cuhoolin 또는 Cuchullin(독일어의 ch처럼)으로 발음한다.

137) 주요한 '붉은 가지 전사의 영웅들'이 투아하 데 도난의 후예임은 Hull 양의 《*Cuchullin Saga*》의 서문에 나오는 도표에 표시되고 있다.

138) Book of the Dun Cow에서는 코노르가 얼토니아인들의 대지의 신이라고 되어 있으며 데히티러는 Book of Leinster에 여신으로 나온다.

139) 아일랜드의 신화적 왕 위대한 콘느레의 주방장을 지냈다는 것이 그에 대한 마지막 소식이다.

140) Book of Leinster.

141) 나반 요새Navan Fort의 설명은 《Revue Celtique》, Vol. XVI에 나온 M. de Jubainville 의 논문 참조.

142) Alfred Nutt, 《Cuchulainn, The Irish Achilles》, Popular Studies in Mythology, Roamance, and Folklore, No.8.

143) 《Studies in the Arthurian Legend》, chap. ix and x에는 쿠훌린과 헤라클레스의 의 재미있는 비교가 제시되어 있다.

144) 《The Tain Bo Chuailgne》. Standish Hayes O'Grady 번역.

145) 쿠훌린과 그의 이야기군에 관련되는 아일랜드의 로맨스들은 그 수가 거의 100개에 가까운데 이 장에서 이것들을 각각 언급할 필요는 없다. 또 이 이야기에는 여러 가지 이본들이 있다. 그중 많은 이야기들이 여러 학자들에 의해 번역되었다. 쿠훌린 의 전설에 대한 좀 더 완벽한 개관을 원하는 독자는 Hull 양의 《Cuchullin Saga》 또는 Lady Gregory의 《Chchulain of Muirthemne》를 참조하기 바란다.

146) Avair로 발음한다.

147) 이 섬은 보통 스카이Skye 섬과 동일시된다.

148) Eefa로 발음된다.

149) Book of the Dun Cow와 The Yellow Book of Lecan에 나오는 'Tain Bo Chuailgne'를 직역한 Winifred Faraday의 글은 Nutt이 Grimm Library, No. 16에 실었다.

150) Cooley라고 발음한다.

151) 이 예언(여기에 많이 축약되어 있는)의 원문은 운문으로 되어 있다.

152) Finnavar로 발음한다.

153) 일종의 작살, 입으로 부는 작살. 30개의 가시가 박혀 있었다.

154) 이것은 암갈색 소의 책에 나오는 '유령 전차'라고 하는 이야기 속에 들어 있다.

155) 20장 '어둠에 대한 빛의 승리' 참조.

156) Conla로 발음한다.

157) Geasa는 비법의 금기 또는 금지사항. 단수는 geis.

158) 현재 Dundalk라 한다.

159) Lewy라고 발음한다.Lewy라고 발음한다.

160) Glen na Mower로 발음한다.

161) Wooing of Emer》의 이야기 중 암갈색 소의 책에 나오는 부분은 Kuno Meyer 박사가 번역하여 《Archaological Review》, Vol. I, 1888에 발표한 것이다. Miss Hull은 그녀가 출판한 《Cuchullin Saga》에 이것을 실었다. Kuno Meyer의 또 하나의 번역은 Bodleian MS에 나오는데 그것은 《Revue Critique》, Vol. XI에서 볼 수 있다.

162) 《Sick Bed of Cuchulainn》으로 알려진 이 이야기는 M. d'Arbois de Jubainville를 불어로 번역하여 그의 저서 《L'Epopee Celtique en Irlande》 중의 'Cour de Literature Celtiqu', Vol. V에 실었다. Eugene O'Curry가 한 영문 번역은 《Atlantis》, Vol. I 과 II에 나온다.

163) 바일러Baile와 알린Ailinn의 이야기는 《Revue Critique》 Vol. XIII에 나오는 Kuno Meyer 박사의 번역에서 전문을 볼 수 있다.

164) 이 로맨스는 여러 개의 번역이 있으며 게일어 번역도 여러 개가 있다. 게일어 번역 중 가장 오랜 것은 렌스터의 책에 나오며, 가장 완벽한 것은 에든버러의 변호사 도서관에 보관된 두 개의 문서에서 볼 수 있다. 여기에 소개된 이야기는 Whitley Stokes 박사가 번역하여 Glenn Masain MS라고 하는 문서에서 따온 것인데 Miss Hull의 《Cuhullin Saga》에도 나온다.

165) Usna라고 발음한다.

166) Naisi로 발음한다.

167) 은 Hull의 《Cuchullin Saga》에 나온다. 그 책에 나오는 시는 먼저 M. Ponsinet가 렌스터의 책에서부터 불어로 번역한 것이다.

168) 페니언 이야기들을 번역한 책은 여러 권 있다. 독자는 일단 가장 대중적인 Lady Gregory의 《Gods and Fighting Men》에서 이들 중 여러 편의 이야기들을 찾을 수 있을 것이다. 그 다음으로는 Standish Hayes O'Grady의 《Silva Gadelica》나 《Waifs and Strays of Celtic Tradition》 4권, J.G. Campbell의 《The Fians》, 《Revue Celtique》이나 《Transactions of the Ossianic Society》로 넘어갈 수 있을 것이다.

169) 부록 128에 나와 있는 원고들에 관한 O'Curry의 번역을 참고할 것.

170) 암갈색 소의 책에 전해지고 있는 이 이야기는 De Jubainville의 《Epopee Celtique》에도 불어로 전해진다.

171) 이 유명한 이야기는 14, 15세기의 몇몇 원고에 전해지고 있다. 이에 대한 번역서로는 Whitley Stokes 박사의 《Irische Texte》와 Standish Hayes O'Grady의 《Transactions of the Ossianic Society》 3권을 참조할 수 있다.

172) Fena라고 발음한다.

173) 게일어 철자로는 Fionn mac Cumhail이라고 쓴다.

174) Agalamh na Senórach. Standish Hayes O'Grady의 저서 《Silva Gadelica》의 리스
모어의 책을 보면 'The Colloquy of the Ancients'라는 제목 아래 이를 훌륭히 번역
해놓았다.

175) O'Grady, 《Silva Gadelica》

176) 《Hibbert Lectures》, p.335.

177) O'Grady의 역서인 《Silva Gadelica》 중의 'The Enumeration of Finn's Household'
참고.

178) 이에 관한 충실한 이야기는 J.G. Campbell의 《The Fians》 p.10~80을 참조할 것.

179) 보다 정확한 철자로는 Oisin이며 Usheen 또는 Isheen이라고 발음된다.

180) Kylta 또는 Cweeltia로 발음한다.

181) Gaul로 발음한다.

182) Grania로 발음한다.

183) Dermat O'Dyna로 발음한다.

184) Basken으로 발음한다.

185) Demna로 발음한다.

186) 이 이야기와 더불어 Finn mac Cumhail의 '소년시절의 모험'에 관한 여타의 이야기
들은 9세기의 Psalter of Cashel의 일부분을 토대로 하여 쓴 작은 책자에 들어 있다.
이는 《Trasactions of the Ossianic Society》에 번역되어 있다.

187) Campbell의 《Fians》, p. 22.

188) O'Grady의 《Silva Gadelica》 중 'Colloquy of the Ancients'에서.

189) 'Pursuit of Diarmait and Grainne' 이야기가 가장 잘 번역된 출판본으로는 S. H. O'
Grady의 《Transactions of the Ossianic Society》 3권이 있다.

190) 오늘날에는 Benbulben이라고 불리는 곳으로 슬라이고 인근에 있다.

191) Gavra로 발음한다.

192) O'Grady의 《Silva Gadelica》참조.

193) Nee-av로 발음한다.

194) 《Ossianic Society-Transaction》 4권에 Brian O'Loony의 번역으로 《The Lay of
Oisin in the Land of Youth》가 실려 있다. 이 주제에 대한 유명한 현대 시 작품으
로는 W. B. Yeats의 〈Wanderings of Oisin〉이 있다.

195) 《*Transactions of the Ossianic Society*》를 참조. 이 발라드들은 대개 'Dialogues of Oisin and Patrick'이라 불린다.

196) 암갈색 소의 책에 전해지는 이 이야기는 'The Phantom Chariot'이라고 불린다. 이는 Mr. O'Beirne Crowe가 번역했고, Miss Hull의 《*Cuchulinn Saga*》에 포함되어 있다.

197) Elton의 《*Origins of English History*》 pp. 269-271 참조.

198) 박학자로 알려져 있는 Caius Julius Solinus. 24장 참조.

199) 이는 《*Atlantis*》3권에서 'Exile of the Children of Usnach'의 이야기에 관한 그의 번역에 덧붙여져 있다.

200) Cusack의 《*History of Ireland*》 pp.160-162 참조.

201) 즉, 하늘로부터 온 것이라는 의미.

202) Thomas D'Arcy M'Gee의 《*Poems*》 p. 78의 'The Gobhan Saer'

203) Larminie의 《*West Irish Folk-Tales*》 pp.1-9.

204) Ildana로 발음한다.

205) 이 이야기는 Rhys의 《*Hibbert Lectures*》, pp. 314-317에서 찾아볼 수 있다.

206) 이야기의 또 다른 변형들은 Curtin의 《*Hero Tales of Ireland*》를 참고할 것.

207) Mr. David Fitzgerald가 수집하고 《*Revue Celtique*》4권 p. 177에 발표된 도네갈 이야기이다.

208) Moore의 《*Folklore of the Isle of Man*》참조.

209) 1864년 6월자의 《*Dublin University Magazines*》에 실린 기사 참조.

210) 이 이야기는 Lady Wilde가 기록한 수많은 전설들 가운데 하나로 그녀의 책 《*Ancient Legends of Ireland*》 1권의 pp. 77-82에 실려 있다.

211) 1864년 6월자 《*Dublin University Magazine*》

212) Cleena로 발음한다.

213) Evin으로 발음한다.

214) 《*Revue Celtique*》의 4권에 실린 Fitzgerald의 'Popular Tales of Ireland'를 참조.

215) 1864년 6월자 《*Dublin University Magazine*》

216) 이들 두 노르만 계통 아일랜드 영웅들의 이야기는 Crofton Croker의 《*Fairy Legends and Traditions of the South of Ireland*》에서 찾아볼 수 있다.

제3부

1) Lady Guest의 《*Mabinogion*》, 《*Math, the Son of Mathonway*》에 대한 주석.

2) 《*The Story of Lludd and Llevelys*》. 'The Decline and Fall of the Gods' chap. xxiv 참조.

3) Rhys, 《*Hibbert Lectures*》, p. 128.

4) the Right Hon. Charles Bathurst, 《*Roman Antiquities in Lydney Park, Gloucestershire*》 참조.

5) 24장 '신들의 쇠퇴와 몰락' 참조.

6) 《*Hibbert Lectures*》, pp. 178, 179.

7) Lady Guest의 번역. Rhys 교수는 "신이 안눈에 거주하는 악마들의 본능을 집어넣은 자"로 해석한다. 《*Arthurian Legend*》, p. 341.

8) Lady Guest의 《*Mabinogion*》. 'Kulhwch and Olwen'에 대한 주석.

9) Lady Guest의 《*Mabinogion*》. 'Kulhwch and Olwen'에 대한 주석.

10) 본 논의와 연관이 없어 보이는 몇 행은 중략하였음을 밝혀둔다.

11) 권은 언덕이나 산의 정상을 자주 찾았던 것으로 알려져 있다.

12) 이것은 Rhys 교수의 번역이다. Skene는 "나는 누드의 아들 권이라 불리기도 하면서"라고 해석한다.

13) 여기서 Rhys 교수의 해석을 채택하였음을 밝혀둔다. 《*Arthurian Legend*》, p. 364.

14) 하계를 일컫는 명칭. 어원과 의미는 알려져 있지 않다.

15) Dormarth는 '죽음의 문'을 뜻한다. Rhys, 《*Arthurian Legend*》, pp. 156–158.

16) Rhys의 번역: "땅에서 먹이를 찾는 붉은 코의 도르마르스-

　　　그를 통해 구름산Cloud Mount을 확보하던

　　　당신의 빠른 속도를 감지했습니다."

　　　　　- 《*Arthurian Legend*》, p.156.

17) Rhys, 《*Arthurian Legend*》, p. 383. Skene은 "나는 살아 있고 그들은 무덤 속에!"로 번역한다.

18) Rhys, 《*Hibbert Lectures*》, p. 561.

19) Rhys, 《*Hibbert Lectures*》, pp. 561–563.

20) Dyer, 《*Studies of the Gods in Greece*》, p. 48.
　　누드의 아들인 권에게는 에데이른Edeyrn이라는 이름의 형제가 있었다. 그에 대해 전해 내려오는 않고, 'Kulhwch and Olwen', 'Dream of Rhonabwy', 그리고 'Geraint,

the Son of Erbin' 등의 Red Book 이야기들에서 아서의 원탁의 기사로 처음 모습을 드러낸다. 그는 아서와 로마 원정을 함께 떠난 것으로 기록되어 있으며 또 글래스턴베리 근처의 브렌테놀Brentenol(Brent Knoll)이라는 곳에서 '극악무도한 세 거인'을 살해한 것으로 되어 있다. 그의 이름은 종종 웨일스의 성자들과 함께 거론되기도 하는데, 이때 그는 음유시인으로 묘사된다. 홀리헤드Holyhead 근교에 위치한 보데던Bodedyrn의 예배당에서는 현재까지 그를 기리고 있다. 현대의 독자들은 아마도 웨일스의 'Geraint, the Son of Erbin'이라는 로맨스 이야기와 매우 흡사한 테니슨의 'Geraint and Enid'라는 제목의 목가를 통해 그를 만났을 것이다.

21) Rhys는 그를 '캄브리아의 플루토'로 지칭한다. 《Lectures on Welsh Philology》, p. 414.

22) 《Book of Taliesin》, XLIII. 《The Death-song of Dylan, Son of the Wave》 Vol. I, Skene, p. 288.

23) Rhys, 《Hibbert Lectures》, p. 387.

24) Rhys, 《Celtic Folklore》, p. 210.

25) 즉, '흔들림 없는 손을 지닌 사자'

26) Rhys, 《Hibbert Lectures》, p. 237의 주석 참조.

27) Rhys, 《Hibbert Lectures》, p. 240.

28) Lady Guest의 《Mabinogion》에 실린 Mabinogi of Math, Son of Mathonwy를 참조하였음.

29) The Iolo Manuscripts: 19세기 초에 음유시인 Edward Williams가 수집-'The Tale of Rhitta Gawr'.

30) 7장 '태양신의 왕림' 참조.

31) Rhys, 《Studies in the Arthurian Legend》 p. 130.

32) 〈Coir Anmann(the Choice of Names)〉라는 아일랜드의 논문은 "마난난 막 리르를…… 브리튼인들과 에린인들은 그를 바다의 신으로 생각하였다"고 말하고 있다.

33) 《Iolo MSS》, the Azure Bard of the Chair가 지은 〈The Stansas of the Achievements〉의 18연.

34) 22장 '브리튼의 보물들' 주석 참조.

35) Mabinogi of Branwen, Daughter of Llyr.

36) Rhys, 《Hibbert Lectures》, p. 245.

37) 《Book of Taliesin》, poem XLVIII, Skene의 《Four Ancient Books of Wales》, Vol.

I. p. 297.

38) 《*The Verses of the Graves of the Warriors*》, Black Book of Caermarthen. Rhys, 《*Arthurian Legend*》, p. 347 도 참조.

39) Rhys, 《*Studies in the Arthurian Legend*》, p. 160.

40) Mabinogi of Manawyddan, Son of Llyr.

41) 《*Book of Taliesin*》, poem xiv, Skene Vol. I, p. 276.

42) Rhys, 《*Studies in the Arthurian Legend*》, p. 48 및 주석.

43) 《*Edinburgh Review*》 for July, 1851 — 'The Romans in Britain'

44) 참조.유명한 발라드의 주인공 'Old King Cole('Old King Cole was a merry old soul'로 시작하는 영국 동요에 등장하는 왕-역주)은 이 켈트신의 최후의 전승을 희미하게 나타낸다.

45) Geoffrey of Monmouth》, Book III, chap. I.

46) 《*Morte Darthur*》, Book I, chap. xvi.

47) 골의 신들과 그들이 게일과 브리튼의 신들과 닮은 점에 대한 충분한 설명은 Rhys, 《*Hibbert Lectures*》, I and II — 'The Gaulish Pantheon' 참조.

48) Rhys, 《*Studies in the Arthurian Legend*》, p. 282.

49) George Borrow가 그렇게도 흠모했던 14세기 웨일스의 시인 Dafydd ab Gwilym 은 계속 그렇게 부른다.

50) 이 장은 Lady Guest의 Mabinogi of Pwyll, Prince of Dyfed를 바탕으로 재구성한 것이다.

51) Rhys, 《*Hibbert Lectures*》, p. 678.

52) Rhys, 《*Hibbert Lectures*》, p. 123 및 주석. Clûd는 아마도 Clyde 강의 여신이었을 것이다. Rhys, 《*Arthurian Legend*》, p. 294 참조.

53) Pridairy로 발음한다.L

54) ady Guest 번역의 Mabinogi of Branwen, the Daughter of Llyr를 참조했음.

55) Rhys의 《*Lectures on Welsh Philology*》는 마솔루흐를 마스와 비교하고 이 이야기 전체를 그리스의 페르세포네 신화와 비교한다.

56) 브리튼의 은유적 명칭.

57) 이 인물은 골의 신인 Taranis와 동일한 인물일 가능성이 있다. 그에 대한 언급은 'Etirun, 브리튼의 우상'이라는 고대 아일랜드의 목록에서 찾아볼 수 있다.

58) 이 장소는 12세기 웨일스 시인에 의해 "런던의 새하얀 고지高地, 찬란한 명성의 장

소"로 불리는 곳인데, 아마도 지금의 런던탑이 서 있는 바로 그 언덕일 것이다.

59) 펨부룩셔 연안에 위치한 Gresholm 섬.

60) 《The Gododin of Aneurin》, T. Stephens 번역. 여기서는 브란웬이 'the lady Bradwen'이라 불린다

61) 《Branwen, the Daughter of Llyr》, Lady Guest의 《Mabinogion》 참조.

62) Tennyson, 《Idylls of the King》–'Guinevere'.

63) Lady Guest의 Mabinogi of 《Manawyddan, the Son of Llyr》를 바탕으로 재구성.

64) 색슨인의 브리튼, 즉 잉글랜드.

65) 또는 켈트의 엘리시움, "바다의 파도 밑에 있는 신화적 나라".

66) 21장 '아서의 신화적 도래'에서 인용된 《Spoiling of Annwn》 참조.

67) Rhys, 《Hibbert Lectures》, pp. 250-251.

68) Skene의 《Book of Taliesin》 VIII, Vol. I, p. 276. 나는 콩에 대하여 언급하는 이상한 시행을 D. W. Nash의 《Taliesin》에 번역된 대로 한 것을 빼고는 Skene의 번역을 따랐다. 이것이 웨일스어 원본의 정확한 번역이라면 이것은 그리스 사람들이 콩에 대하여 가지고 있는 미신과 흥미로운 유사점을 보여준다.

69) Rhys, 《Hibbert Lectures》, 245쪽에 대한 주석.

70) 《Kulhwch and Olwen》에 대한 Lady Guest의 주석에 있는 번역.

71) 다음의 일화는 Lady Guest의 《Mth, Son of Mathonwy》에 나오는 마비노기의 번역의 일부를 다시 기술한 것이다.

72) 지금은 '펜 이 가이르Pen y Gaer'라 불린다. 이것은 란루스트Llanrwst와 콘웨이Conway의 중간에 있는 산의 정상 위에 있으며 란베드르Llanbedr 역으로부터 1마일 쯤 떨어져 있다.

73) 카디건 다리 근처의 글란 텔비Glan Telvi라고 생각되는 루들란 테이비Rhuddlan Teivi에 있었다고 전해진다.

74) Skene의 《Black Book of Caermarthen》, Vol. 1, p. 309의 19번 시
    "프리데리의 무덤은 아베르 궤놀리Aber Gwenoli에 있는데,
    이곳은 땅에 파도가 부딪쳐오는 곳이다."

75) 게라인트를 칭송하는 시, '디브나인트Dyvnaint(Devon) 지역 출신의 용맹한 사나이'는 크르마르셴Caermarthen의 검은 책과 헤르게스트의 붉은 책에 모두 수록되어 있다. "게라인트가 태어났을 때 하늘의 문이 열렸다"고 마지막 시구가 언급하고 있다. 이것은 Skene의 책 Vol. 1, p267에 번역되어 있다.

76) Rhys, 《*Arthurian Legend*》, p. 8.

77) Rhys, 《*Hibbert Lectures*》, pp. 40~41.

78) Rhys, 《*Arthurian Legend*》. p. 7.

79) "아서의 명성이 널리 퍼져 있다는 것은 특기할 만하다. 그는 브르타뉴, 콘월, 웨일스, 컴벌랜드, 그리고 스코틀랜드의 저지대에서 똑같이 왕자라고 주장된다. 다시 말해서, 그의 명성은 브리튼족과 경계를 같이하며, 게일족까지 미치지는 않는다."-《*Chambers's Encyclopaedia*》.

80) 아서와 핀의 추종자들 사이의 유사성은 Campbell의 《*Popular Tales of West Highland*》 참조.

81) Rhys, 《*Arthurian Legend*》 1장-'Arthur, Historical and Mythical' 참조.

82) Skene가 번역한 Hengwrt 원고 536쪽에 있는 삼제가. 돼지치기가 에실트Essylt(이쉴트Iseult라고도 표기)에게 전언을 가지고 간 사이 아저씨를 위하여 돼지를 돌보고 있는 것은 트리스탄Trystan이었고, "아서는 속이거나 훔쳐서 돼지 한 마리를 얻기를 원했으나 얻을 수가 없었다."

83) 22장-'브리튼의 보물들'의 주석 참조.

84) 《*Book of Taliesin*》, poem XXX, Skene, Vol. I, p. 256.

85) 《*Taliesin*》이라 불리는 16세기 웨일스 로맨스 안에 포함되어 있는 아주 오래된 시. Lady Guest의 《*Mabinogion*》에 수록되어 있다.

86) "게르만족의 침입에 대해 브리튼인들이 저항하던 영웅적 단계의 시대에 살았던 이런 이름을 가진 음유시인의 존재는 잘 증명되어 있다. 중세 웨일스어의 원고-그중 가장 주요한 것이 《탈리에신의 책*Book of Taliesin*》이라고 불리는데-에서 이 6세기 시인의 것으로 간주되는 몇 편의 시들이 발견된다. 이들은 잔존하는 웨일스 시 가운데 가장 오래된 것이며 10세기 또는 9세기 초까지 거슬러 올라갈지도 모른다. 다른 것들은 12 또는 13세기의 산물이다."-Nutt: Lady Guest의 《*Mabinogion*》 1902년 판에 대한 주석.

87) Rhys, 《*Hibbert Lecures*》, p. 551.

88) "16세기 음유시인이 훨씬 오래된 선사시대 신화적 음송가의 형태와 속성을 계승했다는 데는 의심의 여지가 거의 없다."-Nutt, Note to 《*Mabinogion*》.

89) T. Stephens 씨가 그의 《*Literature of Kymri*》에서 "신화적 시들 중 가장 알기 어려운 것 중 하나"라고 부른 시의 쓸만한 번역을 얻기 위해서 나는 네 명의 다른 번역가들을 망라할 수 밖에 없었다. 내가 참고로 한 번역은 Skene, Stephens, Nash, 그

리고 Rhys의 것이다.

90) 귀디온이란 이름의 한 형태이다.

91) 아서의 배 이름.

92) 회전하는 성.

93) 네 귀퉁이가 있는 성.

94) 추운 곳.

95) 환락의 성.

96) 왕의 성.

97) 유리성.

98) 재화의 성.

99) 뜻을 알 수 없음. 16장 – '브리튼인의 신들' – 참조.

100) 뜻을 알 수 없음. 20장 – '어둠에 대한 빛의 승리' – 참조.

101) 그들이 《*Kulhwch and Olwen*》의 이야기에서 언급되는 노랗고 얼룩얼룩한 숫소가 아니라면.

102) 《*Book of Taliesin*》, 14번 시. Rhys 번역: 《*Arthurian Legend*》. p. 301.

103) Rhys, 《*Arthurian Legend*》, p. 325.

104) Rhys, ibid., chap. 1.

105) Malory의 《*Morte Darthur*》, Book II, chap. xx.

106) 《*Historia Britonum*》, Book VIII, chap. xx.

107) Rhys, 《*Arthurian Legend*》, p. 169.

108) Rhys, Ibid., p. 169.

109) Rhys, 《*Arthurian Legend*》, p.13.

110) Rhys, ibid., pp. 19–23.

111) Rhys, 《*Hibbert Lectures*》, p. 168.

112) Rhys, 《*Hibbert Lectures*》, p. 167.

113) 《*Hibbert Lectures*》, pp. 160–175 에 있는 《*Red Book*》 로맨스 《*Dream of Maxen Wledig*》의 신화적 의미에 대한 Rhys의 해설 참조.

114) Rhys, 《*Hibbert Lectures*》, p. 192–195.

115) 《*Historia Britonum*》, Book VIII, chaps. ix–xii.

116) 이 책의 4장과 Rhys: 《*Hibbert Lectures*》, p. 194 참조.

117) Rhys, 《*Hibbert Lectures*》, pp. 158–159.

118) Ibid., p. 155.

119) Plutarch: 《*De Defectu Oraculorum*》.

120) 《*The Seint Greal*》, Rhys: 《*Arthurian Legend*》, pp. 61-62에서 재인용.

121) Rhys, 《*Arthurain Legend*》, p. 59.Rhys, 《*Arthurain Legend*》, p. 59.

122) Elton, 《*Origins of English History*》, p. 269.

123) Rhys, 《*Arthurian Legend*》, p. 12.

124) Ibid., p. 70.

125) March란 이름은 '말'을 뜻한다.

126) 《*Morte Darthur*》, Book X, chap. xxxvii.

127) 라브라이드 롱제히Labraid Longsech라 불린다.

128) Ibid., p.260.

129) Ibid., p.256.

130) Red Book of Hergest, XII. Rhys: 《*Arthurian Legend*》, pp. 253-256.

131) Rhys, 《*Arthurian Legend*》, p. 247.

132) Ibid.

133) 《*The Death Song of Owain*》. Taliesin, XLIV, Skene, Vol. 1, p. 366.

134) Book of Taliesin, XXXII. 그러나 Skene는 Rhys가 저녁이라고 번역한 이 단어를
"경작된 평원"이라고 번역한다.

135) Rhys, 《*Arthurian Legend*》, p. 345.

136) Rhys, 《*Arthurian Legend*》, p. 345.

137) Malory와 Geoffrey of Monmouth 모두에 의해.

138) Rhys, 《*Arthurian Legend*》. p. 256.

139) 18장-'브란웬의 구애와 브란의 참수' 참조.

140) 그는 거인 오귀르브란이라 불린다.

141) Rhys, 《*Arthurian Legend*》, p. 326.

142) Rhys, 《*Hibbert Lectures*》, pp. 268-269.

143) Rhys, 《*Lectures on Welsh Philology*》, p. 306. 그러나 이 어원은 잠정적이며, 재미
있는 대안은 그를 페르시아의 아리만Ahriman과 동일시하는 것이다. 아서의 세 명의
권휘바르들을 열거한 것은, 3조를 한 벌로 보는 웨일스의 관습에서 비롯되었다.

144) Rhys, 《*Arthurian Legend*》. p. 342.

145) 11장-'추방당한 신들' 참조.

146) Rhys, 《*Arthurian Legend*》, chap. II-'Arthur and Airem'.

147) 노르만들이 각색하기 전의 아서 이야기에서는 없었던 신비한 랜슬롯을 리스 교수는 브리튼족의 태양신 또는 태양영웅으로 보려는 경향이 있다. 그와 페레두르, 그리고 후기 '마비노기' 이야기들에 나오는 오웨인 사이에 몇 가지 흥미로운 비교가 이루어지며, 게일족의 쿠훌린과도 비교가 이루어진다. 《*Studies in the Arthurian Legend*》 참조.

148) 《*Morte Darthur*》, Book XXII, chap. 1.《*Morte Darthur*》, Book XXII, chap. 1.

149) 번역된 삼제가들의 가장 완벽한 목록은 Probert의 1823년 저술 《*Ancient Laws of Cambria*》 부록에 실려 있다. Skene의 《*Four Ancient Books of Wales*》에도 많은 제목들이 수록되어 있다.

150) 《*Black Book of Caermarthen*》 XIX, Vol. 1. pp. 309-318 in Skene.

151) 이것은 Rhys 교수가 웨일스어 시를 번역한 것인데, "아서의 무덤은 알려지지 않았다"라는 유명한 번역보다 더 정확하다.

152) "History of the Britons",

153) Geoffrey of Monmouth. Book IX abd X, and chaps. I and ii of XI.

154) Lady Guest의 《*Mabinogion*》에 번역되어 있다.

155) 14장 '핀과 그의 추종자들' 참조.

156) 8장-'게일족 아르고선의 선원들(그리스 신화에서 영웅 이아손이 콜키스에 황금양털을 찾으러 갔던 모험에 동반했던 사람들로서 아르고라는 배를 타고 갔다-역주)'.

157) Lady Guest의 《*Mabinogion*》에 실려 있는 'Kulhwch and Olwen'에 대한 주석에 고대 웨일스 원고로부터 번역된 이 목록이 실려 있다.

158) 8장-'게일족 아르고선의 선원들' 참조.

159) '킬후흐'라 발음한다.

160) 아래에서 Lady Guest가 《*Mabinogion*》에서 번역한 대로 주요 사건들을 개괄하고 있다.

161) 웨일스어로는 Yspaddaden Penkawr이다.

162) 즉 하얀 자취의 그녀. 올웬의 아름다움은 중세 웨일스 시에서 이름난 것이었다.

163) Nutt 씨가 편집한 Lady Guest의 《*Mabinogian*》에 대한 주석에서. 1902년에 출간되었다.

164) 텍스트는 그렇게 말하고 있다. 그러나 Lady Guest가 주석에서 인용하고 있는 '브리튼 최고의 수인들' 3인은 다르다. 브리튼 섬 수인들 삼인, 에루로스위즈 울레디

그Euroswidd Wledig에 있는 감옥의 리르 흘레디아스, 마독Madoc 또는 마본, 그리고 궤이리오스Gweiryoth의 아들인 궤이르Gweir이다. 그리고 세 사람보다 더 지위가 높은 이로는 아서가 있었는데 사흘 밤 동안 오이스와 아노이스의 성에, 웬 펜드래곤Wen Pendragon의 성에 사흘 밤, 그리고 돌 아래 있는 어두운 감옥에서 사흘을 보냈다. 한 젊은이가 그를 이 세 개의 감옥으로부터 구출했는데, 그 젊은이는 그의 사촌으로 쿠스테닌의 아들이었다.

165) Rhys, 《Celtic Folklore》, chap. X-'Place-name Stories' 참조.

166) 큰 칼은 "짧고 넓은 단도인데, 아서와 그의 군대가 격류에 이르면, 그들은 그 물을 건너갈 좁은 장소를 찾아 집에 넣은 단도를 격류에 가로질러 놓으면 이것이 브리튼의 세 섬과 그 옆에 있는 세 섬의 군대들이 약탈물을 가지고 건너기에 충분한 다리를 만들곤 했다"라고 이야기는 말한다.

167) Tennyson, 《Idylls of the King: Guinevere》.

168) Ibid. To the Queen.

169) 《Morte Darthur》, book I, chap. x.

170) Gresholm Island, "The Entertaining of the Noble Head" 장면.

171) 《Morte Darthur》, Book XX, chap. viii.

172) Ibid., Book I, chap. III.

173) 《Morte Darthur》. book I, chap viii.

174) Ibid., Book I, chap. xvi.

175) Ibid., Book 1, chap. II.

176) Ibid., Book IV, chap iv.

177) Ibid, Book I, chap. XXIV.

178) Ibid., Book I, chap. ii.

179) Ibid., Book II, chap xviii.

180) Ibid., Book V, chap. ii; Book Viii, chap. iv; Book XIX chap. xi.

181) 《Morte Darthur》, Book XI, chap. ii.

182) Ibid., Book XVII, chap. v.

183) 《Morte Darthur》, Book XI, chap. II.

184) Ibid., Book XI, chap. ii.

185) Ibid. Book XII, chap. V.

186)Rhys, 《Arthurian Legend》. p. 283.

187) Rhys, 《Arthurian Legend》. p. 284 와 주석.

188) 이 주제는 Rhys 교수의 《Arthurian Legend》 chap. xi-'Pwyll and Pelles'에서 길
게 논의된다.

189) 《Morte Darthur》, Book II, chap. xv.

190) 《Morte Darthur》. Book I. chap. XII.

191) Ibid., Book I, chap. XV.

192) Ibid., Book I, chap. IX.

193) Ibid., Book XIII., chap. XII.

194) Ibid., Book XIX, chap. xi.

195) Ibid., Book XIX, chap. ii.

196) Ibid., Book VIII, chap. X.

197) Ibid., Book XIV, chap. iv.

198) 《Morte Darthur》, Book IX, chap. iv.

199) Rhys, Arthurian Legend, p. 11.

200) Op. cit., pp. 21-22.

201) Morte Darthur》, Book IV, chap XVIII.

202) Ibid., Book I, chap. viii.

203) Rhys, 《Arthurian Legend》., p. 23.

204) Morte Darthur, Book IV, chap. I.

205)17장 '하계 신들의 모험' 참조.

206) 《Morte Darthur》 Book I, chap IV.

207) Ibid., Book I, chap. II.

208) Ibid., Book III, chap., XV.

209) 그녀의 이야기는 테니슨의 《Idylls》에서 그리고 말로리의 《Morte Darthur》 Book
XVIII에서 기술된다.

210) 《Morte Darthur》, Book XI, chaps. II and III.

211) 그의 《Studies in the Arthurian Legend》 참조.

212) 21장 '아서의 신화적 '도래'' 참조.

213) 《Morte Darthur》, Book XIX, chaps. I-IX.

214) 《Morte Darthur》, Book XVII, chap. XX.

215) Ibid., Book II, chap. XVI; Book XI, chap XIV.

216) 5장 '게일족의 신들' 참조.

217) 18장 '브란웬의 구애와 브란의 참수' 참조.

218) 21장 '아서의 신화적 '도래"' 참조.

219) 12장 '아일랜드의 일리아드' 참조.

220) 21장 '아서의 신화적 '도래"' 참조.

221) 21장 '아서의 신화적 '도래"' 참조

222) Rhys, 《Arthurian Legend》, p. 305.

223) 《Morte Darthur》, Book XI, chaps. II and IV.

224) 《Morte Darthur》, Book XVI, chap. V.

225) Ibid., Book XI, chap XIV; Book XII, chap. IV; Book XIII, chap. XVIII.

226) 말로리는 이것을 언급하지 않지만 《Seint Greal》이라는 로맨스에 기술되어 있다.

227) Rhys, 《Arthurian Legend》, pp. 276-277; 302.

228) 《Morte Darthur》, Book IV, chap. XXIX.

229) Ibid., Book XVII, chap. XX. 여기에서는 보르스 경, 페르시발 경, 갈라하드 경이
    모두 성배로부터 음식을 취한다.

230) Rhys, 《Arthurian Legend》, p. 162.

231) Ibid., p. 133.

232) Lady Guest의 《Mabinogion》에 'Peredur, the Son of Evrawc'이라는 제목으로 번
    역되어 있음.

233) Rhys, 《Arthurian Legend》, p. 169. 제8장- '갈라하드와 팔하베드' 전체 참조.

234) 독일 로맨스인 Heinrich von dem Trlin의 《Diu Krne》

235) 예를 들어서 Rhys의 《Celtic Folklore》pp 117-123에 있는 민담 참조.

236) Stephen이 Aneurin의 《Godoin》 번역에 붙인 서설.

237) Iolo Mss., p. 471.

238) Iolo MSS., pp. 597-600.

239) 《Historia Britonum》, Books IX, X and chaps., I and II of XI.

240) 《Historia Britonum》, Book XI, chap. II.

241) Ibid., Book IX, chap. IX.

242) Ibid., Book IX, chap XII. 그들은 또한 Book V, chap. XVI에 훈족의 왕인 과니우
    스Gwanius 그리고 픽트인들의 왕인 멜가Melga로 나와 있다.

243) 《Historia Britanium》, Book III, chap. XIX.

244) Ibid., Book III,, chap. XX.

245) 다시 말해서 전승되어오는 런던의 초기 이름으로 브루투스가 부여한 이름인 트로야 노바Troja Nova(새로운 트로이).

246) 《The Story of Lludd and Llvelys》.

247) 이 이름은 '난쟁이'를 뜻한다. Rhys, 《Hibbert Lectures》, p. 606.

248) 《Historia Britonum》, Book II, chap. X–XIV.

249) 알바 또는 브리튼 북쪽.

250) 지금의 칼레Calais.

251) Rhys, 《Arthurian Legend》, pp. 131–132.

252) 《Historia Britonum》, Book III, chaps. I–X.

253) 아마도 라블레Rabelai의 가르강튀아Gargangtua의 모델이 된 전설적 인물. 인기 있는 켈트족의 신.

254) Iolo 원고 참조. 브리튼 섬의 성자들의 계보와 가문. Iolo Morganwg가 1783년에 Glanmorgan 소재 Llansanor 교구의 《Long Book of Thomas Trumann of Pantlliwydd》에서 필사하였음. c. p.515, Rice Rees 목사의 《An Essay on the Welsh Saints》, Sections IV, V 참조.

255) Rhys, 《Arthurain Legend》, pp. 261–262.

256) Iolo MSS, p. 474.

257) 웨일스의 음유시인들은 그녀를 여신 쥔웬Dsynwen 또는 시인들이 비너스를 부르듯이 사랑과 애정의 성녀라 부른다. Iolo MSS.

258) Wirt Sikes, 《British Goblins》, p. 350.

259) Iolo MSS. p. 523.

260) 《The Faerie Queen》, Prologue to Book II.

261) Ibid., Book II, canto I, verse 6.

262) Y Greal(London, 1805)에 출간되고 Rhys, 《Arthurian Legend》, pp. 338–339와 Sikes: 《British Goblins》, pp. 7–8에 인용됨.

263) 《A Relation of Apparitions of Spirits in the County of Monmouth and the Principality of Wales》. 1813년 Newport에서 출간.

264) Thistleton Dyer, 《Folklore of Shakespeare》, p.3.

265) Ibid., p.4.

266) Ibid., p.5.

267) Wirt Sikes, 《British Goblins》, p. 12.

268) The 《Brython》, Vol. 1, p. 130.

269) Rhys, 《Celtic Folklore》, pp. 171-172.

제4부

1)   B.C. 55년.

2)   《Strabo》, Book IV, chap. IV.

3)   《Annals》, Book XIV, chap. XXX.

4)   《Natural History》, Book XXX.

5)   Gildas. 《Six Old English Chronicles》-Bohn's Libraries 참조.

6)   Rennell Rodd, 《Customs and Lore of Modern Greece》. Stuart Glennie, 《Greek
     Folk Songs》.

7)   Charles Godfrey Leland, 《Etruscan Roman Remains in Popular Tradition》.

8)   Rhys, 《Celtic Folklore》, p. 670.; Curtin, 《Tales of the Fairies and of the Ghost
     World》; 그리고 Mr. Leland Duncan의 《Fairy Beliefs from Counrtry Leitrim in
     Folklore》, 1896년 6월.

9)   The Mabinogi of Pwyll, Prince of Dyfed.

10) The Story of Ludd and Llevelys.

11) 《Kulhwch and Olwen》.

12) 《Morte Darthur》. Book XIX, chaps. I & II.

13) Henry》 VIII, act V, scene 3.

14) Rhys, 《Hibbert Lectures》, p. 514.

15) Ibid., p. 516.

16) 아일랜드 축제에 대한 좋은 기록은 Lady Wilde가 《Ancient Legends of Ireland》,
     pp. 193-221에서 남기고 있다.

17) Pennant, 《A Tour in Scotland and Voyage to the Hebrides》, 1772.

18) Martin, 《Description of the Western Islands of Scotland》, 1695.

19) Gaidoz, 《Esquisse de la Reliogion des Gaulois》, p. 21.

20) Gomme, 《Ethnology of Folklore》, pp. 136-139.

21) Ibid., p. 137.

22) Mitchell, 《The Past in the Present》, pp. 271, 275.

23) Elton, 《*Origins of English History*》, p. 284.

24) Gomme, 《*Ethnology in Folklore*》, p. 140.

25) Dee라는 말은 아마도 '신성'을 의미했던 것 같다. 이 강은 또한 디프리뒤Dyfridwy, 즉 '신의 물'"이라 불리기도 했다. Rhys, 《*Lectures on Welsh Philology*》, p. 307 참조.

26) Rhys, 《*Celtic Britain*》, p.68.

27) Rogers, 《*Social Life in Scotland*》, chap. III, p.336.

28) 《*Folklore*》, chap. III, p.72.

29) Henderson, 《*Folklore of Northern Counties*》, p. 265.

30) Gomme, 《*Ethnology in Folklore*》, p.78.

31) Hope, 《*Holy Wells of England*》; Harvey, 《*Holy Wells of Ireland*》.

32) Sikes, 《*British Goblins*》, p. 351.

33) Ibid., p. 329.

34) Roden, 《*Progress of the Reformation in Ireland*》, pp. 51-54.

35) Martin, 《*Description of the Western Islands*》, pp. 166-226.

36) Burne, 《*Shropshire Folklore*》, p. 416.

37) Gomme, 《*Ethnology in Folklore*》, pp. 92-93.

38) Gomme, 《*Ethnology in Folklore*》, pp. 92-93.

39) Adamnan의 《*Vita Columba*》.

40) Dr. Whitley Stokes, 《*Three Middle Irish Homilies*》.

41) Caesar, 《*De Bello Galico*》, Book V. chap. XII.